丛书名题签：陈炜湛

作者简介

周云水

中山大学人类学博士，嘉应学院客家研究院副研究员，中国民俗学会会员，中国民间文艺家协会会员，梅州市人民政府智库专家。长期从事民族学与人类学理论译介、海外华侨华人社会与客家传统社会文化变迁研究，先后在西南少数民族地区、闽粤赣客家山区、东南亚国家和印度华人社会开展田野调研。主持国家社科基金中华学术外译项目"地方故事与国家历史——韩江中下游地区社会变迁"，完成国家民政部、复旦大学、广东省哲学社会科学规划等课题 31 项。出版专著 3 部、译著 15 部，在报刊发表论文 86 篇。

青藏高原东部边缘民族多样性研究

何国强　总主编

国家出版基金项目
NATIONAL PUBLICATION FOUNDATION

百年跨越

ལོ་བརྒྱའི་མཆོང་རྒྱུད།

独龙族
社会发展图景研究

周云水　著

暨南大學出版社
JINAN UNIVERSITY PRESS

中国·广州

图书在版编目（CIP）数据

百年跨越：独龙族社会发展图景研究/周云水著 . —广州：暨南大学出版社，2023.12

（青藏高原东部边缘民族多样性研究/何国强总主编）

ISBN 978 - 7 - 5668 - 3768 - 4

Ⅰ . ①百…　Ⅱ . ①周…　Ⅲ . ①独龙族—社会发展—研究—中国
Ⅳ . ①K286. 5

中国国家版本馆 CIP 数据核字（2023）第 165947 号

百年跨越：独龙族社会发展图景研究
BAINIAN KUAYUE：DULONGZU SHEHUI FAZHAN TUJING YANJIU
著　者：周云水

出 版 人：阳　翼
责任编辑：黄圣英　颜　彦　梁月秋
责任校对：刘舜怡　黄亦秋
责任印制：周一丹　郑玉婷

出版发行：暨南大学出版社（511443）
电　　话：总编室（8620）37332601
　　　　　营销部（8620）37332680　37332681　37332682　37332683
传　　真：（8620）37332660（办公室）　37332684（营销部）
网　　址：http：//www. jnupress. com
排　　版：广州市新晨文化发展有限公司
印　　刷：深圳市新联美术印刷有限公司
开　　本：787mm×1092mm　1/16
印　　张：19. 875
字　　数：348 千
版　　次：2023 年 12 月第 1 版
印　　次：2023 年 12 月第 1 次
定　　价：90. 00 元

总　序

文化是人类适应环境的基本方式。藏族与睦邻的纳西、门巴、珞巴、独龙等民族共同适应青藏高原的大环境和各自区域的小环境，创造了特定的文化。自 1996 年始，本人在川、滇、藏交界区调研民族文化，起初独自一人，后来带学生奔波，前后指导了 20 多篇学位论文。我把学生带到边陲，避免在东部扎堆，完成学术接力，为他们夯实发展的基础，不少人毕业后申请课题、发表论著，我自己也在积累经验，不断追求新目标，把研究范围扩大到川、青、藏交界区。

最近数年间，我组织调研、汇集书稿。2013 年，推出"芜野东南的民族"丛书第一系列 7 册①，分简体字和繁体字两个版本；2016 年，推出第二系列 4 册，为简体字版本。两个系列约 400 万字，展示了喜马拉雅与横断山区的绚丽文化。然而，一套丛书的容量有限。专家诚恳地建议我们做下去。我们也想做下去，就继续调研、总结经验②、坚持写作。在国家出版基金管理委员会的支持、主管部门的关怀以及暨南大学出版社的组织安排下，"青藏高原东部边缘民族多样性研究"丛书终于落地生根。可以说以上成果为"守正创新"③劲风所赐，使我们得以回报社会各界的支持。

多年的栉风沐雨带来满目的春华秋实，因此不能不提到作者们付出的心血。静态地看，有三套丛书的储量。动态地看，知识向四面八方传递不可计量。犹如向湖心抛入巨石，起初引起水波，继而泛起涟漪，很长时间，水面不平静，每位作者的故事还在演绎：调查中的实在品质，如耐心记录、细致观察，获得原始资料的喜悦，以及发现问题、精巧构思、层层铺垫，形成厚实的民族志，里面有对社会结构的描绘，有对动力因素的探索，力

---

① 简体版获第四届中国大学出版社图书奖优秀学术著作一等奖，并引出 3 篇论文评价，即黄淑娉《论青藏高原东部和东南部民族研究的推陈出新》[《青海民族大学学报》(社会科学版) 2014 年第 2 期]、徐诗荣和嵇春霞《原生态画卷：青藏高原东南部的民族文化——评"芜野东南的民族"丛书》(《出版发行研究》2014 年第 8 期)、胡鸿保《"芜野东南的民族"丛书赞》(《共识》2014 秋刊)。对此网络媒介也有报道。

② 参见何国强：《我们是怎么申请到这个项目的》，载《书里书外》，中山大学出版社，2014 年。

③ 朱侠：《坚持守正创新，勇担使命任务》，国家出版基金网站，2020 年 1 月 15 日，https：//www. npf. org. cn/detail. html？ id = 1962&categoryId = 26。

图使民族映像清晰化，谋求历史逻辑统一。这就是研究西藏所需要的不怕吃苦、执着干练的科学精神，不仅要有勤奋坚韧的品格，还需要友情与互助。除了作者自身的因素和亲友的鼓励，其他因素，包括编辑的专业素养、调查地友好人士的支持，也值得珍惜、怀念。

本套丛书当中，有的是在博士学位论文基础上的再研究，有的是专题写作。坎坷的研究经历使我们深切地感到，一本书要能接地气，讲真话，不经过艰辛的精神劳动就不可能诞生，学术水平的高低不仅是社会环境的造就——与政治经济、理论方法及时代需求有关，也是作者本人的造诣——与研究者的主观努力分不开。整套丛书至少有三个令人鼓舞的闪光点：

1. **坚持实证研究，奉献一手资料和田野感悟**

19世纪中叶，国际学界开始涉足青藏高原东部地区。中华人民共和国成立后，分别于20世纪50年代、80年代和90年代组队到该地区进行民族识别和社会历史调查，丰富了《民族问题五种丛书》的内容。新资料、新方法打开了人们的眼界，但是带着旧思维看问题的境外人士仍不在少数。改革开放以后，至今川、滇、藏与川、青、藏两个交界区某些地方依然谢绝外籍人士，收集资料的重任落到国内学者身上，我就是在这种情形下进藏的。环顾四周，当年的同道已不知所向，幸好凝聚了一批新生力量，绳锯木断、水滴石穿，不言放弃。通过田野调查获得的原始资料和珍稀感受为写作提供了优质素材，这使本套丛书能够以真实性塑造科学性，以学术性深化思想性，达到材料翔实、学理坚固、观点新颖、描述全面。

2. **体现人类学知识的应用与普及**

最近20年来，国家加大了对人文与社会科学的投入，各门学科取得长足的发展，这是毫无疑问的。然而伴随着专利、论文数量的增长，一些不尽如人意的事情也出现了：文章浅尝辄止，漫然下笔的多，周密论证的少，还有重复研究等浪费资源的现象。人类学倾向微观考察，对充实中观、引导宏观有所作为，中山大学自从复办人类学系以来，格勒率先走上青藏高原，紧跟着就是我们的团队。

本套丛书是西藏研究的新产品。作者们博采众长，引入相关概念，借助人类学理论方法的指导凝视问题，通盘考虑，揭示内涵。虽然各册研究目标不一，但是在弄清事实、逻辑排比、分析综合、评判断义，以及疏密叙述等项上一起用力，展示自己的德、才、学、识。有些问题提出来亟待深化，如应该如何凸显民族志对于区域文化研究的重要作用，应该如何发挥民族志的特长，等等。

目前，理论与实际脱节的现象正在转变，自发的、自觉的研究队伍扩大了，这是对我们已经做出努力的积极回应，也是"青藏高原东部边缘民族多样性研究"丛书充满生命力的证据。这项研究继续向纵深发展，必然要求研究者保持多读书、尚调查、勤思考、免空谈的学风。

3. 突出出版界和人文与社会科学界的精诚合作

本套丛书凸显了一个浅显的道理：多年积累的田野资料不会自动转化为社会公认的产品，需要紧扣"民族特色"提炼选题，科学搭配，形成整体效应。所以丛书各册保持自身特色，如文化源流、田野实践、社会分工与异化劳动、传统生计、地方与国家、不同资源的合理利用、小民族大跨越等，同时贯穿了再造区域民族志的主旋律。一句话，把各册放在青藏高原东部民族多样性的大题目下合成整体色彩，依靠国家出版基金的扶持，实现"好纱织好布""好料做好菜"的目标，达到"雪中送炭""锦上添花"的双重效果，对出版人与研究者都是双赢。

总之，本套丛书具有继往开来、别开生面的寓意，弥补了同类作品的某些不足，激励着新人奔向祖国最需要的地方，关注各民族在历史上与现实中与自然、社会发生关系的过程，推动顶层设计，产出有效政策，建设西南边陲。当然，我们也应清醒地看到本套丛书的不足，保持虚心接受意见、不断追求高品质的诚恳态度。

古文字学家陈炜湛教授乃治学、书艺两全的专家，一向支持我的田野研究，多次题写书名给予奖掖。为了表达对本套丛书作者实地研究西藏的钦佩，肯定编辑人员的辛勤劳动，陈教授特用甲骨文和金文写成书名。看到丛书名十五字，字体淳厚中正、古意盎然，我由衷感激。

何国强

2022 年 2 月

于中山大学康乐园榕树头

前　言

　　本书对云南省怒江傈僳族自治州贡山独龙族怒族自治县的独龙族进行研究，主要从政治人类学视角，把焦点放在这个民族的社会结构与文化变迁上，采用民族志的叙事方法，力图说明独龙族自 20 世纪中期以来社会结构急剧变化的原因、动力及结果。

　　独龙族是我国 28 个、云南省 8 个人口较少民族之一，也是 16 个跨境而居的民族之一。怒江傈僳族自治州贡山独龙族怒族自治县独龙江乡是独龙族唯一的聚居地，地处滇缅和滇藏接合部，全乡辖 6 个村民委员会 41 个村民小组，截至 2020 年底户籍总人口为 4 227 人，99% 以上为独龙族。1949 年以前，独龙江乡仍处于原始社会末期，独龙族群众长期过着过江靠溜索、记事靠结绳，食不果腹、衣不蔽体的原始生活。1950 年，中国人民解放军跨越高黎贡山进入独龙江峡谷，独龙族才由原始社会一步迈入社会主义社会。1952 年，在周恩来总理的亲切关怀下，根据本民族的意愿，废除了"俅扒""俅子""曲洛"等歧视性称呼，正式定名为"独龙族"。独龙族在党的民族政策光辉照耀下，艰苦奋斗、克难攻坚，从封闭原始走向开放发展，从贫穷落后走向幸福生活，实现了独龙族社会"百年跨越"的壮丽图景。

　　由于自然地理偏僻、社会发育程度低、经济发展严重滞后，独龙江乡一直是全国最偏远、最封闭、最贫困的乡镇之一。交通历来是制约独龙江乡发展的最大瓶颈。1965 年，在政府和驻军部队帮助下，修建了全长 65 公里的人马驿道。当时，从贡山县城到独龙江乡政府所在地巴坡村单边行程也要步行 3 天才能到达。1999 年，国家投资 1 亿多元修通全长 96 公里的独龙江简易公路，独龙族才告别了人背马驮的原始运输时代。虽然有了自己的公路，但简易公路路面等级低，需要翻越海拔 3 300 多米的雪山，每年仍有半年时间大雪封山，独龙江乡几乎与外界隔绝，群众出行仍然不便。直到 2004 年，乡政府驻地从巴坡搬迁至孔当后，中国移动云南公司克服重重困难，为乡政府驻地开通了 GSM 移动通信网络，这才结束了一个民族不通电话的历史。

　　独龙江乡特殊的自然地理条件，导致建设成本高、工作成本高、生活成本高和老百姓收入低，但生态保护任务繁重。独龙族属于"直过"民族，族人基本靠退耕还林补助和农村低保生活，产业结构单一，社会事业滞后，基础设施薄弱。截至 2014 年，全乡每半年仍因大雪封山与外界隔绝，12 个自然村不通公路，通电率仅为 29%，31 个自然村存在饮水困难，没有邮政和金融服务机构。全乡处于"三江并流"腹地，是限制开发区，境内88.26% 的面积纳入高黎贡山国家级自然保护区范围。独龙江乡成为一个集边境、民族、山区为一体的封闭、半封闭特殊贫困区域。2009 年，全乡农民年人均纯收入不足 908 元，偏僻、贫穷、落后曾经是独龙江乡的"代名词"。

2010 年，云南省委、省政府从省级层面对独龙江乡独龙族启动"整乡推进、整族帮扶"项目，开启了帮扶模式新篇章。随着国家精准扶贫、精准脱贫战略的实施，独龙江乡独龙族的帮扶工作得到了党和国家领导人的高度重视和深情牵挂。2014 年 1 月，独龙江乡公路高黎贡山隧道贯通，标志着独龙族区域性的基础设施、公共服务等历史欠账问题基本解决。习近平总书记立即作出重要批示，鼓励独龙族乡亲们"加快脱贫致富步伐，早日实现与全国其他兄弟民族一道过上小康生活的美好梦想"。2015 年 1 月，习近平总书记在昆明亲切接见独龙族干部群众代表，提出"全面实现小康，一个民族都不能少"。2019 年 4 月，获悉独龙族整族脱贫后，习近平总书记亲自给独龙江乡群众回信，勉励大家"脱贫只是第一步，更好的日子还在后头"。习近平总书记的亲切关怀和牵挂，给独龙族干部群众和全国深度贫困地区注入了决胜脱贫的强大信心和力量。

新中国成立以来的七十多年，特别是党的十八大以来，云南省各级党委、政府始终坚持富脑袋与富口袋并重，加强扶贫同扶志扶智相结合，千方百计激发独龙族群众实现"百年跨越"发展的内生动力。多年来，各级党委、政府认真贯彻落实习近平总书记扶贫工作重要讲话精神，一届接着一届干，一拨接着一拨帮，让独龙族群众的生产生活实现"一步跨千年"的质变。基础设施和人居环境全面改善，公共服务水平大幅提升，特色产业稳步发展，群众精神面貌焕然一新。独龙族实现整族脱贫，彻底撕掉贫困标签，为其他人口较少民族整族脱贫也树立了标杆。

本书借用社会学理论中的"稀缺"与"结构"的概念，因为二者在独龙族社会变迁的过程中互相交织，构成了分析现象的理论工具。社会的结构在本书中特指人们在独龙族内部的关系配置，此乃社会变迁的主轴，其主要体现在所有制形式、人与工具的结合、分工合作、资源分配以及人口生产等方面。稀缺是社会结构变迁的原动因，独龙族逐步深入地参与社会主义国家的制度体系，既获得了解决稀缺的手段，又引起社会结构的新变化，从而产生更为剧烈的文化变迁。

值得反思的是，历史上独龙族先后接触到与社会主义性质、制度不同的国家体系，为什么只有在进入社会主义大家庭后才成功摆脱贫困？本书指出，独龙族先民未被吸纳到乘象国、骠国、吐蕃和南诏等地方政治势力的范围内，较轻微地被纳入明清封建王朝在西南民族地区的代理（维西、察瓦龙土司制）政权，主要是由于这些地方政权主观上不愿意解决独龙族的稀缺，而且客观上其解决稀缺的能力也极为有限。独龙族的稀缺没有得到有效的释放，反而因封建地方政权的治理日益穷苦，为独龙族进入社会主义制度留出了机会。只有中国共产党领导的社会主义制度才真正有效地缓解了独龙族的稀缺状况。独龙族之所以能够保全和发展壮大，完全得益于中国共产党对构建中华民族共同体的高度重视。

本书勾画了一幅独龙族社会变迁的蓝图。新中国成立之初，中央和省市地方的财力有限，不足以让独龙族彻底摆脱整体的稀缺，但是政策运用得当，迅速地为独龙族解决了生存层面的稀缺，并为继续解决与生存相关的其他基本问题指明了方向。在社会主义革命和建设时期，独龙族社会变迁的速度明显加快。独龙族社会结构的变迁不仅受外部力量的牵引，而且由独龙族渴求改变稀缺、追求幸福的强烈愿望所推动。在输血重于造血的政策下，中国共产党领导下的各级政府调动了更多的人力物力，连续投入，快速地改变了独龙族贫穷落后的面貌，将独龙族完全带入多民族共同发展的社会主义大家庭。

在党的坚强领导下，独龙族干部群众众志成城，大力弘扬"怒江缺条件，但不缺精神、不缺斗志"的脱贫攻坚精神和"苦干实干亲自干"的脱贫攻坚作风，争当"有情怀有血性有担当"的脱贫攻坚干部，不断凝聚起越战越勇的磅礴力量，焕发出建设美好家园生生不息的原动能。独龙族从整族贫困到整族脱贫，实现"一步跨千年"的历史"蝶变"，既是习近平新时代中国特色社会主义思想科学指引的结果，也是中国共产党正确领导的结果，更是中国特色社会主义制度优越性的有力彰显。本书通过系统探讨独龙族七十多年来社会变迁的历程，得到以下三个结论：

其一，国家的实力越强，对独龙族的吸纳能力也越强；独龙族希望借助国家力量解决自身稀缺的愿望越强烈，社会结构变迁的速度就越快。

其二，国家可以通过政治制度改变稀缺，利用经济和政治手段来调控资源的分配，在部分缓解或消除稀缺的过程中，使独龙族意识到新的稀缺，并不断开发出减少稀缺的路径，追求更加美好的生活。

其三，独龙族在成为社会主义大家庭一员之后，生态稀缺与制度稀缺逐步得到了缓解，独龙族同胞通过自身努力，既可以积累自身的社会与文化资本，又可以在本民族社会变迁的过程中发挥自身的主动作用。

从独龙族的案例可推导全球人口较少民族社会变迁的原因与稀缺呈正相关，国家改变其稀缺的程度越剧烈，社会结构变迁的速度就越快。人口较少民族要让国家释放其固有的稀缺，与国家的管理措施合拍，于是原有的社会结构发生改变。在特定的条件下，国家能否有效地改变人口较少民族固有的稀缺，是衡量人口较少民族社会变迁程度高低与速度快慢的主要标准。

本书概括出稀缺与结构的模型：稀缺与结构构成复杂的互动关系，二者维持着动态的平衡，国家政权是打破原有平衡并寻求新平衡的主体。新中国成立以来，边疆民族整体稀缺的改变程度越彻底，社会结构的变化相应地越剧烈。独龙族在短短几十年内的变化，展示了中国共产党解决少数民族稀缺问题的实力，用中华民族共同体的发展理念推动人口较少民族实现"一步跨千年"的梦想。

周云水

2023 年 10 月于广东梅州周溪畔兴客书舍

目 录
Contents

导　论

本章在简述 20 世纪以来国内外人口较少民族研究的基础上，结合笔者对独龙族的田野调查与史料梳理，明确了本研究的缘起和问题意识，论证了本书"田野点"选择的意义；同时对书中将要涉及的概念进行相应的界定，并对研究对象和研究方法做了交代；另外还进行了理论预设，提出本书的研究思路与文本框架的安排；最后还介绍了独龙族的人口变化情况及族源。

第一节　研究缘起与概念界定

一、研究缘起

20 世纪 50 年代至 60 年代在全国范围内开展的中国少数民族社会历史调查，其规模之大，调查收集的资料之丰富，意义之深远，不仅在我国是空前的，而且也是举世罕见的。[1] 这次规模宏大的社会调查，对当时中国各少数民族的社会发展阶段做出了初步的认定：处于原始社会末期民族的人口总计约 80 万，其中全部或大部分处于原始社会末期的民族有鄂伦春、赫哲、独龙、珞巴、基诺、布朗、怒、景颇、德昂、傈僳等 10 个民族；一部分处于原始社会末期的民族有黎、佤、拉祜、鄂温克、白、瑶、哈尼等 7 个民族。从区位分布上看，这些民族地区均处于边远山区，交通不便，与外界经济交往很少，长期处于封闭状态。[2] 但是，如果交通和地理位置是决定少数民族社会发展阶段的主要因素，那么同样处于边远山区的西藏错那、墨脱等县的门巴族，为何其社会形态却已经是封建领主制？另外，如果是因为这些民族人口数量少，导致其社会发展阶段低下，那为何人口不足 10 万的羌、撒拉、毛南、仡佬、阿昌、保安、京等 8 个民族，其社会却处于地主制初期发展阶段？由此看来，决定社会发展阶段的因素既不完全是地理位置或交通状况，也不完全是民族人口数量的多寡。那么，最重要的会是什么因素呢？带着这些问题，笔者检索了目前学界对这些民族的研究

---

① 宋蜀华、满都尔图主编：《中国民族学五十年》，北京：人民出版社 2004 年版，第 108 页。

② 满都尔图、卢勋、曹成章等：《中国少数民族民主改革前社会发展水平的再认识》，《民族研究》1994 年第 5 期。

状况。①

　　新中国成立初期，国家对这些处于不同社会阶段的少数民族，分别采取"直接向社会主义过渡"或"和平协商土地改革"的形式，使它们都进入社会主义初期的发展阶段。通过几十年的改革发展，原来处于不同发展阶段的少数民族出现了同质化趋势。近二十年以来，学术界对于这些地处偏远山区、人口数量相对较少的民族开展了一系列的研究，几乎都注意到了这些民族传统文化与现代化之间的矛盾问题。但是，较少看见有专门关注这些民族如何发生社会变迁并得出规律的相关研究。1949 年前，这些民族的社会发展阶段不一样，各自起点不同，短短七十余年时间，他们已经表现出了很强的同质性。不管是行政制度，还是文化事项，少数民族社会发展的同质化趋向越来越明显。那么，我们自然会问，这些人口较少的民族②为何会在短短七十余年内发生快速的社会变迁？人口较少民族被吸纳到不同性质的国家里时，变迁速度与什么有关？人口较少民族在社会变迁的过程中，需要付出什么代价，它们又能得到什么？这其实涉及一个很有意义的研究，就是中国各少数民族，尤其是人口较少民族社会变迁的历史过程。

　　为了对以上问题进行合理的解答，本书选取了当前几个人口数量不到一万人的民族进行研究，重点是对其中最有代表性的独龙族③进行深入探讨。本书之所以从人口较少民族切入研究，主要是因为他们在成为社会主义大家庭成员之前，大都处于简单的社会，规模很小，容易把握其历史发展过程。按照以上的思维方式，粗略分析这些人口较少民族的社会发展历程，我们也会提出以下问题：中国目前 28 个人口较少民族全部实现整族脱贫，历史性解决了绝对贫困问题，发展活力不断增强，日益展现出千帆竞发的发展势头，人口较少民族为何能有目前这种繁荣发展的状态？人口较少民族自身社会各阶层的关系及其与周边其他民族的关系在不断变化，我们是否可以从这些关系变化中提炼出一个合适的概念？能否通过个案归纳出一般性的结论？1949 年前，人口较少民族的社会发展阶段为何各有差异？这些民族有着不同起点，为何却出现了相似的结果？从独龙族社会变迁的进程中，能否提炼出一个解释此问题的模型？

---

　　①　限于篇幅，对人口较少民族的研究状况的分析，将放在文献综述部分讨论。
　　②　本书将人口在一万以内的民族界定为人口较少民族，实际上比费孝通先生对人口较少民族的定义更窄。
　　③　独龙族为何最具有代表性，本章第二节将会具体加以分析。

本书要回答的问题是独龙族如何成为社会主义大家庭的成员。笔者主要从政治人类学视角出发，把焦点放在这个民族的社会结构上，同时借鉴了史学和民族志的方法，力图说明独龙族在七十余年以来社会结构的急剧变化及其后果。这种研究取向接近应用人类学对政治制度的研究。[1] 要解决前面所提的这些问题，需要先建立概念性工具，然后用这些概念对独龙族社会进行探讨，从而建立一个合适的理论模型，再推而广之将其代入其他人口较少民族社会变迁的过程。

二、概念界定

本书使用社会结构、人口较少民族、国家、整体稀缺和社会分层等概念，但这些概念里面只有社会结构与稀缺才是笔者重点关注的关键词。为了更好地把握论证思路，需要在已有论述的基础上，分析相关概念并提出笔者个人对这些概念的理解和界定。

（一）社会结构

拉德克利夫 – 布朗认为，人类行动是有目的和有权益的，当他们的利益存在一种相互适应和对接时，个体之间就存在社会关系。当越来越多的关系被建立起来后，各个独立的个体也因而"通过一个复杂的社会关系网连接起来"，社会结构是"在一个给定的时刻里，所有个体的全部社会关系的总和"。[2] 在这种对社会结构的理解中，社会关系部分地通过有权使用和控制不同类型的资源组成。

本书所研究的社会结构专指关系结构，是指人们之间的关系配置，这种关系通过掌握工具、分工进行劳动，通过所有制进行分配——涵盖两性关系、名誉与财产、受教育机会等的分配，以及由此而形成的人们各自的社会地位等。这包括独龙族地方社会内部各阶层之间、独龙族与同一地理区域内部各少数民族之间的关系，以及该少数民族与国家政权之间的关系。在考虑少数民族，尤其是人口较少民族的社会关系结构时，应该明确的是：①在这三层关系上，谁是自变量，谁是因变量？②在不同的历史阶段，自

---

[1]　人类学的政治研究方向之一是历史研究，侧重于关于土地所有权引起骚动的历史，将对本土文化的理解与在更大的世界中的政治和经济系统的关系有机结合起来。参见纳日碧力戈等：《人类学理论的新格局》，北京：社会科学文献出版社 2001 年版，第 95 - 96 页。

[2]　拉德克利夫 – 布朗著，丁国勇译：《原始社会结构与功能》（一），北京：九州出版社 2006 年版，第 471 页。

变量与因变量是否发生变化，具体如何变化？本书在阐述独龙族社会变迁的历史进程时，将逐步解析这些问题。每一个章节表面上在谈社会变迁各方的行为或态度，其实就是围绕着这些问题在分析其社会关系结构的变迁。

（二）人口较少民族

本书所界定的人口较少民族，是从人口规模这个标准来看的，并不是从社会发展程度或政治、经济地位来划分和界定。学术界对于人口较少民族的称呼不一，早期有"弱小民族"的提法[①]，基本上都是从研究对象所处的弱势地位来分析。20 世纪中期，西方学术界，尤其是英美人类学家对美洲、非洲和大洋洲的小规模社会进行了大量研究，他们习惯称呼人口较少民族为土著、部落或部族。苏联民族学界在 30 多年前已出现"人口较少民族"用法[②]，我国政府目前将人口在 10 万以下的民族列入需要特别扶持发展的人口较少民族。在关注人口较少民族生存发展问题和实证研究时，以10 万人口以下作为人口较少民族划分标准，基本上反映了人口较少民族人口数量"少"、传统文化相对简单的特点。[③] 按照 2010 年人口普查的数据，中国人口较少民族是指总人口在 30 万以下的 28 个民族，包括独龙族、柯尔克孜族、京族、怒族等，占 56 个民族组成的中国之半数。在本书的研究语境中，进一步将人口在 1 万以内的人口较少民族作为研究对象进行比较分析，其人口数如表 0 - 1 所示。

表 0 - 1　人口总数在 1 万以内的民族在中国大陆的人口数及其聚居地

民族	珞巴族	独龙族	高山族	赫哲族	鄂伦春族	塔塔尔族
人口数	3 682	6 930	4 009	5 354	8 659	3 556
聚居地	西藏	云南	福建、浙江	黑龙江	内蒙古	新疆

资料来源：《中国统计年鉴（2011）》，北京：中国统计出版社 2011 年版。

---

① 参见李作华编：《世界弱小民族问题》，上海：上海太平洋书店 1921 年版；张弼、吴清友：《亚洲弱小民族剪影》，上海：生活书店 1937 年版；柳絮编著：《弱小民族的革命方略》，上海：中山书店 1929 年版；胡石明编著：《近代弱小民族被压迫史及独立运动史》，上海：大东书局 1929 年版。

② 参见 E. B. 列乌年科娃著，赵俊智译：《马来西亚的小民族：塞芒人、塞诺人、贾昆人》，《民族译丛》1989 年第 1 期；A. 皮卡、Б. 普罗霍洛夫著，龙庚译：《小民族的大问题》，《世界民族》1989 年第 2 期；索科洛娃著，于洪君摘译：《改革与北方小民族的命运》，《民族译丛》1991 年第 1 期。

③ 何群：《综述和讨论：关于小民族的生存及前景》，《西北民族研究》2007 年第 1 期。

人口较少民族由于自身的人口数量太少，如果顺其自然，它们要么彻底放弃自己的文化，融入人口较多民族的社会；要么保持自己的传统，但被排除在很多社会活动和网络之外，面对"发展经济"与"保存文化"的"两难"选择。① 事实上，人口较少民族作为"根蒂不深、人数又少"（费孝通语）的族群，生存和发展都与外部的力量息息相关，因此讨论人口较少民族社会如何变迁具有重要的意义，但能否找出一条更加不同的路呢？

（三）国家

对于"国家"这一概念，目前各种文献中的诸多定义或是针对某种特殊情况，或是依赖于某种特殊的理论观点。这些定义一般可分为三种类型：其一，国家代表各种社会机构的综合体，它使这些机构共同管理一个特殊的、高度进化了的社会；其二，国家是一种特殊的、有明确标志的社会；其三，国家是具有独立地域的社会。国家有大有小，有中央集权的、地方分治的形式，有君主的、贵族的、财阀的和民主的政体；它们的居民属于不同种族、不同肤色，文明发展程度高低不同，它们或是以农业为主，或是以手工业为主，或是以商业为主。

但很显然，国家的本质既不取决于领土的大小，也不取决于其对领土和居民实行强权的程度，而是取决于不同阶级享有不同的权力和收入这个最重要的特征。② 所以，国家通过外部手段大力调整人们共同的社会生活，通过一种"社会契约"使内部达到真正的协调一致。无疑，从本质上看，一切的政治和经济活动都是为了获得财富。作为政治手段的掠夺，以及作为经济手段的劳动，是国家调节稀缺资源的重要方式。

现代西方政治学使用的国家概念，是 16 世纪以后随着欧洲一系列资产阶级民族国家的产生而逐渐形成的。国家是在拥有它的公民或臣民构成大量人口的领土内运行的一套有组织的机构及制度。它有一个法律体系控制社会的活动和调解属于它的个人和集团间冲突的要求，这一法律体系受到独占的合法强制的支援。就国家的消极功能而言，它保卫其领土完整而不受外来侵犯，维持秩序并维护它的公民的安全。一个国家承认其他国家的平等主权，并加入受国家法约束的国与国之间的关系中。③ 可见，在政治学

---

① 闫丽娟、丁淑琴：《试论小民族的研究》，《兰州大学学报》2002 年第 3 期。
② 弗兰茨·奥本海著，沈蕴芳、王燕生译：《论国家》，北京：商务印书馆 1999 年版，第 4 – 15 页。
③ 尼古拉斯·布宁、余纪元编著，王柯平等译：《西方哲学英汉对照辞典》，北京：人民出版社 2001 年版，第 952 页。

中，国家的概念包含以下几个基本的要素：较大量的人口、领土、主权、政治组织和法律制度。但是，这个概念没有表现出国家的阶级本质，亦即国家代表社会上占统治地位阶级利益的实质。

从国家成熟程度来看，有早期的、比较原始的国家，也有成熟的、比较典型的国家。① 早期国家的特征是，社会已有了阶级分化，氏族内部已出现显贵家族，也有了奴隶和依附民，王的地位已经突出，有了王廷和群僚，有了脱离氏族的、独立的、为王服务的兵和军队组织，有了为王权服务的牢狱刑罚。② 国家是阶级社会的产物，要产生阶级，就必须出现使用它就能够带来剩余产品的工具。③ 由于古代中国幅员辽阔，边疆少数民族地方社会情况各不一样，因此，"在给国家下定义时，要把中国古代社会的事实考虑为分类基础的一部分，亦即对血缘关系的相对重要性作重新的安排"④。这意味着，地域组织的建立并非早期国家产生的必备标准，可以考虑将血缘关系尚存但已经建立合法武力组织的部落集团算作一种早期的国家形态。与早期国家相对应的是成熟国家，后者不仅具有公共权力，而且已经实现了对居民的按地域的行政划分。早期国家的主要特征是社会上仍普遍存在着各种以血缘关系为纽带的亲属组织，并且国家的行政组织就建立在这些亲属组织的基础之上，尚未实现真正按地区对居民的行政区划。⑤

> 作为国家的具体体现，同过去相比，它具有两个最根本的特征，即：第一，它造成了一种已经不再直截了当同武装起来的全体人民相符合的公共权力；第二，它第一次不依亲属集团而依共同居住地区为了公共目的来划分人民……国家和旧的氏族组织不同的地方，第一点就是它按地区来划分它的国民……第二个不同点，是公共权力的设立。⑥

可见，国家是地域与公共权力的结合。财富是文明与国家产生至为关

---

① 赵伯雄：《周代国家形态研究》，长沙：湖南教育出版社 1990 年版，第 5 - 8 页。

② 何兹全：《中国古代社会》，郑州：河南人民出版社 1991 年版，第 91 - 93 页。

③ 何国强：《论卡尔·魏特夫的东方国家起源说》，《中山大学学报》（社会科学版）1996 年第 5 期。

④ 张光直：《中国青铜时代》，北京：生活·读书·新知三联书店 1983 年版，第 54 页。

⑤ 沈长云、张渭莲：《中国古代国家起源与形成研究》，北京：人民出版社 2009 年版，第 149 页。

⑥ 中共中央马克思恩格斯列宁斯大林著作编译局编：《马克思恩格斯选集》（第四卷），北京：人民出版社 1972 年版，第 110 - 117 页。

键的因素，比如存在农业、手工业的多重分化与重组滞后，社会财富就增长缓慢，财富的集中程度不高，因此不可能支撑一套正式化的国家体系。[①]国家的特征就是存在着把权力集中在自己手中的特殊阶级。[②]在国家这一制度中，地缘代替了血缘，同时设立了公共权力。[③]国家是建立在一种特殊的公共权力基础上的特殊的公共权威。[④]因此，国家是一种复杂的政治整合状态，它源于那些生存基础是集约农业的社会，它的领导地位由一个人或一位精英承担，而这个人又依赖一个官僚集团、大家族的忠诚、一种阶级结构以及一种基于纳贡和税收的经济再分配制度进行统治。[⑤]考察国家的概念，离不开生产力与生产关系的互动。

在许多情况下，国家甚至要在统治者与被统治者之间充当"表面上的调停人"，对此，恩格斯也有一段精辟的话语："国家是表示这个社会陷入了不可解决的自我矛盾，分裂为不可调和的对立面而又无力摆脱这些对立面。而为了使这些对立面，这些经济利益相互冲突的阶级，不致在无谓的斗争中把自己的社会消灭，就需要一种表面上凌驾于社会之上的力量，这种力量应当缓和冲突，把冲突保持在秩序的范围内。这种从社会中产生但又自居于社会之上，并日益同社会脱离的力量就是国家。"[⑥]这里所说的"表面上凌驾于社会之上的力量"即"公共权力"，是掌握在统治阶级手中控制被压迫阶级使之服从的工具。

结合以上各种理论中有关国家定义的观点，笔者在本书中使用"国家"这一概念，则不完全属于政治学中"主权国家"的范畴。按照恩格斯提出的国家定义的两个必备条件"公共权力"和"按地域划分居民"，笔者认为可以将这两个条件用在讨论中国古代边疆少数民族周边的地方势力之中。本书强调只要具备了这两个条件，无论其地域大小，都可以称为"国家"，

① 何国强、曾国华：《从民族志和考古学资料看中国国家的起源》，《中山大学学报》（社会科学版）1999 年第 3 期。
② 中共中央马克思恩格斯列宁斯大林著作编译局译：《列宁全集》（第一卷），北京：人民出版社 1955 年版，第 397 页。
③ 中共中央马克思恩格斯列宁斯大林著作编译局译：《马克思恩格斯全集》（第二十一卷），北京：人民出版社 1965 年版，第 194 页。
④ 何国强、景燕春：《马克思恩格斯列宁视野中的理性法和实践法》，《中山大学学报》（社会科学版）2003 年第 5 期。
⑤ 特德·C. 卢埃林著，朱伦译：《政治人类学导论》，北京：中央民族大学出版社 2009 年版，第 153 页。
⑥ 中共中央马克思恩格斯列宁斯大林著作编译局编：《马克思恩格斯选集》（第四卷），北京：人民出版社 1972 年版，第 166 页。

但并不强调其独立主权的性质。

还需要注意的是，本书对于国家这个概念的讨论不是专指"民族国家"。在民族学的学科视野中，民族国家一般是指"单一民族的国家"①，或者是以一个民族为基础建立起来的国家。但事实上，所谓的"民族国家"只能被看作"理想中的国家形式"。② 而政治学使用民族国家这一概念时，往往偏重于这一概念中的国家因素，强调国家的主权角度。③ 边缘地区的少数民族，历史上很多时候并未被吸纳到这样一个具有主权的国家之中，但又的确受到外界政治力量的作用。

因此，本书所指的"国家"并非当前政治学所定义的主权国家，采用的是政治人类学的定义。那就是只要具备了地域与公共权力的结合，拥有统治的工具，包括职业化军队或常备军，就可以当作"国家"来看待。在论述过程中，笔者将要讨论古代独龙族先民周边的乘象国、骠国、南诏、吐蕃，近代独龙族周边的察瓦龙土司、英印殖民政府、中原王朝及其地方代理的土司制，现代独龙族所接触的新中国、缅甸及国民党在缅北的残余势力。对这些不同阶段出现在独龙族或其先民周边的地方势力进行分析，只是为了比较它们解决独龙族整体稀缺的能力，丝毫不体现笔者的政治价值判断和对现代国家独立主权的异议。

（四）整体稀缺

在谈论整体稀缺之前，应该先分析一下稀缺的概念。稀缺可以归纳为一定类型的社会中，精神、制度和物质上人们自己能感觉到的与他们生活有关的一切东西被现有人员认为在数量上具有的不足。④ 本书使用"稀缺"试图达到两个目的。第一，当谈论"人口较少民族社会变迁"是"社会本身的一种调节机制"时，它能够作为一种方式用来说明人口较少民族成为社会主义大家庭一员的根本动力；第二，可以用来支持笔者的论点，即在"整体稀缺"的社会中，物质（或现实）的稀缺总会在精神层面产生出许多重要的伴随物，它们对于理解人口较少民族社会变迁的代价具有重要的作用。笔者要尽力论证的是，这些"精神"的伴随物碰撞着获取和保持权力、

① 陈永龄主编：《民族词典》，上海：上海辞书出版社 1987 年版，第 153 页。
② 宁骚：《民族与国家——民族关系与民族政策的国际比较》，北京：北京大学出版社 1995 年版，第 267 页。
③ 周平：《民族政治学》，北京：高等教育出版社 2003 年版，第 48 页。
④ BLACK-MICHAUD J. Cohesive force：feud in the Mediterranean and the Middle East. New York：St. Martin's Press，1975：121 – 178.

财富、地位的想法，促使精英阶层的出现和社会分层的加剧。

稀缺对社会、对每一个人来说，既是普遍的，又是相对的。[①] 说它普遍，是因为每一个人都普遍地受到稀缺的约束。例如，当今部分城市中高昂的楼价让普通工薪阶层望而却步，这样，商品房就具有了绝对的稀缺性。说它相对，是因为对各个不同的人，尤其是对不同的社会来说，受稀缺约束的具体影响形式又会因时、因地而有所不同。比如，在高铁尚未普及年代的春运期间，不管是火车票还是客运汽车票，往往是一票难求，但对于不回家过年的人来讲，车票并不具有稀缺性。

马克思在他的政治经济学中虽未明确提出"稀缺"这一预设，但在其理论体系的表述及基本概念中，稀缺是马克思政治经济学得以建立的基础。在《资本论》第一卷中，马克思将货物分为"有用、稀缺并且是劳动生产出来的货物；有用但不稀缺，也非劳动生产出来的货物"[②]。从主观角度看，稀缺是永久地感觉现有资源和政治结构不足以满足全体人的最低的有意识需求。唯物史观要求在经济基础与上层建筑的基础上考察生产力与生产关系的矛盾性，寻找推动历史发展和社会进步的动力。因此，"稀缺"这个概念对于政治人类学的研究，将成为一个十分重要的逻辑环节，也是本书用来分析独龙族社会变迁的原动力。

稀缺的一个近义词是"短缺"。[③] 在某些边缘社会，不仅物质生活极其贫困，精神生活和其他社会需要也长期处于匮乏状态，整个社会处于一种需要及需要的满足极度短缺的状态之中。在短缺严重的情况下，人们的社会行为会发生重大的改变，并对社会发展和人们的生活态度、价值观和行为反应产生重大的影响。这会直接地影响整个社会的面貌和文化状态。经济短缺主要表现为缺衣少食，生命安全和机体健康也可能处在严重短缺的状态。社会需要的短缺主要体现在对社会政治和伦理价值等方面的需要上。如果人们无法从社会中获得必要的资源，或者社会对其成员在社会地位、声望、尊严、道德人格和伦理价值的认识与追求方面的需要供应不足，就会使得成员在社会心理、人格、知识结构、世界观和价值观等方面存在严重的缺陷，让他们没有能力参与基本的社会活动，也就是"人们感到在社

① 张明：《稀缺、效率与制度分析》，《兰州学刊》2006 年第 2 期。

② 庞巴维克著，陈端译：《资本实证论》，北京：商务印书馆 1964 年版，第 176 页。

③ 格洛克将短缺分成五类——经济、社会、机体、伦理和心理的短缺，参见查理·Y. 格洛克：《短缺在宗教群体的起源和进化中的作用》，载《宗教与社会斗争》，纽约：牛津大学出版社1944 年版，第 24－36 页。

会上占统治地位的价值与规范不再向他们提供组成有意义的方式时，伦理价值的短缺就存在了"①。但是与稀缺相比，短缺实际上包含的范围更窄。

本书引入整体稀缺作为政治人类学的术语，虽然是从经济学中借用，但范畴已经超出经济学，涉及经济、政治和教育等多个领域，主要表现为物质利益与可分配的社会资源的缺乏。在本书的语境中，将要考虑以下两方面：其一，从稀缺的层次上看，生态稀缺可以存在于工具、技术、劳动分工和消费品；制度稀缺存在于家庭和社会制度等各方面。其二，稀缺的近义词可以包括贫困、简单、低级或落后，稀缺的反义词可以是复杂、高级、富足或发达等词汇。仔细分析这些词汇，可以发现稀缺囊括了其各种近义词的各层意思，最适合表达本书研究的独龙族社会的实际状况。反过来看，这些近义词却没办法贴切地表达"稀缺"所能表示的意思。稀缺包括生态稀缺与制度稀缺，与社会结构存在正相关的关系。

"稀缺"是社会结构变迁的动因，国家是社会结构变迁的主导力量，结构的变化是达到社会变迁的中介。社会变迁的中心是人们之间关系配置的变化，这种关系由劳动工具和分工进行调节，并表现为所有制与分配方式的变迁，比如两性关系、名誉与财产、受教育机会等的分配以及由此而形成的地位等。

（五）社会分层

在马克思、韦伯与涂尔干三大经典社会学家那里，经济、权力、声望与职业是社会分层的主要标准。马克思认为阶级就是占有共同经济地位的社会群体，是否占有生产资料成为社会阶级划分的唯一指标。② 德国社会学家韦伯提出了财富（经济地位）、声望（社会地位）、权力（政治地位）"三位一体"的多元分层理论："在经济领域存在着阶级，在社会领域存在着身份地位或声望群体，在政治领域存在着政治权力派别（即政党）。"③ 涂尔干则提出了以社会分工为基础的职业分层理论。他指出，在任何一个社会中，分工有重要位置和不重要位置的差异，社会分工体系中的各种角色、职位的配置有一定比例，而不是任意的。"如果公职人员、士兵、经纪人和

---

① 罗纳德·L. 约翰斯通著，尹今黎、张蕾译：《社会中的宗教——一种宗教社会学》，成都：四川人民出版社1991年版，第129页。

② 中共中央马克思恩格斯列宁斯大林著作编译局编：《马克思恩格斯选集》（第一卷），北京：人民出版社1995年版，第677页。

③ 弗兰克·帕金著，刘东、谢维和译：《马克斯·韦伯》，成都：四川人民出版社1987年版，第148页。

牧师的人数过多，其他职业就不免会受到这种过度亢奋的损害。"① 随着西方发达资本主义国家从工业社会（生产社会）步入消费社会，以波德里亚、布迪厄、道格拉斯与费瑟斯等为代表的社会学家深入分析了消费与社会分层的关系：某种消费文化意味着消费的阶层特征，特定的消费品与消费方式成为区分社会地位群体的符号②，而消费能力恰恰反映在稀缺上。

社会分层需要在等级社会中才能出现，在其中"受尊敬的地位比人们应该获得的要少"，在不同的社会中，等级的出现是与社会物质生活条件的不断变化相适应的。这些变化，主要是人口的增加和农业生产效率的提高，对社会制度造成了压力，使之必须发展更有效的生产方式和资源分配方式。那么，谁来提高效率呢？它要通过职责和权力的方式集中在少数人手中，这本身就构成了一种稀缺。在分层社会中，一些成员对于维持生产和生存所必需的一切资源都具有无限制的获得权；相反，另一些成员由于种种门槛设置而不能直接获得这些资源。因此，社会分层其实就是一种对稀缺资源的控制手段，也是制度调控的结果。

当少数人通过组织的、地理的或物质的手段垄断了诸如土地、水源、工艺原料等有限的自然资源时，就会产生对获得基本资源的限制；在一个社会中，当一部分人从事不同于生活资料生产的专门职业，并因此必须依赖他人提供必备的物质资料时，也将会产生对获得基本生活资料的限制。

可见，形成社会分层的基础是物质变量，并且与社会的周围环境、人口和经济结构融为一体。物质变量最大的特性是具有稀缺性，这种稀缺性受到生态、人口和历史因素的制约，进一步影响社会制度，在政治制度上表现得尤为明显。人口压力（包括内部增长和外部移民）、生态资源范围的缩小、要求集中管理和负责的组织系统等，都是决定社会分层的条件。

国家以制度化的物质和意识形成统治机构，解决分层社会中可能出现的冲突。首先，强制性统治机构运用武力维护等级制度和私有财产的神圣不可侵犯；其次，通过在制度上对消息和通信的控制，国家试图使等级制度在意识形态上取得合法的地位。由此，可以得出一种因果关系：人口较少民族社会大多处于边境地区，甚至跨境而居，生态环境决定了其物质资源存在不同程度的稀缺，为了获得充足的生活资料，人口较少民族总是试图向周边最强大的力量靠拢。但是，由于周边力量在不同历史阶段解决稀

---

① 涂尔干著，渠东译：《社会分工论》，北京：生活·读书·新知三联书店 2000 年版，第 229 页。

② 李怀、程华敏：《消费分层：一个社会分层的重要维度》，《江淮论坛》2010 年第 1 期。

缺的能力不同，对人口较少民族的吸引力自然也不一样。在吸引与排斥的不断往复作用中，人口较少民族逐渐被吸纳到解决稀缺能力最强的"国家"。这时，国家不仅给予人口较少民族物质上的帮助，而且其整合力量足以保障人口较少民族的生活，同时要求人口较少民族放弃某些传统的文化要素；最重要的是从意识形态上服从于国家的意志，国家设计的各项制度进入人口较少民族社会，不断影响地方社会原来的思想观念，其间难免有冲撞和不适，但最后分层社会初具规模，人们开始适应新的分层。

分层社会的基本特征是一些成员对基本生活资料的获得权受到了限制。于是，谁能够得到这些权力，谁就可以占据社会等级金字塔的上一层。此时，我们需要考察得到资源控制权的人采用了什么方式，他们通过这种方式，为何可以有效地获得权力等稀缺资源，从而爬上社会等级金字塔的上一层。伴随着分层出现的是社会分化为根本不同的经济集团，那些获取基本生活资源不受限制或能够获得较多资源的人构成一个集团，这些人代表着社会的精英；而那些受限制或很少能够获得同样资源的人构成了另一个集团，于是，阶级分化出现。平权社会的特征开始逐渐消失，人们占有食物和未加工的原料等基本生活来源，已经不再按照往昔的平均分配方式。所以，在分层社会中，人们占有稀缺资源的方式反映在获取、利用和消费等环节之中，分层的特征体现在谁在何时用何种方式获得了稀缺的资源。本书对于社会分层的定义，主要集中在独龙族内部各阶层的分化水平上，具体标准有两方面，首先是社会资源获取，其次是经济财富收入。

第二节　研究对象与研究意义

一、研究对象

本书主要研究独龙族成为社会主义大家庭一员的过程。为了对独龙族这一研究对象进行全面的观察和分析，笔者选择了独龙族聚居区——云南省怒江傈僳族自治州贡山独龙族怒族自治县独龙江乡作为田野调查点。另外，在该县丙中洛镇双拉村小茶腊、西藏自治区林芝市察隅县察瓦龙乡扎恩村、云南省迪庆藏族自治州维西傈僳族自治县康普乡普乐村曲八开和缅甸边境木克嘎村也进行了短暂的田野工作。田野工作时间总共为285天，其中 233 天在主要田野点——贡山独龙族怒族自治县独龙江乡进行调查。

（一）为何选择独龙族

首先，人类学研究的传统促使笔者研究独龙族。早期的人类学无论是研究"自然人"还是"社会人"，大抵都是从原始部落社会起家。[①] 屈指算来，人类学的四个分支学科，不管其发展历程如何，起初大多将研究的焦点定位在当时看来较为原始的部落社会中。泰勒在比较多种文化现象之后喟叹："蒙昧人在任何情况下，都没能有意识地去获得比在其父亲管理下更多的知识和建立更好的法律。相反，他们却容易认为，他们的祖先传给他们完善的智慧，而对它进行哪怕是最小的改革都是不敬的。"[②] 若是果真如泰勒所言，关心民族传统文化保护的众多学者倒会拍手称快。当然，事实并没有如他所想。之后，立足于实证分析的诸多人类学者不约而同地选择了远离都市的后进部落社会进行研究。

田野调查成为人类学的一个锐器之后，矢志于蛮荒部落社会研究而不渝的人类学家可圈可点。马林诺夫斯基在西太平洋的特罗布里恩群岛上与当地居民生活两年，尔后用民族志的形式提供了一个非西方的、前工业社会的、非货币化的和跨地区交易体系的样本。[③] 然而，正当我们希望科学专家通过劳动获得原始人类新形象的时候，它却在瞬间化为泡影。因为尽管目前尚有一大批土著社区可供科学研究，但在一两代人之内，他们或他们的文化实际上就要消亡。[④] 马林诺夫斯基的预感没有错，与他同时代的拉德克利夫 - 布朗在 20 世纪初进行田野调查的安达曼群岛，到了 21 世纪初仅剩 5 个部落，不到 900 人，其中大安达曼岛民仅有 36 人在世。[⑤] 其后，普里查德在东非尼罗河畔努尔人中进行的研究、利奇在上缅甸高地的克钦人中进行的调查，相继成为人类学者心目中的标杆。

不可否认的是，这些早期的人类学家几乎都意识到了地处边缘的原始部落迟早会被地处中心地位的民族同化，因而在这类群体尚未完全质变之

① A. C. 哈登著，廖泗友译：《人类学史》，济南：山东人民出版社 1988 年版，第 2 页。

② 泰勒著，连树声译：《人类学——人及其文化研究》，桂林：广西师范大学出版社 2004 年版，第 412 页。

③ APPADURAI A. The social life of things: commodities in cultural perspective. Cambridge: Cambridge University Press, 1986: 19.

④ 马林诺夫斯基著，梁永佳、李绍明译：《西太平洋的航海者》，北京：华夏出版社 2002 年版，前言第 1 页。

⑤ 拉德克利夫 - 布朗著，梁粤译：《安达曼岛人》，桂林：广西师范大学出版社 2005 年版，译序第 2 页。

前记录下其社会和文化，是何等重要。正如普里查德所言，"原始"一词并非指社会在时间上比较早，或比其他社会更低劣，而是指那些在成员上、地域上，以及社会的接触范围等方面规模更小的社会。这些社会正快速地转型，如果不及时研究，则将再无机会了。① 如此看来，选择人口数量很少的独龙族作为研究对象就不仅仅是延续人类学研究传统的问题，还肩负着抢救濒临消失的传统文化之使命。

其次，人类学素以人文关怀为本学科的特点。人类学的田野不仅是照相机、笔记本，而且更应该是人类社会未来的设计者、创造者；不仅不能排斥情感，而且必须正视情感，融情感于田野之中，去除田野调查者对调查对象漠不关心的态度，或单纯的文本解读、理论验证，以使田野由单纯的科学调查升华至对人性的关注与社会的责任。② 选择目前发展阶梯上处于后进状态的独龙族作为调查对象，意在通过科学的调查提请世人对其给予高度关注。"各少数民族为了要改变他们历史上遗留下来的落后面貌，发展他们的经济和文化，要求进行必要的社会变革，而这些变革必须从他们本民族当时的发展阶段出发，由他们本民族人民自愿进行……我们研究各民族的社会历史目的是在帮助各民族发展起来，而在研究过程中我们需要比较社会学的知识和社会发展一般规律的理论作为我们分析具体社会的工具，这就是说，我们的理论是和实践相结合的。我们是为了实际的目的，为少数民族进行社会改革提供科学的事实根据和符合少数民族利益的意见。"③因此，对独龙族的研究也是出于本学科学以致用之目的。

最后，从本研究的目的来看，独龙族十分合乎研究的需要。本书讨论人口较少民族社会变迁的过程，需要考虑各方之间的角逐。独龙族的先民在不同稀缺时期需要面对周边不同的力量，它们之间可能是二元角逐，也可能是三方甚至是四方竞逐。独龙族自唐代开始，就处在乘象国、吐蕃和南诏的政治边缘处，其位置犹如三个相切圆的中空地带。独龙族在夹缝中求生存的处境非常合乎笔者对"中间圈"④ 研究的思考。到明清时期，独龙族处于中原王朝在云南的地方代理及英印殖民政府的夹缝之中。国民政府

---

① 伊凡－普里查德著，陈奇禄、王崧兴译：《社会人类学》，台北：唐山出版社 1997 年版，第 7－8 页。（注：通常译为埃文斯－普里查德，这里保留原书译者采用的名称）

② 周大鸣：《人类学导论》，昆明：云南大学出版社 2007 年版，第 71 页。

③ 费孝通：《迈向人民的人类学》，载辛格尔顿著，蒋琦译：《应用人类学》，武汉：湖北人民出版社 1984 年版，第 101－102 页。

④ 王铭铭：《中间圈："藏彝走廊"与人类学的再构思》，北京：社会科学文献出版社 2008 年版，第 2－8 页。

时期，独龙族同样处于新旧势力交替的包围中，代表封建政权的察瓦龙土司、民国政权与英印殖民政府在独龙族周边互相角逐。到了新中国成立时，依然还有三方的力量在独龙族周边，缅甸政府、退守缅甸的国民党残部、新生的共和国政权三方都试图将独龙族吸纳进自身的体系中，但最终只有新中国获得了成功，其中的历史经验值得分析。

（二）为何选择多点调查

笔者在对独龙族进行田野调查时，选择多个田野点进行调查的理由如下：

首先，本书不是一部民族志，因为民族志是从独特性着眼，对人类群体进行的观察和分析，目的在于尽可能忠实地还原每一个人类群体的生活原貌。[①] 而民族学面临的课题是试图为一个我们无法了解其历史的民族重建过去。这需要利用民族志提供的资料进行比较研究。为原始民族建构历史的"全部工作都属于构拟，不可能是别的东西"[②]。本书要构拟独龙族社会变迁的历史过程，属于比较宏大的视角，需要借用对比研究的方法，因此不能采用民族志所提倡的微观社区研究，在一个典型的村寨居住一个农业生产周期，仔细记录当地的文化事项。

其次，独龙族聚居在一条狭长的独龙江两岸，村落分散，人口密度不大。孔当乡政府所在地孔目村是峡谷内人口密度最高的地方，交通也比其他村寨便利，生活条件相对较好。但由于该地是外界游客进入独龙江的第一站，村民在长期与外界打交道的过程中，掌握了市场知识，饮食住宿的收费都较高。[③] 如果只是挑选调查相对便利的村寨，在漫长的田野调查期间，生活成本会较高。另外，其他村寨由于远离孔当，购买一次食物背回村寨只能供应一至两个星期，村民普遍生活艰苦。若是长期住在一户人家里，他的负担将会很大，不利于双方的互动。因此，从有限的田野调查经费和田野点的实际情况出发，笔者的田野调查采取的方式是在独龙江上、中、下游各选择一个田野点，沿着峡谷巡回往返，每隔一个月变动一次田

---

① 克洛德·列维-斯特劳斯著，张祖建译：《结构人类学》，北京：中国人民大学出版社 2006年版，第 4 - 5 页。

② BOAS F. History and science in anthropology：a reply. American anthropologist，1936（38）：137 - 141.

③ 2008 年笔者调研时孔当最好的旅馆"客崧旺"一个房间每晚 80 元，一般的小旅馆一个床位每晚 15 ~ 20 元，带有洗漱设施的中等旅馆一个床位每晚 40 元。饮食价格比贡山县城高出 50%，普通快餐价格为 15 元，方便面 5 元一盒。

野点。这样不仅可以了解到整条峡谷内的情况，还可以改变单调的田野生活，也能减轻当地独龙族群众的接待压力。

最后，多点调查也是理论研究的需要。研究者不满足于对一个社区就事论事式的描述，而是要与更大的学术理论展开对话，揭示一个更深层次的理论探索模型。展示对人类学论题的反思和启示，其意义在于提出的新问题、看待和解决新问题的视角，以及对今后进一步研究所要解决的问题和可以采取的路径所作的努力。这需要一种广阔的视角，也需要对研究对象有整体全面的把握。探索多点田野研究在方法论和理论上，给予我们最好的潜力去追踪和把握批判的文化边界、文化离散，以及既是社会研究的，也是与我们同在的那些人群的替换地形；多点田野研究是对界限自我和界限文化的一次挑战。① 因此，本书不仅选择独龙江流域的独龙族村寨进行较长时间的调查，还对怒江、澜沧江流域的独龙族进行走马观花式的调查，甚至还到缅甸的木克嘎村进行短暂的调查。

（三）田野点概况

1. 建制沿革

怒江傈僳族自治州位于云南省西北部，北连西藏自治区林芝市察隅县察瓦龙乡，南接保山市，东靠大理市、丽江市和迪庆藏族自治州，西与缅甸相邻。怒江州下辖泸水市、福贡县、贡山独龙族怒族自治县和兰坪白族普米族自治县。全州共 29 个乡镇，255 个村民委员会，2020 年末全州总人口为 55.3 万人。

西汉以来，怒江州各县分属大理、丽江、保山等地管辖。两汉时期，贡山属越嶲郡边徼地。唐南诏时期，属剑川节度使。宋朝大理国时期，属谋统郡辖地。元朝贡山属临西县辖区（今为维西县），隶属于丽江府管辖。明代由丽江木氏土司下属的维西县康普和叶枝两个土千总管辖，隶属于丽江军民府。明朝建立以后，在云南广泛推行土司制度。1382 年，授纳西木氏为世袭丽江土知府。1384 年，授白族罗氏土司为兰州土知州，辖兰坪、碧江等地，属丽江府。1620 年，清政府为加强对怒江地区的统治，设置六库、老窝两个土千总，属云龙州。清末，察隅土司势力伸入菖蒲桶。辛亥革命以后，云南地方政府为了遏制帝国主义对怒江地区的侵略野心，同时

---

① 罗伯特·C. 尤林著，何国强译：《理解文化——从人类学和社会理论视角》，北京：北京大学出版社 2005 年版，第 287 页。

削弱地方土司的统治权力，建立了"怒俅殖边总队"，分三个分队进入碧江、福贡和贡山，成立了知子罗、上帕和菖蒲桶三个"殖边公署"；在兰坪县营盘街设立"殖边总局"，将原属于保山市的登埂、卯照、鲁掌土司属地和原属于云龙的六库、老窝土司属地合并，成立鲁掌行政公署。

1916年，知子罗、上帕、菖蒲桶三个殖边公署相继改为"行政公署"。1928年至1933年间，鲁掌、知子罗、上帕、菖蒲桶四个行政公署先后改为泸水、碧江、康乐、贡山四个设治局。兰坪、碧江、福贡和贡山四县隶属于丽江行政专员公署。1954年，成立了包括泸水、碧江、福贡、贡山四县的"怒江傈僳族自治区"，首府设在碧江县城知子罗。1957年，改为"怒江傈僳族自治州"，并将兰坪县划入。1975年，因碧江县城有地质灾害的风险，自治州首府迁往泸水县六库镇，同时废除碧江县建制。

清朝，独龙江属维西守备厅管辖，隶属于丽江府。雍正六年（1728），丽江实行改土归流，废土知府，设流官，察瓦龙土司也开始管理怒俅两江上端。光绪三十四年（1908），夏瑚就任阿墩子（今德钦县）弹压委员，监管怒俅两江事宜。民国元年（1912），国民党地方政府派出殖边队进驻怒江，武装开发边疆，成立"菖蒲桶殖边公署"，隶属于兰坪营盘的"殖边总局"。民国五年（1916）改为"菖蒲桶行政委员会公署"。民国二十二年（1933），因菖蒲桶人民俱住于高黎贡山两边，经省府例县讨论采用"贡山"为县名，并呈报国民政府内政部批准，[①] 将菖蒲桶行政区改为贡山行政区，并同时使用贡山设治局行政区划，隶属于丽江行督察专员署。1949年8月25日，贡山和平解放，成立贡山办事处，1952年改为贡山县人民政府，属丽江专员公署。1954年隶属怒江傈僳族自治州，1956年10月成立贡山独龙族怒族自治县。清朝末年，独龙江尚无地方机构设置。民国五年，菖蒲桶行政委员会将独龙江划为西保董；民国七年（1918），称独龙江为维西县茨开县佐西区；民国十一年（1922），称菖蒲桶行政委员会第四区；民国二十六年（1937），称贡山设治局孟底乡；民国二十八年（1939），改称新民乡；1950年4月称贡山县第四区；1969年称为独龙江公社；1984年改为独龙江区；1988年改称独龙江乡。

---

① 贡山独龙族怒族自治县志编纂委员会编：《贡山独龙族怒族自治县志》，北京：民族出版社2006年版，第20－25页。

2. 地理交通

独龙江河谷位于中国西南边疆的西北角，地处缅甸北部与中国云南、西藏的交界地，北依西藏察隅县，东靠云南迪庆州德钦县和维西县，南接怒江州的福贡县，西连缅甸的北端，地理位置处于滇西北横断山纵谷地带的中心。喜马拉雅山的余脉高黎贡山和担当力卡山纵列，独龙江峡谷呈一弯曲的狭长条状镶嵌在喜马拉雅弧形构造地带的大拐弯处，总面积有1 994平方公里，地理坐标为北纬27°31′~28°24′，东经98°08′~98°30′。

从独龙江向东到怒江边，历史上有四条路线：从独龙江上游熊当东岸出发，沿麻必洛河东行，或从迪政当东岸翻越高黎贡山，东行三天可抵达贡山县的丙中洛镇；从独龙江中游的献九当东岸学切村翻越高黎贡山的德郎峰和涅日旺峰，行走三日抵达涅瓦龙，再东行一日到丙中洛；从中游的孔当过溜索向东，翻越高黎贡山，行走三日，达丙中洛的双拉，也可沿高黎贡山山脊向南行三天，中间涉过木嘎河，可达黑哇底及贡山县城茨开；从南部的子坝卡东行逾高黎贡山至原碧江县老姆登。此四条羊肠小道均要翻越高黎贡山，沿途青山高耸，危石叠嶂，险滩横流，荆棘密布，需要攀藤附葛，拔草寻径，来回一趟需要十天左右。

逆独龙江向北而上到西藏察隅，要从独龙江上游的斯柔过溜索，经普尔、木当等村往东北方向行走，攀越勒色山和勒邓山，到怒江边的扎恩。此地有两条路可通达察瓦龙，一条是过怒江溜索，紧沿江东岸北上，途经一段非常危险的落石地带；一条是沿怒江西岸翻过三座高山北上，需行走五日到达察瓦龙。或沿克劳洛河而上，经班、南代和迪布里一直往西行走七八日可到达西藏察隅和日东地区，此途异常难走，却是西藏解放前藏族与独龙族交往的主要通道。向西至缅甸各地的山路有四条：一条是沿独龙江上游克劳洛河北上西行，行走约八天达缅甸的苏邦地带；一条是从上游的迪政当西行五日，达缅甸的拉江江头；一条是从中游的献九当西行约十日，或从普卡旺西行，达缅甸的久江地带；一条是顺独龙江而下从江尾经马库、钦郎当，过藤索吊桥到缅甸。无论是向北到西藏，还是向西、向南到缅甸，都要翻越莽莽苍苍的担当力卡山，险峰齿列，激流棋布，野兽出没，蛇虫肆虐，阻碍了独龙族人与北边的藏族和西部、南部的缅民的接触交流。

笔者调研的2008年4月，独龙江乡下辖孔当、马库、巴坡、献九当、龙元、迪政当6个村民委员会，41个村民小组，974户，4 324人，其中有独龙族4 009人，是中国独龙族的唯一聚居区。1963年2月，党和政府拨出

20万元专款，并作出"军地联合，民工建勤"共同修筑从贡山县城通往独龙江巴坡的人马驿道的决定，人民解放军驻贡山部队指战员与当地的独龙、怒、藏、傈僳、纳西、汉等民族干部群众经过9个月的浴血奋战，耗费24万个工日，1964年终于修通了从贡山县城丹当通往独龙江巴坡的全长65公里的人马驿道，但仍需3天艰苦跋涉才能越过高黎贡山到达怒江边。生活物资的运输全靠马帮驮运，需要翻越海拔3 600多米的雪山垭口，进出一趟需要五六天。每年从12月至来年的4、5月间，大雪封山达半年之久。1999年，交通部投资1亿多元，修通了贡山县城到独龙江乡政府所在地孔当村的简易公路。独龙江公路在海拔3 300米的高黎贡山南磨王山峰口打通了一条长达424米的隧道，沿途经过三座石头桥、两座石拱桥和五座橡木桥。但每年12月开始到次年有6至8个月的大雪封山期，封住了通往县城贡山唯一一条乡村公路，此时交通隔断，与外界的物资运输通道断绝，独龙江乡完全处于与世隔离的状态。

3. 山脉水系

独龙江上游为日东河，发源于西藏察隅县伯舒拉岭东麓，入云南省贡山县境后称克劳洛，与支流麻比洛在斯任进行汇合后称为独龙江，从钦郎当流出国境与南塔迈河汇合后称恩梅开江，经伊洛瓦底江流入印度洋；干流总长211.3公里，总流域面积4 327平方公里。独龙江流域处于横断山脉与青藏高原南缘山地的连接地带，流域流程短、海拔高（最高5 679.2米，平均在3 500米以上）、谷深（最低点1 160米，相对高差在4 500米以上）使得其自然条件独特多样。独龙江地区属于掸邦－马来亚地块（泰马地块）的北延部分，是一个极为古老的地块，地质形成过程复杂。

从河流的基本要素来看，独龙江在我国境内总长178.6公里，其中，人类活动集中的地区是贡山县境内的独龙江乡，土地面积为1 994平方公里，占全流域面积的46.08%。高黎贡山北段、独龙江河谷和担当力卡山组成了该区域地貌的基本骨架。地势呈北高南低，峡谷向西南的印度洋与孟加拉湾开口。作为孟加拉湾湿润气流的天然通道，独龙江流域为多雨区（年雨季长达9个月，为滇西北的多雨中心，降雨量为云南省之冠），随着流域地势的强烈抬升，流水的加剧切割、侵蚀，形成了高山深谷的地貌形态。

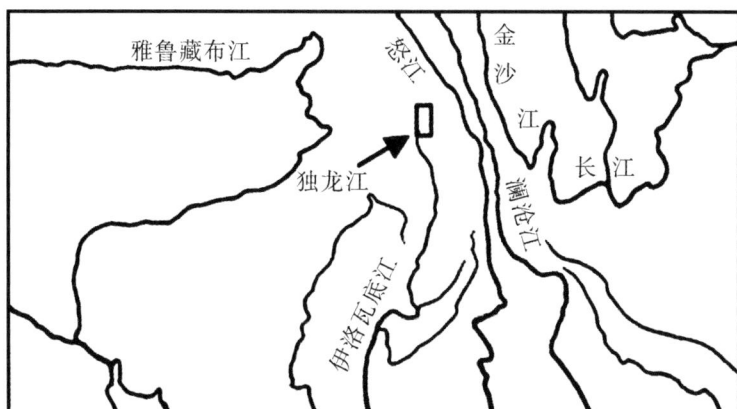

图 0 - 1　独龙江的河流位置简图

独龙江流域北段（雪布拉腊卡以北）具有高原面上的宽谷特征，发育了比较平坦的河谷盆地，如雄当和迪政当，中下游（巴坡以南）河谷狭窄，两岸坡地陡峭，无阶地发育，河面时常仅 20～30 米宽，水流湍急，马库至钦郎当一带山川紧逼，有陡壁滑坡，支流被森林掩蔽。

贡山县境内主要山脉为碧罗雪山（也称为怒山）、高黎贡山（独龙语称为独龙腊卡）和担当力卡山。[①] 三座山脉在县境内形成了两条大的河流，碧罗雪山与高黎贡山夹着怒江，在贡山境内长约 110 公里；高黎贡山与担当力卡山之间夹着独龙江，在贡山县境内长约 90 公里，宽 30～60 米，流域面积约 1 500 平方公里。独龙江河床由北向南倾斜，落差很大，江心多危石险滩，水势汹涌湍急，日夜奔腾不息，声响如雷，远望江水来处，水雾腾腾，十分壮观。

在生态资源方面，独龙江水域共有 6 属 7 种鱼类[②]，它们属于鲤形目的裂腹鱼亚科、野鲮亚科和鲇形目的鳅科等 2 目 3（亚）科，物种数较少，目、科也很单调，这除了与独龙江流域及其周围水系的鱼类区系演化有密切关系外，也与独龙江流域特殊的地质、水文特征以及由此造成的单一的水流环境有密切关系。由于受地形和构造的影响，独龙江坡度陡峻，断层纵横交错，河流切割强烈，河谷多呈"V"形，山高谷深，坡陡沟窄，主河

---

① 独龙语称山为"腊卡"，"担"意为松树，"当"指小的平坝，"担当力卡"意为高山上有很多长满松树的小平坝。独龙语称河流为"旺"或"汪洞"，靠近河流的地名多以"旺"结尾，如普卡旺、米里旺等村寨。

② 陈自明、潘晓赋、孔德平等：《独龙江中下游流域的鱼类区系》，《信阳师范学院学报》（自然科学版）2006 年第 3 期。

床比降为 13.1‰，各支流比降则达到 57.7‰~171‰，加上独龙江流域雨量大，雨期长，造成了独龙江干支流河水湍急、险滩众多，河床中砾石密布，砾石大而磨圆度差的单一水文环境。由于整个独龙江流域的地势北高南低、由北向南倾斜，水流落差较大（北部克劳洛河支流麻比洛在斯任的汇合处 1 960 米，南部的钦郎当 1 213 米），水流急，所有鱼类表现出了对激流水环境的高度适应。从物种数量来说，独龙江水系鱼类区系组成以鳅科的种类最多，有 4 属 4 种；其次为裂腹鱼亚科，有 1 属 2 种；野鲮亚科的种类最少，只有 1 属 1 种，形成了与独龙江下游的伊洛瓦底江水系、怒江水系以鲤科鱼类为主的鱼类组成截然不同的特点。

4. 土壤植被

高黎贡山西坡海拔 2 000 米以下河谷一带，土壤主要为黄壤和黄棕壤。1960—1990 年，独龙江乡固定耕地面积增加了 182%，但粮食产量几乎停留在原有的水平。虽然地广人稀，人口密度只有 2.03 人/平方公里，但耕地资源短缺。1990 年，全乡总土地面积为 299 万亩，但耕地面积只有 7 931 亩，荒山草地约 14 万亩，草场资源 133.9 万亩，其中 97.6% 的土地面积坡度大于 25°，海拔 2 000 米以下水热条件充足、坡度小于 15° 的土地面积仅占 1.61%，约 351 亩，人均不足 0.1 亩。[①] 独龙江夹在担当力卡山和高黎贡山之间，夏秋两季，西南季风带来充沛的雨水，冬春有来自高原的暖气流形成秋晚雨和早雨，致使一年的雨季达 9 个月之多，常年温凉湿润，无干湿季之分。不仅有绵绵春雨，8—10 月份还经常大雨滂沱。

独龙江处于古南大陆植物区系和古北大陆植物区系的融合带上，是物种多样化的中心舞台，也是部分东亚特有科、属的摇篮，可谓东喜马拉雅植物区系之母。[②] 独龙江峡谷生长着亚热带到寒带的 2 000 多种植物，约有 10% 为当地所特有，10% 为云南所特有，30 多种为亚洲所特有，森林覆盖率高达 59.1%。独龙江山谷还拥有丰富的花卉植物、草本植物、宿根植物等，其中花卉品种有 250 余种，蕨类有 275 种，还有被称为"面包树"的董棕。

5. 社会经济

直至 2010 年，独龙江乡尚没有工业，农业主粮基本上依赖政府发放粮食。除了乡政府所在地孔当居住集中程度较高以外，其他村寨依然比较

① 何大明、李恒主编：《独龙江和独龙族综合研究》，昆明：云南科技出版社 1996 年版，第 9 - 14 页。

② 李恒编著：《独龙江地区植物》，昆明：云南科技出版社 1993 年版，第 1 - 4 页。

分散，没有单个村寨人口 300 以上的情况。农村人口在孔当以外的其他村寨占比达到了 95％，孔当进行了小城镇建设，建筑风格和规划设计在保留本民族文化传统的同时也参照内地的模板。在乡政府驻地附近，有派出所、农技站、林业站等行政事业单位。另外，孔当有两个规模稍大的旅馆，接待人数在 30 人左右。

独龙江乡近年主要抓四大项目——草果、花椒、茶叶和核桃。到 2010年底已完成草果 3 万亩、花椒 2 万亩、茶叶 1.5 万亩、核桃 0.5 万亩的种植任务。乡政府在其下发各村的文件上提出要加强技术培训和后期管理，使其形成规模，并成为支撑独龙江乡农民脱贫致富的重要渠道和农村产业结构调整的重要突破口。但从实际的调查情况来看，这些项目收效初期不太明显，农民还很难从中获利。根据乡政府提供的统计表格，2008 年独龙江乡人均 GDP 仅为 1 190 元，是当时国内在经济和社会发展方面最滞后的乡之一。[①] 独龙族集中居住在全长 38 公里的独龙江狭长河谷两岸的台地或者山坡上，这一狭小的地域范围使他们通过亲属关系保持密切往来，在一定程度上能够维持他们的民族认同。

图 0 - 2　独龙江畔狭长河谷地带种植的农作物及独龙族的木楞房

---

① 2008 年 8 月份由独龙江乡政府提供。

独龙族习惯将迪政当村和龙元村称为一乡，把献九当村称为二乡，把孔当村称为三乡，将巴坡村和马库村称为四乡，这种习惯性叫法一直沿用至今。[①] 笔者于 2008 年 6 月至 11 月对独龙江乡 41 个自然村中的 32 个进行了走访，对地理位置上处于独龙江上、中、下游的 3 个自然村进行了重点调查，并分别在这 3 个自然村中选择了一户人家借住，各用 2 个多月的时间进行参与观察。

龙元村距离乡政府驻地约 23 公里，调查时有简易公路可供机动车通行，全村人口总数为 97，其中 2 人为傈僳族。该村地处独龙江畔，村庄离江边不到 100 米，海拔高度 1 665 米，历史上有过 2 次大的泥石流灾害。至 2008 年，该村仍未通电，有人畜饮水工程安装的几个水池供村民日常用水。交通极度不便让该村还保留着较多的独龙族传统，笔者选择该村作为一个重要比较点。

孔当村位于独龙江中游，在乡政府驻地附近的半山腰上，海拔高度 1 810 米，调查时全村 82 人均为独龙族。该村拥有充沛的水利资源，稻田面积达 100 亩。2007 年 10 月，孔目电站正式发电并对 6 个自然村供电，至笔者调查时孔当村已经使用电站统一供电半年有余。该村是独龙江乡有水稻耕作的 3 个自然村之一，而且稻田总面积最大，所以笔者选择该地为一个调查点，调查时间累计两个半月。

巴坡村位于独龙江下游巴坡行政村东南部，只有崎岖狭窄的山路，徒步需要 3 小时左右。海拔高度 1 675 米，调查时全村人口 233 人，只有 2 人为永盛迁来入赘的汉族，其他全部是独龙族。独龙族神话中说该村附近的木克木当山是独龙族的发源地，该村继续向东南方向沿山道行走 6 小时就可到达中缅边境 37、38、39 号界桩。巴坡村水利资源充沛，但是由于交通不便，该村在 2008 年 7 月以前仍没有照明用电。笔者对巴坡村的调查先后共计 52 天，并对青壮年男女进行了人体测量。

小茶腊自然村位于贡山县城以北 36 公里、丙中洛以南 8 公里的双拉行政村怒江西面的高山上。小茶腊自然村海拔高度 2 675 米，调查时全村人口为 156 人，其中独龙族人口 109 人，其他为傈僳族、怒族、藏族和汉族。由于该村地处高山，交通运输异常艰难，直至 2008 年 4 月依然没有通水通电，村民耕作山坡地基本依靠手工。笔者在该村的调查时间为 2008 年 4—5 月，

① 中华人民共和国成立初期至 1958 年人民公社化以前，乡与行政村并列，乡被看作行政村，或者相反，行政村被看作乡。参见何国强：《当代中国地方政府》，广州：广东高等教育出版社 1994 年版，第 114 页。

为期 18 天，主要将该村作为对照研究对象。

西藏察隅县察瓦龙乡有 28 个行政村，45 个自然村。至笔者调查时有
1 117 户，6 882 人，其中劳动力 3 482 人，约占全乡人口的 51%，农业人口
6 662 人，辖区境内居住藏族、汉族、傈僳族、白族、怒族、独龙族等多个
民族，笔者仅对独龙族居住的扎恩村进行了调查。扎恩村是察瓦龙乡的一
个行政村，距离察瓦龙乡驻地扎那有 32 公里，人口总数 187，其中独龙族
人口为 126 人，大部分是西藏解放前从独龙江上游的几个村庄被土司抓来做
奴隶的，西藏解放后土司逃跑留下土地和房屋，独龙族得以继续生活在这
个半山腰的寨子里。该村海拔 1 838 米，有可耕旱地 386 亩，调查时没有通
水电，对外界也没有无线通信或有线电话联络手段。

6. 步入新的发展阶段

新中国成立时，独龙江地区的经济形态基本上是从原始社会直接过渡
到社会主义社会，改革开放以来，从国家到云南省、怒江州、贡山县对独
龙江乡尤其是孔当村投入了大量的财力、物力和人力，使得独龙族聚居区
的各项事业取得了长足发展。独龙族的发展使中华民族的整体发展进入了
新阶段，结束了最后一个民族不通公路、不通电、不通电话的历史。[1]

为实现独龙族跨越式发展、推动独龙族整体脱贫，根据中央领导的讲
话及指示精神，云南省委省政府出台了《关于独龙江乡整乡推进独龙族整
族帮扶三年行动计划的实施意见》，组织相关部门编制了《云南省贡山县独
龙江乡整乡推进独龙族整族帮扶综合发展规划（2010—2014 年)》，并做了
一系列的安排和部署，结合规划和实施意见，编制了《独龙江乡整乡推进
独龙族整族帮扶产业发展专项规划》。紧紧围绕独龙江丰富独特的自然生
态、民族文化等优势资源，突出以旅游业为主的产业发展，加强独具特色
的养殖业、种植业建设，按照生态文明的要求谋划产业发展，积极引导农
业生产走循环发展模式。按照规模化、标准化、良种化、区域化发展要求，
围绕户均 5 亩以上经济作物和经济林果、户均 2 头以上大牲畜的目标，制订
产业发展规划。结合独龙江实际，从"固本、求新、谋发展"三个方面入
手，推进产业化发展。

对于独龙族的社会发展历程，曾任贡山独龙族怒族自治县县长、怒江
傈僳族自治州人大常委会副主任的独龙族干部高德荣有自己的切身感受。
他认为共产党才是独龙族的头人，没有共产党，没有兄弟民族，就没有独

---

① 黄锐主编：《孔当村调查（独龙族)》，北京：中国经济出版社 2014 年版，第 4 页。

龙族的今天。独龙族的当代史，是一部感天动地的感恩史。独龙族的每一点发展都来之不易，得到的每一份帮助都弥足珍贵。在产业发展方面，他认为总靠吃低保是不行的，独龙族要靠自己的双手发展自己的致富产业，建设自己的"绿色银行"。草果、重楼就是独龙江的"绿色银行"，如果独龙江重楼种植发展到四五千亩，草果种植发展到五万多亩，加上养蜂、养猪、养牛、养羊的收入，以及旅游业带动，独龙族群众的持续增收就不成问题了。此外，他提出独龙族必须提高科学文化素质，要具备和外界交流的能力，不然即使脱了贫，迟早会返贫。独龙族人民获得了三次解放，第一次解放是新中国成立，使独龙族人民获得了民主政治权利，实现了从野人到人的跨越；第二次是独龙江公路的修通，使独龙族人民获得了从封闭到开放的发展环境；第三次是实施独龙江乡整乡推进、独龙族整族帮扶行动计划，独龙族将从贫困迈向小康，实现发展的大跨越。①

二、研究意义

（一）理论意义

首先，民族学的一个任务是根据人种特征、语言和文化对民族进行分类。它的第二个与此相联系的任务，就是通过从各种各样的间接根据中（因为没有文字的记载）引出推测，来获得有关民族历史的知识。② 对独龙族进行研究，不仅是民族学任务之一，也是"藏彝走廊"研究的一部分。这个历史 – 民族区域的概念③，主要指川、滇西部及西藏东部由南北走向的山系、河流所构成的高山峡谷区域，该区域因有怒江、澜沧江、金沙江、雅砻江、大渡河、岷江六条大江自北向南流过，形成若干天然河谷通道，自古以来为众多民族或族群迁徙流动的场所，是我国一条重要的民族走廊。现今我国境内属于藏缅语族的民族有藏、彝、纳西、羌、景颇、哈尼、拉祜、傈僳、普米、独龙、怒、白、基诺、阿昌、珞巴、门巴、土家共 17 个民族，加上有待识别的僜人，共 18 个族体。④ 以康定为中心向东和向南大

① 张灵杰主编：《独龙族日常生产生活用语手册》，昆明：云南大学出版社 2017 年版，第 222 – 248 页。

② 拉德克利夫 – 布朗著，夏建中译：《社会人类学方法》，济南：山东人民出版社 1988 年版，第 133 页。

③ 石硕：《藏彝走廊：一个独具价值的民族区域》，《藏彝走廊：历史与文化》，成都：四川人民出版社 2005 年版，第 13 – 31 页。

④ 《中国大百科全书·民族》，北京：中国大百科全书出版社 1986 年版，第 522 页。

体上可以划出一条走廊。一旦把这走廊中一向存在着的语言和历史上的疑难问题串联起来，有点像下围棋，一子相连，全盘皆活。这条走廊正处在藏彝之间，沉积着许多历史遗留，应当是历史与语言科学的一个宝贵园地。① 由于人口稀少，历史上又处于不断迁徙和融合的发展过程中，在元之前的汉文史籍中，独龙族先民的确切族称难以考定。

若从语言系属上分析，凡属汉藏语系藏缅语族的中国各民族先民，都与我国古代氐羌部落集团有密切的族源关系。独龙族的先民也应该是氐羌族群的分支之一。② 语言学的研究成果表明，今藏缅语族即藏、彝、哈尼、白、羌、普米、纳西、傈僳、拉祜、土家、景颇、阿昌、珞巴、门巴、基诺、怒、独龙这 17 个民族语言的约 1 000 个常用词中，具有同源关系的占1/5 左右。语言上的同源关系充分说明上述 17 个民族具有共同的渊源，即他们都是古代号称"东方大族"的氐羌后裔。③ 在"藏彝走廊"研究中，有三个角度与思路需要我们给予充分关注与重视：第一，人、地关系，即文化与地理环境间的关系；第二，藏缅语分化、演变与藏缅语民族源流及历史演变之关系；第三，建立对"藏彝走廊"的整体和多学科综合研究视野。④ 本书的研究可以列入第二、三类，而且是从政治人类学这一交叉学科的角度来研究"藏彝走廊"的历史与文化。

"藏彝走廊"是数千年来的民族流动通道，在历史上形成了沟通走廊东西社会文化，即主要以华夏为主的农业文化和以吐蕃为主的牧业文化进行交流的历史著名东西横向通道。显然，对该走廊的论述和思考，需要站在更加宏观的历史和多民族国家建构角度来认识。从更广义来认识"藏彝走廊"的概念，其南端一直延伸到中南半岛和南亚次大陆北缘，该走廊概念还是一个跨国的地理、历史、民族、语言、文化概念。面对走廊上如此纷繁复杂的生态、历史社会人文事项，既要开展微观的村、镇研究，也要开展中观的跨区域（跨县、州）研究，以及宏观的跨区域（跨省）、跨国家研究。⑤ 本书不仅关注独龙族，还关注同一区域内国境线外与独龙族文化相近的日旺人的社会文化。

---

① 费孝通：《民族与社会》，北京：人民出版社 1981 年版，第 24 页。
② 张桥贵：《独龙族文化史》，昆明：云南民族出版社 2000 年版，第 1 页。
③ 王正华、和少英：《拉祜族文化史》，昆明：云南民族出版社 1999 年版，第 2 页。
④ 石硕：《关于认识藏彝走廊的三个角度与研究思路》，《广西民族大学学报》（哲学社会科学版）2008 年第 6 期。
⑤ 翁乃群：《藏彝走廊族群认同及其社会文化背景的人类学研究》，《西南民族大学学报》（人文社科版）2007 年第 1 期。

其次，本书可以丰富人口较少民族研究的个案资料。对于人口较少民族的研究，世界范围内不乏具体的个案。无论是狩猎采集的多比·昆人和因纽特人，还是园艺式农耕的杨马人和普韦布洛的印第安人①，已有的研究个案确实让我们看到了人类生存方式的多样性，但是没有注意到人口较少民族社会变迁的过程。随着科学技术的传播、通信以及人口的流动，世界正在急剧地同质化。独龙族传统的狩猎采集生产方式尚未完全被抛弃，新的生产体系也未能有效地建立，通过田野调查材料与历史文献建构文本，能够更为精确地反映独龙族社会变迁的过程，同时具有建立区域社会研究档案的功效。

在分析鄂伦春族、裕固族、撒拉族、赫哲族等民族的现实生存发展问题时，费孝通曾经指出："在全球化的浪潮之中，一些根蒂不深、人数又少的民族，如鄂伦春族，政府的确也尽力在扶持这个民族。他们吃住都没有问题，孩子上学也不要钱，但本身还没有形成为一个有生机的社区，不是自力更生的状态。所以在我脑子里一直有一个问题，在我国万人以下的小民族有十多个，他们今后如何生存下去？在社会的大变动中如何长期生存下去？"② 的确，人口较少民族的困境不是收入增长缓慢，而是支出增长太快。其原因有二：一是农村公共品供给严重不足，应对生产生活风险的能力较弱；二是受消费主义文化的影响，一方面现金收入十分有限，另一方面承受着消费主义理念的广告和时尚的狂轰滥炸。具体到我国的人口较少民族而言，中华人民共和国成立以来，党和政府十分关心和重视人口较少民族的发展，通过实施一系列重大举措扶持人口较少民族发展，分为初步探索期、重视倾斜期、专项规划探索期、专项规划实施期、专项规划深化期以及规划提质升档期六个阶段。通过这些政策举措的落实，人口较少民族全部整族脱贫，区域经济长足进步，同时还积累了宝贵的政策经验。这一重大举措的成功实施，充分展现了中国共产党的先进性和党的民族理论与政策的优越性。

最后，本书可延续中山大学人类学系对西南民族的研究传统。早在20世纪中期，中山大学人类学系梁钊韬等人在昆明访谈了两位独龙族人士余

---

① F. 普洛格、D. G. 贝茨著，吴爱明、邓勇译：《文化演进与人类行为》，沈阳：辽宁人民出版社1988年版，第140 – 198页。

② 2001年7月26日至8月4日，北京大学社会学人类学研究所和西北民族学院、国家民委民族问题研究中心联合在西北民族学院主办了第六届社会学人类学高级研讨班。费孝通教授出席了这次研讨班，他为这次研讨班准备了以"人类学与二十一世纪"为题的主题发言，在开幕式上又以"民族生存与发展"为题做了讲演。

耀龙、李志仁，就独龙族的生产和土地占有形式、独龙族的家族公社、独龙族的风俗习惯、贡山县的民族关系四个方面进行了访谈和调查，编印了《滇西民族原始社会史调查资料》。虽然当时他们没有深入独龙族居住地实地调查，但是提供的访谈材料对后人的研究也有一定作用。同时表明早在30多年前，中山大学就注意到了研究独龙族的需要，只是因为当时条件实在艰苦，时机不够成熟才没有深入研究，此次调查在一定程度上是延续前辈师长对滇西北民族的研究兴趣。

（二）实践价值

首先，从"他者"可以反观自身的社会与文化。"人类学工作者原来以居高临下的态度进行实地调查，但是他们长期沉浸在所调查的人群中间，却破坏了他们的绝对优越感，他们的实际体验证明他们先入为主的基本假设靠不住。……有越来越多的人类学家开始在本国运用他们在据认为纯朴的社会里发现的有益经验。"① 的确，在独龙族社会中长时期生活，几乎感觉回到了 20 世纪 80 年代汉人农业社会的小山村中，当地人的文化促使笔者反观自身所在的都市社会，我们每天忙碌于紧张和快节奏的生活，却依然焦虑，无法得到满足。不同的社会，不同的稀缺状态，社会结构变迁的速度也不一样。

人类学研究的基本意义，并非只是为人们描述和贮存下对那些已经消亡的或者正在消亡的以及实存的个别民族的记忆和知识，而是要在"他者"的存在中寻求或揭示各种行为的意义，从而赋予人类学丰富的理论色彩，并把对"另一个"和"另一处"的探寻和研究最终归结到对人类整体的全面理解上。② 若能从独龙族面对的稀缺寻找社会结构变迁的原因，这对我们自身社会结构变迁同样会有启示性意义。

其次，本研究秉承学科的应用性对弱者高度的关注。学者是作为"社会的良心"而存在的，这在根本上规定了学者的存在最终落脚于对人的终极关怀上。在早期的人类学研究中，已有人类学家开始关注土著民族的权益问题，比如杰出的人类学家摩尔根就为易洛魁人的利益奔走过。

从文化、政治、经济等多重角度将独龙族的变迁置于国家的大背景之

---

① 迈克尔·赫茨菲尔德：《人类学：付诸实践的理论》，载中国社会科学杂志社编：《人类学的趋势》，北京：社会科学文献出版社 2000 年版，第 3 页。

② 陈庆德：《人类学两个基本问题的语境反思》，《云南大学学报》（社会科学版）2003 年第4 期。

下加以分析和探究，尤其要从这个角度理解独龙族在这个全球性变迁中的位置、特点和面临的挑战。土地、劳动力、产品等生产要素的商品化和财产权利的绝对私有化，人与人之间的联系在减弱，人们基本价值观的维系能力在降低，这一切无不要求人口较少民族回到本土依靠自有资源解决生存和发展问题。

当人类在为已经取得的巨大进步踌躇满志的时候，也应该冷静地想想，究竟是什么使人类能在大自然的生存竞争中脱颖而出？人类所依仗的法宝无非两个：一是社会，靠群体的力量共同创造文明；二是文化，靠文化的积累和传递，突破了个体生命的限制。用一个形象的比喻来说，社会是一个盛水的容器，文化是水，人类是水中的鱼。假若没有社会这个大容器，文化之水就无法汇聚，更谈不上生活在其中的人类个体。21世纪的今天，社会的容器日益扩大，整个地球逐渐成了一个息息相关的村庄，多元文化的交融使文化之水波澜壮阔，生活在这个时代的人类各有差异，却又不断趋同发展。[1] 独龙族社会结构变迁的过程，也是整体稀缺得到释放的过程，更是多元文化进入独龙江并不断碰撞融合的过程。

人类学对民族的"相对性"描述，已在根本上蕴涵了追寻人类统一性的"普遍性"诉求。[2] 对于处在相对落后状态中的人口较少民族来说，现代社会更是一个严酷的再生时期。在这充满困惑和迷茫的时期，人类比任何时候都更需要心理调适和主动适应。人类赖以生存的传统信念像一只不牢固的木筏，在现代文化的汹涌波涛中慢慢地破损。人口较少民族如何在现代化的浪潮中，主动地把握航行的方向，顺应时代发展的潮流，是值得探讨和思考的问题。

最后，本研究还能为民族地区的政策指导提供可资借鉴的案例分析的意义。在民主改革前，云南边疆的傈僳、佤、景颇、独龙、怒、布朗等民族地区，内蒙古的鄂伦春族和部分鄂温克族地区，黑龙江的赫哲族和海南岛的黎族地区，大约有60万人口，其社会发展基本上还处于原始社会末期，保存比较浓厚的原始公社制度的残余。[3] 这些民族在很短的历史时期内就改

---

① 徐平：《文化的适应和变迁——四川羌村调查》，上海：上海人民出版社2006年版，第5页。

② 陈庆德：《人类学形式与实体的方法论实质和理论溯源》，《西南民族大学学报》（人文社科版）2006年第3期。

③ 徐杰舜、徐春华：《社会主义初级阶段中国少数民族特点试探》，《内蒙古社会科学》1988年第6期，第30页。

变了原有的落后社会制度，直接飞跃到社会主义发展的新阶段。① 那么，我们自然会思索这些民族社会变迁过程中的成功经验及失败的教训。有哪些值得政府主管部门或非政府组织（NGO）借鉴呢？ 这就需要学者对以往和现实的历史事件和过程进行详细的分析。从这个角度来看，本研究以客观的态度展现独龙族等人口较少民族社会变迁的场景，具有较强的实践意义。

本书旨在描述独龙族社会变迁的过程，找出独龙族社会结构变迁的根本原因及方式。在没有历史联系的文化区域中频繁发生的相似现象，使人想到重要的结论或许就来自对这些现象的研究，因为它说明人类意识在各地的发展依据同样的规律。历史上，类似独龙族这样的人口较少民族是一个紧密团结、自给自足的社会单元。他们的相对认同以及远离主流社会的孤立，使得这些人口较少民族相对开放社会更能有效抵御变迁的力量。在全国范围来看，人口较少民族大多居住在地理上的边缘地带，其传统的价值观极为顽强，耕作技术极为落后，采用非理性的思维方式思考问题，这些都与现代社会格格不入。因而各地政府都在不遗余力地促进人口较少民族的社会经济发展，另外，这一过程体现了各方的意愿和行为动机。

独龙族是一个跨国居住的民族。中国是一个拥有众多跨国民族的大国，加强跨国民族研究，对于中国来说不仅具有推动民族学、人类学等学科深入发展的学术价值，而且也具有很强的维护国家统一与安全的现实意义，对于国家安全体系构建以及政治经济的协调发展都将起到重要的促进作用。②

人类学大部分学者强调，国家给个人带来安全、和平，以及法律的统治。这是罗维和拉德克利夫－布朗的著作的一大主题。由此观之，独龙族成为社会主义大家庭成员的历程对于独龙族社会的结构变迁具有重要的作用。对这个过程的研究，还需要相应的研究方法和思路才能得出较为合理的模型。

总之，本书旨在从独龙族成为社会主义大家庭成员过程的个案分析中，提炼出一个适合于人口较少民族社会结构变迁的通用模型，发现人口较少民族社会变迁的根本动力。这无论是在实践层面还是在理论层面，都具有重要的意义。

---

① 施正一：《关于民族科学与民族问题研究》，北京：中央民族学院出版社 1993 年版，第 68 页。

② 周建新、黄超：《中国跨国民族研究综述》，《广西民族大学学报》（哲学社会科学版）2007 年第 5 期。

第三节　研究方法与理论预设

一、研究方法

（一）纵横比较法

文化人类学或民族学欲透过微观见到宏观，需要横向、纵向的两种"切片"，以便从静态来了解结构、功能，又从动态来展示演化，把田野感悟和史料分析相结合，再用科学的范式来串联，描绘出完整的社会图景。我们研究社会文化，欲获得深切的了解，必须利用史地学的方法，从横的方面作地理的瞭望，探求其空间的分布与彼此间的关系；从纵的方面作历史的透视，探求其时间上的变迁。[①] 研究社会现象，要看它的立体，要从时间上对整个历史进行透视。所以，对独龙族社会结构变迁和文化适应的研究，不仅要关注独龙族整体社会的历史和现状，更要使用纵横两面法将之放入中国这一立体社会中分析。

研究一个民族的社会形态，如果只作横向的剖析和比较研究而不进行必要的纵向的历史探索，则获得的知识是不完全的。这样研究的结果，只能说明某一个民族在某一时期社会特点和社会面貌如何。但何以形成这样的特点，形成的具体途径如何？离开具体的历史探索是无法得到答案的。[②] 本书采用实例和个案描述来说明问题，一是直接引用报道人的表述，二是对个案事件的过程和背景做详细的描述和分析。调查者将调查点的社会现象清晰准确地加以描述，即使读者对此现象分析和判断的结论不尽相同，也不会影响田野调查报告或者民族志本身的价值。出于对所有报道人意愿的尊重，在引述报道人的谈话或报道人提供的文字资料时，除非得到其明确许可，或当事人已经以其他方式公之于众，否则在本书中不会出现其真实姓名，也不会显示任何足以追索到该报道人的线索。

[①] 戴裔煊：《干兰——西南中国原始住宅的研究》，广州：岭南大学西南社会经济研究所民国三十七年（1948）版，第36页。

[②] 宋蜀华：《中国民族学理论探索与实践》，北京：中央民族大学出版社1999年版，自序第3页。

（二）田野调查

田野调查采用个人访谈和问卷的形式，个人访谈可以随时根据不同对象的具体情况而采取不同的提问方式、态度和切入点，使得所获取的资料能够更加详尽和准确。笔者在独龙族居住的地区有比较充裕的调查时间和较为广泛的信息报道网络，采用了结构访谈、参与观察、直接观察、深度访谈和开放式访谈等多种手段。结构访谈具备概括性和客观可重复性，目的是获得进行定量分析所需的材料。对于可供定性分析使用的材料，笔者将主位和客位思维并重，同时注重文化生态论学派的理论价值，并尽可能反映在文本的构建之中。

为了对人们的生活进行深入细致的研究，研究者有必要把自己的调查限定在一个合适的社会单位内。调查者必须容易接近被调查者，以便能够亲自进行密切的观察。另外，被研究的社会单位也不宜太小，它应能提供人们社会生活较完整的切片。弗思认为，应当"以一个村子作研究中心来考察村民相互间的关系，如亲属的词汇、权力的分配、经济的组织、宗教的皈依，以及其他种种社会联系，并进而观察这种种社会关系如何相互影响，如何综合以决定这社区的合作生活。从这研究中心循着亲属系统、经济往来、社会合作等路线，推广我们的研究范围到邻近村落以及市镇"①。不过，村庄固然是一个社区，农户聚集在一个紧凑的居住区内，与其他相类似的单位隔开相当一段距离，它是一个由各种形式的社会活动组成的群体，具有其特定的名称，而且是一个为人们所公认的事实上的社会单位。但是，如果局限于一个村庄，就会缺乏整体的判断。外界的政治、经济压力是目前独龙族社会结构变迁的重要因素。在独龙江沿岸这样一个小小的峡谷中的村庄进行实地调查，对于这种外来力量及其所引起的变迁，该如何取得进一步的了解呢？

显然，身处村庄的调查者无法用宏观的眼光来观察和分析外来势力的各种影响。但是，调查者通过实地观察，可以尽可能全面地记录外部力量对村庄生活的影响。对这样一个小的社会单位进行深入研究得出的结论并不一定适用于其他单位。但是，这样的结论却可以用作假设，也可以作为在其他地方进行调查时的比较资料。因此，在比较和讨论的基础上，就可

---

① 弗思：《中国农村社会团结性的研究》，载《社会学界》（第十七卷），北京：燕京大学社会学会1938年版。

以获取科学的结论。

马尔库斯和费彻尔认为，任何一个研究计划，只有放在较大的世界政治经济历史框架内，才能获得自身的意义。[①] 要实现这一计划，建构一种包含多个地点的单一文本民族志是一种必要的研究策略。多点田野研究在方法论和理论上[②]，给予我们最好的潜力去追踪和把握批判的文化边界、文化离散，以及既是社会研究的，也是与我们同在的那些人群的替换地形；多点田野研究是向界限自我和界限文化的一次挑战。多点田野的民族志调查虽然有着单一地点的田野调查所不可比拟的广阔视野，但调查的深度往往难以得到保证。为了克服这种缺陷，需要对主要的田野调查地点进行长时间的参与观察，并围绕研究主题对与主要调查点有社会联系的多个田野点进行主题性的考察。

综合以上考虑，本书重点调查独龙江上、中、下游的 3 个自然村，同时多点考察独龙江乡外另外 3 个独龙族居住的村寨。这种调查方式对于独龙族的社会生活能有更为深入的体察，同时又不会导致视野上的偏颇和狭窄。

参与观察依然是决定人类学方法论地位的一个主要部分，但人们不再盲目迷恋它，看报纸、分析政府文件、观察治理精英的活动、追踪跨国发展机构和有限公司的内在逻辑等获取资料的方式，正日益部分代替与社区成员谈话和共同生活的方式。[③] 因此，本书的研究方法不仅仅限于传统的田野参与观察，还收集了田野中的政府文件，以及近百年中涉及独龙族的文史资料，另外还注重在田野中感受地方政治和经济精英们的话语以及他们构建的场域。

收集和记录报道人的口述史是人类学的重要研究手段之一，笔者在调查和访谈中取得了不少口头或文字的传记资料，无论研究者和读者对这些资料的内容持何种价值判断，都可以通过报道人叙述的思想和生活轨迹，从一个侧面去了解独龙族社会结构变迁的过程与结果。口述史固有的主观性和倾向性是材料本身的必然特性，因此并不避讳均予原样保留，以便于读者解读"他者的理解"。但是，用于研究分析的材料，需要力求准确无误，故对于收录在文本中的口述资料所涉及的重要或公开事件，都经过认

---

① 乔治·E. 马尔库斯、米开尔·M. J. 费彻尔著，王铭铭、蓝达居译：《作为文化批评的人类学：一个人文学科的实验时代》，北京：生活·读书·新知三联书店 1998 年版，第 119 页。

② 罗伯特·C. 尤林著，何国强译：《理解文化——从人类学和社会理论视角》，北京：北京大学出版社 2005 年版，第 287 页。

③ 古塔、弗格森编著，骆建建、袁同凯、郭立新等译：《人类学定位——田野科学的界限与基础》，北京：华夏出版社 2005 年版，第 45 页。

真筛选并尽量找到其他材料加以佐证，凡是证实内容不确定或明显存疑的调查材料，本书都不予采用。

早期的人类学研究所建立的一套比较规范的、普遍的研究话语，曾经为历史学提供了审视社会现象的框架和结构，近年的人类学家注意到社会和文化结构的形成本身是一个历史过程，这为历史学与人类学之间展开对话开辟了更宽广的舞台。如果说人类学家已经把社会文化结构理解为一个历史过程，那么，历史学家应该清楚，一旦用一些固定化的概念去表述变动中的结构，就可能会影响人们对历史事实的了解和历史的陈述。今天的历史学家与人类学家对话时提供的历史解释，就不会仅仅是一种"历史背景"，而应该是一种理解"结构"的历史方法。[1] 史料文献可以补充实地调查未能观察或收集到的情况和资料。考虑到共时性研究与历时性研究的结合，本书尤其留意选择对同一报道人在不同时间进行访谈所获得的资料。通过反复访谈对同一类个案的描述，可以突破短期调查的局限性，将研究对象放在历史变迁的时间纵轴上来考察，从而更准确地了解研究对象在文化处境中的演变以及与其他系统互动的情况。

研究历史可以把遥远过去的考古遗迹和最早的记载作为起点，推向后世；同样，亦可把现状作为活的历史，来追溯过去。这两种方法互为补充，且必须同时使用。当然，村庄历史与乡村社会文化密切相关。在乡村生活、农村经济、农业人口的利益和需要中可以找到社会结构的基础。具体资料、数据和明晰的描述三者之间具有协调的关系。对农村生活、农民生活资料、村民的典型职业的描述以及完美的节气农历和土地占有的准确定义可以为读者提供深入的、确实的资料。因此，笔者对独龙族的一切观察所秉持的态度是尊重、超脱、没有偏见。

（三）绘图模型法

研究方法是互补的，族群性、地域性、历史性三要素的兼顾显得十分重要。田野调查当中用得最多的是参与观察法和深度访谈法。笔者住在村庄，参加农民的各种活动，不仅同他们交谈，建立感情和信任，而且进行细致的观察，并辅之以文献法（尤其是查阅民族史志、方志、县志）以及绘图、摄影、数据统计等技术。

---

① 刘志伟：《地域社会与文化的结构过程——珠江三角洲研究的历史学与人类学对话》，《历史研究》2003 年第 1 期。

本书按照历史或者逻辑的方式构建文本，历史学方法的好处是叙事比较通俗、明确，但历史常常是跳跃式和曲折式地前进的，如果时刻跟随着历史，势必不仅会注意许多无关紧要的材料，而且会常常打断思路进程，因此必须辅之以逻辑的研究方式。① 所以，笔者借用政治学的逻辑思维与方法论证独龙族社会变迁的过程。

本书初步尝试从独龙族这个小规模社会的田野材料中探讨人口较少民族社会变迁过程的基本动力。本书一半的工作是在写作之前做的，这便是"显微镜的近观"，另一半的工作是依托文化人类学有关理论开展"手术刀的剖析"。② 本书的描述角度是交叉和分离的统一，便于明显地看出居住在不同地方的独龙族对相同事情的态度，以及他们又是如何去做不同的事情，如何解决自身的稀缺，达到自身向往的富足。本书选用的材料分为实际的和文献的两部分，实际材料全部来自笔者的田野调查，有些材料存在某种程度的极端性，之所以选用，是考虑到在叙述它们时能给主题添加鲜明的色彩。本书所采用的表格数据基本上来自笔者的问卷调查和田野中收集的素材，图片部分使用了现已公开出版的资料和互联网的资料，均在文中做了注释，除此之外图片一律为笔者本人所拍摄。另外，文中数据除了笔者在田野调查中从基层村民委员会与居民家里收集的以外，其余来自政府公开的各种文件和报告，对于提供资料的人员、时间与地点，除了匿名需要之外，均在文中做了说明。

二、研究思路

研究者不满足于对一个社区的就事论事式的描述，而是要与更大的学术理论展开对话，揭示一个更深层次的学理性的道理，展示对人类学经典论题的反思和启示。其意义在于提出的新问题、看待和解决新问题的视角以及对今后进一步研究所要解决的问题和可以采取的路径所作的努力探索。本研究选择独龙族成为社会主义大家庭成员的过程作为基本的研究对象，基本的出发点是：把单一族群作为整体的研究主体；以村寨作为基本的观察单位；运用历史人类学的叙述框架。而与此相对应的看法是，一些人类学家强调国家作为一种剥削性机器的作用。国家被看作是随着阶级分化的

---

① 卢克·拉斯特著，王媛、徐默译：《人类学的邀请》，北京：北京大学出版社2008年版，第96页。

② 何国强：《围屋里的宗族社会——广东客家族群生计模式研究》，南宁：广西民族出版社2002年版，第14—15页。

加剧而发展起来的，因为它是统治阶级用来维护其自身利益的一种工具。所以，本研究特别注重研究国家对独龙族的各项帮扶措施和推动作用，探究稀缺发挥的作用。

政治研究是对权势和权势人物的研究。权势人物是在可以取得的价值中获取最多的那些人。可望获取的价值可以分为尊重、安全、收入等类别。取得价值最多的人是精英；其余的人是群众。对于精英，可以从技能、阶级等方面进行分析。精英们是怎样受到攻击或受到保护的呢？如何通过利用象征、暴力、物资与实际措施等手段来达到特定的目标呢？这是对政治的应用研究法所提出的主要问题。换句话说，只要一些社会成员对维持生存和再生产必需的基本资源的获得权受到了限制，就一定是因为资源本身存在稀缺。

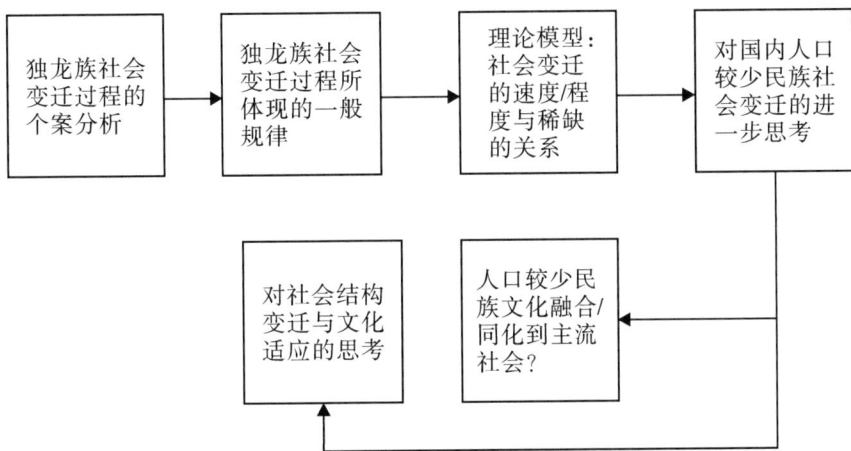

图 0 - 3　本书构建文本基本思路

图 0 - 3 所表示的就是本书用来构建文本的基本思路。具体放在独龙族社会中，就是要分析在独龙族成为社会主义大家庭成员的过程中，哪些人先后通过何种手段获得了这些必备的生活资料及其他资源，解决了自身的稀缺。这种分析思路最终是要将"稀缺"这个概念引入政治人类学的研究中，形成一个模型。需要说明的是，这一模型并非要放之四海而皆准，只是可以用它来比较便利地分析边疆人口较少民族社会变迁的过程。

三、理论预设

民族志和历史学不同于民族学和社会学，原因在于前两者是以资料的采集和组织作为基础，而后两者则研究利用这些资料建构出来的模型。① 也就是说，民族学和社会学的目的是建立模型，而且前者是统计模型，后者是机械模型。本书的研究性质介于民族学与社会学之间，在理论预设上借助模型进行说明。

其一，国家自身的综合实力越强，帮助独龙族释放稀缺的能力也越强；独龙族希望借助国家解决自身稀缺的要求越强烈，社会结构变迁的速度也越快。国家借用稀缺作为整合独龙族的钥匙，利用经济和政治手段来调控资源及权力的分配，在不断缓解独龙族稀缺的同时，又会产生一些新的稀缺，使独龙族牢固地融入社会主义国家的管理体系中。这是一种反馈式的牵引，又是一种地方与国家互动的加速运动。它在部分缓解和消除稀缺的过程中，使独龙族意识到新的稀缺并开发出更多的稀缺，追求更大的幸福。

其二，独龙族在成为社会主义大家庭成员后，生态稀缺与制度稀缺得到了释放，但要以其传统文化的部分甚至整体丧失为代价。独龙族地方人士在谋取自身文化资本的同时，又可以在本民族社会变迁的过程中起到带领和拉动的作用。

其三，不同稀缺时期，不同性质的政权解决人口较少民族稀缺的能力有很大的差异。人口较少民族希望由外部力量帮助消除稀缺的意愿，必须与该主体的意愿保持一致，才能促使本民族快速地发展。人口较少民族依赖地方人士的作用，不断积累文化资本，在社会结构发生变迁时，可以保留自身部分的传统文化，并建构新的民族认同符号。而且，人口较少民族进入社会主义大家庭后，社会变迁并非四平八稳的匀速运动，而是由慢到快的加速过程，稀缺是控制加速度的变量。因此，不妨假定在结构与稀缺之间存在一种正比例的关系。

四、文献综述

本节拟将与本研究相关的文献分成两大类，一是国内外已有的独龙族研究文献，以及国内外对与独龙族生存环境相似的人口较少民族开展研究的文献；二是有关社会结构变迁与文化适应的研究成果，其中，有关人口较少民族的社会变迁大都围绕中心与边缘、传统与现代化的关系展开研究。

---

① 克洛德·列维－斯特劳斯著，张祖建译：《结构人类学》，北京：中国人民大学出版社 2006年版，第304页。

（一）国内外有关独龙族的研究①

从国内历史文献资料看，1950 年前明确提及独龙族的是《元一统志》，其后有：乾隆八年（1743）《丽江府志》、乾隆三十四年（1769）余庆远的《维西见闻纪》、光绪三十四年（1908）夏瑚的《怒俅边隘详情》、宣统二年（1910）李根源的《滇西兵要界务图注》、1934 年杨斌铨和王继之等的《云南北界勘察记》、1935 年陶云逵的《俅江纪程》、1936 年方国瑜的《滇缅边界的菖蒲桶》及大约同时的《征集菖蒲桶沿边志》《纂修上帕沿边志》等，分别以"俅人""俅子""曲人""曲子""俅扒（帕）""曲扒"等词语称呼独龙族，对当时生活在独龙江流域的独龙族的风土民情作过一定记载，可供本书分析使用，但仅仅是只言片语的记录。

1956—1957 年，全国人民代表大会民族委员会派出以费孝通为首的调查组到云南，分别由杨毓才、宋恩常带队进入中国唯一的独龙族聚居地独龙江流域，重点调查了独龙族的社会形态。1958—1960 年云南少数民族社会历史调查组又组成独龙族调查小组，主要对独龙族的社会形态进行了补充调查。以上两次调查资料曾经内部印行，后编辑成《独龙族社会历史调查》一、二册（云南民族出版社 1981 年版和 1985 年版），在此基础上，出版《独龙族社会历史》、《独龙族简史》（云南人民出版社 1986 年版）、《独龙族简志》、《云南少数民族社会历史调查资料汇编》（二、四）、《中央访问团第二分团云南民族情况汇编》（上册）、《丽江区材料》（四、五、六），这些材料记载了过去几十年内数次调查的社会面貌，为本书的比较研究提供了原始素材。另外，刘达成还主持并参与了民族志电影《独龙族》的拍摄工作。② 这些资料主要记录当时独龙族的社会面貌，其中物质文化的记录相对较多，没有进行理论分析与概括。

1979 年宋恩常对一些遗漏资料进行了补充整理，并由云南省历史研究所刊印了《云南省贡山县怒族独龙族社会调查》。这些规模化的调查，留下了大量珍贵的历史资料，笔者已经全部掌握了这些史料，这为进一步认识

① 高志英在她的博士学位论文中对于 20 世纪的独龙族研究梳理得比较仔细，虽然研究角度存在差别，本书多处引用了她的部分研究资料，特此致谢。参见高志英、闵红云：《20 世纪 50 年代以来独龙族调查研究回顾与前瞻》，《思想战线》2004 年第 3 期。

② 2009 年 7 月，笔者得到高志英教授的热忱帮助，在云南昆明翠湖边一家茶馆专门访谈了刘达成，他详细地谈到了当初拍摄电影的情形以及他对独龙族的研究心得，笔者对他们的帮助表示衷心的感谢。

和研究独龙江地区的民族、社会、历史打下基础。

1979 年中山大学历史系编印的《滇西民族原始社会史调查资料》是梁钊韬等师生对暂住昆明的独龙族进行调查的成果，其中第六部分是"贡山独龙族"，包括的内容有：独龙族的生产和土地占有形式、独龙族的家族公社、独龙族的风俗习惯和贡山县的民族关系等；另外，在第五部分"怒江怒族"中也写到怒族与独龙族的关系。由于当时外界要进入独龙江比走"蜀道"还难，他们只是对来云南民族学院学习的独龙族人进行了侧面调查，因而只能作为印证材料。

1982 年 5—9 月，云南民族学院蔡家麒、杨毓骧等人承担中国西南民族研究学会"六江流域民族综合考察规划"中的独龙江流域民族综合考察任务，除了对以往调查材料作补充和修正外，还增加了物质文化、思想文化、语言（包括方言）、心理素质等方面的内容。次年 12 月，云南省民族研究所将调查材料编印成《独龙族社会历史综合考察报告》专刊。限于当时社会指导思想局限在批判迷信和拯救落后两方面，这次综合考察也仅仅记载了当时的生活状况和原始宗教的情况。

20 世纪 80 年代末，有学者将研究视角伸向了独龙江的自然生态环境方面。1988 年赵维成和李恒共同完成国家自然科学研究基金项目《独龙江流域自然与环境研究》，但对人文地理和经济地理涉及不多。1989—1994 年，何大明等主持完成《独龙族近期社会、经济和环境研究》及《独龙族乡资源开发和社会经济发展综合研究》两个项目，首次以跨学科的方式对独龙江、独龙族进行综合而详尽的考察。从调查组成员配备及成果看，强于生态、经济，而弱于社会、文化方面的考察。这次调查虽然论文很多，但研究者更多关注独龙族生活的自然环境和生态知识，这些资料在笔者的研究中也只能作为参考的内容。

2000 年底，杨毓骧将 1982 年的调查成果以《伯舒拉岭雪线下的民族》为书名，在云南大学出版社出版，其中有"贡山独龙族社会文化考察"一章专门记述独龙族的社会文化，另在作者的"滇藏高原纪程"及参加本次调查的赵嘉文、蔡家麒所写弁言中均涉及独龙族社会文化。这些材料以记录事实为主，鲜有论述。

2000 年初，云南大学"211 工程"民族学重点学科建设项目组织云南少数民族村寨调查，郑维川教授等对贡山丙中洛乡小茶腊社的独龙族进行了将近 1 个月的调查，内容涉及历史沿革、自然环境和生态状况、人口、经济、社会、政治、习惯法、文化、教育、科技与卫生、宗教等，并著《云

南民族村寨调查·独龙族——贡山丙中洛乡小茶腊社》（云南大学出版社
2001 年版）。此次调查虽较为细致，但因大雪封山未能进入独龙族聚居
地——独龙江做调查，同时也易带来一定的迷惑性，容易使外界不了解独
龙族的人混淆视听，因而无法为本书所用。

　　2003 年复旦大学传播学专业博士郭建斌①在独龙江乡做了大约半年的田
野调查，就传媒问题结合相关研究资料，对"中国社会转型期大众传播媒
介在少数民族地区所扮演的角色"这样一个问题从一个方面进行了回答，
完成博士学位论文《电视下乡：社会转型期大众传媒与少数民族社区——
独龙江个案的民族志阐释》，但是该文仅仅局限在对独龙族电视文化的考
察，而且谈得更多的是媒体话语权在少数民族社区的垄断作用，未能考虑
独龙族社会的结构变迁问题。②

　　2004 年纳西族学者高志英在整理历史文献并参考短期田野调查所获取
资料的基础上，完成其在云南大学历史系专门史（中国民族的历史与文化）
方向的博士学位论文《从 20 世纪独龙族社会文化的变迁看其观念演变》③，
从宗教、族际、生产、婚姻、教育诸方面讨论独龙族观念的演变，认为这
些变化主要是在外界影响、作用下触发的，也是由整个中国社会文化大环
境的变迁引起的。从时间看，主要以 1950 年政治上的翻身解放与 20 世纪
80 年代的改革开放为两个明显的阶段标志，两次大的政治、经济转型，使
独龙族的社会文化产生了巨大变化，也使其观念逐渐产生演变。她指出独
龙族生产生活的方方面面还存在着传统与现代并存的现象，其观念也有着
从传统到现代的过渡，跨越并不完全、彻底，新观念在萌芽中还有旧观念
烙印的特点，而且其传统观念和现代观念中，各自的精华和糟粕因素同具，
独龙族内部不同层次的人群之间的观念演变程度存在差异，有对内地主流
文化的逐渐趋同和多元化发展的趋势，诸种观念之间也如其背后的社会文
化因素之间相互联系，在演变过程中相互影响，并且观念的演变反过来又
影响着独龙族社会文化的变迁。该文主要从史学角度探讨独龙族观念的变
迁，对本次调查有所启发。但是，观念变迁的原动力在什么地方呢？她虽
然谈了外力与内力，但未提出原因。这就给笔者的研究留下了空间——从

---

①　郭建斌现为广州大学新闻与传播学院教授，笔者与他就独龙族的研究数度交流，受益匪浅，
特表谢意！

②　2010 年初郭建斌出版《边缘的游弋——一个边疆少数民族村庄近 60 年变迁》，其研究思路
与笔者有相似之处，感谢他热忱提供该书导言，令笔者思考的角度更加全面。2010 年 8 月份他又寄
来该书的首版。

③　亦可参考高志英：《独龙族社会文化与观念嬗变研究》，昆明：云南人民出版社 2009 年版。

国家与地方社会的互动关系中看待独龙族社会变迁。

2008 年，同样从事传播研究的吴飞出版了《火塘·教堂·电视——一个少数民族社区的社会传播网络研究》[1]，采用传播民族志的视角对独龙江内几个社区居民的沟通网络进行了分析，得出传播网络与社会变迁的一般规律。这一视角体现在关系结构中，值得本书借鉴。但是，传播网络只是表征社会结构的某个部分，还没有涉及社会结构变迁的深层原因，也就是说没有揭示制度结构的作用。

国外对独龙族的研究始于英国的乔治·福莱斯，1904 年他到独龙江采集植物标本和园艺种子[2]，但没有对该地独龙族的情况加以记载。2000 年法国学者施帝恩开始到独龙江上游从事民俗文化调查，目前笔者掌握了其两篇英文著作[3]，经作者本人授权将这两篇文章翻译成中文，已经在国内民族研究刊物上公开发表，在本书的相关章节会援引其部分资料和论述，并对他的某些观点做出回应。

（二）对与独龙族生存环境相似的族群开展的研究

独龙族聚居地位于中缅边境的高山峡谷中，生存环境与之类似的族群较多：国内有怒族、傈人、门巴族[4]、珞巴族[5]、基诺族以及部分藏族；国外与这些族群有密切关系的族群主要分布在缅甸和印度与中国接壤的地带，包括利奇[6]研究过的克钦人、海门道夫[7]研究过的琴楚人、雷迪人、拉杰贡德人、阿帕塔尼人以及中根千枝[8]研究过的喜马拉雅丛林中的一些族群。

---

① 吴飞：《火塘·教堂·电视——一个少数民族社区的社会传播网络研究》，北京：光明日报出版社 2008 年版。

② 贡山独龙族怒族自治县志编纂委员会编：《贡山独龙族怒族自治县志》，北京：民族出版社 2006 年版，第 3 页。

③ GROS S. The missing share：the ritual language of sharing as a "total social fact" in the eastern Himalayas（Northwest Yunnan, China）// ROBINNE F, SADAN M. Social dynamics in the highlands of Southeast Asia：reconsidering political systems of highland Burma by E R Leach. Leiden：Brill, 2007：257 - 282. GROS S. The politics of names：the identification of the Dulong of Northwest Yunnan（China）. China Information, 2004, 18（2）：275 - 302.

④ 陈立明：《我国门巴族、珞巴族研究的历史回顾》，《西藏民族学院学报》2008 年第 6 期。

⑤ 李旭：《雅鲁藏布江大峡谷的子民——珞巴族》，昆明：云南人民出版社 2003 年版。

⑥ 李区（E. R. Leach，也写作埃德蒙·利奇）著，张恭启、黄道琳译：《上缅甸诸政治体制——克钦社会结构之研究》，台北：唐山出版社 1999 年版。

⑦ 克里斯托夫·冯·菲尤勒 – 海门道夫著，何国强译：《在印度部落中生活——一个人类学家的自传》，香港：国际炎黄文化出版社 2009 年版。

⑧ 中根千枝著，麻国庆、张辉黎译：《未开的脸和文明的脸》，济南：山东画报出版社 2001 年版。

　　国内对同属于人口较少民族的鄂伦春族、鄂温克族，已有多个学者进行论述。蒙古族学者何群结合自己的实地调查，认为包括鄂伦春族在内的生活在世界各地的人口较少民族，其传统文化是适应历史上其周围的自然环境和社会文化环境的产物。面对现代化进程的推进，环境的急剧变化，传统文化简单性的特点束缚了人口较少民族适应新环境的能力。[①] 她依据民族志资料，重点对鄂伦春族所处环境的变迁与其生存和发展之间的关系进行探索，并通过个案对人口较少民族的生存、发展和环境之间的关系进行理论总结，分析了外部与内部因素的作用。同为蒙古族的学者包路芳选择了鄂温克族作为研究对象，认为鄂温克族的社会快速变迁是在外部强力推动下，结合本民族内部社会文化的积极调适而形成的。[②]

　　人们关注的重点集中于殖民统治与土著－人口较少民族文化的命运，以及现代化过程中人口较少民族生存困境及发展问题。[③] 如美洲印第安人，他们在现实中所面对的生存问题，如权利、土地、文化保护问题，根源于欧洲对美洲的殖民。从 15 世纪殖民征服的触角开始陆续伸到亚、非、拉、美、澳等地起，我们现在称为土著－人口较少民族生存问题的序幕就拉开了。许多研究围绕公开歧视、压迫的殖民征服和相对简单的人口较少民族文化遇上西方较为复杂的文化的主要经历展开分析并对此进行了总结。对殖民社会人口较少民族文化与西方文化的关系，相关研究多侧重于交流与冲突两方面。两个世界在社会发展水平上的悬殊位置，决定了两个世界文明的接触不可能是和平的及平等的，这也构成人口较少民族文化在与代表先进技术的西方文化相遇后受到冲击和毁灭的基本原因。20 世纪 60 年代以来，世界性的现代化浪潮席卷了包括人口较少民族所在国家的每一个国家，人口较少民族的生存受到了巨大的挑战和考验。对现代化过程中人口较少民族生存困境及发展问题的讨论，焦点集中于当代土著问题和土地、资源冲突上。人口较少民族赖以生存的土地被占、文化被瓦解和生存环境被破坏。相当数目的研究文献涉及现代化开发建设与人口较少民族生存和传统文化得以维持的土地资源丧失，从而引出人口较少民族文化衰亡、生存面临危机的问题。如有研究分析 1994 年 1 月 1 日墨西哥恰帕斯州印第安人发

　　① 何群：《环境与小民族生存：鄂伦春文化的变迁》，北京：社会科学文献出版社 2006 年版。
　　② 包路芳：《社会变迁与文化调适——游牧鄂温克社会调查研究》，北京：中央民族大学出版社 2006 年版。
　　③ 何群：《超越非此即彼：小民族传统文化的现代构建——结合对鄂伦春族的调查》，《大连民族学院学报》2007 年第 2 期。

动武装起义的原因时指出：除了其他原因，还包括印第安人没有从国家现代化中受益。如在恰帕斯州修建的水库，占用了大片土地，使 10 万印第安农民无地可种被迫迁移。该州油田的开发又使 5 万印第安农民被迫迁移。[①] 政府的发展计划在当地执行时，不尊重和忽视印第安人的民族权利、文化与传统经济方式，城市的扩展、资源的开发、道路的修建、森林的采伐，都危及了该州印第安人的切身利益，使印第安人丧失土地，印第安人与城市居民在生活水平方面的差距更加悬殊。大规模的资源开发使一些国家跻身于世界经济强国，然而土著往往成为开发过程中的不幸牺牲品。[②] 人口较少民族的经济一般是直接依赖于自然资源的自然攫取经济，并形成了相对简单的社会组织和精神、信仰，难以更有效地开发更大范围的环境资源。当他们失去了土地这一生存根基的时候，实际上就是在遭受着失去民族特征、生存条件以及被迫忍受统治的痛苦。[③] 国家政治的变迁、政府政策的选择、外来移民、大众传播等外部环境，对人口较少民族文化的衰亡和生存危机有重要作用。因此，人口较少民族的生存和未来，与国家的政治环境、所在社会文明程度密切相关。

政府的民族政策较大程度地影响着人口较少民族生存的未来。有学者根据亲身考察加拿大印第安人社区的微观研究，从分析印第安人自身当前生活入手，得出以下结论：加拿大印第安人在今后相当长的时期里是不会消失的。根据为：第一，印第安人有共同居住的地区和不断增长的人口；第二，印第安人开始有自己的政治组织和村落；第三，印第安人受教育的人数越来越多，文化水平提高，民族意识增强。由于印第安人的文化水平提高了，印第安人的领导人懂得如何与白人政府打交道，懂得维护本民族的权利、文化和艺术。澳大利亚政府在 20 世纪 70 年代初废除了种族歧视和同化政策，开始实行一体化政策，承认、尊重土著居民的文化与价值观，认为他们有权保留本民族的基本特点（包括语言、文化、传统等）和决定本民族的未来。[④] 人口较少民族积累了各种各样的生存技能和知识，然而，很多这样的知识和技能已经消失或正在消失。尽管现代化进程不可抗拒，但是现代社会日益表现出的对人口较少民族传统文化的尊重以及这种尊重营造的社会氛围，对人口较少民族文化中适应和有助于当代人类发展的一

---

① 斯图尔特·鲍威尔著，郭文豹译：《挪威拉普人的斗争》，《世界民族》1985 年第 1 期。
② 吴德明：《圭亚那印第安人的困境与出路》，《世界民族研究》1996 年第 2 期。
③ 初祥：《俄罗斯北方小民族的现代化与民族过程》，《世界民族》2000 年第 4 期。
④ 朱伦等：《印第安世界》，南宁：广西人民出版社 1992 年版，第 196－198 页。

些方面的"创造性转换",一定程度上提供了人口较少民族文化繁荣、施展的空间。社会特性的变化要求研究者在应用类型比较法研究当代中国社会时具备一定的反思性。① 应用类型比较法还应注意"个案"与"普查"的辩证关系,注意到人口较少民族自身对外界变化的认识和文化自觉。

关于人口较少民族文化变迁的结果和未来前途,大量研究文献表明,人口较少民族一般作为附属民族与占统治地位的民族接触,在后者的影响下发生的急剧文化变迁,情形和结果可以有很大的不同:也许会获得长久稳定的重新调整;也许会使一个民族灭绝;也许会发生同化;也许会合并到其他文化中,成为一个亚文化。马歇尔·萨林斯在《甜蜜的悲哀》中指出:这些地方社会确实存在试图依照他们自己对世界的看法来组织世界体系这种无法抗拒的力量。他从分析一首表现土著人对西方文化主动吸收、利用的现代歌曲入手,阐释土著文化在现代振作的思想。他指出:"这不是失望,而恰是一种迈向现代性的行动。在这样的行动所提供的保障的指导下,印加人将能够变西方人的好东西为他们自身生存发展的好东西。若从人类学的视角来表达这个问题,也就是因小而见大地看待事物,那么这种印加人对西方力量的主动利用,便是一种文化的星球性重新组织。"②

其他涉及人口较少民族的研究,集中体现在云南大学出版的三套丛书上。其一为"云南民族女性文化丛书",简单介绍了云南省境内 26 个民族的女性角色,其中有独龙族女学者罗荣芬编写的介绍独龙族文面女细节的书籍③;其二为"20 世纪中国民族家庭实录",其中有独龙族学者李金明编写的《高山峡谷独龙家(独龙族)》,讲述了他自己家族历史变迁的故事;其三为民族村寨田野调查报告,其中对贡山县小茶腊社独龙族的调查前面已有论述④,不再赘言。

在拉德克利夫–布朗看来,前文字社会中发生的变迁不仅仅是文化接触的过程,而且是产生另一种文化的过程。"先前的居民区有自己的社会结构,当有文字社会中的人采用强迫或和平的手段控制该地区后,新的社会

---

① 胡鸿保、左宁:《村落社区的民族志:类型比较与追踪调查》,《思想战线》2008 年第 6 期。

② 马歇尔·萨林斯著,王铭铭等译:《甜蜜的悲哀》,北京:生活·读书·新知三联书店 2000 年版,第 122 页。新几内亚的恩加人(Enga)的现代歌曲表现当地人如何捕捉西方人或当地人所称的"红人"的权力:"当时代到来的时候,我们的年轻人要汲取词语的哺养,当红人从这块土地上飘走之后,年轻人宛如蜜蜂鸟一样,追随红人之旅,吸吮着花瓣,站在后面,我们将与他们一样处世,将从他们的行动中汲取营养,宛如蜜蜂鸟吸吮着花瓣。"

③ 罗荣芬:《自然怀抱中的文面女》,昆明:云南教育出版社 1995 年版。

④ 郑维川主编:《云南民族村寨调查·独龙族——贡山丙中洛乡小茶腊社》,昆明:云南大学出版社 2001 年版。

结构逐步形成并进一步发展。当有文字社会的影响占据主导地位后，原来的前文字社会就会形成新的政治和经济结构，这种社会可以称为混合型社会。"① 今日社会人类学使用的社会变迁研究理论仍是拉德克利夫-布朗建立的结构—功能主义方法。这种特别的方法是"将社会系统当作一个整体来看待……其中人之间的社会关系组成了一个封闭一体化的系统。各种因素产生的问题和外来力量同台演出，就无法描述本土的社会。在此种情形下，结构功能主义的支持者通过关注当地社会的制度性变迁，艺术性地应对了这种状况"②。

结构马克思主义者认为，决定社会文化发展的因素存在于社会关系的结构或生产的政治组织之中，是生产方式的社会关系结构。文化是意识形态，是社会再生产中促使现存社会秩序合法化的因素，其作用在于调停经济基础的矛盾冲突。它主张物质关系和意识形态的互相维持、调和与结合，并强调从社会再生产关系中探究社会与文化。③

各民族之间的相互关系取决于每一个民族的生产力、分工和内部交往的发展程度。然而，不仅一个民族与其他民族的关系，这个民族本身的内部结构也取决于自己的生产及其内部和外部交往的发展程度。④ 一些力量会加速社会变迁，比如通信、交通、科技、教育和文化交流等。世界经济体由中心区、边缘区和半边缘区三个部分连接而成。在世界范围的劳动分工中，不同区域承担特定的经济角色，发展出不同的阶级结构，因而使用不同的劳动控制方式，从世界经济体系的运转中获利也就不平等。⑤ 社会变迁是一个双向的过程，两种互相独立的力量彼此斗争。冲突的结果取决于各自力量的强弱。因此，研究特定时期内某社会的内部结构与生活，需要考察其与社区外部以及本社区与较大社区的外部关系，同时研究内部结构与外部关系中已经或正在发生的变迁。

20 世纪 50 年代，斯图尔德在前人研究的基础上，将文化适应与特定民

---

① 拉德克利夫-布朗著，夏建中译：《社会人类学方法》，北京：华夏出版社 2002 年版，第 98-112 页。

② LITTLE K. Applied anthropology and social change in the teaching of anthropology. British journal of sociology, 1960, 11 (4): 332-398.

③ 王铭铭：《社会人类学与中国研究》，北京：生活·读书·新知三联书店 1997 年版，第 194 页。

④ 中共中央马克思恩格斯列宁斯大林著作编译局编：《马克思恩格斯选集》（第一卷），北京：人民出版社 1995 年版，第 68 页。

⑤ 伊曼纽尔·沃勒斯坦著，尤来寅等译：《现代世界体系》（第一卷），北京：高等教育出版社 2003 年版，第 162 页。

族的生存环境联系起来，赋予了"文化适应"以确切的文化人类学内涵。他认为文化既然具有调适特定生存环境的能力，那么文化的变异当然也是一个复杂的重构问题。① 这种研究取向给后来者启示：应该从社会的深层结构中去探索文化适应的基本机制。

　　早期的文化适应研究是由人类学家或者社会学家所组织进行的，并且一般都是集体层次上的研究，他们探讨的通常是一个较原始的文化群体由于与发达文化群体接触而改变其习俗、传统和价值观等文化特征的过程。② 关于"文化适应"的概念，我国学者也提出了一些看法。如郑杭生认为："当社会个体或群体出现的心理反应，首先落在这个心理背景上，这时候，如果新环境中的心理反应同心理背景协调，就是这个社会个体或群体对新文化背景的适应。否则，心理活动不协调，就无法适应新的环境。"③ 文化适应其实是一种主动或被动的借鉴或"借取"行为，是一种与自身要求紧密联系的反应或应变措施。当两种或多种文化碰撞时，每种文化固然保持原文化的许多价值观、习俗以及交流方式，但同时也为了适应对方的特殊情形而自觉或不自觉地发生改变。④ 外来文化为了适应本土文化进行的改变就体现文化的适应性。但在独龙族这样的人口较少民族中，文化适应却更多地表现为本土文化对外来文化的适应。

　　"适应"主要是指一种弱势文化对于强势文化的适应，作为一种过程，它是一种弱势文化承载者的个体或群体为了生存不得不学习或模仿处于强势文化的如谋生方式、生活习惯、风俗礼仪以及语言等，同时也是一种结果，即处于弱势的文化特性逐渐隐藏、减少甚至消失，取而代之的是强势文化的特性。⑤ 这种"适应"是对于异质文化的反应，强调的是一种过程。但这些观点似乎都没有考虑到稀缺对于文化适应的作用。多元一体的中国以经济补助来减缓内陆地区之贫困与匮乏，并以国家力量来维持族群间的

　　① 托马斯·哈定著，韩建军等译：《文化与进化》，杭州：浙江人民出版社1987年版，第37 - 54页。
　　② 罗康隆：《论文化适应》，《吉首大学学报》（社会科学版）2005年第3期。
　　③ 郑杭生：《社会学概论新修》，北京：中国人民大学出版社2003年版，第120 - 126页。
　　④ 刘有安、张俊明：《民族学视野下的移民"文化适应"研究——以宁夏南部的汉族移民为例》，《黑龙江民族丛刊》2007年第5期。
　　⑤ 余伟、郑钢：《跨文化心理学中的文化适应研究》，《心理科学进展》2005年第6期。

秩序。① 中央集权的政府机器负责维持法律和秩序。② 国家是属于统治阶级的个人借以实现其共同利益的形式，它以集中的方式反映着支配生产的阶级的经济需要。③ 若要合理地解释人口较少民族社会变迁的过程，就要注意稀缺的概念。

社会变迁给人口较少民族社会带来的重要问题是文化的适应。从人类文化适应的机制来看，在人口较少民族社会变迁的过程中，文化适应具有其独特的个性，不同的文化适应机制往往产生不同的文化适应过程和结果。④ 但若仔细推敲人口较少民族在社会变迁过程中得到的发展机会与失去的文化传统，我们可以发现其文化适应背后蕴含的共性。

从独龙族社会变迁的探讨中，我们不妨反思主流社会现代化进程给人口较少民族聚居地区自然资源的开发带来的问题。移民大量涌入，新的环境政策促使人口较少民族生存的传统环境丧失，传统的生计方式大多数失效。这时，地方人士试图重构传统的努力往往也无法发挥作用。自然资源条件与社会文化的压力，必然促使人口较少民族逐步沦为社会边缘和依附性强的族群。正如马林诺夫斯基所言，"对正在迅速消亡的原始种族的研究，是目前正在不遗余力地摧毁原始生活的文明世界的职责之一"⑤。国家将人口较少民族吸纳到自身的管理体系中，目的就是要解决人口较少民族的稀缺，获得人口较少民族的支持，加速其社会变迁的进程。这个过程可以让人口较少民族切实感受到政府的帮扶决心，同时体验到社会主义大家庭的温暖。因此，对于人口较少民族社会结构变迁的研究，不妨从这样一个思路来考察——谁？在什么时候？以何种方式？得到了什么？顺着这个思路，就会看到人口较少民族在进入社会主义大家庭之前存在整体或部分稀缺，这正是政府的工作重心。

---

① 王明珂：《羌在汉藏之间：川西羌族的历史人类学研究》，北京：中华书局 2008 年版，第 322 页。

② 埃尔曼·R. 瑟维斯著，贺志雄等译：《人类学百年争论：1860—1960》，昆明：云南大学出版社 1997 年版，第 232 页。

③ 中共中央马克思恩格斯列宁斯大林著作编译局译：《马克思恩格斯全集》（第三卷），北京：人民出版社 1960 年版，第 70 页。

④ 王玉波、瞿明安：《超越传统：生活方式转型取向》，北京：京华出版社 1996 年版，第 317 页。

⑤ 马林诺夫斯基著，原江译：《原始社会的犯罪与习俗》，昆明：云南人民出版社 2002 年版，前言第 3 页。

第四节　独龙族的人口与族源

独龙族体质与人口

独龙族现今主要聚居在滇西北怒江傈僳族自治州的贡山独龙族怒族自治县西部独龙江河谷两岸，以及缅甸境内恩梅开江流域；另外，怒江上游西藏自治区察隅县察瓦龙乡扎恩村、贡山丙中洛镇小茶腊村以及相邻的维西傈僳族自治县康普乡齐乐村曲八开也有少量独龙族。"恩梅开江复有四源，初为独龙河（英译作 Tarou，汉译作曲江或俅子江），茂顶过溜索处，海拔1 500公尺，江宽约 75 公尺，水流湍沸。次为狄子江（Tadzu）……再与独龙江合流而下，称恩梅开江（En. na. kha），以上四河，沿途全为峡谷深沟。"① 国内其他地方少量分散的独龙族大抵都与独龙江有关，只是迁徙离开的时间存在差别。

（一）独龙族的人口变化

国内独龙族的人口统计始于 1964 年第二次全国人口普查，具体数据反映在表 0－2 中。② 1953 年第一次全国人口普查时，独龙族尚未作为单一少数民族出现，因此没有专门的统计数字。但陶云逵在 1935 年进行实地调查时，指出当时贡山全县人口总数为 8 333，其中怒子为 2 500 人，约占 30%；曲子为 4 167 人，约占 50%。③ 鉴于当时贡山菖蒲桶的地理条件，曲子几乎都分布在独龙江。表 0－2 的数据体现了独龙族人口增长与其社会变迁的关系。在独龙族社会变迁速度加快的 20 世纪末期，独龙族的人口增长率大于全国人口平均增长率，这是以生活物资为主的整体稀缺得到较好稀释的部分表征。

---

① 徐丽华、李德龙主编：《中国少数民族旧期刊集成》（第 96 册），北京：中华书局 2006 年版，第 576 页。

② 国家统计局人口和社会科技统计司、国家民族事务委员会经济发展司编：《2000 年人口普查中国民族人口资料》，北京：民族出版社 2003 年版，第 2－3 页。表格中按照 1990—2000 年十年之内的人口计算增长率。

③ 陶云逵：《几个云南土族的现代地理分布及其人口之估计》，载《中研院历史语言研究所集刊论文类编》（民族与社会编），北京：中华书局 2009 年版，第 255 页。

表 0 - 2　1964—2000 年全国人口普查的独龙族人口情况

	人口数				1990—2000 年独龙族人口增长率（%）	全国人口平均增长率（%）
	1964 年	1982 年	1990 年	2000 年		
男性	1 567	2 254	2 792	3 649	30.69	10.05
女性	1 523	2 379	3 033	3 777	24.53	9.78
合计	3 090	4 633	5 825	7 426	27.48	9.92

2000 年第五次全国人口普查结果表明，从人口增长率来看，1990—2000 年独龙族的人口增长率明显异常，原因是这次统计的独龙族人口数字存在一个统计上的缺陷：未将西藏自治区察隅县察瓦龙乡扎恩村的独龙族计算在内①，因此单独计算了西藏自治区内的独龙族人口数字。产生这一疏漏的原因可能是察瓦龙乡的交通极度不便，乡派出所工作人员未将扎恩村独龙族的人口数字及时汇总到自治区统计局。

表 0 - 3　独龙江乡各村人口分布对比

行政村名	人口数			分布百分比		
	1981 年	1988 年	2007 年	1981 年	1988 年	2007 年
迪政当	523	604	672	16.9	16.7	16.2
龙元	429	508	486	13.8	14.0	11.7
献九当	584	646	689	18.9	17.8	16.6
孔当	740	847	1 224	23.9	23.4	29.5
孟地（巴坡）	822	1 015	1 074	26.5	28.0	25.9
总计	3 098	3 620	4 145	100.0	100.0	100.0

另外，云南省之外其他省市统计的独龙族人口数据还有潜在的误差，比如，有研究者认为，贵州的黎族、京族、独龙族、仫佬族分别由未识别的"里民""南京人""龙家""木佬人"错报而来。② 因此，对于国内独龙族的人口状况，笔者主要是以云南省内的统计数字作为分析和研究的重点。从 2000 年云南省普查资料来看，全省 5 884 独龙族人中，有 5 189 人居住在

---

① 当时属于昌都地区管辖，现在属于林芝市。
② 石开忠：《人口普查中民族成份错报原因及对策》，《人口研究》1995 年第 1 期。

贡山独龙族怒族自治县，其中 4 149 人居住在独龙江乡。^① 表 0－4 反映了
1954—1990 年独龙江乡性别比的变化趋势。

表 0－4 独龙江乡 1954—1990 年人口性别变化趋势^②

年份	总户数	总人口数			占总人口的百分比		性别比例（女＝100）
		合计	男	女	男	女	
1954	303	2 678	1 354	1 324	50. 56	49. 44	102. 27
1955	295	2 540	1 405	1 135	55. 31	44. 69	123. 79
1956	306	2 618	1 397	1 221	53. 36	46. 64	114. 41
1957	325	2 669	1 348	1 321	50. 51	49. 49	102. 04
1958	330	2 732	1 366	1 366	50. 00	50. 00	100. 00
1959	325	2 702	1 379	1 323	51. 04	48. 96	104. 23
1960	350	2 194	1 082	1 112	49. 32	50. 68	97. 32
1961	353	2 208	1 039	1 169	47. 06	52. 94	88. 88
1962	353	2 297	1 114	1 183	48. 50	51. 50	94. 17
1963	372	2 424	1 176	1 248	48. 51	51. 49	94. 21
1964	415	2 604	1 261	1 343	48. 43	51. 57	93. 89
1965	413	2 612	1 268	1 344	48. 55	51. 45	94. 35
1966	414	2 634	1 276	1 358	48. 44	51. 56	93. 95
1967	423	2 715	1 352	1 363	49. 80	50. 20	99. 19
1968	445	2 760	1 352	1 408	48. 99	51. 01	96. 02
1969	462	2 754	1 363	1 391	49. 49	50. 51	97. 99
1970	595	2 823	1 391	1 432	49. 27	50. 73	97. 14
1971	611	2 818	1 376	1 442	48. 83	51. 17	95. 43
1972	572	2 787	1 350	1 437	48. 44	51. 56	93. 95
1973	586	2 902	1 389	1 513	47. 86	52. 14	91. 80
1974	597	2 914	1 462	1 452	50. 17	49. 83	100. 68
1975	603	2 946	1 443	1 503	48. 98	51. 02	96. 01
1976	638	2 992	1 466	1 526	49. 00	51. 00	96. 07

① 贡山独龙族怒族自治县第五次人口普查办公室编：《贡山独龙族怒族自治县二〇〇〇年人口普查资料》（电子计算机汇总），2003 年。以下表格内人口数据均来源于该县历次人口普查资料，不再单独说明。

② 贡山独龙族怒族自治县统计局档案文件资料。

（续上表）

年份	总户数	总人口数			占总人口的百分比		性别比例（女 = 100）
		合计	男	女	男	女	
1977	658	3 152	1 540	1 612	48.86	51.14	95.54
1978	643	3 131	1 528	1 603	48.80	51.20	95.31
1979	653	3 220	1 569	1 651	48.73	51.27	95.05
1980	617	3 302	1 656	1 646	50.15	49.85	100.61
1981	609	3 382	1 653	1 729	48.88	51.12	95.62
1982	658	3 446	1 650	1 796	47.88	52.12	91.96
1983	658	3 518	1 727	1 791	49.09	50.91	96.43
1984	686	3 650	1 770	1 880	48.49	51.51	94.14
1985	703	3 703	1 813	1 890	48.96	51.04	95.92
1986	662	3 822	1 857	1 965	48.59	51.41	94.51
1987	689	3 904	1 908	1 996	48.87	51.13	95.58
1988	718	3 959	1 938	2 021	48.95	51.05	95.89
1989	727	3 933	1 901	2 032	48.33	51.67	93.54
1990	778	4 050	2 007	2 043	49.56	50.44	98.26

需要注意的是，独龙族人口分布受中缅勘界的影响较大。根据《北段未定界与中国历史的关系》记载，独龙族的分布相当广泛，"除恩梅开江上流两岸及其源头的都龙江（旧名俅江又称曲江）、狄子江、迪布勒江、托洛江流域大都为都（独）龙族住居区外，在恩梅开江中部东岸，由高黎贡山两麓流入恩梅开江沿岸，亦大都为都龙族居住区域……该地所居的恩依族，即与都龙族系一族。此则尚待进一步的调查考证。从前我国方志及私人记载，似将怒人、怒子、怒夷生活习俗及住居的地区与都龙族混为一起，无所区别"①。这表明，在中缅勘界之前，独龙族居住区域非常广阔而分散。1962 年中缅勘界之后，原本是一个族群的独龙族至少被分成了两部分，主体部分在缅甸境内，但国内外同一族群的名称各不一样，而我国国内独龙族人口数量远不如国外。独龙族人口分布与历史迁徙有关，50 岁以上的老

---

① 中国科学院民族研究所云南民族调查组、云南省民族研究所民族研究室编：《云南省独龙族历史资料汇编》，1964 年，第 11 页。

人一般都能讲述他们祖上流传的迁徙故事。"很久以前独龙族居住在西藏的察瓦龙一带……每一个村寨的人都是原先背泥土的那个人的后代和族人。"①这表明独龙族因为生活物资的稀缺，需要随着土地等生产要素的变化而不断转换居住环境。

独龙族大部分居住在独龙江两岸的斜坡和平坝上，按照 1990 年统计的土地面积计算，独龙江乡可耕地只有 7 931 亩。② 2003 年高黎贡山自然保护区内开始实行退耕还林计划，全独龙江乡可耕地减至 4 120 亩。独龙江乡总面积为 1 994 平方公里，按照当时人口 4 142 人计算，人口密度为 2.08 人/平方公里。依照可耕地面积计算，人均占有耕地不到 1 亩。原来的孟当村在 1990 年拆分成了表 0 - 6 中的两个行政村（巴坡村和马库村），为便于比较分析人口分布的变动情况，仍保留这一名称，将两村现有人口相加得到对应数字。独龙江乡各自然村依照自北向南的分布特点，主要可以分成南北两大部分的村落群，调查时中游的孔当村人口为 1 224 人，北部村落群包括迪政当、龙元、献九当 3 个行政村共 11 个自然村小组 1 158 人，南部村落群包括巴坡和马库 2 个行政村共 12 个自然村 1 103 人。人口结构是人口的一个重要特征，也是不同人口总体区别的主要标志③，尤其是对于独龙族人口生产状况受社会变迁的程度影响，两性年龄结构受到的影响更需要特别注意。

独龙江乡有 6 个行政村，沿独龙江从上游往下游分别是迪政当、龙元、献九当、孔当、巴坡和马库村，北部村落自北向南沿独龙江两岸分布依次为木当、向红、普尔、熊当、迪政当、冷木当、龙元一组、龙元二组、东给、白来、龙仲。表 0 - 5 为各自然村人口性别、受教育状况和劳动力比例，数据采自 2007 年独龙江乡九年一贯制学校组织的全乡文化户口普查资料，在征得九年一贯制学校领导的同意后，笔者在下面的数据分析中将主要使用此份真实可信的统计资料。

---

① 有关独龙族迁徙的故事，有几个不同的版本，详见《独龙族简史》《独龙族文化大观》及《独龙族怒族民间故事》。这里所列的故事来自独龙江上游龙元村江华口述。

② 本书数据除了特别标注之外，均由独龙江乡政府统计干事和高山提供。

③ 吴忠观主编：《人口学辞典》，成都：西南财经大学出版社 1997 年版，第 227 页。

表 0 - 5   独龙江流域北部村落人口结构

自然村	总户数及男女分性别人口数				18～55 岁人数及其比例	受教育状况				
	户数	户均人口	男	女		文盲	小学	初中	高中	大专
木当	15	57/15 = 3.80	32	25	26，45.61%	12	29	11	1	0
向红	30	127/30 = 4.23	68	59	51，40.16%	58	38	17	0	0
普尔	11	53/11 = 4.82	24	29	23，43.40%	15	23	8	0	0
熊当	25	109/25 = 4.36	54	55	56，51.38%	32	41	20	2	0
迪政当	33	146/33 = 4.42	84	62	70，47.95%	30	59	32	4	0
冷木当	31	133/31 = 4.29	66	67	59，44.36%	35	42	32	6	1
龙元一组	22	99/22 = 4.50	48	51	53，53.54%	31	28	25	2	1
龙元二组	35	153/35 = 4.37	68	85	72，47.06%	42	37	46	6	1
东给	18	79/18 = 4.39	48	31	37，46.84%	20	30	12	6	1
白来	29	124/29 = 4.28	65	59	73，58.87%	41	37	37	2	3
龙仲	20	78/20 = 3.90	46	32	35，44.87%	27	21	20	1	0

北部村落中各自然村户均人口除了最北端的木当组和龙仲组以外，其他各组均大于每户 4 个人。按照独龙江乡的计划生育政策，每对夫妻可以生育 3 个小孩，一般家庭规模在 3～6 人，但北部村落单人户所占比例较高，位于独龙江西岸最北端的向红组有 5 户单人户，东岸的木当组则有 2 户单人户；村政府所在的冷木当组有小学教师单人户 3 户。最北端村落由于交通不便，单身未婚男性偏多，年龄在 30 岁至 40 岁的未婚男子占了村落人口的 18.65%，这种现象还在蔓延。村中的男青年比较难找到本族的适龄女性，这是独龙江乡各村寨普遍存在的问题。

另外，北部村落一直远离行政中心，受教育程度较全乡人均水平低 13.85%，其中原因一是交通制约，二是劳动力因素。北部村落土地较南部村落的耕地面积多，很多家庭将适龄学童留在家中从事农活，解决家庭成员生存所需的口粮问题。这一现象在实行退耕还林之后慢慢得到改变，因此接受小学教育的人口增长较快。学校教师基本上都接受过中专教育，所以表 0 - 5 中龙元二组与冷木当组中接受过高中教育的人数明显高于其他自然村小组。北部村落人口受历史原因制约，接受学校教育的普及程度低于南部村落，文盲比例为 29.62%。

南部村落自南向北包括钦郎当、迪郎当、马库、独都、马扒兰、拉王夺、孟底、巴坡、米里旺、木兰当、独务当和斯拉洛共 12 个自然村小组，在行政设置上属于 2 个行政村。从最南端的钦郎当自然村到中缅边境徒步不到一天的行程，缅甸境内的日旺族居民经常来南部村落中交换物品。表 0 - 6 为这 12 个自然村的人口结构，数据采自乡政府 2007 年 8 月至 2008 年 8 月期间的调查资料。影响人口密度最重要的文化力量是关于人类为获得生存所从事开发自然和适应环境的生存方式。人口密度和文化所处的环境虽有直接的关系，但文化所采用的生存方式又起着缩小或扩大这种关系的杠杆作用。① 其中，国家的力量不可忽视。

表 0 - 6　独龙江流域南部村落人口结构

自然村	总户数及男女分性别人口数				18~55 岁人数及其比例	受教育状况				
	户数	户均人口	男	女		文盲	小学	初中	高中	大专
钦郎当	15	54/15 = 3.60	23	31	26，48.15%	12	13	22	1	0
迪郎当	10	56/10 = 5.60	30	26	28，50.00%	14	23	16	0	0
马库	21	84/21 = 4.00	42	42	49，58.33%	19	19	26	6	1
独都	22	99/22 = 4.50	47	52	47，47.47%	25	38	27	1	0
马扒兰	15	68/15 = 4.53	39	29	39，57.35%	19	16	24	2	0
拉王夺	45	233/45 = 5.18	117	116	123，52.79%	71	86	48	2	0
孟底	30	132/30 = 4.40	67	65	74，56.06%	24	48	35	7	1
巴坡	21	79/21 = 3.76	40	39	43，54.43%	1	16	32	8	2
米里旺	14	73/14 = 5.21	37	36	45，61.64%	25	29	11	2	0
木兰当	16	77/16 = 4.81	32	45	47，61.04%	24	13	28	5	0
独务当	22	78/22 = 3.55	41	37	40，51.28%	33	16	16	3	0
斯拉洛	17	70/17 = 4.12	32	38	34，48.57%	33	20	13	0	0

南部村落的人口中劳动力所占比例高于北部村落，接受过小学或初中教育的人口比例为 62.56%，比北部村落的 55.70% 高出约 7 个百分点。下游南部村落新中国成立后较早办起了小学，另外，边防驻军和地方群众携手创办了马库军民小学，因此南部村落整体受教育程度明显高于北部村落。若是从整个独龙江流域及恩梅开江流域居住的独龙族来看，国内独龙族仅仅是一小

---

① 凯西·F. 奥特拜因著，章智源、张敦安译：《比较文化分析》，郑州：河南人民出版社 1990 年版，第 54 页。

部分，只占同一族群人口的10%左右，缅甸境内葡萄一带居住的日旺族粗略估计有4万人。不过，具体准确的数据根本无法查找得到，笔者翻阅了国内有关缅甸境内民族研究的著作，几乎没有人提到克钦邦的日旺族或独龙族。

1950年10月1日贡山独龙族怒族自治县成立。1960—1965年人口年增长率为35.5%，1965—1976年增长放缓，年均增长率为12.4%，其中1970—1975年每年只有8.6%的增长率，1970—1990年持续稳定增长，年均增长率为21.9%。家庭平均人口从新中国成立初期的5.7人/户增长至8.8人/户，迅速变小并趋于稳定和一体化，如1981年户均人口数为5.13，1990年为5.24。① 这组数据表明了政治制度对于人口增长率的影响，独龙江的人口密度受到了外界制度的重要影响。

根据2003年5月贡山独龙族怒族自治县人口普查办公室公布的数据，独龙江乡有880户，其中家庭户870户，单位集体户10户，人口总数为4 169，其中男性2 156人，女性2 013人，男女性别比为107.10。当年出生人口为88人，其中男孩47人，女孩41人。当年死亡人口总数42，其中男性22人，女性20人。当年已婚人口2 647人，其中初婚人口为2 543人，再婚人口为104人，离婚人口为14人，丧偶未续者212人。0～14岁人口数为1 511，15～64岁人口数为2 436，65岁以上人口数为222，外来人口有42人。

观察图0-4中2007年独龙族的人口金字塔图，可以发现如下几个问题：14岁以下的三个组别男女两性人口均衡；但15～24岁的两个年龄段人口中，男性明显高于女性；这种性别差异一直延续到40～44岁这一组，之后两性人口又渐趋平衡。笔者询问了当地计生部门的干部，他们认为自2000年以后独龙族的计划生育政策有所调整，原来允许生三胎，如果都是女孩，可以再生一胎。看来外地人眼中的男尊女卑观念间接影响了独龙族人的生育选择，这显然也与独龙族成为社会主义大家庭成员的历程有关。

表0-7　2007年独龙江乡各年龄段独龙族人口分布

年龄组	男		女	
	人数	占总人口百分比	人数	占总人口百分比
0～4岁	173	4.18	161	3.89
5～9岁	201	4.85	205	4.95

① 何大明、李恒主编：《独龙江和独龙族综合研究》，昆明：云南科技出版社1996年版，第11页。

（续上表）

年龄组	男		女	
	人数	占总人口百分比	人数	占总人口百分比
10～14 岁	205	4.95	193	4.66
15～19 岁	260	6.28	236	5.70
20～24 岁	286	6.90	253	6.11
25～29 岁	218	5.26	163	3.94
30～34 岁	179	4.32	145	3.50
35～39 岁	142	3.43	109	2.63
40～44 岁	127	3.07	98	2.37
45～49 岁	108	2.61	98	2.37
50～54 岁	63	1.52	60	1.45
55～59 岁	81	1.96	71	1.71
60～64 岁	44	1.06	58	1.40
65 岁以上	107	2.58	98	2.37
合　计	2 194	52.97	1 948	47.03

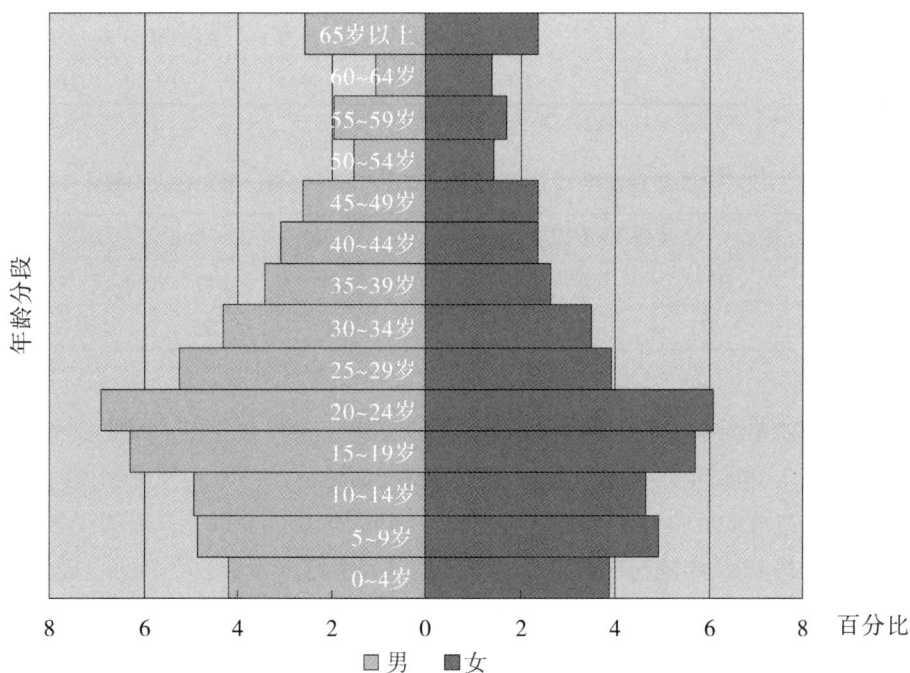

图 0－4　2007 年独龙江乡独龙族人口金字塔图

群体的人口统计资料与其获取重要资源的能力之间有着密切的关系。若一个居住地点具有由技术维持的最理想的人口规模或密度，人口增长超过这一规模就将减少每个人所能获取食物的数量，造成营养不良。① 同样，人口减少至低于理想的规模，劳动力就将减少，因而不能对农业生产活动产生必要的管理。

1982 年人口普查资料显示，国内独龙族接受教育程度很低。此次普查同时也调查了当时全国范围内独龙族人口中 12 岁及以上的文盲人数，具体情况如表0－8、表0－9 所示。独龙族个别人接受正式的学校教育始于民国时期，后文要谈到的孔志清就是第一个接受正式学校教育的独龙族人。1952年3月，独龙江区公所决定在巴坡创办第一所小学，由当时的区干事和桂香担任教员，1956 年改建为巴坡完全小学。独龙族学生完全小学毕业后，政府采取推荐、保送、考试（给予照顾分优待）等各种方法，把他们送入贡山中学、碧江完全中学、云南民族学院、中央民族学院深造，学习费用由国家包干供给。② 正因为国家的特殊政策，独龙族的学校教育取得了长足的进步，这在历次的统计资料中有数据可佐证。

表0－8　1982 年独龙族 6 岁及以上人口文化程度

教育程度	大学本科	中专	高中	初中	小学	扫盲班	未上过学
人口数	15	6	89	296	944	1 919	2 105

表0－9　1982 年独龙族 12 岁及以上人口数与其中文盲、半文盲人口数

类别	12 岁及 12 岁以上人口			其中文盲、半文盲人口		
	男性	女性	合计	男性	女性	合计
人口数	1 473	1 551	3 024	761	1 095	1 856

由于独龙江乡在 1998 年以前与外界的交往完全依靠徒步，因此教育程度并没有比 1982 年改善多少。这是在道路交通条件制约下，教育制度这一稀缺要素造成的社会结构差异。独龙江乡 2003 年 6 周岁以上人口的受教育情况统计与 1982 年的情况的对比，体现出了独龙江乡学校教育的初步成效。

① 唐纳德·L. 哈迪斯蒂著，郭凡、邹和译：《生态人类学》，北京：文物出版社2002 年版。
② 杨茂：《回忆独龙江第一所完小的创建》，载政协怒江州委员会文史资料委员会编：《独龙族》，芒市：德宏民族出版社1999 年版，第 188 页。

2007 年 6 周岁以上人口受教育情况统计初步反映出九年制义务教育的效果。但是，在独龙族学校中进行的田野调查表明，一些学校教师认为独龙族学生很难教育，一是独龙族学生胆子小，不敢在课堂上发言；二是独龙族学生喜欢喝酒，经常逃课。从以上对独龙族人口的构成所做的分析来看，独龙族的两性比例、人口寿命和人口素质如知识、能力和智力，都与独龙族社会变迁有关。独龙族社会变迁的程度越深，人口构成受到的影响越大，这里面生态稀缺与人口制度起着调节杠杆的作用。"一个民族是处在发达兴旺阶段，还是处在衰落萎靡阶段，人口数据是一个重要的测量尺度。"① 将独龙族与周边少数民族、汉族的人口增长比例进行比较，可以看出独龙族进入民族大家庭后，缓解了生态稀缺对人口增长的制约作用。

笔者在贡山县城曾经对独龙族干部做过全面的访谈，当时县城工作的17 名独龙族干部对于本民族的教育大都持痛心疾首的态度。他们认为当时中学的独龙族学生很多不思进取，家长也没有狠抓学习的意识，民族的文化素质令人担忧。

表 0 - 10　2003 年与 2007 年独龙江乡 6 周岁以上人口受教育状况比较

教育程度		大专	中专	高中	初中	小学	扫盲班	未上过学
2003 年	人口（人）	12	84	64	440	1 799	19	1 257
	比例（%）	0.33	2.29	1.74	11.97	48.95	0.52	34.20
2007 年	人口（人）	16	102	98	568	1 877	16	1 108
	比例（%）	0.41	2.62	2.52	14.58	48.19	0.41	28.45

资料来源：2007 年贡山独龙族怒族自治县文化普查资料。

从 1960 年至 1990 年间，独龙族人口呈"反 S"形增长。1960—1965年，年增长率为 35.5%；1965—1976 年，年增长率为 12.4%；"文化大革命"后期人口增长最缓慢，年增长率为 8.6%；1970—1990 年，独龙族人口年增长率为 21.9%；② 1990—2007 年，独龙族人口年均增长率为11.8%，虽然比 20 世纪 90 年代以前的年均增长率小，但与同期全国人口增长率相比，独龙族人口呈快速增长的趋势。这说明独龙族成为社会主义大家庭成员之后，生活水平得到了很大的提高，人口的意外死亡率和疾病死亡率大大降

①　何国强：《当代中国地方政府》，广州：广东高等教育出版社 1994 年版，第 279 页。
②　何大明、李恒主编：《独龙江和独龙族综合研究》，昆明：云南科技出版社 1996 年版，第11 页。

低。同时，政府对独龙族实行相对宽松的计划生育政策，也是促使独龙族人口稳步增长的重要原因。

根据独龙江乡政府提供的统计，2014 年底全族农业人口总户数 1 068 户，总人口 4 132 人；至 2015 年年底，共 1 232 户，总人口 4 418 人，独龙族人口占全乡总人口数的 99%，傈僳、怒、汉等其他民族占 1%。据贡山县 2018 年国民经济社会发展统计公报显示，全县独龙族总人口 5 920 人，其中独龙江乡 4 324 人，占比 73%，其余独龙族散杂居于云南迪庆州维西县、西藏林芝市察隅县等地。独龙江乡是中国独龙族唯一的聚居地，全乡辖 6 个村委会，26 个自然村落，41 个村民小组，1 149 户，总人口 4 112 人，独龙族人数占总人口数的 99%。截至 2018 年底，全乡农村经济总收入 2 859.96 万元，农民经营所得 2 517.22 万元，农民净收入（纯收入）2 448.87 万元，全乡农民人均所得（人均纯收入）6 122 元，人均收入比 2017 年增加 23.5%，全乡 6 个行政村 2018 年全部脱贫出列。①

（二）独龙族的族称变化

滇西北是滇川藏三省区民族进行经济文化交流的重要通道，是备受学术界重视的"喜马拉雅周边文化带"的重要区域。居住在滇西北高山区的主要有苗、傈僳、藏、普米、怒、独龙这 6 个民族和部分彝族，高山区由于海拔较高、气候凉爽、坡度较陡，农业生产以玉米、马铃薯、青稞、荞子为主，兼营畜牧业，盛产山货药材，其经济发展水平比前两类地区都更落后。山河阻隔所造成的封闭状态和生产方式上的优势互补，往往使一个个山、坝结构的社区形成相对自给自足的封闭系统，从而使云南在历史上长期处于部落林立、土司遍野、互不统属、极端分散的状态之中。在漫长的历史发展过程中，滇西北各族的先民利用山脉走向江河冲刷切割所形成的天然通道，闯出了一条由东至西、由北而南的民族迁徙"走廊"和经济文化交流路线。

要想研究古代没有文字的民族的文化，除了他们口述的故事外，只能从与他们接触的邻族的文献或外族关于他们的记载中去探求。② 所以研究独龙族的族源及其历史，就要先看这个族群所在的滇西北各民族的流变。秦

---

① 《独龙江乡"民族团结进步示范"宣传手册》，https：//www.gongshan.gov.cn/xxgk/015108241/info/2019 - 123994.html。
② 凌纯声：《松花江下游的赫哲族》（上册），南京：国立中央研究院历史语言研究所中华民国二十三年（1934）版，第 52 页。

汉时期，西南地区出现了滇僰、叟、爨、"昆明诸种"等新族名。汉代的滇到了唐代主要变为"白蛮"，"白蛮"逐渐演变为今日的白族。汉代以后在云南分布最广的"昆明人"到唐宋时期称为"乌蛮"，后又逐渐分化出今天的彝、哈尼、纳西、拉祜、傈僳、阿昌、景颇、独龙、怒等民族。[①]

图 0 - 5　独龙族古老的"刻木记事"

《新唐书》沿引樊绰在《云南志》中的《云南城镇第六》记载："镇西城南至仓望城……南诏特于摩零山上筑城，置腹心，理寻传、长傍、摩零、金弥城等五道事云。凡管金齿、漆齿、绣脚、绣面、雕题、僧耆等十余部落。"[②]方国瑜等认为："摩零都督城，此城为边疆重城，为镇西节度管辖，应在镇西城（今盈江）以西冲重之地……鉴于蛮莫（今八莫）之地理位置实为重要，南诏设重镇于此，亦属可能，用镇寻传、祈鲜之地也。"[③]以上两则史料意在表明唐代汉文典籍中记载的"绣面"部落为现在独龙族的祖先。因为独龙族在新中国成立初期，妇女仍盛行文面习俗，按照文化残存的理论，似乎可以倒推到唐代"绣面"部落就是独龙族的先祖，但笔者认

---

①　戴庆厦：《藏缅语族语言研究》，昆明：云南民族出版社1990年版，第429 - 430页。

②　欧阳修、宋祁撰，陈焕良、文华点校：《新唐书·第一册·卷56》，长沙：岳麓书社1997年版。

③　方国瑜、徐文德、木芹：《云南史料丛刊》（第二十一辑），昆明：云南大学出版社2001年版，第89 - 90页。

为这种推论尚缺乏可靠的证据链来支持。

洪俊就此专门挖掘了史料，得出结论认为唐代的"文面濮"就是现在的独龙族。在他的论证中，提到了独龙族在历史上的生活区域，认为"丽水即今伊洛瓦底江，寻传即景颇族先民聚居的江心坡一带……丽水上源名，独龙江是恩梅开江的主源，因此禄郫江应该是自独龙江开拓"①。笔者认为这也是无确证的推测。

仅仅凭借史籍中有关文面的记载和地名的考证，还无法断定独龙族在唐宋时期的确切族称。元代，丽江纳西族木氏土司崛起，俅人聚居地属于丽江路管辖的范围。"丽江路，蛮有八种，曰磨西、曰白、曰罗落、曰冬闷、曰峨昌、曰撬、曰吐蕃、曰卢，参错而居。"② 元代丽江路包括今丽江地区、怒江州和迪庆州南部，有学者以此推断"撬"即是今天独龙族的先民。③ 方国瑜也认为"吐蕃及撬在西部之北……从此民族分布可知元代丽江路西界至怒江以西达俅江也"④。据此，"撬"作为独龙族的先民开始出现于汉文史籍。

根据现有研究，"撬"是居住在滇藏交界的藏族对独龙族的称呼。其推断原因如下：藏语对河流的称呼为"曲"；独龙江发源地的察隅县是藏族聚居之地；古代汉语中"撬"与"曲"同音；藏语中对邻近藏族而居的独龙族先民称呼"曲"被汉文当作"撬"进入官方典籍之中。虽然这种推断不能完全推翻，但元代之后一直到清代，在汉文史料中再也无法找到相似的族称记录。

雍正《云南通志》卷二十四载："俅人，丽江界内有之，披树叶为衣，茹毛饮血，无屋宇，居山岩中。"⑤俅人"居山岩中者，衣木叶，茹毛饮血，宛然太古之民。俅人与怒人接壤，畏之不敢越界"⑥。清代康熙年间独龙族先民居住在鹤庆、丽江西部边境，孤悬澜沧江、碧罗雪山之外。生活方面，或结草为庐，或以树皮覆顶，衣麻布，跣足；生产方面，已知"种黍稷"，开始有了农业生产。但与内地接触还很少，既不通内地语言，也没有贡赋，

① 洪俊：《独龙族源初探》，载政协怒江州委员会文史资料委员会编：《怒江文史资料选辑》（第1—20辑摘编上卷），芒市：德宏民族出版社1994年版，第46－48页。
② 高志英：《流动的文化和文化的流动——唐代以来傈僳族的迁徙及其文化变迁研究》，《学术探索》2007年第3期。
③ 李金明主编：《独龙族文化大观》，昆明：云南民族出版社1999年版，第12页。
④ 方国瑜：《中国西南历史地理考释》（下），北京：中华书局1987年版，第846页。
⑤ （清）鄂尔泰修：雍正《云南通志》（卷二十四），清乾隆元年（1736）刻本。
⑥ （清）阮元等修，王崧等纂：道光《云南通志》（卷一百八十五引《清职贡图》），清道光十五年（1835）刻本。

对怒族有畏惧感。① 还有一部分尚"居山岩中"的则"衣木叶，茹毛饮血，宛然太古之民"。② 这些都说明独龙族在清代以前尚未被社会变迁，只是偶尔被周边诸国提起。

清代的官方史料记载中将独龙族称为"俅人"，方国瑜认为"怒子和曲子，大概是同一民族，因为怒俅两江的划分，而他们的服饰也有不同之处，于是被认为两种人。其实语言是一致的，就是所谓怒族语"③。比较清代有关独龙族的史料，只能获得模糊的形象。清代及其以前的文献关于独龙族的记载十分粗疏，语焉不详，原因在于记述者未亲至其地，多是听诸传闻或因袭旧志。④

光绪三十四年（1908）俅人才真正被官方详细记录，夏瑚以"阿墩子弹压委员兼管怒俅两江事宜"的身份，在处理了"白汉洛教案"⑤ 之后，奉命巡视了怒江及独龙江部分地区。他在菖蒲桶（今贡山县）备办了途中需用的食物及慰问当地独龙族人民的盐、布、针、线等专用品和供应独龙族群众的黄牛，雇用背夫、向导及随行人员，共一百余人，于七月中旬前往独龙江，沿途用"木刻"传递消息，通知前往村寨的头人和群众。⑥

> 查曲江系从藏属察瓦龙地流入，自色汪以上为上江，以下为下江，拉打阁以下为江尾，曲言呼为独汪洞……曲人每村居民多至七八户，少或二三户不等，每户相距又或七八里十余里不等。⑦

夏瑚亲巡独龙江和坎底（今缅甸境内的葡萄）等地，令叶枝纳西族王姓土司接替康普土千总管辖独龙江及今贡山地区，归属阿墩子弹压委员管辖，并报请云南省巡抚锡良，废除土司、喇嘛寺及蓄奴主的统治，委派"俅管"，建立"伙头制"，以代叶枝土司在独龙江的统治。这一官方背景的巡视具有重

① 高志英：《从 20 世纪独龙族社会文化的变迁看其观念演变》，云南大学博士学位论文，2004 年，第 9 页。

② 王均：《独龙族的穴居和巢居时代》，《民族调查研究》1983 年第 1 期。

③ 方国瑜：《方国瑜文集》（第四辑），昆明：云南教育出版社 2003 年版，第 467 页。

④ 王国祥：《独龙族研究小史》，载政协怒江州委员会文史资料委员会编：《独龙族》，芒市：德宏民族出版社 1999 年版，第 12 - 14 页。

⑤ 有关"白汉洛教案"的详细情况，下文会详细分析。

⑥ 余新：《夏瑚在独龙江的巡视活动》，载政协怒江州委员会文史资料委员会编：《怒江文史资料选辑》（第 1—20 辑摘编上卷），芒市：德宏民族出版社 1994 年版，第 526 页。

⑦ （清）夏瑚：《怒俅边隘详情》，载中国科学院民族研究所云南民族调查组、云南省民族研究所民族研究室编：《云南省独龙族历史资料汇编》，1964 年，第 13 页。

要意义，给俅人社会变迁点燃了星星之火，之后其被吸纳欲望日益高涨。

滇西北各族群之间的互动，主要以强势者欺压弱小者为主，当然也有民间的贸易往来，洛克就提到最受纳西人欢迎的、由怒族生产的竹器和麻制品，加上作为贡品的黄连，是怒族唯一能与外界以物易物换取盐和生产工具的产品。因此，洛克在首次抵达怒江沿岸的怒族居住区时，感到了金钱毫无意义。"这个地区的人只知道用茶和盐做交换品而不是现金。钱没有实际的价值，因为城镇距离遥远，也没有什么东西可买。菖蒲桶分布着四十所房屋的村庄，土屋顶用巨大的石片覆盖。"① 当时的菖蒲桶是一派荒凉的景象，充分显示出生态稀缺的程度。

独龙族的先民可以追溯到唐代的施蛮部落。唐代有一部分"施蛮""顺蛮"向西迁徙到了澜沧江两岸直至碧罗雪山东部，散居于滇西北澜沧江东西两地。② 在迁徙前后"施蛮""顺蛮"二蛮均处于滇西北三江并流地带，顺蛮"男女风俗，与施蛮略同"，为逐步演变为"卢"或"栗粟"奠定了基础。③

怒江两岸各地沿江而下，至保山、腾冲。由于道路相通，分别与各地有政治联系。④从今天怒江地区的民族分布情况看，独龙族和贡山怒族先民是从北路进入怒江地区，傈僳族与福贡怒族先民取的则是中路和南路。他们从不同的路线进入怒江后，山高水深的自然环境使其各处一方，交流困难，其内部差异性增大，到元代分化成"卢"与"撬"，并以明确的族称出现于史籍中。⑤滇西北各民族社会变迁的时期与程度各不一样，但若从地缘角度来看，独龙族又最为典型。首先，在唐宋时期，独龙族的先民开始从怒江迁入独龙江，就是因为外部的吸纳采用了战争的形式，作为弱小族群，俅人不得不躲到更加偏远的独龙江峡谷。其次，中原王朝历代更迭，但对于滇西北却一直缺乏有力的管控措施，因此偏居一隅的俅人自然无法有效地被吸纳到中央王朝的直接管理体系之中。直到清代，俅人一直没有被深度吸纳到外部体系直接有效的管理中，其中的原因值得仔细分析。不过，我们不可忽视清朝末年滇西北各民族之间关系的变动，外部力量形成新的鼎立局势，俅人夹在多重外力的角逐之中，下面从独龙族先民与周边地方政权之间的关系谈起。

① 和匠宇、和锵宇：《孤独之旅：植物学家、人类学家约瑟夫·洛克和他在云南的探险经历》，昆明：云南人民出版社2000年版，第100—108页。
② 方国瑜：《中国西南历史地理考释》（上），北京：中华书局1987年版，第468页。
③ 高志英：《唐至清代傈僳族、怒族流变历史研究》，《学术探索》2004年第8期。
④ 方国瑜：《中国西南历史地理考释》（下），北京：中华书局1987年版，第846—849页。
⑤ 高志英：《唐至清代傈僳族、怒族流变历史研究》，《学术探索》2004年第8期。

第一章 历史上俅人与周边地方政权

（俅人）自称均为毒龙（Duru），原意为石岩。无他称。居毒河故有此名，抑或此河因毒龙居住而得名，询之俅人村长等，均无能解释。居俅江上游者曰 Duruhga，下游者名 Durulgie……俅子族显然含有非蒙古血种之成分……其洪水传说，及俅族来源尤值研究，特别是后一个，与南诏野史中哀牢九龙传说，有许多相似处。[①]

本章分析新中国成立之前各个历史时期俅人周边的"国家"及其试图对俅人实施管理的措施。俅人遍及独龙江及其下游的恩梅开江，自唐代开始与周边的族群有一定的接触，但直到清代，都未能有效地被纳入各地方势力的管理体系之中，主要原因除了地理交通的限制以外，还与周边"国家"解决稀缺的能力很弱有关。

第一节　骠国、南诏、吐蕃与俅人

一、明代以前的俅人与骠国、南诏

（一）唐至明代的"撬蛮"

唐宋时期，滇西北的诸多族群尚未出现完全的分化格局，么些蛮、施蛮、顺蛮、长蛮、栗粟蛮等已经从乌蛮中分化出来了，或者说与保留乌蛮共同的传统文化特征较多的其他乌蛮主体有了差别。[②]唐代樊绰的《蛮书》里提到过有条从云南向西的通道。现居住在察隅和珞瑜的许多民族，有可能就是早年从这条通道进入这些地区的说着和今独龙语相近语言的人的后裔。[③]从史书记载来看，"高黎贡山在永昌西，下临怒江……永昌城古哀牢

---

① 陶云逵：《俅江纪程》，载中国科学院民族研究所云南民族调查组、云南省民族研究所民族研究室编：《云南省独龙族历史资料汇编》，1964 年，第 27 - 28 页。有关九龙传说可参见（明）杨慎：《南诏野史》，《中国方志丛书》影印本，台北：成文出版社 1968 年版。

② 高志英：《唐代藏彝走廊西部边缘民族分布格局与文化变迁研究》，《学术探索》2009 年第 6 期。

③ 费孝通：《关于我国的民族识别问题》，《中国社会科学》1980 年第 1 期。

地，在玷苍山西六日程。西北去广荡城六十日程。广荡城接吐蕃界，隔候雪山西边大洞川"①。向达在《蛮书校注》一书对"僧耆"的按语指出："其实僧祇、金祇、僧耆、层期，俱是一字之异译，所指为一种黑人。在1911年以前，此种人之买卖集中于北纬29度、东经98度之门工地方。"②樊氏在此所指之"僧耆部落"或"倈儒民族"，虽有学者怀疑是今天独龙族和俅人的先民，但若把独龙地区的历史归入"唐属南诏地方政权的管辖"，也许更为确切。③唐宋时期独龙族还没有固定形成一个共同的居住地域，或者即使有共同的居住地域也还不为外人所知。此时在独龙族先民的周边却已经形成了几个强弱力量不一的"国家"。从唐代滇西北历史地图来看，独龙族居住地域位于永昌节度的管辖末端。其北部有强大的吐蕃，南部为丽水节度管辖范围，再往南则有骠国，东部为剑川节度管辖范围，该地区后来形成了强大的南诏国。

乘象国是公元前122年前后的"国家"，都城在"昆明"（今云南大理）以西千余里，正是当时"蜀身毒道"上的重要口岸。该国产象，并有驯象、役象和骑象的习俗；主体民族是傣族的先民"滇越人"。有关专家对乘象国或滇越这一地名进行了研究，认为乘象国或滇越应是当今云南省德宏州及其附近的大片地带。④另外，这一时期记述哀牢国的史书有上百种。⑤西汉时，哀牢是云南最西部的边界，也是当时西南的边境区域。东汉时，哀牢内附是对汉王朝较高水平的经济文化的向往。东汉王朝新设立永昌郡，当时永昌郡八县共有二十多万户，超过一百八十九万人。永昌郡社会生产落后，人口虽多，但因为地域广远辽阔，包括今天的保山、德宏、临沧和伊洛瓦底江中上游地区，密度不会太大。⑥早期的乘象国或后来的骠国被南诏吞灭，独龙族先民开始以"撬蛮"之名出现在史籍之中。但为何"撬蛮"没有被直接纳入吐蕃或南诏的管理呢？稀缺是一个重要的因素。

（二）"撬蛮"未被吸纳进吐蕃、南诏、乘象国和骠国的原因

汉王朝军队向哀牢国统治中心地迈进的第一步，只是在政治上占据了

---

① （唐）樊绰撰，向达校注：《蛮书校注》，北京：中华书局1962年版。
② （唐）樊绰撰，向达校注：《蛮书校注》，北京：中华书局1962年版。
③ 刘成成：《寻根溯源"释"独龙》，《大理学院学报》2009年第9期。
④ 刀承华、曹发兴：《乘象国地望补证》，《云南民族学院学报》（哲学社会科学版）1998年第4期。
⑤ 肖正伟：《哀牢国与滇国、滇越国之辨析》，《保山学院学报》2010年第1期。
⑥ 林超民编写：《云南郡县两千年》，昆明：云南广播电视大学，第15－19页。

哀牢的一部分领土，并没有使哀牢政权降服。自西汉吕氏家族迁入后哀牢转衰①，虽然哀牢人纺织的"桐华布"（木棉布）和"兰干细布"（优质苎麻细布）②曾经远销中原和西、南亚，但这次战争使其在今保山坝很难有立足之地，其首邑有可能沿古道往怒江以西迁移去了今德宏一带形成乘象国。可见，这些"国家"解决独龙族稀缺的力量很弱。

7世纪中叶，洱海地区社会生产力水平已经发展到可以提供较多的农业、畜牧业和手工业剩余产品，出现富者阶层和贫者阶层，不平等的现象已经非常明显，但要解决周边其他民族的稀缺还根本不可能。"蛮夷称王曰诏。先时滇有六诏，各据其地。六诏中蒙舍诏最强，后并吞五诏，故独称南诏。考六诏之地，东西四千里，南北二千九百里。"③南诏作为一个较为强大的政治势力，出现于西南边疆，唐代天宝以后，南诏的疆界包括今云南全境、四川南部、贵州北部、缅甸北部。在姚州地区，唐朝委派本地的土长豪帅充当州县长官实行羁縻统治。在唐朝上半期，这里一直是西南边疆的前哨。对于唐朝来说，四面八方的部落酋长、国王首领络绎不绝地前来朝拜，象征着光荣的世界性时代的开始。遥远的少数民族以奇特的相貌、别有情趣的风俗和五光十色的服饰频繁地出现于唐朝京城，带来了远乡异族的风情、习俗与乐趣。当时中央王朝管理周边少数民族的目的在于扩大政权声誉，并非要改变他们的稀缺状态。

公元664年，唐朝在姚州设立都督府。三年后，梁积寿率兵征讨反对唐朝统治的永昌蛮，平定永昌地区，使其归属洱海地区的姚州都督府管辖。执行唐对西南地区政策的行政中心转移到姚州，在一定意义上表示唐朝政府深入这一地区加强统治的坚定信心和统治范围的进一步扩大。另外，可能更为重要的是这意味着进一步确认唐对这一地区早已拥有的权力，以防御迅速增长的吐蕃对这一地区扩张掠夺的危险。这揭示了独龙族早期可能受战争影响，沿着怒江峡谷从外地迁徙到独龙江；另外可以提供独龙族在唐代未被纳入中央政权直接管理的背景。中世纪，吐蕃作为亚洲主要军事力量兴起，对唐王朝整个西南边疆构成威胁。吐蕃也把占领西南地区作为其战略的一个部分加以考虑，从吐蕃经四川西部到云南有一条不易通行的道路，吐蕃与这一边境线上的一些小部落的接触很快建立起来，吐蕃与他们中的某些部落有不少共

---

① （东晋）常璩：《华阳国志·南中志·永昌郡》，济南：齐鲁书社2010年版。

② 耿德铭：《哀牢文化研究》，昆明：云南人民出版社1995年版，第120－138页。

③ （明）倪辂辑，（清）王崧校理，（清）胡蔚增订，木芹会证：《南诏野史会证》，昆明：云南人民出版社1990年版，第2－5页。

同性。西南的嶲州地区早已成为唐王朝与吐蕃扩张势力之间相互争夺的战略
要地。显然，他们都看到了进入云南地区的利益与良机，而且双方都力图阻
拦另一方这样做。嶲州周围的小部落在唐与吐蕃间取对等的态度，熟练而巧
妙地在两者之间斡旋求存。① 图 1 - 1 是笔者从贡山县城去独龙江调研须翻越
的垭口，这也是独龙族先民与西南周边部落、地方势力或"国家"发生联系
时必须跨越的天然屏障。

图 1 - 1　独龙江与西南诸部族的交通必须翻越经常积雪的垭口

　　吐蕃与中央政权在管理滇西北民族的目的上有共性也有差异。姜是吐
蕃用以称呼整个云南西北部地区的名称（姜域，Jan Yul），Myava 是吐蕃对
"蛮"的称呼，Myava Blanc 是指"白蛮"，Myava Noir 就是"乌蛮"。吐蕃
与这一区域诸部族在人种、经济、文化等方面的基本一致鼓励了他们吞并
此地的野心。更为重要的是，吐蕃和唐朝一样清楚地知道，这一区域拥有
财富和资源，并想掠为己有。吐蕃最想要的资源可能就是盐，并希望从滇
西北地区的广阔草原上得到马匹和其他牲畜，还想从平坝地区得到农产品
和纺织品。

---

　　① 查尔斯·巴克斯著，林超民译：《南诏国与唐代的西南边疆》，昆明：云南人民出版社 1988 年
版，第 15 - 26 页。

在吐蕃看来，这里的诸部族本身也是极宝贵的财富，是他们远征军战斗力的巨大源泉。吐蕃的军队很大程度上依赖于从他们征服地区的诸部族中征集士卒。吐蕃为何要征服滇西北诸部族？目的是获得战备物资，为进入云南腹地提供物资保障。独龙族先民当时应该还没有在独龙江定居，或许因为吐蕃军队的驱赶，独龙族、怒族与傈僳族等部族从宜居的平坝地区逐步迁入峡谷中，然后各部族为了生存争夺资源，力量最弱的俅人被迫进入独龙江求生存，自北向南迁徙。

对于南诏初期的统治者和这一地区的其他部族来说，吐蕃在西南地区的存在不仅是真实的，而且有极大的威慑力量。吐蕃对云南的直接控制可能就延伸到如此之远。在整个 8 世纪，吐蕃控制并支持着云南西北角的诸部族。[①] 在这个时期内，由于吐蕃与南诏结成联盟，所以南诏没有对这一地区的诸部族采取任何实际的军事进攻行动。这可以解释俅人没有被南诏和吐蕃统治的原因，主要是因为南诏与吐蕃都不具备强大的经济实力缓解俅人的稀缺。

公元 752 年，吐蕃册封阁罗凤为"赞普钟南国大诏"，并"赐为兄弟之国"，实现了多年来用兵西洱海所不能取得的胜利。[②] 自此，南诏割据云南的局面开始形成。之后，南诏迅速发展，其疆域东接贵州，西抵今缅甸北部，北达大渡河，东南接越南边界，西南界骠国，西北与吐蕃神川（今丽江北）为邻，东北达戎州，成为西南地区继吐蕃之后出现的又一个奴隶主政权。南诏武装是一支联合的军队，除了军队核心外，还有大量与之结成联盟的部族或者被南诏征服的部族，因此战斗力得到加强。樊绰特别提到他看见跟随南诏进攻的武装力量还有河蛮、仆子蛮、寻传蛮、裸形蛮、望苴子蛮、金齿蛮、骠和其他的部族。[③]

唐贞元十六年（800）前后，西南边疆的一些部族像滚雪球一样接连归附唐朝。他们中的一些部族在这以前从未与中原建立关系。当时在南诏有

---

① 查尔斯·巴克斯著，林超民译：《南诏国与唐代的西南边疆》，昆明：云南人民出版社 1988 年版，第 113－116 页。

② 《云南各族古代史略》编写组：《云南各族古代史略》，昆明：云南人民出版社 1977 年版，第 81 页。

③ （唐）樊绰撰，向达校注：《蛮书校注》，北京：中华书局 1962 年版，第 92－108 页。

力控制之下的遥远的骠国①，也在贞元十八年（802）随南诏的使团前来归附，第一次出现在唐廷。

从乘象国、骠国、吐蕃和南诏的历史来看，俅人先民受战争影响，从维西一带迁往怒江。这时的俅人尚处于分散居住的氏族部落时期，没有形成强有力的社会组织，无法抵御外界其他族群的挤压，只能往怒江上游迁徙。吐蕃强大的军事实力进入滇西北，特别是神川铁桥一带，距离怒江很近，对当地生活物资，比如粮草、战马等有很大的需求。因此，吐蕃及后来更强大的南诏，都是出于自身的发展需要管辖周边各个族群，要他们缴纳税赋，支撑统治阶层的需要。显然，俅人的先民偏居一隅，尚未进入吐蕃或南诏的视野。

二、明清时期的俅人与察瓦龙土司

（一）明清时期的俅人

元代，卢蛮、撬蛮、么些蛮、吐蕃等共同繁衍生息于"藏彝走廊"西端，形成了今天民族分布格局的雏形。②汉文典籍中开始不断出现"俅人""俅子"或"曲子"的记载，显然与俅人轻微地被吸纳到周边政权的管理体系的历程有关。从元代至清代，俅人始终处在其他民族的互相争夺之中。一方面，中央王朝在丽江设立地方管理机构，采取以夷制夷的策略，借助当地某些少数民族管理其他少数民族；另一方面，俅人周边的族群出现了较为强势的力量，比如北部察瓦龙土司与西部傈僳族蓄奴主。这种拉锯式的资源争夺到了清末，出现了几乎一边倒的局面。丽江府下辖的维西康普

---

① 骠国（Pyu）是缅甸境内骠族在伊洛瓦底江流域建立的古国。都城为卑谬（梵文名室利差罗），在今缅甸伊洛瓦底江下游卑蔑附近。中国魏、晋人的著作称骠国"位于永昌西南三千里，君臣父子，长幼有序"。唐代文献记载其都城是圆形砖城，周长160里，有12座门。人们信奉佛教，国内有寺庙百多座。农业比较发达，种植稻谷和甘蔗等作物，已经使用名叫"登伽陀"的钱币。613—718年毗讫罗摩王朝统治骠国。骠王外出近则坐金绳床由奴隶抬着走，远则乘大象，有妃嫔宫女数百人随行。当时骠国十分强盛，有18个属国、298个部落和9个城镇。其疆域北抵南诏（今中国云南德宏和缅甸交界地区），东接陆真腊（今泰国、老挝、柬埔寨接壤一带），西接东天竺（今印度东部阿萨姆邦等地），南至海，据有整个伊洛瓦底江流域。骠国同中国、印度及东南亚等20多个国家都有贸易往来和文化交流。唐贞元十八年，骠王派王子舒难陀率"骠国乐团"访问中原王朝，并在长安宫廷中演出，曾轰动一时。中国诗人白居易等为此作了《骠国乐》。德宗皇帝致信骠王给予赞扬，赐"检校太常卿"官衔。唐大和六年（832）骠国都城被南诏攻陷，骠国遂亡。骠人逃往浦甘，渐同化于缅人。

② 高志英、徐俊：《元明清"藏彝走廊"西端滇、藏、缅交界地带民族关系发展研究》，《甘肃社会科学》2008年第6期。

土司逐步衰弱，独龙江北部的察瓦龙土司日益强大，逐步将俅人纳入自身的管辖领域，同时从俅人那里获得有限的资源。

俅人被纳入察瓦龙土司的管理体系，给他们留下最深的社会记忆可能是妇女文面。当然，滇西北并非只有俅人有文面的习惯。"永昌男子的臂腿上，皆有黑点环带，围绕一周……拿五根针捆在一起，就拿这捆针刺他们的肉，等到血流出来，再拿颜料涂上，颜料就不能洗下来了。"① 这说明，滇西北还有其他族群盛行文身这一习俗。但从俅人历史迁徙的过程来看，妇女文面作为一种自保措施，的确发挥了很重要的作用，也曾缓解了妇女数量下降的趋势。

俅人为何能够被轻微地纳入北部的察瓦龙土司管辖，而且历时达半个世纪以上？从可查的典籍来看，至少是在康普土司禾娘正式授权之后，俅江中上游地区的俅人全部交给察瓦龙喇嘛寺管理。另外，察瓦龙土司统辖俅人几十年，对俅人管辖的力度虽大，但遭到俅人的不断反抗，原因何在？也就是说，俅人虽然被迫纳入北部察瓦龙土司制中，却没有心甘情愿地接受这种管辖，总在寻求机会躲避，或者在努力寻找周边其他值得依靠的地方势力。

（二）俅人被纳入察瓦龙土司制统治

1. 俅人为了生存的需要

俅人逐步定居独龙江峡谷之后，生存问题比在怒江峡谷时更加严峻。一方面，独龙江峡谷土地的承载能力有限，自然环境迫使俅人必须分散居住，生产工具的缺乏是俅人面临的最大问题；另一方面，险峻的自然环境导致俅人经常面临死亡的威胁，在精神上需要得到极大的安慰。人类本原的恐惧导致俅人逐步出现了万物有灵的观念，而北部察瓦龙藏族的本教观念让俅人更能接受死亡的现实。此外，生存需要迫使俅人在没有选择的情况下只能勉强接受察瓦龙藏族的统治。

在俅人被纳入察瓦龙土司管辖的初期，我们需要注意到生产工具的制约作用。独龙江的自然环境并不要求俅人有多么先进与高级的生产工具，但铁质金属工具可以带来更高的生产效率，这个道理俅人当然知道。独龙江下游就是恩梅开江，也就是利奇所说的克钦山区。"就目前所知，克钦山

---

① 马可·波罗著，冯承钧译：《马可波罗行纪》，呼和浩特：内蒙古人民出版社2008年版，第146页。

区之内曾经大规模从事铁器制造的只有两个地方，一是坎底笼以东的独龙人居地，另外一处是勐撒国。勐撒的铁匠必须从他处输入生铁，但独龙匠人如果他们愿意，则可以自己熔解矿石。我猜想独龙居地的矿石在八世纪之前'原景颇人'已经利用了，而且此举是一项关键性因素，提供了早期景颇社会发展上的经济基础。"可以猜想，独龙江中上游的俅人要从坎底笼得到金属生产工具并不容易。相反，北部藏族受到茶马古道的贸易推动，能够获得金属生产工具。"值得注意的是本区之南正是江心坡，是克钦山地中，在现代的气候状况下，当亚垦殖产量最高之地。克钦人的铁器制造业必然是关键。在后来的岁月中，独龙人铸造的刀具被卖至整个克钦山区，但这买卖是操于克钦人之手。对掸人而言，制作银器是一项适合也专属于贵族的行业，铸造铁器则是奴隶干的工作。在独龙人居地，克钦铁匠甚为罕见。因为铁匠业对贵族而言并不高尚，因此铁匠常与董萨（巫师）联系在一起。"[①] 这里提到坎底笼俅人的冶炼技术是独龙江下游的俅人获得铁质生产工具的重要来源，这也能够用来解释俅人迁徙以及流动的经济因素。

综合当时的历史事实来看，俅人被纳入察瓦龙的管辖也是身不由己，因为他们想要获得察瓦龙的黄牛作为祭祀用品，并想要从察瓦龙土司手上得到一些金属生产工具，但他们的生存并没有得到可靠的保障。相反，被统治的时间越久，被剥削和压迫的程度越发厉害。这种统治并不能持续太久，因此应当看到土司制的统治能力还不足以有效改变俅人的生态稀缺。

2. 察瓦龙土司解决稀缺的能力

独龙江流域北部（今孔当村以北地区）受西藏察隅宗本（县府）管辖，察瓦龙的三大领主娃渣、娃宗、娃西分别统治独龙江和德鲁（今属缅甸）地区的俅人。宗本委任扎恩村的帕拉布（又名布楚，1980 年病逝于昌都）为大连布，目果西（1957 年劳改时病故）为半连布。他们每年秋季都前往独龙江北部（今孔当、献九当、龙元和迪政当四个行政村），向俅人索取税款和贡物，同时向俅人进行以物易物的剥削性交换，并以黄牛交换俅人，让他们充当领主娃子（奴隶）。所收税款一半上缴给察隅宗本，一半上缴察瓦龙领主。

察瓦龙藏族领主曾被清政府封为土千总，其辖区东南与贡山接壤，东北达到日东、德鲁一带，北边达左贡县境。按照西藏噶厦地方政府的规定，

---

① 李区著，张恭启、黄道琳译：《上缅甸诸政治体制——克钦社会结构之研究》，台北：唐山出版社 1999 年版，第 277 页。

察瓦龙属于昌都管辖（现属于林芝市），授命于桑昂曲宗，宗本下设新俄，相当于现在的区长。察瓦龙首府原设于门工，新俄由西藏地方政府直接委派，当地领主经常到拉萨噶厦政府贿买新俄官职。按照噶厦政府的条例，新俄不能世袭，任期三年。新俄的职权是征收贡物、税款、粮食，支派乌拉差役、松明、柴火等。凡是新俄上任或出门，全村老幼都要到半路迎接。

西藏地方政府册封察瓦龙新俄官职始于公元 16 世纪，当时，五世达赖喇嘛赴大理朝山拜佛，从中甸、德钦一带返回，沿着茶马古道路经门工，借宿于当地庶户长安国家。五世达赖赐给长安国一张用白布印着"卡西卡底"的诏书，上面盖有西藏噶厦政府的大印。① 长安国得此诏书，即可免缴噶厦政府摊派的一切贡赋和税款。外出经商或朝山拜佛时，只要出示此诏书，就有权向当地摊派粮食、柴草、民夫并要求提供交通方便。甚至，噶厦政府官员或商旅经过门工时，也需下马步行，表示对长安国的尊敬。

察瓦龙领主对独龙江和怒江北部的统属关系始于清代，当时统治该地区的是康普女千总禾娘，她因丈夫和儿子早死，便将这一地区送给察瓦龙喇嘛寺作为超度儿子和丈夫的粮钱。从此，察瓦龙土司每年都到独龙江和怒江上部收缴"超度粮钱"，每年每寨共出麻布八丈、八寸铁锅一口、箭杆十支，还有兽皮、藤篾绳以及黄连、贝母等贵重药材。土司派人来收缴贡物时，每寨还要出面粉八簸箕、酒八瓶、鸡八只、肉八斤、刀子一把、米一簸箕，给收贡的官员食用，并派民夫把贡物背回察瓦龙。

察瓦龙新俄派来收缴贡物的总管还兼向独龙人放盐债。他们来时用牲口驮着盐巴，由伙头负责强迫每户购买。春放四盅（约二两）盐，秋收六种物：一张兽皮、一斤黄连、一斤黄蜡、一个簸箕、一个竹筒和一个篾盒。察瓦龙藏族领主和富户还用牦牛、黄牛换取独龙人作为娃子，比价是两头牛换取一个成年娃子。居住于察瓦龙的独龙族和怒族大多是过去的娃子后裔。②

每年夏初雪山融化之际，连布就派总管和侍从，持着新俄的木刻旨令前往独龙江，要独龙头人准备贡物、税款，稍有违抗，便被治罪。19 世纪初叶，俅人开展反抗土司、喇嘛和蓄奴主的斗争。西藏察隅县米空喇嘛从维西康普土司手中取得了对丙中洛、独龙江两地的统治权后，不仅向俅人、怒族收取"超度费"，还要俅人供应"神翁"到这一带打猎的口粮，俅人群

---

① 东噶·洛桑赤列著，陈庆英译：《论西藏政教合一制度》，北京：民族出版社1985年版，第 120－136 页。

② 杨毓骧：《伯舒拉岭雪线下的民族》，昆明：云南大学出版社2000年版，第 45－67 页。

众在村寨头人弄旭弄·达巴等人的带领下，联合丙中洛的怒族一起杀向米空，捣毁了米空喇嘛寺和阿日喇嘛寺，杀死了来不及躲藏的喇嘛。

俅人为了逃避察瓦土司的残酷剥削，沿着独龙江峡谷自北向南迁徙。藏缅民族素有由北向南迁移的传统。俅人不断南迁，甚至到新中国成立，中缅勘界以后，在缅甸还发现了逃避察瓦龙土司政权的俅人后裔。"在缅甸的北部山区里有一种人数不多，但类似非洲的俾格米人和安达曼群岛、马来群岛和新几内亚岛一带的尼格利陀的小矮人……七十多岁的俅人老首领舍拉官介绍说，他们的祖先原来居住在中国云南省独龙江一带，故得名独龙人……他们同族通婚，家户越来越少，因而兄妹结婚的习惯也延续下来。也许是同族近亲通婚的缘故，独龙人个子越趋矮小。"[1] 1962 年缅甸派出医疗考察组对 68 名独龙男女检查测量表明：这些独龙人"男性平均身高为 1.47 米，最矮的为 1.31 米，最高的为 1.59 米；女性身高在 1.19 米~1.585 米之间，平均高度是 1.39 米。非洲的俾格米人的身高在 1.37 米~1.45 米之间"[2]。外国传教士的记载也肯定了俅人一度被吸纳进察瓦龙土司制的事实。

当时滇西北"黑色之卢子（即指俅人之一支）人中，有两种特征，足以识别者：其一为西藏式，于修伟之男子及美妇人中见之；其一为种族式，于两姓之丑陋矮小人中见之。此矮小之侏儒，在卢子各村落时，恒不时遇之。矮小之嫩人……若门工及再南之各地，亦屡见不鲜。闻西藏人恒冒险逾岭而捕获之，或即彼辈出现之原因也"[3]。不过，在这场争夺俅人的斗争中，察瓦龙土司一开始并没有遇到大的阻力，这与当时中原王朝没有直接统辖俅人的意愿有关。

（三）俅人为何未完全被纳入康普土司制

1. 俅人的意愿

在分析俅人对东边中原王朝的地方土司政权的期盼时，必须注意到俅人生存中至关重要的两个东西——盐巴和粮食。由于独龙江流域都没有产盐之地，俅人日常所需的盐完全仰赖外部贸易交换，因此，谁能够提供俅

---

① 刘达成：《关于"藏彝走廊"研究的几个问题》，《西北民族大学学报》1984 年第 4 期。

② 达孟：《缅甸的独龙族》，《民族译丛》1981 年第 5 期。

③ WARD J. The mystery rivers of Tibet：a description of the little-known land where Asia's mightiest rivers gallop in harness through the narrow gateway of Tibet, its peoples, fauna & flora，转引自瓦特著，杨庆鹏译：《西康之神秘水道记》，1933 年。

人生活所必需的盐巴，谁就有可能缓解俅人的整体稀缺。另外，虽然独龙江莽莽的原始森林可以提供各种野菜和块茎，也有各种动物蛋白和江中的鲜鱼，但大米依然是他们所渴望的。正如奥斯古德在高峣调查时，提到"村民最爱吃的食物是米饭……还是米饭和面食经饱，其他东西不管吃多少都填不饱肚子"[①]。事实的确如此，在独龙江能够种植水稻的地方非常有限，可是越是缺乏大米的地方，人们对大米的渴望越深。

可见，俅人渴望中原王朝的地方代理能够解决他们所急需的生活物质造成的稀缺局面，但这对维西康普的土司提出了显然无法完成的任务。因为，清代之前，无论是哪一层级的土司，作为中央政权的代理，都更想要从当地得到土特产资源，而不愿意妥善地稀释地方各族群的稀缺。

2. 地方土司解决稀缺的能力

云南的土司制度与羁縻制度有一定关系。"羁，马络头也；縻，牛缰也，《汉官仪》云：马云羁，牛云縻，言制四夷如牛马之受羁縻也。"[②] 这多指专制王朝对西南少数民族采用羁縻政策，是宋、元、明、清几个王朝土官制度之窠臼。羁縻的意思是来去任便，彼此不相干涉。所谓"羁縻"，就是一方面要"羁"，用军事手段和政治压力加以控制；另一方面用"縻"，以经济和物质的利益给予抚慰。具体言之，就是中央王朝的统治者将少数民族中的人民群众比作牛和马，充当马笼头和牛缰绳的是少数民族的首领，而抓住马笼头和牛缰绳不让马和牛跑掉的则是中央王朝的统治者。清代，云南共设置土司二百一十余家，雍正二年（1724），在丽江府北部中甸、维西、石鼓等地，改置土守备两家、土千总十家、土把总三十八家。[③] 可是，这些新设的政权代理对于边缘地带的管理仅仅停留在象征意义上，并没有能力解决独龙江这样边远地域存在的整体稀缺。

"菖属地方夷人有喇嘛、古宗、怒子、傈僳、曲子五种。在昔名义上虽归维西叶枝土司管理，其实系强者为酋，弱者为仆，土司对于怒俅两江，只每年派人来收钱粮一次，地方之民刑案件，即由收粮人处理。收粮人折回后，民间发生争执，又由喇嘛寺解决。生杀由己，莫敢谁何。"[④] 因此，俅人的心愿没有得到丽江土司及其派出机构康普土司的响应。这与丽江土

---

① 科尼利尔斯·奥斯古德著，何国强译：《旧中国的农村生活——对云南高峣的社区研究》，香港：国际炎黄文化出版社 2007 年版，第 147 页。

② （汉）司马迁：《史记·司马相如传·索隐》，北京：中华书局 1959 年版，第 117 页。

③ 龚荫：《中国土司制度》，昆明：云南民族出版社 1992 年版，第 461－462 页。

④ 陈瑞金整理：《怒江旧志》，1998 年，第 68 页。

司本身解决稀缺的能力有关,他们的管辖力度远不如察瓦龙藏族的土司。在这种多方争夺的过程中,俅人逐步脱离了他们的管辖。相反,北部察瓦龙土司能够满足俅人的部分需要,对俅人的管辖也就多一些。但察瓦龙土司要对俅人有效管理,有时也得受制于中原政权。

> 乾隆十八年(1753)四月乙卯……云贵总督硕色奏……又奏,丽江府属女土牟禾志明,头人王芬,保长和为贵,催头和可清等,于改土归流后,仍循夷俗,收各寨山租陋规,又任所管康普怒子,赴俅玛地方放债取利,准折人口,送冲规额。殊属蔑法,今该女头牟,自首交出俅夷男妇十八名口,情愿出皆送还。①

这段史料至少可以表明以下几点:首先,丽江府管辖的康普土司没有经其同意,擅自将俅江管辖权给了察瓦龙喇嘛寺;其次,改土归流在滇西北并没有得到彻底实施,很大程度上还依赖于以夷制夷的土官;最后,俅人为了生存,需要接受不平等交易获得盐巴和口粮,聊以果腹。这也是其不得不轻微地被纳入察瓦龙土司制的原因。当然从名义上讲,中原政权对俅人的管辖,范围远及恩梅开江东岸。"据俅人孤亥扒云:其祖上曾受天朝之封,今印文尚存,余等索阅之,为乾隆十三年(1748)九月十九日,维西协镇都督府李征调该寨士兵谕单。"② 这虽可说明俅江下游的俅人曾经被中原政权的地方代理机构管辖,但只具有象征性。

察瓦龙土司与傈僳族蓄奴主对俅江分而治之,迫使生活物资本已贫乏的俅人更加水深火热。原本平等的社会逐渐开始分化,弱肉强食的现象渐趋出现。"察瓦龙土官暴虐异常,每年必来征收门户钱粮二三次。又此外则土官家丁,坐守拉卡塔等处,按户压卖沙盐、毛布等物……压卖货价,及期不偿者,则利上加利……江尾曲子,因与傈僳杂处,又常受傈僳之压迫,征收所谓尸骨钱粮。每年照纳一份,按寨按户征收,子孙世代不绝。今所谓曲子者,北被蹂于察瓦龙,南被欺于傈僳。"③ 由于俅江中上游的俅人没有办法摆脱察瓦龙土官的控制,必须依赖他们提供盐巴和牛,内部较强势

---

① 《清实录·高宗纯皇帝实录》(卷四百三十七)。

② 中国科学院民族研究所云南民族调查组、云南省民族研究所民族研究室编:《云南省独龙族历史资料汇编》,1964 年,第 2 页。

③ 李生庄:《云南第一殖边区域内之人种调查》,载中国科学院民族研究所云南民族调查组、云南省民族研究所民族研究室编:《云南省独龙族历史资料汇编》,1964 年,第 4 页。

者开始掳掠弱者，并将其拿去换牛。同时，俅人要缴纳繁重的税赋，又使族内山寨头人有机可乘，逐步建立自己的威信和地盘。

前面提到对独龙族体质测量的结果，表明其日常饮食结构存在物质稀缺，尤其是蛋白质和脂肪摄入量过低。独龙族人口增长速度表明物质稀缺得到了有效释放；人口自然死亡率下降及出生率的控制反映稀缺释放的程度在提高。古代独龙族周边国家对独龙族的控制力度很弱，直到清代中期察瓦龙土司才对独龙江北部的俅人征收税赋，并用不平等交易供给其食盐和茶叶。这些措施虽在一定程度上轻微地将俅人纳入自身的管辖范围之中，但没有明显地解决俅人的稀缺。

第二节　英印殖民政府与"特龙"

西方殖民帝国为何要进入独龙江？传教士与探险家不遗余力试图弄清楚独龙族的历史和独龙江的地理资源当然有其自身的目的。独龙江虽然"是化外地，况土地之广大，非同不毛者比，沿俅江各处，金矿极旺，如拉达国河、猎猎等地，英国垂涎，并非一朝一夕"①。可见，以英国为代表的殖民帝国不仅想要摸清楚独龙江流域的矿藏资源，还想利用其连接缅甸、印度与中国西藏的咽喉位置，为日后进入西藏做好战略上的准备。在英军占领缅甸后，西方殖民帝国不断有探险家前往独龙江，并根据独龙族的自称用"Terong"（特龙）来记录这个族群。

一、殖民势力进入独龙江

（一）英印殖民政府为何要将独龙族纳入殖民体系

1884 年中法战争后，在近代云南，围绕着地缘政治的目标，晚清政府和后来的军阀势力与西方列强（主要是英法两国）展开了控制与反控制、遏制与反遏制，既有对抗又有合作，既有合作竞争又有非合作竞争的地缘政治角逐。如英法争夺云南的铁路修筑权（非合作竞争）；晚清云南政府将云南七府的矿产开采权让与英法隆兴公司（合作竞争）；晚清云南政府自开

———
① 谢彬：《云南游记》，上海：中华书局 1931 年版，第 178－179 页。

昆明商埠，筹办滇蜀腾越铁路公司（反遏制、反控制）；创办富滇银行，修筑个碧石铁路则是和法国东方汇理银行、滇越铁路既有对抗又有合作。[①] 地缘政治是人类社会群体之间基于地理环境所形成的一种特定政治关系，它并不局限于人类社会内部，而深深地扎根于人类活动依赖的地理环境之中，是人类政治与地理环境相互作用的产物。[②] 独龙江的地理位置决定了近代独龙族必然要成为各方争夺的对象。其中，19 世纪末大英帝国凭借强大的军事实力，在世界各地建立殖民地，缅甸北部克钦山区也成了英军驻地之一，从坎底笼（葡萄）往北行走不到一星期，就可抵达独龙江南部的马库。英印政府试图通过独龙江进入西藏，打通从缅甸到中国西藏和印度的商贸路线，独龙江下游还有很多年长者能够讲述英军头目入侵的故事。

从史料来看，第一个访问坎底笼的欧洲人是威尔寇克[③]，时间为 1828 年。其后，西方殖民势力从缅甸葡萄溯江而上。当时，迈立开江东岸讲景颇语的人群——自称为独龙人——宣称与朗河的"掸人"有亲戚关系。在 1825 年，缅甸阿萨姆的"新福人"有许多显然是随其掸族领主直接从东方的葡萄地区迁至阿萨姆。这群人包括了傈僳人、怒人与独龙人的家族。独龙族可能分布居住到了阿萨姆平原。最初进入俅江流域及其下游恩梅开江的英国人巴纳德认为："在葡萄东边和北边，住有一支人，我们称其为俅人，因为我们没有为他们找到一个通用的名称。俅族自身也没有一个通用的名称。他们是由许多宗族或家庭构成，例如马特旺、提塞勒旺、色旺、色撒、瓦克、阿古、彭色、瓦达姆空，等等。"[④] 长期居住在滇西北的法国传教士仁安守（Auguste Desgodins）提出，俅江一带的俅人在自己的语言中自称为"特龙"（Terong）人。[⑤] 此后，法国的贵族探险家亨利·德利龙王子（Prince Henri d'Orleans）把它译成"透龙"（Tourong）。不久，一些英语文章中就开始使用"Taron"或"Tarong"，后来约瑟夫·洛克在著作中同样开始使用"Trun"。[⑥] 其后，语言学家罗常培到这一带调查，也使用了这个族称。

① 车辚：《清末民初的云南地缘政治形态及其成因》，《贵州大学学报》2007 年第 1 期。

② 陆俊元：《论地缘政治的本质》，《国际关系学院学报》2006 年第 4 期。

③ 李区著，张恭启、黄道琳译：《上缅甸诸政治体制——克钦社会结构之研究》，台北：唐山出版社 1999 年版，第 342 页。

④ BARNARD J T O. History of Putao. Journal of the Burma research society, 1925, 15（2）：139.

⑤ DESGODINS A. Renseignements sur les fleuves et le système des montagnes du Thibet oriental, sur les races Lou-tse, Lyssous et Térong. Bulletin de la société de géographie, 1869（18）：317 – 331.

⑥ ROCK J F. The ancient Nakhi kingdom of southwest China. Cambridge：Harvard University Press, 1947：176.

1869 年，英国地理学家柯柏年到怒江探险，回国后出版《由中国到印度之游记——滇北高原》，提出"要修通从印度经怒江至重庆的铁路，以便从当地攫取农产品及许多富源"①。法国亦不示弱，计划将铁路网伸入云南、广西、广东，使铁路成为"印度支那的两个地区同中国的连结线"。② 1886 年，英军占领江心坡；1909 年，英军占领片马。1895 年，英军少校戴维斯由印度到中国调查滇西北情况。戴维斯认为"（云南）是应引起英国人更多注意的中国的一个省。第一，它有几百英里与我们的印度帝国边境东部接壤；第二，如果印度与扬子江通过铁路相连结的话，这条铁路无疑得通过云南。而且这个省的东南部边界与法国殖民地东京接壤，其西北角紧接西藏。这些都足以立刻引起人们对云南政治和商业的兴趣"，他在接触云南真实的社会生活后，指出"不了解欧洲人的中国人认为他们比我们优越，最初他们肯定不会好好合作，一旦他们认识到你占上风，你会发现他们是最听话的人"。③ 这是戴维斯与滇西北少数民族数次打交道后悟出的道理，他的诀窍是抓住了当地少数民族的稀缺。因为封闭性，滇西北少数民族普遍对西方殖民帝国的白人持戒备态度，但若能够向他们提供急需的生活物资，这种戒备和矜持很快就会被瓦解。经过戴维斯的宣讲，西方帝国的探险家和传教士开始使用这一招，紧紧抓住滇西北少数民族物质和制度稀缺的特点，试图将他们吸纳到西方帝国的殖民体系之中，从实际来看也起到了一定的效果。

这种物质利诱的措施首先针对傈僳族蓄奴主，1910 年英军据守片马，不断派人到怒江沿岸村寨诱惑地方头人到片马，进行拉拢收买。当时，泸水独都罗村、碧江里乌底村、福贡腊早底村和吉尔村等几家较大的蓄奴主先后到过片马。他们回来后，带着英印政府赏赐的呢子毛毯、大衣和纪念品。英军甚至预先给这些蓄奴主安排好了"东翁"（相当于区长）的职位。独龙江那些生活在贫困中的俅人对生活物资的渴望自然远比傈僳族蓄奴主强烈，因此，假若英军采取利诱的方式，必然会让当地头人心甘情愿为他们服务。不过，英军似乎没有采用这种方式，也就是没有想到要帮助俅人解决整体稀缺。

---

① 《独龙族简史》编写组：《独龙族简史》，昆明：云南人民出版社 1986 年版，第 33 页。

② 李开义、殷晓俊：《彼岸的目光——晚清法国外交官方苏雅在云南》，昆明：云南教育出版社 2002 年版，第 236 页。

③ H. R. 戴维斯著，李安泰、和少英、邓立木等译：《云南：联结印度和扬子江的链环——19 世纪一个英国人眼中的云南社会状况及民族风情》，昆明：云南教育出版社 2001 年版，第 4 - 63 页。

英军的目的是控制长江和西江两条中国最大的东西贸易通道，让英国的军舰可以自由出入中国内河，将其海权优势向内陆延伸。对此，邮传部尚书徐世昌有深刻洞察："夫英于中国，所觊觎素在西藏，所营度原在长江。彼其心未尝不欲滇越速成，得利用滇蜀路程，兼浸入金沙江流域，因而左拊西藏肩背，而右握长江上游之键。"① 可见，英军之所以要将独龙族收入其势力范围，无非要借道往西藏进军，同时开辟一条从怒江往内地的贸易路线。另外，英国的着力点除了进出口贸易和商品倾销外，主要是在滇西北地区保持一定的势力，以阻止法国西进印度洋，并保持缅甸、印度和中国的云南、西藏之间传统驿路和古商道的畅通，毕竟印缅才是英国在印度洋最大的战略利益所在。法国由于控制滇越铁路和出海口，并依仗不平等条约体系和势力范围划分，在云南拥有绝对的影响力。但法国在滇西北没有获得较大的影响力，只是通过传教士在滇西北建立天主教堂。在这些因素制衡下，独龙族最终并没有被纳入英印殖民政府的管辖之中。

（二）独龙族为何没有被纳入英印殖民政府管辖

独龙族渴望解决自身的稀缺，英印殖民政府虽然也看到了这一点，但毕竟有鞭长莫及的感觉。从独龙族的心态来讲，清末民初正是独龙族被压迫最厉害的时期，无论是一般的群众还是家族头人等上层人士，都在急切寻找出路，盼望依靠一支能够给他们带来安定生活的外部力量。1907 年发生了一件重要的事，在中原政权地方代理机构任职的夏瑚率领亲信随从巡视独龙江，这是僳人第一次接受政府的赏赐。很多老人都能讲述自己祖上得到的赏赐，尽管给予的物资非常有限，但毕竟是首次获得而不是上缴税赋，僳人对此自然会留下不可磨灭的印象。

夏瑚之所以要去僳江，是因为西方宗教进入贡山后，与当地藏传佛教发生冲突，出现了"白汉洛教案"② 需要处理，同时也与清末国力衰弱，列强瓜分中国的大背景有关。夏瑚以"阿墩子弹压委员兼管怒僳两江事宜"的身份处理了"白汉洛教案"之后，向丽江知府彭继志提出要巡视僳江，获得批准后即"购备赏需，率领差牟武备毕业生夏云、把总马吉义及翻译通事勇丁，达菖蒲桶后小住兼旬，添募通晓曲语并熟悉曲道之怒子，买备

---

① 宓汝成编：《中国近代铁路史资料（1863—1911）》（第三册），北京：中华书局1984 年版，第 1112 - 1113 页。

② 下文将对"白汉洛教案"进行详细分析。

米粮糌粑各五十背"①。夏瑚巡视独龙江流域时，当众宣布废除过去的许多苛捐杂税，还散发食盐、布匹、针线等生活必需品给贫困的独龙族群众。为了加强对这一地区的管理，他把全区划为两段，任命俅官，还设立伙头等职，这是中原政权在当地有治理权的开始。

"俅管"以经济剥削为主的管理方式，不仅加重了当地人民的负担，而且也相当松弛，使一些掠夺势力有机可乘。西藏察瓦龙土司、门空土千总每年派人到这一带收受与勒索税赋，主要是当地的特产，比如黄连等药材。由各土司所委任的"俅管"，成了有利可图的世袭土官。"怒管""俅管"原来都是穷苦的傈僳族或怒族，一开始在执行土司命令、处理村寨事务和调解民族纠纷等方面起了一定的作用。但由于各土司的势力受到削弱，对怒江及其腹地也难于"兼管"，实际的管理权就落到了"怒管""俅管"的手中。他们实际上成了土司设置的经济剥削代理人，不仅替土司剥削，也为自己敛财，原应由"怒管""俅管"负责的管理村寨、调停纠纷的义务仅在征收岁贡时才执行，平时民间出现的诉讼事件大部分由西藏喇嘛包揽，"彼时喇嘛众多，习性强悍，古宗、怒子均畏惧之。虽威福擅作，生杀由己，莫敢奈何"。②夏瑚指出独龙江"人口稀少，稼穑不谙，道路梗塞，商旅不通"是因为"惟因主治无官，自相残杀"。这是独龙族被迫参与傈僳族蓄奴主与察瓦龙土司等权力争夺的外在表现。

夏瑚巡视恩梅开江一带，得知西方殖民势力深入该地勘察时，指出"每起到境，无不登山涉水，到处绘图照相……每至其地，无不厚赠其衣饰枪马等件，意在收心"。这说明他也意识到了西方殖民势力欲将独龙族吸纳进自己管理范围的意图。所以他提出"于曲江设一县，管辖曲江及狄子江、狄不勒江；及于狄满设一知县，管辖狄满、脱落两江"，将怒江一带"徒收钱粮，苛扰百姓之土弁，一律撤退……将兼管各土司一律撤退"，禁止察瓦龙土司再来征收钱粮。夏瑚建议先在怒江兴设各学堂，提创农业工艺，以此为基础，渐及他江，以广教育。同时，要治平道路，以通商旅，并"广招内地人民，先赴曲、狄、脱落各江，勤求开垦，教民稼穑。……到境二三年后，将见衣之食之，家余户足，庶几边地以实，地利以兴，粮储以

---

① （清）夏瑚：《怒俅边隘详情》，载贡山独龙族怒族自治县志编纂委员会编：《贡山独龙族怒族自治县志》，北京：民族出版社 2006 年版，第 495 页。

② 《征集菖蒲桶沿边志》，《怒江方志》1990 年第 2 期。

厚"①。夏瑚顺乎民意，极力禁止押派货物、勒索夫马供应，并委派"伙头""甲长"，委任袁裕才为总伙管，管理两江事务；宣布立即停止独龙族向土司、喇嘛及傈僳族缴纳的贡赋，并约束民众，不得再对独龙族进行抢杀和买卖人口，以"先苏民困为经营之首要"。在其后的一段时间里，各土司、喇嘛不敢再到俅江收贡。夏瑚的巡视活动在俅人心中留下了深刻的印象。遗憾的是，当时清朝国力衰弱，政府没有能力实施夏瑚的计划，西方传教士却趁机拉拢俅人。

二、西方宗教轻微影响俅人

西方教会进入滇西北，在传教手法上十分灵活，采取了不少当地群众所能接受的传教方法。其中最行之有效的莫过于传教士通过深入少数民族群众，学习其语言，了解其民俗民情，适应当地的各种习惯，按群众喜闻乐见的方式传教，将传教方式民族化和地方化。② 但是，更重要的手段是充分利用当地少数民族的稀缺，尤其是对俅人这样的弱小族群，给他们物质与精神上的帮助，部分改善了他们贫困和落后的生活，这或许是滇西北天主教与基督教广为传播的基本原因。

（一）美国滇藏基督教会势力进入独龙江

1929 年夏，昆明大板桥汉族杨雨楼受美籍加拿大牧师马导民派遣，前往福贡鹿马登村传教，因购地建教堂受到设治局阻拦，不能在该地立足，只好前往独龙江传教。1930 年，马导民亲自携同妻儿前往福贡。一年后，杨雨楼从独龙江返回福贡。③ 怒江与独龙江峡谷的"俅子、怒子，又被本族（傈僳族）所统治而发生同化之关系。查知子罗、上帕二设治局之傈僳，为怒子、俅子村落之伙头、排首、甲长等职，管理税赋及一切行政事项。所以，俅人、怒人每有事务必与傈僳协商。其接触时间，比较为多，有诉讼者，求傈僳头目排解之；有疾病者，必请傈僳'尼扒'禳除之。于无形之中，该怒、俅二族，已直隶于傈僳族之下也。是以怒人、俅人亦多通傈僳语，以便互相沟通文化。所以傅能仁所译成之傈僳文《新旧约全书》可以在怒人、俅人社区内传教；俅人、怒人等读傈僳文之圣经者，因通傈僳语

---

① （清）夏瑚：《怒俅边隘详情》，载贡山独龙族怒族自治县志编纂委员会编：《贡山独龙族怒族自治县志》，北京：民族出版社 2006 年版，第 498－501 页。
② 陈昭星：《天主教、基督教在我国西南民族地区传播的原因》，《民族研究》1992 年第 4 期。
③ 史富相：《傅能仁、巴东和杨思慧夫妇》，《怒江方志》1987 年第 1 期，第 45－56 页。

故也。此系傈僳族文化较俅人、怒人为高，而怒人、俅人又被傈僳同化也"①。独龙江基督教堂隶属于贡山县三自教会管理，基督徒日常的宗教生活包括祷告、礼拜和晚会。节日的活动内容包括马扒②讲演圣经比赛，老人、儿童和妇女唱赞美诗比赛，教徒们背诵经节并集体祷告。青年男女因为找到了消遣场所，被吸引而纷纷受浸信教，但他们来教堂的目的是缓解精神的空虚。

独龙族第一个基督教牧师伊里亚曾先后到云南省神学院及教牧人员培训班学习。伊里亚1913年出生于独龙江马扒兰，1963年当选为三自爱国委员会委员，1965年被选为怒江政协副主席，1986年被立为基督教牧师，1998年底逝世。他认为首先把基督教传入贡山的是美籍牧师莫尔斯和他的妻子。莫尔斯1898年出生于美国俄克拉荷马州，毕业于美国菲利普大学圣经院，加入"美国联合基督教会中华传教会"，1921年被派往中国西南地区传教。

莫尔斯先在西康巴塘一带传教，与当地藏传佛教发生冲突。当地僧侣要驱逐外国传教士，莫尔斯得知消息后，带着妻儿及两名藏族孤儿阿珍、卓玛仓促逃离巴塘，取道维西抵达贡山。白汉洛教堂的外国传教士指派闪当村的古鲁、捧当村的点格等多名天主教徒，护送莫尔斯翻越高黎贡山到达独龙江孟当村。孟底村的保长马巴恰开带领他们安全抵达缅甸木克嘎村。莫尔斯回美国后，在1926年脱离"美国联合基督教会"，另外组织了"滇藏基督教会"。莫尔斯到贡山县腊早附近的普格勒村修建教堂，之后在县城丹当建了一座3层高总共12间房的大教堂，还建有微型小电站发电，供教堂照明、讲经布道之用。同时选送当地少数民族到维西学习圣经，回来之后委任他们为马扒宣传基督教。其中一位名叫波洛的马扒到独龙江传教，留下几本傈僳文经书给当地独龙族人当门当开，让他教独龙族读经。由此可见，基督教要打开俅人的心门并不容易。

---

① 西南民族学院图书馆编：《云南傈僳族及贡山、福贡社会调查报告》，内部资料，1986年，第190页。

② 傈僳语称呼专门从事传经布道的神职人员为"马扒"，教会总管为"密洛扒"，教堂管事为"密支扒"。马扒负责讲经传教，一个人可以负责几个教堂，也可以到外地传教，建立新的教堂。密支扒负责行政事务，一个教堂只有一个，平常收取教徒的奉献，有粮食、现金、肉、油、布、盐和其他物品，还发放马扒的薪水和外出经费、教堂日用开支、教徒的救济费和救济品，管理教徒的婚恋家庭事务。密支扒对一切收支都要公布账目，而且不领取薪水。

图 1-2　莫尔斯夫人在独龙江传教①

　　1940 年波洛到独龙江下游拉打阁（现为缅甸境内）传教，一年后转回碧江里乌底学经。1942 年，他再次前往拉打阁，在果拉伯、力多和维尼等村寨传教。1943 年，波洛和比念美来独龙江传教，当时只有部分青年人信教，大部分人不感兴趣，依然信鬼。波洛住了十多天后从马库往缅甸托洛江一带传教，之后往木克嘎、狄九龙、德穗岗等地。1945 年，波洛与纳达尼来独龙江，纳达尼是三区的傈僳族马扒。他们还带了莫尔斯的信函，要他们到嘎玛迪联系英军允许他们传教，后来日军侵入缅甸，嘎玛迪的英军全撤，但指示当地区长孔贤善（彝族）允许他们传教。后来，波洛两人一直在这一带传教，独龙龙、狄九龙、洛龙、德芒龙、列纳龙等村寨的独龙族都信了教。1946 年，波洛回到独龙江下游的村寨孟底，发展了大量信教群众，并建立了许多教堂。同年 2 月，波洛病逝于孟底村。

　　莫尔斯在教堂设有电台，与昆明和香港都有联系。他在贡山有十多亩地，抗战期间做生意挣了不少钱。1942 年莫尔斯的儿子莫约经、莫约伯和莫约瑟也来到贡山传教。② 1950 年，莫尔斯离开贡山前往缅甸葡萄一带，他在缅甸认识了日旺族人白吉斗·蒂其古，两人一起以日旺话的语音特点为基础，创制了一种拉丁文拼音文字，并取名为"日旺文"，用于翻译圣经，

---

① 本图片从贡山县图书馆珍藏的图片翻拍而得。
② 《昆明文史资料选辑》（第十辑·法英帝国主义对云南侵略史料），内部资料，1990 年，第151 页。

在信徒中间广泛推广。经过十几年的推广，现在缅甸的日旺族大都信仰基督教，都会用日旺文交流。

基督教传教士采用的传教方式，充分考虑到了俅人的稀缺。比如帮助他们节约粮食、不搞牺牲祭祀、反对巫师治病，并随身携带一些常见的药物治疗当地俅人的疾病，取得了一部分俅人的信任。在这个过程中，俅人的稀缺部分得到了释放，比如结婚时不再需要牛、猪和其他实物，减轻了生活负担，但没有办法彻底改变稀缺状况。从图1-3可以看到当时俅人物质匮乏的严重程度。

图1-3 20世纪60年代以前独龙族生活物资稀缺

（二）基督教对独龙族的影响

基督教对俅人的影响从清末开始逐步加大，到独龙族正式成为社会主义大家庭一员之时，已经能够看到明显的效应。本来俅人有个别头人家中蓄有奴隶。[①] 但基督教传入独龙江以后，传教人员积极推行男女平等的思想观念，女性纷纷入教参加教堂礼拜活动。教会禁止头人蓄奴，到新中国成

---

① 《中国少数民族社会历史调查资料丛刊》修订编辑委员会编：《独龙族社会历史调查》（一），北京：民族出版社2009年版，第5页。

立初期俅人内部已经没有家庭奴隶。基督教对于俅人的原始宗教信仰产生了很大的冲击，从效果来看，这是独龙族成为社会主义大家庭一员之前，外界力量将其纳入自身体系较有成效的一个环节，当然受影响的只限于俅江下游的村寨，可以从以下几个方面来分析。

首先，最明显的是对俅人婚姻制度的冲击和调整。俅人历史上盛行氏族环状外婚婚姻，女子出嫁等于商品的出卖，讨妻在独龙语中是"濮玛旺"①，即买女人，讨妻的聘金叫作"提彼奢热"②，意思就是价钱和东西。在传统的独龙族婚姻中，青年男女在婚前有社交自由，晚上可以到"公房"住宿，唱歌跳舞，父母不加干涉，订过婚的也不受限制。但是，基督教要求教徒的婚姻由教会做主，不经过教会的婚姻，即认为非法；婚前不允许男女同居。可见，基督教对于独龙族婚姻、恋爱方式的变化起着明显的牵制作用。

其次，是对俅人的原始宗教观念的冲击。独龙族的原始宗教建立在较为落后、贫困的生产生活方式之上，其基本特征是以自然崇拜为主体，主要内容有灵魂观、鬼和天的观念、巫师及其活动、仪俗、祭鬼、保命延寿、丧葬、占卜等。③ 1949年前，俅人置身于复杂的自然现象中，当事人所在群体以及他们自己认为可以从这些巫术实践中树立信心，从而获得某些勇气④，但不足以抵御外界险恶的环境。而面对生活的挫折尤其是物质稀缺带来的心理失衡，教友之间的相互安慰和帮助，可以减轻或者释放他们内心的不安和抱怨，对于战胜环境的险恶很有用处。

再次，是对社会风气的改良作用。基督教传入怒江州，当时碧江地区的傈僳族、怒族教民在遵守教律时还根据本民族群体的社会特点，仿照《圣经》十条戒律制定新的十条戒律，即不饮酒、不吸烟、不赌钱、不杀人、不买卖婚姻、不骗人、不偷人、不信鬼、讲究清洁卫生、实行一夫一妻制⑤。信教群众懂得积累，不搞巫术祭祀，生活物资能够细水长流。相反，不信教的俅人喜欢喝酒，每年秋收以后，消耗大量的粮食用于煮水酒，因此每年青黄不接时，他们只能靠山茅野菜度日，很多人整年吃不上盐巴，

① 孙宏开：《独龙族语言简志》，北京：民族出版社1982年版，第98页。
② 李金明主编：《独龙族文化大观》，昆明：云南民族出版社1999年版，第53页。
③ 蔡家麒：《独龙族的鬼魂观念》，载宋恩常编：《中国少数民族宗教初编》，昆明：云南人民出版社1985年版；《论原始宗教》，昆明：云南人民出版社1988年版；《独龙族社会历史及宗教信仰概述》，载何大明、李恒主编：《独龙江和独龙族综合研究》，昆明：云南科技出版社1996年版。
④ 拉德克利夫-布朗著，丁国勇译：《原始社会结构与功能》（二），北京：九州出版社2006年版，第383页。
⑤ 云南省编辑组编：《中央访问团第二分团云南民族情况汇集》（上），昆明：云南民族出版社1986年版，第21页。

吃肉更是难得，只有在剽牛祭鬼或猎获野兽时才能吃到一次，群众自然从中看到信教的好处。

最后，基督教对俅人的社会有了初步的分层。其一，出现了专门的神职人员，负责教会的管理，这部分人后来还被任命为地方保甲长。其二，信仰基督教的群众自成一体，平常同舟共济，每周有三次共同的聚会；不信仰基督教的群众只能依赖血缘关系，临时应对生产和生活中的困难。

第三节　民国政权与俅人

一、国民政府对俅人的管理措施

（一）推行保甲制度

1911 年，辛亥革命成功，国民政府推翻清王朝，云南建立都督府。民国初年，贡山政局混乱，清王朝遗留下的地方土司还有残余势力，以英印政府为代表的西方殖民帝国也虎视眈眈，独龙族夹在了新旧势力的包抄之中。时任西防国民军总司令的李根源深有此感，多次上书都督蔡锷，要求成立"殖边队"进驻怒江，并力主采取积极措施经营这一地区，以固国防。他在电文中指出："滇西北隅……外人眈视，已非一日。若再及时奋进，加以经营，设官分治，筑路开垦通商，更以军队镇之，必皆望风飯附。"① 蔡锷也认识到怒江地区对巩固云南边防的重要性，乃回电指出："若非及早经营，不特土居之民永沦，且外人眈视，寝撤藩篱，日紧一日。去岁片马之役，已为前鉴。"② 在蔡锷的支持下，李根源立即着手筹建殖边队。1912 年4 月，李根源先后组建了四个"怒俅殖边队"，取名为第一至第四殖边队。任命任宗熙为筹办边务委员长，景绍武、何泽远为副委员长，分别率领第一至第三殖边队，按北路（贡山）、中路（知子罗）、南路（碧江下段）的路线向怒俅区域进发。为了加强对殖边队的领导，又在兰坪营盘街设置"怒俅边务局"，任命姚春魁为总办，第四殖边队直接由其调遣，并"不限

---

① 李根源：《电蔡都督派景绍武等先赴怒俅考查文》，《曲石文录》（卷五）。
② 迤西边防各军总司令部编：《西事汇略》，民国元年（1912）排印本。

定一处，俾便往来考察筹度"。① 1912 年下半年伊始，殖边队便先后建立了菖蒲桶、上帕、知子罗三个殖边公署，掌理行政事务，怒江上游的局势开始得到控制。同年 9 月，殖边队基本控制了整个怒江区域，并开展了殖边工作。

李根源下令"募工匠同行，分路推进，令所到之处，抚慰土民，选任土目，建筑房舍，修治道路，兴办实业，开设学校……准兵匠与怒俅女子结婚"②，部分内地的手工业者、农民、小商贩及知识分子先后进入怒江，把内地先进的生产技术带进怒江。显然，英印政府、察瓦龙土司、维西土司和民国政府，都想将独龙族吸纳进自己的势力范围之内。保甲制度既可以对生产和人口户籍进行管理，又具有维持地方社会秩序、统制民力、征发徭役、收取赋税、教化居民的功能。民国时期的保甲制度具有"管、教、养、卫"四大功能。"管"是指管理，主要指保甲户口管理，束缚和管制居民；"教"就是教化、教育，主要指教化居民和兴办学校；"养"主要指奖劝农作，使农民加大生产力度，满足国家征发徭役和收取税赋的需要；"卫"主要指维护地方治安，防治盗匪。③ "贡山、福贡两设治局，合并改设一县，因该两局地势位于怒江上游，怒江直贯其中，北与康地察瓦龙接界，南迄碧江设治局，东与德钦、维西、兰坪接界，西至俅江流域，毗连滇缅北段未定界……为本省极西北藩篱……至县名拟定为西屏二字，因设区地当高黎贡山，为西北屏藩故名。"④ 国民政府在怒江边四区设立政权后，特别是设立设治局以来，在当地政府和土司的共同努力下，对进入怒江地区传教的教会势力有意识地进行抑制，这一方面是出于爱国，从而自觉抵制教会势力过度膨胀；另一方面则是教会势力的发展直接侵犯了怒江设治局地方政府和土司的利益，由此对外国教会进行压制。⑤ 这表明民国政权是从边疆安全角度对俅人实施管理。

民国二十六年（1937），贡山设治局局长陈应昌大力改革，促进地方建设和政治一体化，为满足发展教育、安抚民生之需，对境内下属之喇嘛寺普化寺部分征收，充作教育经费和团防费用，由此引起当地喇嘛不满，诉

---

① 李根源：《令姚春魁规定怒俅边务局总办职权文》，《曲石文录》（卷五）。

② 《怒俅边隘详情》附李根源自述，载《永昌府文征》（卷二）。

③ 冉绵惠、李慧宁：《民国时期保甲制度研究》，成都：四川大学出版社 2005 年版，第 3 - 4 页。

④ 《民国时期有关改土归流的资料选辑——云南各设治局改县方案》，载德宏州志编委会办公室编：《德宏史志资料》，芒市：德宏民族出版社 1985 年版，第 40 - 41 页。

⑤ 周浩：《民国时期云南省怒江边四区设治局初探》，中央民族大学硕士学位论文，2003 年。

至云南省政府，该寺院还唆使信教群众冲击贡山设治局。云南省民政厅于是密令维西县长和清远查办，并据案指示："此案已起纠纷，自应由该主任就近派员前往查明，安慎办理，以免发生边患，喇嘛土司等听候委员查办，勿得越轨妄动，暨严饬贡山设治局长毋得操切从事，激成喇嘛土司等反抗。"[1] 最后，为平抚地方和安定边疆，云南省民政厅调陈应昌到省任职，贡山事件至此告结，当地喇嘛寺征收一并照贡山设治局进一步改革方案也告停止。此时，俅人周围虎视眈眈的各方势力，都想从俅人那里获得资源或者税赋，显然并非要帮助俅人释放其固有的稀缺。

怒江开辟之际，当地的民族上层势力对殖边队进行了武装抵抗。一方面，他们受到某些头人的教唆；另一方面，殖边队的进入，引起不明真相的当地少数民族的恐慌，他们在头人领导下反抗殖边队。从怒江地区开辟过程分析，作为强势力量的殖边队，是以武力强行进入怒江地区"开辟"的，因此可能引发少数民族的反抗，而且由于当地部分民众不明真相离家逃入深山，田园荒芜，生产遭到一定程度的破坏，由此造成局面混乱，补给不足。[2] 更为重要的是，殖边队孤军深入怒江腹地，外界援接迟缓，与当地少数民族势力又长期处于敌对状态，这种情况对新生政权十分不利。针对这种情况，殖边队采取了一些安抚措施。首先，实行了针对奴隶的"开笼放雀"、釜底抽薪的办法释放奴隶，在政策上争取最大程度上分化氏族集团和奴隶部落，使当地大多数少数民族归附政府，这一办法使国民政府"在不到数年的时间上削弱了傈僳族奴隶主、头人对怒族人民的统治。虽然这个办法简单粗暴，但客观上起到分解家长奴隶制的作用"[3]。同时，对前来归顺的村寨户口则发给牌照以示安抚。其次，对少数民族头人给予一定的礼物和信物，督其领率部众。与英国行政机构并存的还有教会，但其实是教会先进驻。英国占领缅甸后，对周边民族实行了一种特殊的政策，对俅人尤其是下游的俅人村寨，恐怕也有这样的方式。[4] 同一时期，殖边队也采用同样的方式，两者互相较量，都想争取将俅人吸纳到自己的管理体

---

① 云南省档案馆藏：全宗 106，目录号 1，卷号 1553。

② 迤西边防各军总司令部编：《西事汇略》（卷九），民国元年（1912）排印本，第 33 页。任宗熙报李根源电："敌军现在上帕筑营，若我军不退，该夷亦决不能回，所有上帕、喇乌、喃竹地三坝中水田旱地甚多无人耕作。"

③ 中国科学院民族研究所云南少数民族社会历史调查组：《怒族简史简志合编》，1963 年，第 27 页。

④ 李区著，张恭启、黄道琳译：《上缅甸诸政治体制——克钦社会结构之研究》，台北：唐山出版社 1999 年版，第 273 页。

系中。

及至后来殖边公署的成立等措施，则是殖边队一方面加强军事力量，另一方面保持暴力镇压，试图在怒江地区正式设治管理。殖边队的安抚措施使大多数少数民族群众走出深山回到家中从事生产，地方局势也逐步趋于稳定。殖边队在"开辟"过程中和民族势力之间的冲突，表现为双方之间控制与反控制的关系。这个过程带有一定的征服性，而且在"开辟"过程中确实对当地的生产造成过一定的影响，并一度使当地村寨人员空虚。"值此全国动荡、英缅势力窥视之际，历史上惯用的移民实边政策实行起来有一定的难度，此举也不可能起到安抚边民、稳定边境的作用。"① 殖边队唯有安抚土民，方能实行其统治。

因而，任用少数民族头人，使原来互不统属的各村寨纳入政府的统一管辖中，对整合当地的氏族部落起推动作用，对维持边疆之稳定、减少当地少数民族间的冲突、推动整个社会的进步都具有重大的作用。此外，由于天主教已形成一定的势力，他们也组织了教会，在这个组织中，民族头人也扮演着重要的角色。一方面，国民政府要将怒江地区民族势力纳入国家政治制度中来，将国家的政治力量强化到少数民族部落组织和天主教组织"密支扒"中。在它们二者的关系中，国家行政力量在少数民族社会中的作用更强有力，以保证国家的力量渗透到最基层社会组织中，达到统治目的。另一方面，氏族、部落的首领被吸纳到国民政府的地方政权中，他们的权力作用有一定的发挥余地，并得以保留，在一定程度上满足了他们的权力要求，保证了国民政府在怒江地方统治的稳定，从事实上对怒江地区实行了有效的统治，在一定程度上阻止了英缅殖民者借民族问题之名，行边境挑衅之实，同时，对天主教会等组织也可以起到一定的监督作用。

因此，殖边队和少数民族势力之间形成了另一个"二制一体"行政机制。在这个机制中，形成了一个统一的政治中心，超出了原来的氏族、部落，同时它又是以原来的氏族、部落为基础。在从血缘向地缘关系转化的过程中，殖边队对少数民族头人的委任，是后来举办团保之基础，它奠定了民国时期怒江北部地区基层社会组织的基本形式。这是傈人开始被有效管理的前夜，但交通不便造成的阻隔，使民国时期的傈人仍未完成他们自己的心愿，释放出原有的整体稀缺。

面对滇西北边疆地区历史形成的土司和少数民族上层势力，云南地方

---

① 龙云：《云南行政纪实（边务）》，云南财政厅印刷局民国三十四年（1945）铅印本。

政府在边区进行改土归流和开辟过程中，形成土司土官配合对基层民众的实际控制形式。"就各族酋长之率兵效顺者或应募平乱者，论功行赏，分别委以土职使其子孙世袭，效忠国家。所属部落即永久归其统治，用固边困。但各土司之上，政仍分别设有行政官吏，掌理一切行政司法事宜……近年以来各土司因教育文化之熏陶，智识增进，对于国家思想政治意识，均能了解，咸知服从中枢，拥护政府。偶遇外力之侵凌，尚能率领民众设法抵御，倾心内向，恪尽守土之责任。在此国防设备薄弱时期，土司既为一般边民所信服，尚须赖其号召团结，共御外侮。"① 因而一方面应中央政府之要求，在滇西北改土归流和新开辟的怒江地区设立设治局；另一方面对土司、少数民族上层加以利用，对国民政府的指令执行不甚积极，在本区国民政府地方行政区划中，形成了地方势力与国民政府行政组织共存的特殊机构——设治局。20 世纪 30 年代末期推行于怒江四设治局地方的保甲制度又形成了土司、民族头人、设治局一体化的局面。抗战后期，由于怒江地处前线，土司和民族上层势力被充分利用起来，一方面是当地土司和民族头人站在爱国主义立场，投入抵抗日军侵略的斗争中，国民政府任用土司、民族头人为战区的保安司令、团政队长；另一方面是由于战时之特殊形势，国民政府改变以往对土司民族上层策略，令云南省政府停止废除土司之议。这两方面的结合，使怒江土司和民族头人的地位得以巩固。② 这些措施部分地释放了独龙族原有的制度稀缺。

（二）开展对独龙族的调查研究

整个民国期间，沉重的税赋和各项征派，始终是怒江边四区人民最沉重的负担。民国十九年（1930），尹明德深入滇西北地区勘察时，"所遇夷民，面皆菜色，衣不蔽体"，在层层压榨下，怒江地区各族人民大多"每至夏秋，大半以竹笋、野菜花充食"③。宣统二年（1910），李根源自昆明出发，以微服毁容，走茶山旧墟，达恩梅开江支流小江流域，作《滇西兵要界务图注》。

---

① 龙云：《云南行政纪实（边务）》，云南财政厅印刷局民国三十四年（1945）铅印本。
② 王文成：《滇西抗战与云南龙潞边区土司制度的延续》，《抗日战争研究》1994 年第 2 期。
③ 尹明德：《云南北界勘察记》，云南省立昆华民众教育馆编，民国二十二年（1933）铅印本，第 6 页。

该地俅人心理："（土人）又云，'此地本归天朝管，我们系天朝种，有我祖宗遗传之言'云云。天朝盖指中国，随在俅人皆作如是语，可为此地属中国之确证。据俅人孤亥扒来云，其祖人曾受天朝之封，今印文尚存。余等索阅之，为乾隆十三年九月十九日，维西协镇都督立微调该寨士兵谕单，谕俄跃头目山官孤耳的。……野人、浪傈、怒子、俅人，虽其名称不同，实皆傈傈种也。……记之以备世之研俅人种学者考焉。①

1920年，杨斌铨受国民政府委派，自下关分途北上，经菖蒲桶行政署北上，探至西康省南部松滩东（即滇康交界之处），复向西翻高黎贡山，探查恩梅开江上游俅江、狄子江、狄不勒江、驼洛江一带情形。之后继续转西南探查迈立开江上游狄满江、木里江，直达坎底，他认为："俅民……男女日晒雨打，均所不避，其皮肤几成木石。在潞江未开辟之前，潞江栗栗异常横暴，成群结队抢劫俅民女子、牛马，因受害不堪，少有知觉者，将女子十二三岁时以针刺其面部，涂蓝色。栗栗、怒子见其文面，多不抢劫，相沿成风。"②

李生庄对察瓦龙土司苛虐异常的征收、傈傈的所谓骨尸钱粮、英人对于边民之笼络，都作了记述，指出"俅子北被踩于察瓦龙，南被欺于傈傈"，这说明周边地区加重了俅人的稀缺程度。范义田认为"曲子无文化，用栗栗木刻"③。在夏瑚、杨斌铨调查基础上，方国瑜对中缅边境北段未定界内坎底和罗麦基的考释，为后人了解民国时期中缅北段边界情形保存了重要的历史资料。

……雍正八年四月二十日《陈孟连银厂及怒夷输诚折》记所贡之黄蜡、麻布、山驴皮、麂皮之数及每年犒赏砂盐……则与缅甸接连之罗麦基，应在江心坡。疑罗麦基应作里麻开，即里麻江。里麻与密支那区，即以迈立开为界也。④

---

① 李根源：《滇西兵要界务图注》，载方国瑜主编：《云南史料丛刊》（第十卷），昆明：云南大学出版社2001年版，第807页。

② 杨斌铨：《行程记》，载尹明德：《中国方志丛书·云南北界勘察记》，台北：成文出版社有限公司1974年版，第182页。

③ 范义田：《云南边地民族教育要览》，载中国科学院民族研究所云南民族调查组、云南省民族研究所民族研究室编：《云南省独龙族历史资料汇编》，1964年，第8页。

④ 方国瑜主编：《云南史料丛刊》（第十二卷），昆明：云南大学出版社2001年版，第146页。

陶云逵于 1935 年 8 月 28 日自维西县叶枝赴独龙江，调查后认为："俅子是在高黎贡山以西毒龙河流域居住的一种土人……贡山全区人口为 8 333 口，怒子占百分之三十，傈僳百分之二十，俅子则至百分之五十，俅子均居高黎贡山之西，毒龙河流域，而此地带为滇缅北段未定界，故人口之伸缩性甚大也。……亦间有纳税者，盖眷念夏瑚氏之宣慰。惜近来我国官吏假借政令，对俅民诸般剥削，心渐向英。"[①] 陶云逵听独龙族老者讲洪水传说及俅族来源后说"族源故事与南诏野史中哀牢九龙传说，有许多相似处"[②]，并将采集的神话传说写进了《几个云南藏缅语系土族的创世故事》。在夏瑚、杨斌铨调查基础上，方国瑜将伊洛瓦底江诸支流概而说之，并对中缅边境北段未定界内坎底和罗麦基进行考释，为后人了解民国时期中缅北段边界情形保存了重要的历史资料。

民国时期，边境危机促使国民政府下辖的云南都督府不断派人进入独龙江一带勘察。同时，国内外科研人员的进入，也促使当地俅人开始与外界有更多接触。新中国成立后被选为贡山县第一任县长的孔志清，就在这一时期认识了来贡山境内考察和采集植物标本的北平静生生物研究所植物研究员俞德浚。孔志清在他的口述史中专门谈到了对俞德浚使自己有机会接触外面的世界的感激。

> 民国二十七年（1938）四五月间，考察队到贡山后，人地生疏，不熟悉路径，又不懂当地的独龙族怒族语言，需要翻译和向导，但在设治局所在地的茨开附近，没有独龙族人居住，找不到这样的人选。后来茨开区长刘洪亮了解到我从独龙江来茨开省立小学读书，就来找我，让我为植物考察队当向导和通司（翻译）……临走前，俞先生一遍又一遍的叮嘱我好好读书，做一个对社会民族有用的人。还给我 50 元钱，说是上山带路的工钱，他要我接下，我只好接受下来……在大理学习期间，俞先生也没忘记我这个独龙族学生，他和他的同事蔡希陶先生在昆明植物研究所时，还曾寄过我两次钱，共 40 元滇币。[③]

---

① 陶云逵：《俅江纪程》，载中国科学院民族研究所云南民族调查组、云南省民族研究所民族研究室编：《云南省独龙族历史资料汇编》，1964 年，第 19 - 28 页。

② 徐益棠：《边疆研究论丛》，成都：（私立）金陵大学中国文化研究所，1945 年。

③ 孔志清口述：《回忆随俞德浚先生进行植物考察》，载政协怒江州委员会文史资料委员会编：《怒江文史资料选辑》（第 18 辑·贡山独龙族怒族自治县文史专辑），芒市：德宏民族出版社 1991 年版，第 106 页。

民国时期各种调查人员进入独龙江，促使俅人的地方头领开始萌生主动投靠外界某一强势政权的想法。当然，他们需要先揣摩谁可能真正愿意按照他们的心愿尽心管理，而不只是停留在征税和调查的阶段。在这种思想萌芽的初期，俅人一度经历了几乎灭顶的疾病袭击。"民国三十五年（1946），独龙江地区发生天花；民国三十七年（1948），独龙江一带霍乱。"[1] 可就是这样民不聊生的情境，依然没有让菖蒲桶行政委员做出有力的措施，反而在石门关修筑"滇西保障"和"千古流芳"的壁刻，自我表彰"人民得睹平等自由之曙光，不致再沦专制铁蹄之下者，皆陈公（贡山设治局局长陈应昌）之赐也"[2]。民国政府对地方社会的治理能力由此可见一斑。

1932 年 6 月，贡山设治局获悉英印政府派缅方地方官员到独龙江征收钱粮，深感边事紧张，正式成立"菖蒲桶俅江公安局"，委派杨绍宗为局长，就地录用五个俅人首领为办事员。同时，向当地群众每户征收贝母半斤、粮食五升，作为公务及人员的经费。这激起了察瓦龙土司抑或俅人首领的不满，俅江公安局遭到强人的抢劫，而群众本已贫困没有能力负担经费，于是 1933 年被迫撤销。民国时期，"各调查所得，详绘地图、编撰报告，并所摄照片碑证，呈之政府，以为交涉之据。各组人员行踪所至，随有记载，或为英人经营情实……皆与边务有关"[3]。如果没有抗日战争，北平和南方的高校不迁到昆明，民国时期学者对独龙族的调查就不太可能有机会进行，俅人的稀缺或许更难为外界所了解，孔志清也没机会登上历史的舞台，促使俅人初步被吸纳到民国的管理体系中。

二、俅人为何未完全被纳入民国政权

俅人未完全被纳入民国政权。首先，因为菖蒲桶的民国地方官员走马灯似的变换，而且几乎都无所作为，不但未能解决俅人生活极端贫困的现状，还雪上加霜，对俅人设立征税的名目。另外，察瓦龙土司向菖蒲桶的民国地方政权提出挑战，西方殖民势力制造边境危机，这都让俅人无法有效被纳入民国政权。其次，俅人本身的社会组织家族公社依然起着重要作用，虽然随着民国政权的介入，俅人的社会逐渐向阶级社会过渡，但这种

---

① 贡山独龙族怒族自治县志编纂委员会编：《贡山独龙族怒族自治县志》，北京：民族出版社2006 年版，第 9－10 页。

② 贡山独龙族怒族自治县志编纂委员会编：《贡山独龙族怒族自治县志》，北京：民族出版社2006 年版，第 493 页。

③ 尹明德：《中国方志丛书·云南北界勘察记》，台北：成文出版社有限公司 1974 年版，第 3 页。

过程异常缓慢，因为缺少外部强有力的推动。最后，地方头领对外部力量的抵抗，使俅人继续停留在原始社会的末期。

（一）家庭公社的发展

在独龙族社会变迁的进程中，清末民初是一个关键的时期。这时，俅人通过对外交换获得铁刀、铁斧和牛等生产工具以后，在生产关系方面发生了革命性变化，推动了私有财产的产生。在此时俅人的社会中，"牲畜变成了一切商品都用它来估价并且到处乐于同它交换的商品，牲畜获得了货币的职能，在这个阶段上就已经当货币用了"①。铁刀和铁斧使个体成员能独立砍烧森林变成耕地，因而使家庭公社中的每对夫妻能在家庭公社的公共土地旁边，砍烧出归个体成员所占有的小块私地。"土地私有制已经通过房屋及农作园地的私有渗入公社内部，这就可能变为从那里准备对公有土地进攻的堡垒。"② 可见，俅人被轻微纳入察瓦龙土司制，也逐步导致土地公有制的解体，促使土地向私有制转化。

世系群（"克恩"）与大家族（长屋）在履行社会经济职能时的相互依存性极为显著。在土地所有、产品分配、对外事务、财产归属上，都表现了世系群与大家族的紧密关系。所以，世系群有一套管理体制和社会经济职能，起到了原始公社的作用。独龙族家族公社具有早期家族公社的一般特征：生产资料、生活资料集体占有，共产共食；按性别、年龄分工，不存在小家庭经济成分；人口、财产的世代与集体分化原则，可以概括为经济上的整体性。家族公社成员之间在物质、思想关系方面的平等、合作、互助以及民主管理等特征，是社会关系上的民主平等性。③ 公社的生产品采取商品形式者越多，生产品为生产者自己消费的部分越小。以交换为目的的部分越大，在公社内部，原始的自然形成的分工被交换排挤得越多，那么，公社个别成员的财产状况也越加变成不平等。④

从家族公社的存在与解体的过程来看，它对俅人社会变迁的过程起着一定的作用。面对北部察瓦龙土司的沉重税赋时，家族公社可以缓解个体

---

① 恩格斯：《家庭、私有制和国家的起源》，北京：人民出版社1955年版，第1页。
② 中共中央马克思恩格斯列宁斯大林著作编译局译：《马克思恩格斯全集》（第十九卷），北京：人民出版社1972年版，第450页。
③ 庄孔韶：《父系家族公社结构的演化进程概说》，《中央民族大学学报》（哲学社会科学版）1982年第4期。
④ 恩格斯：《反杜林论》，载中共中央马克思恩格斯列宁斯大林著作编译局编：《马克思恩格斯选集》（第三卷），北京：人民出版社1972年版，第166－167页。

家庭的压力，大家分工协作，妇女上山采集食物，男子到高山狩猎并采集药材，勉强可以应付生活。但是，随着税赋和压迫的加深，家族公社开始结成临时的联盟，共同进行反抗。一定程度上讲，这阻碍了独龙族被深度纳入察瓦龙土司或民国政府的有效管理之中，这一时期傈人村寨不断出现反抗外部强势力量的事件。

　　察瓦龙土司把上游地段划分为九个村二十六个寨，每村设伙头两人，为他管理村民，收集门户，解运钱粮。他规定辖内每户农民每年交纳黄莲二斤，每村合交麻布十九掰，鹿皮一张，砍刀一把，麻布毯子一床，背索十根，小米八升（每升四市斤），杵酒四瓶（每瓶约二十五市斤），鸡四只。这些用十五折交的钱粮，每年由伙头收齐后派背夫背到与察瓦龙接壤的龙云村。土司每年率领大批亲信兵丁前往龙云一村点收钱粮一次，并在行前发下木刻通知伙头，上面刻有来的人数及停留时间，伙头接到后向群众派工，事先就要修建住房，搭好床铺，上面要盖新鲜的野牛皮和独龙毯，备好足够的酒肉粮食。各村伙头要全部到一村迎候。土司进入村庄，全村老小要在村口磕头迎接。土司住下后，先要大吃大喝几天，最后才清点钱粮，如果发现短缺，当场拿伙头问罪，拷打呵斥之外，还要罚款；短一件罚十件，逼令立即摊派交出；验收完毕，还要独龙族村民负责背运，连铺盖的皮张和毯子也悉数卷走，之后还要强迫摊销沙盐。土司带来的沙盐超过了独龙族群众的需要，索价异常高，十斤盐换一张大野牛皮，五斤盐换一床双层新麻布毯子。每年都有群众欠下土司的盐债，这些债过一年就要加倍归还本利，拖欠三年还不起，土司就要强拉人口抵债，或抓去充当奴隶，或被转卖到别处。除了沙盐贷贡外，还有牛债、楚巴（藏族服装）债。1932年，察瓦龙土司向独龙江上游群众发了一道木刻，决定从当年起开征鸡、猪、狗、牛税，以及人的耳朵、鼻子税。木刻一下，激起了独龙族群众积压已久的愤怒抵抗情绪。孔当村伙头孔目金组织群众反抗，虽以失败告终，但土司被迫取消税收。①

　　① 孔志清、伊里亚口述，李道生整理：《独龙族三次起义概述》，载政协怒江州委员会文史资料委员会编：《怒江文史资料选辑》（第3辑），芒市：德宏民族出版社1994年版，第10－14页。

洛克提出叶枝土司家谱，最早是禾娘在清雍正三年（1725）归附朝廷，得到了中央政权的委派。其后，第八代统治者王国相①将俅江（今独龙江）划分上下两端进行统治。上端完全划归察瓦龙土司和喇嘛寺管理。由于地缘关系，居住于独龙江、怒江以北的察瓦龙藏族土司和丙中洛喇嘛寺先后把统治势力触角伸向俅江地区。② 除了要对付察瓦龙藏族土司外，南部的俅人还要应付傈僳族的骚扰。据独龙族老人回忆，先后遭到傈僳族屠杀和掳掠的村寨有由堂木、木刻夏、马腊底、得开当、阿甲木、不当英、闲那底、木里王、由王底、当安、木切王、肖哇当、龙棍等。白天，他们要结伙成群地下地干活或进山打猎，不敢轻易单独行动，来到地里，还要分派专人在路上地边巡哨，一有警报马上转移潜逃；晚上，一到太阳落山，大家便急速地往森林里躲藏，在大树上栖息，过着一种非人的生活。独龙族的头人伊里亚曾在他的口述史中谈到独龙族反抗门空喇嘛寺统治的事件。

> 门空的僧侣贵族把丙中洛和独龙江当作他们的远方猎场，经常带上护卫兵丁，前往两地山林中打猎作乐，并以收取"超度费"为名，向当地群众征收"打猎口粮"。开头一两年，前来打猎的兵丁、僧侣还少，每户交去一大木碗粮食，已足够他们食用。但到后来，前来打猎者越来越多，当地群众负担越来越重，每户缴纳的"打猎口粮"由一大木碗，增加到一小口袋，再增加到一大簸箕，最后每户要付出一小囤箩的粮食才能应对络绎不绝的"打猎者"的索要。很多群众交不上粮食被喇嘛的兵丁捆绑、鞭打。③

民国时期贡山设治局推行保甲制度，大部分沿用原来家族公社的头人作为保长。他们在抗拒英印政府的企图时发挥了一定作用。同时，他们还能利用政府赋予的权力谋取本家族的私利，这使独龙族社会出现了阶级分化，虽然不太明显，但已经使独龙族平等的社会体制开始向不平等过渡。

---

① 约瑟夫·洛克著，刘宗岳译：《西南古纳西王国》，昆明：云南美术出版社1999年版，第212页。

② 高志英：《独龙族社会文化与观念嬗变研究》，昆明：云南人民出版社2010年版，第201－230页。

③ 孔志清、伊里亚口述，李道生整理：《独龙族三次起义概述》，载政协怒江州委员会文史资料委员会编：《怒江文史资料选辑》（第3辑），芒市：德宏民族出版社1994年版，第1－12页。

（二）地方头领的活动

清宣统二年（1910）夏天，夏瑚在学哇当召开头人会议，并就地任命他们为当地各家族头领，发给每人一顶红顶官帽和一张委任状。显然，夏瑚是要将独龙族纳入清朝的政治管辖范围之内。他对头人说：如果有人来向你们要税，你们就拿委任状给他看，说我们有上级，是清朝的人。这明确地宣告了清政府的态度，但因为当时国力衰弱，再加上西方殖民势力大肆进攻，朝廷政权已成强弩之末，要将俅人直接吸纳到自身的管理体系中，显然心有余而力不足。夏瑚将各村寨的负责人委任为头人，按照清朝的地方行政官职对俅人头人封官授衔，用意就是要废除察瓦龙土司权力，将俅人纳入清朝地方政府的有效管理之中。

家族长被提升为地方头人后，权力并没有发生变化，他们自己仍要劳动。当群众发生纠纷时，他们还需要出面解决纠纷，当时事要给他送上酒、鸡甚至小猪。独龙江下游茂底村（今巴坡村孟底村小组）的茂坎担任俅江区长（保董）职务，委托中游丙当村的丙当点管理上游的几个村庄。丙当点接替保董一职，但因为将收来的税款挪作私用被群众揭发，设治局免去其保董职务重新任命了孔目金为保董。其子孔志清到了大理政治学校后，孔目金因为率领独龙族村民反抗察瓦龙藏族土司遭到扎恩神翁宫布都吉的报复，患病去世。孔志清不得不休学回家劳动，恰好原乡长离职，经乡里保董向县设治局举荐后被任命为乡长。但最初的乡长职务毕竟是国民党政权所授，他在任内虽然尽心尽职，仍然无法得到设治局的重用，甚至差点丢了性命。

俅人的家族长利用职权，助长了家族公社内贫富分化，破坏了先前家族公社民主平等的传统。个体劳动即小土地劳动是私人占有的源泉。它引起公社内部各种利益和私欲的冲突，这种冲突，首先会破坏耕地的公有制，然后会破坏森林、牧场、荒地等的公有制；一旦这些东西变成了私有制的公社附属物，也就逐渐变成私有的了。[①] 土地通过伙有共耕方式逐渐集中在几户人家手里，家族长和少数富裕户常常占地最多。劳动生产率的不断提高，使得基本生产单位逐渐缩小。公有制在农业的发展进程中变成了生产

---

① 马克思：《卡尔·马克思给维·伊·查苏利奇复信的草稿》，载中共中央马克思恩格斯列宁斯大林著作编译局译：《马克思恩格斯全集》（第十九卷），北京：人民出版社 1963 年版，第 450 页。

的桎梏。它被废除、被否定，经过了或长或短的中间阶段之后转变为私有制。[①] 铁质工具的使用和推广，不但使这些民族的大规模山林农业成为社会生产的主要部门，而且使原来必须依靠整个氏族集体通力合作的农业生产，逐步转由较小的集体以至个体家庭为单位进行；个体家庭单独经营农业可能性的出现，为私有制的诞生准备了最重要的经济前提。[②] 为了解决个体家庭争占好地的矛盾，集体试图对各户耕地进行调节，但这种在各户之间分配土地的萌芽，并没有获得发展而形成制度。为什么呢？因为在独龙族缺乏抑制个体私有土地发展和维系耕地集体所有的强大力量。这种力量的源泉，应是来自维系某种必不可少的公共职能的迫切需要。

俅人极少部分首先掌握了土地资源。土地作为生产力要素，是经济发展中的资源要素，也是作为消费品的提供者和消费者生存与发展活动的载体，土地的承载力具体可以分为土壤承载力、草原载畜量，还包括土地资源所能承载的人口数。[③] 但是，独龙江的土地承载力并不与面积成正比。家族公社的头人借着民国政权的力量，获得了土地，却无法单独耕作。因此，人们就要联合起来。最初是基本的家庭联合，后来是群体和家族之间的联合。

这种无法避免的趋势可以称为策略分层，在任何社会中它都可以作为一种基本的假定。在两个以上的个人或群体之间，要么是合作，要么是冲突。然而，两者并不是互相排斥的对立方，而是社会持续发展过程中的多极。合作是形成群体的先决条件，但若没有领导人物，一个群体就不可能持久存在；或者，在一个更加复杂的结构中，要出现政治等级才能达成先前设定的目标。

俅人对于外部压迫的反抗，没有形成大的浪潮，是因为他们分散居住，各家族之间没有共同的利益导向。更重要的是，头人之间的合作与冲突没有在一个有权威的首领制约之下。整个社会还处于原始平等的观念之中，对于外部的依靠力量，依然没有合适的目标。照原始的习惯，各人随身的工具便是各人的私有物品，男子有渔猎用的弓矢，女子便有家具。到牧畜种植发明以后，男子也相沿地领有六畜和五谷，这样生产的力量愈见增加，

---

① 恩格斯：《反杜林论》，载中共中央马克思恩格斯列宁斯大林著作编译局编：《马克思恩格斯选集》（第三卷），北京：人民出版社1972年版，第178页。

② 卢勋、李根蟠：《从家族公社直接向阶级社会过渡——我国南方若干少数民族私有制形成途径研究》，载中国民族学研究会编：《民族学研究》（第二辑），北京：民族出版社1981年版，第100–120页。

③ 朱国宏：《人地关系论》，上海：复旦大学出版社1996年版，第15页。

女子的家庭生产便不能不降为附庸，而女子也就由中心的地位一降为奴隶的地位。① 缺乏一个强有力的权威，是佧人无法摆脱外部力量控制的原因。佧人能否得到国家的有效管理，稀缺的释放是关键。

佧人在外界几股吸纳力量的裹挟之下，有没有抵抗呢？首先，佧人反抗过英印殖民势力的吸纳活动。英印政府的吸纳力度比较弱，因为他们只是想从独龙族那里获得支持，最终的目标是西藏。所以，他们一开始以武装小分队进入，以武力的方式威吓佧人；后来改用殖民探险的方式，收买佧人的地方首领。不管是哪一种方式，他们最终都没有成功地将独龙族纳入自己的管理范围之内。

其次，佧人在头人的带领下反抗过察瓦龙土司，但结果大多以失败告终。藏族土司每年向佧人收贡两次，第一次是六月，主要为放债，将红盐（从昌都盐井经茶马古道驮运到察瓦龙）摊派各户，强迫村民购买，言明秋后偿还黄连、贝母和皮张。第二次是十月份，一面催缴贡赋，一面收放盐巴的债，所交贡赋包括黄连四包、皮子一张、麻布五排、刀子一把，还要准备铺盖，各村寨凑齐三升米、三只鸡、九碗水酒。如果缴纳不起，就要被拉走作为奴隶。

佧人最有力的反抗大约发生在 1932 年，起因是土司加倍增加了独龙族的税赋，狗、猪等动物都要交税，人的耳朵、鼻子也要交税。所以，独龙族的头人商量反抗。秋末，土司派人来独龙江收税时，各村青壮年背起弩弓、砍刀和口粮，在迪斯柔集合，把篾索砍断，在路上构筑石头围墙，一直坚持了三年。1936 年，藏族土司抓住两个佧人，强迫他们带路，直奔孔当头领孔目金家。藏兵持枪将孔目金的母亲杀害，要他带领村民补缴四年的贡赋。类似的故事还有几个，但无非都是强调藏族土司的凶残，以及佧人头人的勇敢的事迹，实质上佧人作为察瓦龙土司的税赋来源，自然没有办法释放自身整体稀缺。

1944 年，孔志清由保董们推荐，被贡山设治局任命为独龙江乡的乡长。从此，他开始了自己长达四十年的政治生涯。1949 年，"边纵"第七支队指导员和耕率领部队进入贡山，8 月 25 日宣告贡山解放，成立"贡山政务委员会"，和耕担任主任。② 由于和耕与孔志清曾经是同学，因此局势一稳定之后，和耕首先联系孔志清，这为独龙族进入社会主义大家庭拉开了序幕。

---

① 郭沫若：《中国古代社会研究》，北京：人民出版社 1964 年版，第 15 页。

② 贡山独龙族怒族自治县志编纂委员会编：《贡山独龙族怒族自治县志》，北京：民族出版社 2006 年版。

　　近代西方殖民帝国利用军事和宗教力量，试图将独龙族吸纳进自身的管辖范围，目的是扩大殖民地范围，并希望进一步向北扩张到西藏。民国政府为了保住税源，部分有识之士意识到边疆危机，对俅人展开调查，但由于本身的实力非常有限，未能解决俅人的稀缺问题。独龙族深陷于多方力量的争夺之中，很想依靠某一方力量，但这个愿望没有实现。当新中国进驻贡山时，以孔志清为代表的地方头领审时度势，看清楚了周边各种力量，果断地张开了怀抱。这在独龙族社会变迁的过程中是最关键的一步，其后的事实证明，他们的选择有效地解除了整体稀缺，并不断使整体稀缺走向部分稀缺，当然也还会开发一些新的稀缺。

　　新中国成立前，"俅人"① 在与周边各种力量接触时，都没能够有效地释放自身固有的稀缺。只有进入社会主义大家庭之后，整体稀缺逐步得到有效释放，社会结构才真正地发生剧变。新中国实施有利于少数民族共同发展的政策，引导包括独龙族在内的少数民族投身社会主义建设，带领独龙族走上了发展的坦途。

---

　　① 这里沿用历史文献里面对独龙族未获得族称之前的记载，并不表示个人对这一称呼的价值判断，没有任何贬义或蔑视的含义，只是如实地反映这一族群过去的历史称呼，因此为了行文简洁，很多地方并未在这个词上使用双引号。

第二章 稀缺：独龙族社会变迁的内力

第一节　俅人面对的整体稀缺

民国时期，俅人夹在察瓦龙土司、傈僳族蓄奴主、维西土司委派的俅管、英印殖民政府和贡山设治局多方力量的中间，是他们掠夺的共同对象。此时，俅人的社会日益萧条，虽然农业生产有了金属工具，但刀耕火种的农业和当地的生态自然条件无法保障他们的生存；同时，社会发展阶段尚处于原始社会末期，家庭与社会制度呈现的稀缺，迫使俅人整体热切渴望有新的变化。

一、生态稀缺的制约

首先我们要了解独龙族被吸纳到新中国统治前所面对的生态稀缺。生态稀缺包括土地、水资源以及人口密度这三个变量。在自给自足的社会中，物质产品的稀缺具有地方性特点，决定这种稀缺最重要的因素是代代相承的环境。只有通过分析一定时间与空间范围内的历史和政治压力，才能够理解为何一定的人口会居住在特定的一块土地上，他们受到的技术限制是什么，以及是否能从外界借用文化要素，并用它来最大效率地开发本地的环境。民国时期，独龙族的农业生产方式以刀耕火种为主，采集渔猎为辅，少量的家庭手工业没有形成专门的行业。从20世纪50年代的少数民族社会调查，可以比较清楚地看到此前俅人整体稀缺的状况，尤其是在生态方面较为明显地体现出了稀缺的紧张程度。

（一）刀耕火种的农业

毫无疑问，在小规模社会中，生产技术的发展水平很低，缺乏复杂社会中的农业生产和畜牧技术，这些与生计经济直接相关的技术决定了他们对资源的获取状况。土地、水和人口密度是决定生态稀缺的基本要素，体现人们利用环境的效率。[①] 20世纪50年代以前，俅人的社会缺少强有力的制度化的领导权，大家普遍存在平等的思想。首先，我们可以列举出俅人

[①]　BLACK-MICHAUD J. Cohesive force：feud in the Mediterranean and the Middle East. New York：St. Martin's Press，1975：121 – 178.

社会的基本要素，表明其没有足够的物质产品同时满足民众的最低生存需求。比如，缺乏肥沃的土地是各个定居村庄的共同特征。这些村寨的周围都是大山和岩石，只有在狭窄河谷底部才能找到小块的良田。贫瘠的山地加上粗放的耕作技术，往往使得当地人种植的用于维持生计的作物产量无法满足基本的需求，每年的收成也变化不定。河谷地带的耕地相对容易耕种，具有更高的收成，但丛林密布，需要大量金属工具才能耕种。

然而，即使固定地占有了河谷地带相对肥沃的土地，也不一定能够保证土地的主人享有足够的丰收，以便满足他和家庭的需要。因为河谷地带的土地需要灌溉，栽种的庄稼在收割之前需要持续浇水，否则碰上连续的干旱就会枯萎和死亡。由于缺少优质的土地，而且很难保证有充足的水源，有些人即使能够幸运地占有更好地段的耕地，也要不断地保护他们使用水的权力。

因此，在定居的村寨中，没有多余的土地和水，一旦人口出生率上升，这种状况会更加严重，毫无疑问需要较高的死亡率来补偿。我们分析这样的定居村庄可见，明显与生态稀缺有关的是资源与人口的比例。水和土地的短缺具有了一种功能，使得人口压力和技术需求抑制了空间的流动性，促使严格和相对稳定的定居模式出现。20世纪中期，俅人的生产方式还停留在刀耕火种阶段。

1. 土地及生产工具

刀耕火种，是对烧荒耕种农业的一种形象叫法，所谓"刀耕"，即是用刀或斧砍伐林木；所谓"火种"，即是把树木砍倒晒干、放火焚烧之后播种。有学者将这种刀耕火种的生产模式称为"斯威顿（Swidden）经济"，并认为"斯威顿经济是在狩猎—采集类型基础上，通过不同文化互相作用而突变的新经济类型"。[1] 俅人这种以刀耕火种为主的农业方式，很大程度上依赖狩猎采集作为补充："男子出外打猎、捞鱼、获取食料，并制备为此所必需的工具。妇女在家中工作，制作衣服及食物——烹调、纺织和缝纫。他们各为自己活动领域内的主人：男子是森林中的主人，妇女是家中的主人。每个人都是自己制造及使用的工具的所有人：男子是渔猎用具的所有者；妇女是家具的所有者。家庭经济是由数个家庭，往往好多家庭，以共产制的基础来经营的。"[2] 恩格斯描述的这种原始共产制度的家庭经济，在

---

① 罗康隆：《斯威顿耕作方式的实存及其价值评估》，《贵州民族研究》2002年第2期。
② 恩格斯：《家庭、私有制和国家的起源》，北京：人民出版社1955年版，第153页。

独龙族社会一直持续到社会主义改革时期。

土地私有制的出现和发展产生了贫富的分化，出现了剥削现象。[①] 1950年以前，俅人的土地耕作方式非常粗放，而且未出现明显的土地私有制。独龙江雨量大促使水冬瓜树生长迅猛，独龙族耕种水冬瓜地的传统一般是第一年砍伐火烧后，种植主要的粮食比如洋芋或玉米，因为第一年土地上的草木焚烧后肥力足，庄稼长得好，病虫害较少，收成相对高一些。第二年种黄豆和春荞，黄豆的根瘤菌能增加土地的肥力，而春荞耐瘠。但如果火山地的土质不好，肥力不足，碎石多，第二年起就开始在地里适当地种上一些水冬瓜树苗。[②] 第三年种植小米、鸡脚稗等矮株农作物和大量的水冬瓜树苗。第四年起这块地就不再种植庄稼而开始轮歇，每年大量的落叶腐烂在地里，不断增加土地的肥力，待水冬瓜树长大后砍伐、焚烧、耕种。

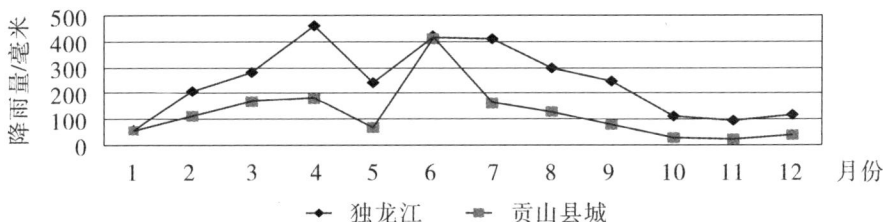

图 2-1　独龙江与贡山县城 2008 年月均降雨对照图

刀耕火种涉及三个主要环节，首先是砍树——必须待树叶长大之后才能进行。草木灰是土壤肥力的主要来源，因此草木灰的多少会直接影响到作物的收成，通过焚烧繁盛的枝叶获得更多的草木灰能够提高土壤肥力。反之，如果树木枝叶未繁茂之前就砍伐，所获草木灰量就会大打折扣。其次是烧山——时间一定要把握好，烧山目的有二：其一为烧山开荒，通过烧山可以降低亚热带山地土壤酸性，在改善其土壤结构的同时起到疏松土质的作用；其二为烧死火山地中的野草和草籽，使田地中尽量少长杂草。如果烧山太早不仅草木灰容易流失，还会重新长出杂草，但烧山时间也不能太迟，要确保在播种之前树木燃尽且地温冷却，否则地温过高则无法播种延误时日。最后是轮歇——轮歇周期视土质而定，土地肥沃可以连续耕种三四年，如果土地贫瘠则只能播种一年就要轮歇，轮歇时间一般为四五

---

① 费孝通：《民族与社会》，北京：人民出版社 1981 年版，第 44-45 页。
② 李宜林：《独龙族传统农耕文化与生态保护》，《云南民族学院学报》2000 年第 6 期。

年，待轮歇地中树木长大之后再重新砍树烧山。一方面，轮歇耕作多样的作物搭配、多种轮作的系统与自给自足的社会经济相适应，同时能满足当地独特的物质文化生活的需要；另一方面，轮歇耕作也是为了与独龙江地区自然生态相适应，因为在自然生态系统中，植物的养分主要储存在植物的活体中，火的使用可使植物活体中养分很快地转化为作物所需的养分，同时防止杂草的滋生和害虫的侵袭，土壤肥力的快速退化使水冬瓜地的轮作成为必然。

与刀耕火种密切联系的家族公社建立在家庭的基础之上，靠着手织业、手纺业和手力农业的特殊结合而自给自足。[①] 但因生产发展、人口增殖、生产上集体的规模逐渐缩小，土地变为"共有私耕"，房屋园地为家庭私有，共同生产、平均分配的家族公社发生了变化，作为消费单位的个体家庭变成了社会的生产单位。这里可以看到生态稀缺对社会组织的反作用，也能看到社会分层的萌芽。

随着生产力水平提高，人口密度加大，游耕半径缩小，必然会出现一个游耕周期不足以使天然植被繁茂复生的现象，"人口压力、食物短缺和资源竞争"是生产力水平相应提高后的派生因素。[②] 家族和血缘亲疏关系不再是占有的前提；只要是村社成员，不脱离村社，都可以分到一份土地，但若离开村庄生活则必须交还。基于这种土地为村社集体所有的性质，个人对于土地的关系，仅仅是占有关系，脱离集体，个人是不存在的。正如马克思所言，"在东方，财产仅有公社财产，个别成员只能是其中一定部分的占有者，或是世袭的，因为任何一部分财产都不属于任何成员自己所有"[③]。

火山地是用刀子砍伐天然林地，放火烧过后进行耕种的地，通常称为刀耕火种地。还有另一种是砍伐山茅草后进行耕种的类型的耕地，在独龙江下游的马库村比较多。[④] 水冬瓜地一般分布于独龙族村寨附近，地势向阳，土质良好，坡度为 15～65 度，不易受到泥石流冲击。砍烧一次水冬瓜地种植农作物两三年后，便又再丢荒植树，待 5～7 年后，小枝直径长成 15～20 厘米时进行砍伐，再种植水冬瓜树。水冬瓜地的耕作方式比初期的刀耕火种的耕作方式向前发展了一步，已由简单的砍烧改变为砍烧之后在原地

---

① 马克思：《不列颠在印度的统治》（1853 年 6 月），载中共中央马克思恩格斯列宁斯大林著作编译局编：《马克思恩格斯选集》（第二卷），北京：人民出版社 1972 年版，第 67 页。

② 庄孔韶：《云南山地民族（游耕社区）人类生态学初探》，载中国人类学会编：《人类学研究续集》，北京：中国社会科学出版社 1987 年版，第 94－106 页。

③ 马克思：《论资本主义以前诸社会形态》，北京：文物出版社 1979 年版，第 308 页。

④ 李宜林：《独龙族传统农耕文化与生态保护》，《云南民族学院学报》2000 年第 6 期。

进行轮耕，有半固定的耕地性质。手挖地大多数是在村寨附近。

土地上种植的作物及其收成与气候密切相关。如果日照时间长，绿色植物的收成必然比日照时间短、雨水充沛的地方收成更好。沿着国内独龙族聚居的独龙江河谷，自南端溯江而上，从下游的钦郎当到上游的麻必洛，可以分出四个垂直气候带。[①] 独龙江与墨脱的气候具有类似的特点（见表2-1），但墨脱的门巴族和珞巴族由于受藏族影响，刀耕火种农业很快被犁耕取代。

表2-1　同纬度条件下西部季风区平均气温比较

地区	墨脱	独龙江	察隅	贡山
海拔（米）	1 100	1 325	2 328	1 591
1月（℃）	8.0	9.8	3.9	7.6
7月（℃）	22.4	22.4	18.7	21.3
年平均（℃）	16.1	16.9	11.8	14.7

在20世纪50年代，独龙族还普遍保存着一种原始生产形态的共耕方式[②]，即几户人家种一块土地，一起耕种管理，实行平均分配。土地的利用程度取决于生产工具。道光《云南通志》卷一百八十五引《清职贡图》记载："俅人种黍稷，剐黄莲为生。"[③] 从这个记载来看，俅人在清代前期还是主要以采集和渔猎为生，没有发展出刀耕火种的农业。其原因主要是生产工具的制约，没有金属工具便只能完全依赖大自然的赐给。在滇西北山地民族中，独龙族是农业产生较晚的民族之一，根据文献记载和民族学资料分析，俅人进入农耕时代不会早于清朝。[④] 到了清代中后期，金属工具从恩梅开江及北部的察瓦龙传入独龙江，独龙族开始利用砍刀、斧头从事刀耕火种的农业生产。

利奇在考察上缅甸克钦人的经济形态时，将山地农业划分出了三种类

① 马友鑫、张克映、刘玉洪等：《独龙江流域气候特征及气候带划分》，载何大明、李恒主编：《独龙江和独龙族综合研究》，昆明：云南科技出版社1996年版，第27-31页。

② 《民族问题五种丛书》云南省编辑委员会编：《怒族社会历史调查》，昆明：云南人民出版社1981年版，第7页。

③ （清）阮元等修，王崧等纂：道光《云南通志》（卷一百八十五），清道光十五年（1835）刻本。

④ 尹绍亭：《远去的火山——人类学视野中的刀耕火种》，昆明：云南人民出版社2008年版，第39页。

型——季风当亚型、草地当亚型、灌溉农田。[1] 当时到过这些缅甸村庄的地理学者斯佩特（Spate）对刀耕火种做了记录[2]，认为这些方法自然对森林与水土保持构成严重的破坏。从 20 世纪中期的社会调查事实来看，独龙江流域广大的山林的确适合当地人坚持的刀耕火种技术，但产量无法保障当地人所需。耕地主要有不固定的火山地和半固定的水冬瓜地，以及村寨周围的手挖地、园地四种类型。据 1957 年对第四村的统计，刀耕火种土地为 1 320 亩，占总土地面积的 78.9%。[3] 独龙族传统农业的土地利用方式，从土地类型、使用的工具、耕作方式、物种等方面，体现了独龙社会存在的生态稀缺。

（1）土地类别。

在特定的生态条件下，要想独龙江粮食作物高产，无异于痴人说梦。事实证明，独龙族成为社会主义大家庭一员之后，也曾不遗余力试图开挖水田，但直到 2000 年，也没有办法彻底解决他们口粮无法自给自足的问题。1957 年怒江民族调查组进入独龙江调查时，独龙族刚被吸纳进新中国，土地耕作方式几乎还没有发生太大的变化，从当时记录的资料，我们很容易能看到生态的稀缺。

可耕种的土地基本上分为以下几类：第一，"沙下木玛"，意为刀砍的火烧地，也就是常见的刀耕火种地。[4] 它可以分为木林火山地与竹林火山地。仅种过一次的木林火山地称为"目林木"，连续种过两次的称为"洋"，连续种过多次的为"洋样奇"。前两种木林火山地休耕时间较短，一般六七年就可恢复肥力；后一种地力耗尽，要休耕十五年以上，才能继续耕种。竹林火山地分为全竹火山地"日久垮""久爪"和"格绿"，休耕时间一般要六七年。第二，"斯蒙木朗"即水冬瓜地，这是独龙族根据独龙江多雨的特点逐渐摸索出的耕种方式。增加土地肥力的方法包括驯养牲畜，利用农家肥；还有就是种植植物，利用植物天然固氮的能力增添土壤养分。这种土地主要种植苦荞、小米及甜荞，休耕时间较短。第三，"格鲁"即园地，是比较固定的一种土地形式，分布在独龙族住宅的四周，主要种植芋头、

① 李区著，张恭启、黄道琳译：《上缅甸诸政治体制——克钦社会结构之研究》，台北：唐山出版社 1999 年版，第 26 页。

② SPATE O H K. The Burmese village. Geographical review, 1945, 35（4）: 527.

③ 尹绍亭：《森林孕育的农耕文化——云南刀耕火种志》，昆明：云南人民出版社 1994 年版，第 145 页。

④ 《中国少数民族社会历史调查资料丛刊》修订编辑委员会编：《独龙族社会历史调查》（一），北京：民族出版社 2009 年版，第 63 页。

洋芋、小米及南瓜等早熟作物。

土地占有的基本方式是"号地"，包括六种常见的方法：在能耕种的森林边砍倒几株大树；用刀子砍光一块草地；以两片劈开的竹子交叉插入地中，呈人字形立起；在看中的森林旁边竖立一根大树桩，将树皮剥去，露出白色部分，使其目标明显；还可以在耕种的森林边，选择一棵最高的大树，将树梢的树枝砍光，旁人远远看见就不再打主意了；也可以在能耕种的森林旁边选择几棵大树，将树皮剥去，以刀砍出交叉形或锯齿形符号。这些符号或记号都依赖金属工具来挖成，独龙族在没有从察瓦龙或缅北日旺族那里获得铁质工具前，完全没有必要去占有土地，因为缺乏工具就意味着耕地失去价值。

新中国缓解独龙族稀缺的措施，首先是免费提供大量的金属工具，然后是调运粮食、布匹及衣服，最后是派驻行政工作人员和技术指导，进入独龙江带领独龙族向大自然要更多的口粮。这样，独龙江固有的生态稀缺就不再受制于落后的技术，而是出现人地矛盾造成的新问题，也就是后文将会论述的开发新稀缺。

（2）生产工具。

20世纪40年代，在独龙江能见到的农具只有斧头、砍刀、镰刀、条锄，还没有板锄和犁头。[①] 木、竹工具在采集和刀耕火种方面起着重要作用。主要使用的生产工具是镶有小块铁皮的"恰卡"和条锄"俄尔种"，纯木质锄"戈拉"、木竹点种棒"宋姆"也经常使用。铁制砍刀"削姆"、铁斧头"俄儿"（或"兰贝"）是独龙族从怒江的傈僳族和怒族那里学会使用的，又称为"怒锄"，是"恰卡"的发展，铁的分量较"恰卡"重，价钱比后者高，独龙族少有人有能力购买。木质工具"戈拉"是独龙族所使用的工具中最原始的一种，说明独龙族社会生产力的发展水平相当低下，但已逐渐被略为先进的"恰卡"所代替。竹或木制的点种棒"宋姆"是在播种时使用的最原始、最简单的工具。砍刀"削姆"由于经济条件限制，不能到每个劳动力人手一把。从叶枝土司到国民党统治时代，大约只有一半的家庭有能力拥有斧头。播种、松土、覆土、田间除草、打场和挖掘等生产过程，都是使用木锄、木耙、木棍、木锹、竹扫帚和竹棍等。

在成为社会主义大家庭一员之前，为了获得金属生产工具，独龙族需

---

① 方国瑜、周汝诚、王恩夫等：《"怒"族和"俅"族识别小结》，载云南省编辑组：《云南少数民族社会历史调查资料汇编》（三），昆明：云南人民出版社1987年版，第49页。

要用黄牛、肥猪甚至是人，才能在与外界的不等价交换中获得砍刀。孟底老人孟国荣[1]访谈时 78 岁，在他小时候，阿杠（爷爷）赶了一头黄牛到下游的拉打阁换回了一把砍刀。即使是现在的独龙族村寨，也还有一些人在使用这些较为原始的生产工具。

20 世纪 50 年代，砍刀对独龙族来说是一种非常稀缺的生产工具。根据当时的调查材料，第一行政村的龙棍家族，共有 15 个小家庭，62 个劳动力，只有 33 把砍刀；第二行政村 62 户家庭，176 个劳动力，只有 111 把砍刀；第三行政村 35 户家庭，103 个劳动力，有 103 把砍刀；第四行政村 50 个劳动力，有 40 把砍刀。平均每 3 个劳动力拥有两把砍刀，没有办法人手一把，可见生产工具的稀缺程度，更不要说利用生产工具进行劳动的效率和收入了。在各家占有的砍刀数量上，体现了贫富差别，一般来讲头人家庭是较为富裕的，平均每个劳动力可以拥有一把以上的砍刀。比如，孔目金家 6 个劳动力有 10 把砍刀；贫穷的孔当丁家没有一把砍刀。[2]这些数据说明了一个共同的事实——生态稀缺的严重性。

2. 水资源及人口密度

水对于人类的生存极为重要。"环境的作用会影响社会的结构和功能、生活方式和习俗、艺术作品和题材、知识和符号的使用。而最为重要的，则是无休无止、每时每刻对水的渴望所规定的教义和祭礼。"[3] 表面上看，独龙江峡谷中水资源充沛，几乎每个村寨周边都有菁沟，山间的泉水很容易利用。可是，在独龙族成为社会主义大家庭一员之前，原始宗教信仰和落后的生产技术，迫使独龙族不敢将泉水引入村寨。居民生活用水依赖人背手提，农业生产完全没有水田，只有旱作，产量之低自然可想而知。另外，饮用水完全依赖山泉水，各种浮游生物混杂，当地人喝生水极易患肠道疾病。

年均降雨量决定着植物的生长，而植物的生长既可以直接通过植物性食物，又间接通过动物性食物限制着人类食物的利用。因此，年均降雨量的变化应当与人口密度有关。独龙江南部中下游的降雨量很大，为了躲避江边的瘴气，在 1950 年之前村民大多居住在半山腰以上。

独龙江年平均径流深约 3 400 毫米，径流总量 6.6×10^8 立方米，水资源

---

① 访谈时间：2008 年 7 月 20 日，地点：孟底村民小组。

② 云南省编辑组：《云南少数民族社会历史调查资料汇编》（二），昆明：云南人民出版社1987 年版，第 2 页。

③ HODGE F W. Handbook of American Indians north of Mexico, Smithsonian Institution, Bureau of American Ethnology, Bulletin 30, Washington, D. C., 1907：128 – 134.

利用率小于 0.5%，全乡干流水头落差大于 1 200 米。独龙江流域面积达到
40 平方公里，平均坡降 57.7% ~ 171%，落差集中，汛期长，水量大，很适
合开发小水电。[①] 但在新中国成立初期，国内整体生产力水平无法提供良好
水电技术，再加上独龙江特殊交通条件的限制，因此，独龙江支流直到 20
世纪 80 年代才开始安装水电设备。另外，独龙族分散居住，饮用水方面几
乎没有统一安装自来水系统，只有各村各寨统一建一个公用的水池，用塑
料水管从远处山涧将泉水接引到蓄水池里。甚至在笔者调查期间，还发现
很多村民无法获得洁净的饮用水。

对于独龙族来说，充足的水资源似乎没有多大的作用。一方面，独龙
江汹涌的激流对他们的生命安全造成威胁。从笔者调查期间发生的几起坠
江事件来看，独龙族对于从独木吊桥上不慎坠江，几乎都是保持着难言的
复杂感情，他们渴望政府能够尽快将剩余的独木或藤网吊桥改造成钢筋水
泥浇筑、钢索斜拉的人马吊桥。另一方面，独龙江中的渔业资源日益稀少，
过去电鱼、炸鱼等竭泽而渔的措施，让一些还坚持在独龙江边下渔网的村
民总是失望而归；但每年汛期来临时，江水裹挟着上游的枯枝树木一路奔
泻而来，还是可以为岸边居民带来柴火。

从独龙江充沛的降雨量来看，独龙族要依靠农作物获得生存所需的口
粮的确不是件容易的事情。民国时期独龙族内忧外患，承受着北部察瓦龙
藏族土司、喇嘛寺的税赋和南部傈僳族蓄奴主及商人的盘剥，他们渴望倚
靠一个能为他们减轻负担的国家政权。所以，一旦独龙族上层人士听闻贡
山县城有新中国进驻，就开始商量下一步的走向。他们无法再承担更多的
压榨，虽然有丰富的水资源，但缺乏开发技术，而且鲜活的生命接连被江
水吞噬，给当地人带来更大的恐慌。降雨量大带来的第一个问题是泥石流，
从 1950 年至 2000 年，龙元村发生过两次大的泥石流，两条支流中的泥沙裹
挟大石块堆积在江边，村寨中裸露的巨石有 26 处。76 岁的普尔代经历过两
次泥石流，她回忆当年的情景时依然眼含泪花。1993 年那次泥石流把她家
的 3 间茅草房夷为沙地，丈夫和 3 头小猪被埋在了底下，从此她一人带着 3
个小孩生活。在普尔代 28 岁那年，龙元村发生了历史上最大的泥石流，村
子里 13 户人家的茅草房全部被掩埋。那年她刚从迪政当村改嫁过来，从迪
政当村背来的两头小猪没有关在猪圈里，躲过了那次劫难，但是种在江边

① 何大明、李恒主编：《独龙江和独龙族综合研究》，昆明：云南科技出版社 1996 年版，第
15 页。

的苞谷却颗粒无收。后来她与丈夫就是靠着饲养的两头小猪，在第二年腊月从孔当村换回了 4 背篓苞谷，度过了 3 个月的饥荒岁月。

雨水充沛带来的第二个问题是滑坡和滚石。笔者调查期间正是降雨较集中的时期。巴坡村民巴国胜的独子从孔当学校返回时，在普卡旺附近遭遇滚石，当场被砸，惨不忍睹，这些偶发事件的负面效果也加剧了生态稀缺。另外，没有洁净的饮用水，经常导致村民发生肠道疾病，尤其是少儿免疫能力更弱。在普卡旺以下的河谷，夏天瘴气很盛，小孩与牲畜容易患病，农户没办法只好往高处搬迁。所以，在独龙族进行社会主义改革时期，这些成了重点需要解决的问题。

负载力是使人口能够发展，并且环境能够长久持续负荷的理论上的人口数量限度。当人口接近这一限度时，将对提供生计所需资源的环境产生压力。反过来，人口压力又促使人口控制力量来限制进一步的人口增长，这些力量包括降低生育率和提高死亡率。当然，环境的负载力取决于群体拥有的谋生方式，通过生产的技术更新，可以改变负载力。[①] 稀缺的重要表现就是当地环境的负载力。

20 世纪 50 年代的调查显示，当时贡山县第四区第三行政村（孔当）共有 12 个自然村，共有 83 户、534 人，其中男性 251 人，女性 283 人，男劳动力 113 人，女劳动力 143 人。每一个自然村基本上是一个血缘集团，大者 11 户，小者只有 1 户。全村只有 12 个家族，属于 4 个氏族。孔当家族属于郭劳龙氏族，学哇当和丙当属于麻必里氏族，木切旺、木切图、孔目、鲁拉、力担属于狄巴氏族，腊配、肯迪、孔干、普卡旺属于木仁氏族。当时对四村巴坡的调查显示，巴坡 10 户共有劳动力 50 人。就以当时巴坡比较富裕的头人孟朋家为例，他家有 8 个人，5 个男人有 3 个可以参加劳动，3 个女人都是劳动力，共有砍刀 2 把、渔网 2 张、弩弓 2 把、铁锅 1 口、土锅 1 口、木桩 1 个、麻布 6 条、苞谷 20 背、黄豆 8 背、芋头 5 背，每年缺粮时间为 5 个月，需要全家一起上山采集度过饥饿时期。[②] 因此要看独龙族在新中国进入贡山时到底有多渴望被吸纳到新的政权中，只要计算一下人口与食物的比例，看看他们的饥饿状况就可以推测民众的期盼。

① 唐纳德・L. 哈迪斯蒂著，郭凡、邹和译：《生态人类学》，北京：文物出版社 2002 年版，第 11 页。

② 云南省编辑组：《独龙族社会历史调查》（二），昆明：云南民族出版社 1985 年版，第 104 页。

（二）人口与食物的比例

人类社会要延续，必须依赖于两种生产。物质资料的生产与人口的再生产是任何一个社会存续的基本要素。独龙族亦不例外，从元代史籍中出现俅人或撬蛮的记录以来，他们生活在担当力卡山与高黎贡山对峙所夹的峡谷中，从采集、渔猎逐渐过渡到刀耕火种。"根据唯物主义观点，历史中的决定性因素，归根结底是直接生活的生产和再生产。但是，生产本身又有两种。一方面是生活资料即食物、衣服、住房以及为此所必需的工具的生产；另一方面是人自身的生产，即种的繁衍。"[①] 所以，从独龙族成为社会主义大家庭一员之前的人口与食物构成的比例关系，可以看到独龙族面对的稀缺状况，理解他们为何渴望被吸纳进新生的国家政权中。

1. 狩猎与采集无法提供稳定的食物保障

狩猎与采集是人类最古老的觅食方式，也是旧石器时代唯一的粮食生产方式。[②] 独龙族在清代以前几乎完全依赖于这样的觅食方式，即使到了20世纪中期，这种觅食方式在整个社会生产中还占据着重要的地位。根据1957年夏云南少数民族历史调查组怒江分组对贡山四区（独龙江）的调查，独龙族一年中有200天要采集野粮，以300个劳动日为标准来计算，采集占全部劳动生产时间的三分之二。[③]

每年3月开始，家族头人率领族内青壮年到山上采集。采集之前，必须先由家族长向天祈祷感谢天神的恩赐，祈求此次挖野粮顺利丰收。然后大家才用木锄挖掘各种块根，采集完毕回到家后，实行平均分配，共同分食。即便是没有挖到野粮的人，也同样可以获得一份。随着农业生产的逐渐发展和土地私人占有的萌芽，季节性集体采集逐渐转变为一家一户或个体的采集活动。这种采集活动，虽然多以个体火塘为主，采集品亦由各个火塘自己储藏与保管，但在原始共产制家庭中仍然按共食原则平均分配给每个成员。

狩猎采集的主要特征是游动性，游动的距离和频率因各个家族公社而异。相对于男子狩猎所得的动物性食物，妇女采集的植物性食物所占比例

---

① 恩格斯：《家庭、私有制和国家的起源》，北京：人民出版社1955年版，第一版序言第6页。

② 马维·哈里斯著，许苏明编译：《人·文化·生境》，太原：山西人民出版社1989年版，第52页。

③ 云南省编辑组：《独龙族社会历史调查》（二），昆明：云南民族出版社1985年版，第12页。

明显更高。维持日常生活的主要是植物性食物，这使猎获野兽时的集中肉食成为周期反复的盛筵，有些剩余的时候，他们便不再去追求更多的剩余。① 独龙族的狩猎采集为何没有办法保障他们的食物需要？这显然与独龙族被吸纳进察瓦龙土司、傈僳族蓄奴主等多方势力之中有关，本来他们勉强可以糊口，可是外界各种盘剥使他们雪上加霜，自然食不果腹，只能向南迁徙，进入下游人烟稀少的恩梅开江流域。

2. 人口变动与食物生产

人口的数量取决于环境的承载能力，它与可猎取对象的众寡、土壤质量的高低、降雨量的大小以及森林幅度辽阔与否这些有利于能量生产的因素有关。粮食生产对自然灾害、植物病虫害等偶发或循环发生的生态危机异常敏感。人口的数量受制于食物，但瘟疫、疾病和意外死亡对人口的数量也有一定的影响。

从劳动生产率看，独龙族每个劳动力所生产的产量是极其有限的。据20世纪50年代的调查，一村15户及二村24户每个劳动力一年极大部分时间投入农业，从事耕作所得之产量仅能够维持自身的消耗；三、四村的产量又较一、二村的为低，每个劳动力所得之收入更少。没有一个家庭的农业收入够维持一年口粮，几乎家家户户都要靠采集、渔猎、家畜饲养等设法弥补口粮之不足，只有收成年景很好的时候，极个别的富裕户才有粮保证吃到来年秋收。

表 2 - 2　20 世纪 50 年代独龙族旱地农作物产量统计

家族	户数	人口	籽种（石）	产量（石）	户均（石）	人均（石）
孔当	9	78	5.255	83.496	9.277	1.070
丙当	5	38	1.83	22.632	4.526	0.596
学哇当	7	48	3.357	48.3	6.9	1.006
合计	21	164	10.442	154.428	7.354	0.942

资料来源：《中国少数民族社会历史调查资料丛刊》修订编辑委员会编：《独龙族社会历史调查》，北京：民族出版社 2009 年版，第 35 页。

注：1 石 = 400 市斤，独龙族劳动强度较大，每人年均耗粮达 500 市斤。

---

① 祖父江孝男等著，乔继堂等译：《文化人类学事典》，西安：陕西人民出版社 1992 年版，第 36 页。

1932 年贡山设治局在茂顶设置公安局，统计的独龙族人口数量为 240
户，总共 2 500 人，平均每户 14 人；1955 年贡山县第四区统计，独龙族有
273 户，只有 2 324 人，平均每户 8.4 人。户数增多，而每户的人口却减少
了，主要是因为家庭公社时期，弟兄各自娶妻后并不分家；夏瑚巡视俅江，
设置俅管后，独龙族逐渐实行分居，每户人口相对下降。[①] 其实，这种解释
并不完全合理，因为人口的变动还受疾病、温饱等多种因素的制约。我们
需要从历史资料分析当时独龙族人口变动与食物缺乏之间的因果联系。食
物的匮乏，一方面是因为独龙族的生产工具过于落后，稍微先进一点的生
产工具比如铁斧和砍刀，又因为不平等交换数量严重不足，所以他们无法
凭借较好的生产工具向大自然要食物；另一方面是因为人口繁殖数量过快，
虽然有较高的死亡率抵偿，但妇女的采集能力却因为生育周期受到影响，
所以家庭人口与食物的比例逐渐失调。

独龙江峡谷的土地种不出富余的粮食，需要通过挖掘葛根以及捕猎来
弥补粮食的不足。但是，他们还要向统治者缴税纳贡，而且在贸易交换中
受制于外来的商人，生活更加贫困。藏族统治者看到了独龙族人对食物的
需求，他们控制着食物资源，常以食物提供者的身份来统治独龙江，独龙
族人也因此而依附于藏族领主。作为食物提供者，藏族领主获得统治者身
份权威。[②]

食物对于人类的重要性当然毋庸置疑，我们来看 1949 年与 1950 年四村
9 户人家的缺粮期[③]，表 2 - 3 中数据表明当时独龙族的确面临极大的饥饿
威胁。

表 2 - 3 独龙族村民缺粮期

单位：月

年份	孟·朋	约翰	杨米·朋	马扒·坚	巴坡·金	木兰金	孟·斗	巴坡·滇	肖朗·增
1949	5	3	1	3	3	4	1	3	4
1950	5	2	2	2	1	1	3	2	4

①《中国少数民族社会历史调查资料丛刊》修订编辑委员会编：《独龙族社会历史调查》
（一），北京：民族出版社 2009 年版，第 13 页。
② 张劲夫、罗波：《独龙江文化史纲：俅人及其邻族的社会变迁研究》，广州：中山大学出版
社 2013 年版，第 253 页。
③ 云南省编辑组：《独龙族社会历史调查》（二），昆明：云南民族出版社 1985 年版，第
122 - 132 页。

当然，这仅仅是一个自然村的情况，但可以想象当时独龙江峡谷内独龙族整体稀缺的社会面貌。由于受气候和耕作土地的影响，独龙族在成为社会主义大家庭一员初期，还未形成大片固定的村落，而且在住房立寨之前，还曾"结房于树以居""无屋宇、居山岩中""巢居野外"和"就石洞为屋"。另外，除了住房、饮食之外，衣着也很稀缺，可谓衣不蔽体、食不果腹。生态稀缺直接导致独龙族传统文化呈现简单的特点，另外制度稀缺的作用也不可忽视。

二、制度稀缺的推力

在定居的农业社会中，可利用的土地与水对于生态稀缺的产生具有重要的意义。生态稀缺的结果是食物产品的地方性不足，无法满足社会成员有意识的需求。这种不足大部分是因为出现了过多的竞争者，为了控制资源需要互相斗争。换句话说，人口密度的下降即使不是很明显，也会减缓生态稀缺的状况。即使有偶尔供过于求的特例，也还有另外一种稀缺——缺乏先进的技术保存食品并通过一定的机制转换成财富的形式——抑制个人和群体的暴富和贫富差距的扩大。在这一点上，生态稀缺渐渐推动了制度稀缺的发展，因为缺少显著的经济差异，不可能在一个群体中有几代人保持对财富的稳定控制，这就阻碍了发展出明显的阶级结构，并让位于保护行使特权的制度保障的扩散。

制度在满足人们的需要和社会要求的过程中，引导人们取得更有效或更有价值的满足需要的手段；在这个过程中，这些制度可能衍生一系列它们本身不再能够满足的新的需要。也就是说，制度一方面满足需要，一方面又创造新的需要；为了使新的需要得到满足，就会发生社会变革；这些变革一旦发生，就可能找到简单化的解决办法。[①] 具体对独龙族而言，亲属与婚姻制度相对简单，分配制度也异常低级，没有发展出复杂的劳动分工制度，这些都可视为制度稀缺。这里需要指出的是，制度稀缺并不是说制度不适用；某些简单或低级的制度在小规模社会中可能非常实用，但与复杂社会丰富的制度相比，显然存在很强的稀缺。

（一）家庭制度的稀缺

独龙族生活在狭长的山谷之中，无法在大的地域范围内广泛地进行婚

---

① 摩尔根著，李培茱译：《美洲土著的房屋和家庭生活》，北京：中国社会科学出版社1985年版，第12页。

姻对象的选择。妇女来源有限成为造成婚配范围窄的因素之一，并影响婚姻形态的选择。独龙族在新中国成立前的婚姻制度包括对偶婚、一夫多妻、一夫一妻、家族外婚和非等辈婚。婚姻可视为人类社会调整两性关系的一种工具，可以使每个人在社会中得到一个确定的地位，也因此决定他与其他人的关系。①

独龙族进入社会主义大家庭之前，还处于以父系为主的家庭公社解体期间，保留着许多母系家庭公社的特征，当时独龙族的婚姻形式中，存在着改变了形式的类似"普那路亚"婚姻的一种群婚制残余：形成固定的氏族（家族）环状外婚集团，实行严格的家族外婚制。这种婚姻的特点是在两个固定的开婚氏族中，甲氏族的每一个成年男子都可以成为乙氏族每一个成年女子的丈夫，而乙氏族的男子却不能娶甲氏族的女子为妻，必须娶丙氏族的女子为妻，形成氏族环状外婚集团。② 20 世纪 60 年代的民族调查资料显示，历史上独龙族 54 个家族公社中，较大的通婚集团有孔当、肖切、丁拉梅、龙元、求底、迪朗、龙仲、哨朗、莫利念家族。③ 在家庭婚姻制度方面，离婚后的女方，包括丈夫死去的寡妇带着尚未达到独立生活年岁的子女和自己的财物，可以回到母家，也可改嫁或招赘上门。20 世纪 60 年代的调查显示，第三行政村 81 户中实行妻姊妹婚的有 10 户，占 12.3%。④ 实行多妻制的结果是诸小妻实际上已降为家长的家庭奴仆，家长成为诸小妻的实际统治者。独龙族非等辈婚有下列四种类型：一是父子共同分娶氏族内的姐妹为妻；二是父子分别娶氏族外姐妹为妻；三是子娶庶母或侄娶其婶；四是父娶儿媳，子娶继母。这四种不同辈分之间的婚姻关系，反映了独龙族婚姻制度的原始，只有在这个特殊的生存环境里，才有可能使这种古老的人类婚姻形态保持较长时间。

家长选择同样身份地位者，垄断或控制女儿的婚姻和求婚者。⑤ 独龙族婚姻形式的变化，体现了经济利益原则和声望地位对社会分层的作用。婚姻是一个永恒的话题，作为人类繁衍的基础，婚姻的内容离不开择偶、恋爱、确认和维持、解体和重组几个过程。独龙族择偶范围既遵循着一般原

---

① 里弗斯著，胡贻毂译：《社会的组织》，北京：商务印书馆 1990 年版，第 35 页。

② 龚佩华：《独龙族的婚姻、姓名和历法》，《民族文化》1980 年第 2 期。

③ 《独龙族简史》编写组：《独龙族简史》，昆明：云南人民出版社 1986 年版，第 86 – 87 页。

④ 中国科学院民族研究所云南民族调查组等编：《云南怒江独龙族社会调查》（调查材料之七），1964 年。

⑤ WEBER M. Status groups and classes//GRUSKY D B. Social stratification. Boulder：Westview Press Inc，1994：125.

则如乱伦禁忌、内外婚制和优先婚，又受一些特殊因素如地理条件和人口比例的制约。近亲结婚的实例说明了地理条件主导的自然选择对择偶范围的影响。意大利罗马东面附近的赛梯发梯村由于与外界隔绝实行了几个世纪的族内通婚，导致村中的人越来越矮。[①] 独龙族的婚姻形式，在 1950 年之前，已经由原始群婚发展到一夫一妻制家庭，同时还保留一些原始群婚形式的残余，这说明俅人存在过宽泛的两性关系。

非等辈婚就是不同辈分之间的婚姻关系。这种婚姻关系可以追溯到原始游群杂交时代，可以说是人类最初的婚配形式。独龙江冷木当的家族内婚关系中还有这样的事例，即父子二人共娶两个亲姐妹为妻，并为社会所公认。这种不同辈分之间的婚姻关系反映了独龙族婚姻关系的特殊现象——独龙江内女性适婚对象无法满足适龄男性的需要，适婚女性数量存在不足。独龙族传统婚姻中的求婚劝嫁歌和配亲歌是在有婚姻缔结关系的集团之间吟唱的，求婚时，由父母或媒人携着酒或其他礼品，到女方家里，一边喝酒一边唱求婚歌。[②] 独龙族历史上盛行氏族环状外婚婚姻，女子出嫁等于出卖，讨妻在独龙语中是"濮玛旺"[③]，即买女人，讨妻的聘金是"提彼奢热"[④]，意思就是价钱和东西。

从独龙族的亲属称谓，也可以看到制度的稀缺。独龙族的全部亲属称谓只有 15 个，纵的直系称呼只能叫出上三代和下三代，横的称呼只能叫出伯叔及姨母，并且上三代和下三代不分性别，这是双系并存的明显象征，人与人之间的亲疏关系和长幼关系尚未明确划分，也不可能出现表示亲疏关系和辈分的亲属称谓。[⑤]

（二）分配制度的稀缺

在任何一个社会中都贯彻着一种对社会相互关系或紧或松的调节。没有这种调节，各人之间为了满足需要而进行的协作就根本无法进行。这种调节，连同由其进一步引申出来的一般社会交往（甚至在超越国家范围的情况下）

① 马克思：《摩尔根〈古代社会〉一书摘要》，载中共中央马克思恩格斯列宁斯大林著作编译局译：《马克思恩格斯全集》（第四十五卷），北京：人民出版社 1985 年版，第 348 页。

② 《民族问题五种丛书》云南省编辑委员会编：《独龙族社会历史调查》（一），昆明：云南民族出版社 1981 年版。

③ 孙宏开：《独龙族语言简志》，北京：民族出版社 1982 年版，第 98 页。

④ 李金明主编：《独龙族文化大观》，昆明：云南民族出版社 1999 年版，第 53 页。

⑤ 《独龙族简史》编写组：《独龙族简史》，昆明：云南人民出版社 1986 年版，第 96 页。

的法规构成了社会制度。①"历史过程中的决定因素归根到底是现实生活的生产和再生产……在这种交互作用中归根到底是经济运动作为必然的东西通过无穷无尽的偶然事件向前发展。"② 生产力作为社会大厦的基础，决定着社会的结构和面貌，利益作为生产力的原因和内在根据，又决定着生产力的作用和力量。③ 涉及利益分配的生产制度包括土地制度、耕作方式和财产分配制度等。人类要生存下去，就必须满足其生活的某些物质条件，因此就要形成经济体系。由此必然就会出现与经济相关的制度稀缺。

人们为了"创造历史"必须能够生活。但是为了生活，首先就要满足衣食住以及其他需要。因此，第一个历史活动就是生产满足这些需要的资料，即物质生活本身。④ 在农业生产实践的累积中，人们逐步形成了刀耕火种这种"原始农业"的知识体系，从这种知识体系中可以反映出人们的生态知识及其独特的技术体系。

经济体系是为了满足生物和社会需要，在货物和服务上的供给体系。一方面，经济体系与生产相关，提供物质产品以供人类消费，由此形成的生产体系包括资源分配和劳动力分配的方式。资源分配是指人们用来分配资源所有权和使用权的文化规则，其中的生产技术包括制造和使用工具、开采和加工原材料的文化知识。劳动力分配一般按照性别或年龄，也可以按照技术和经验来分工。另一方面，经济体系包括产品的分配，包括市场交换、互惠交换和再分配方式。⑤ 人类社会关系的本质是经济利益关系，即使是和平时期人们在经济利益上也存在矛盾与冲突。人们奋斗所争取的一切，都同他们的利益有关。⑥ 家族公社建立在家庭的基础之上，靠着手织业、手纺业和手力农业的特殊结合而自给自足。⑦ 家族和血缘亲疏关系不再是占有的前提；只要是村社成员，不脱离村社，都可分到一份土地，离开

① 亨利希·库诺著，袁志英译：《马克思的历史、社会和国家学说》，上海：上海译文出版社2006年版，第261页。
② 恩格斯：《致约·布洛赫（1890年9月21日于伦敦）》，载中共中央马克思恩格斯列宁斯大林著作编译局编：《马克思恩格斯选集》（第四卷），北京：人民出版社1995年版，第477页。
③ 苏宏章：《利益论》，沈阳：辽宁大学出版社1991年版，第161页。
④ 中共中央马克思恩格斯列宁斯大林著作编译局译：《马克思恩格斯全集》（第一卷），北京：人民出版社1956年版，第23页。
⑤ 周大鸣主编：《文化人类学概论》，广州：中山大学出版社2009年版，第70页。
⑥ 中共中央马克思恩格斯列宁斯大林著作编译局译：《马克思恩格斯全集》（第一卷），北京：人民出版社1956年版，第82页。
⑦ 马克思：《不列颠在印度的统治》（1853年6月），载中共中央马克思恩格斯列宁斯大林著作编译局编：《马克思恩格斯选集》（第二卷），北京：人民出版社1995年版，第67页。

村庄生活则须交还。

基于这种土地为村社集体所有的性质，个人对于土地的关系，仅仅是占有关系，脱离集体，个人是不存在的。正如马克思所言："在东方，财产仅有公社财产，个别成员只能是其中一定部分的占有者，或是世袭的或不是世袭的，因为任何一部分财产都不属任何成员自己所有，反之，个人则系公社的直接肢体，即直接同公社形成一体，不能跟公社分开。因此，这样的个人只能是占有者。只有公有财产，只有私人占有。"① 家族公社最主要的特征是共有共耕、平均分配，按血缘关系组成的家族公社，共营"公共房屋和集体住所"。但因生产发展、人口增殖、生产上集体的规模逐渐缩小，以至发展为个体进行，土地变为"共有私耕"，房屋园地为家庭私有，共同生产，平均分配的家族公社发生了变化，作为消费单位的个体家庭，变成了社会的生产单位。

从土地分配制度方面来看，俅人三种土地所有制形式存在的比例并不均衡。"夺木枯"地，即血缘集团公共占有、共同垦种的土地，由长者（头人或家族长）率领全体成员共同耕作，各家都使用自己的劳动工具，各家平均出籽种，收获物平均分配后归各个家庭支配，单独消费，既没有公共粮食也没有公共仓库。到 20 世纪 50 年代，这种占有形式只占很小的比重，在孔当、丙当、学哇当三个家族公社中只有 30 亩，占全部耕地的 4.8%②，这种家族共有地往往是被较富裕而又有一定威望的人掌握。"猛吴"地是血缘集团集体占有，由几户合伙耕种的土地。这种占有形式标志着原始大家庭业已趋于崩溃，个体小家庭逐步成为独立经济单位，小家庭可以单独谋取生活资料。这种土地的使用还保留以血缘为单位的形式，血缘集团内不分彼此都有权使用。从这种土地占有制度开始，独龙族社会初步出现了贫富差别。"夺木奢"地是几户伙有共耕的土地。家族公社的几户成员共同占有一片耕地，共出籽种，收获物按户及按籽种量平均分配。原属血缘集团集体占有的一部分土地，被几户伙同"占有"，除具有使用权之外，还有丢弃、出借、转让乃至出卖的处置权，可见俅人的土地制度尚处于低级的发展阶段。

在独龙族进入社会主义大家庭之前，个体家庭私有共耕及私有私耕是主要的占有形式，据 19 世纪 50 年代对第二行政村的调查，私有土地占全部

----

① 马克思：《论资本主义以前诸社会形态》，北京：文物出版社 1979 年版，第 308 页。

② 云南省编辑组：《独龙族社会历史调查》（二），昆明：云南民族出版社 1985 年版，第 9 页。

耕地面积的69%。这种占有形态首先从小家庭在住房附近经营的园地开始，越往后，范围越大，熟地、水冬瓜树地甚至火山地也逐渐被铁质生产工具和劳动力较多的人户占为己有，自家耕种，收获物归自家。即便采用伙耕的办法，也按照所出劳动力和籽种的数量来分配粮食。个体家庭占有制的巩固和发展，标志着原始公社已走向彻底的崩溃和没落。到私有共耕方式出现以后，产生了"阿打木"和"阿坚"的分配方式。①

从以上的材料及分析来看，独龙族在成为社会主义大家庭一员之前，受生态稀缺的制约，只有很低的生产能力。他们没有良好的生产工具，也缺乏将单个劳动者紧密结合起来促进生产效率的社会组织，家族公社又因为私有制的萌芽而濒临解体。一方面，土地肥力逐年衰退，山林中的野粮也逐年减少；另一方面，生产工具和劳动分工处于不发达的阶段，其温饱无法得到有效的解决。同时，各项制度也处于较低级、简单和落后的状态，呈现出社会整体稀缺的特征。

第二节　新中国对整体稀缺的缓解

俅人的整体稀缺必须依靠新的政权才有可能得到释放。对人口较少民族的政策和态度，更能体现多民族国家对发展理念的认知与实践。中国采取一系列政策措施，提供良好的政策及社会文化环境，帮助扶持人口较少民族的全面发展，少数民族的面貌、民族地区的面貌、民族关系的面貌、中华民族的面貌都发生了翻天覆地的历史性巨变。② 新旧制度对独龙族人生存环境的影响有着明显的差异。在1949年以前，独龙族民众的生存物资仰赖外部的输入，与周边的强权和统治者的关系是建立在税赋债务基础上的不平等关系，因为欠债，独龙族人必须依附某个势力和统治者才能生活下去；而在新中国成立后，中国共产党确立了民族平等和各少数民族享有区域自治权利的政策，国家整合各种力量，源源不断地支援独龙江人民建设新的美好生活。国家为了改变独龙江的生存条件，从开挖水田、修建马帮

---

①　《民族问题五种丛书》云南省编辑委员会编：《独龙族社会历史调查》（一），昆明：云南民族出版社1981年版，第60页。

②　习近平：《在全国民族团结进步表彰大会上的讲话》，《人民日报》，2019年9月28日。

驿道和修通公路到对电视通信、住房等生活基础设施都做了改善。① 这些是独龙族社会结构变化的关键。

一、建立基层政权

国家职能既包括管理由一切社会的性质产生的各种公共事务，又包括由政府同人民大众共同产生的各种特殊职能。扶持人口较少民族发展政策，是中国为帮扶人口较少民族，促进其政治经济文化社会生态的可持续发展，激发内生动力，实现整体进步而采取的一系列措施和方式。作为一种政策制度安排，是中国民族平等团结的治国理念和社会主义制度的内在要求，扶持政策往往受到不同时期国内国际政治、经济、文化等环境条件的影响和制约。每一个时期扶持政策的内容、方式、重点条件是不同的。1949 年，新中国成立伊始就确立了实行民族平等团结和民族区域自治政策，开启探索扶持人口较少民族发展路径。一是实施民族平等团结政策。保障人口较少民族选举、参政等基本权利，包括散居少数民族与当地汉族人民同样享有各项自由权；少数民族依法享有选举权与被选举权，其人数较多者，当地人民政府可采取适当办法，使有代表参加政权机关；有关某一少数民族的特殊问题，须有该少数民族代表充分协商等。② 取消了一切民族歧视，更改歧视或者侮辱性质的族称和地名。

（一）独龙江的建制

1949 年秋，兰坪、福贡和碧江三县先后和平解放，贡山设治局局长陆双积认识到贡山唯一的出路是向新中国投降。③ 于是，他致函滇西工委派往福贡视察的党代表王荣才，表示愿意交出政权，敦请新中国派人到贡山接管政权。和耕、和文龙在茨开杨恒昌家主持召开了有一、二、三区士绅、保长、甲长共 100 余人参加的大会，正式宣布贡山和平解放，成立了贡山办事处和组建人民自卫队，和文龙任办事处主任，和卫臣任自卫队队长，主持贡山的工作和保卫贡山的政权。4 月，滇西北地委将三十四团三营教导员

① 张劲夫、罗波：《独龙江文化史纲：俅人及其邻族的社会变迁研究》，广州：中山大学出版社 2013 年版，第 270 页。

② 参见国家民委办公厅等编：《中华人民共和国民族政策法规选编》，北京：中国民航出版社 1997 年版，第 94 - 95 页。

③ 罗世保主编：《中共怒江地方史》（第一卷），昆明：云南民族出版社 2007 年版，第 72 - 86 页。

和耕调地方工作。丽江专员公署委任和耕为贡山县委副书记兼任县长。5月，经丽江行署批准，贡山县在茨开召开第一届各族各界代表大会，正式宣布贡山县设治局成立，任命和耕为设治局局长，同时撤销了临时政务委员会。

1950年，人民解放军碧江边防工作团成立，1952年6月，改称碧江边防武装工作队，下设四个分队，每队30余人，分别在"边四县"（福贡、贡山、泸水、碧江）开展工作。武工队的主要任务是协同地方人士，深入各县农村，以做好事、交朋友的方式，广泛宣传党的民族和宗教政策，争取团结民族和宗教人士，疏通民族与军民关系，充分发动群众，协助地方建立区、乡民主政权。

1952年7月，碧江武工队派出工作组进驻独龙江。1953年，边防区在贡山建立民族基干连，后于1956年6月并入边防独立营。边防独立一营一连驻守独龙江。驻防马库边境检查站的工作组伐木割草修建校舍，自己动手制作桌椅、黑板，又从贡山县城买了笔墨纸张，办起了马库警民小学，并动员独龙族村民把孩子送入学校读书。边防战士手把手教独龙族群众使用铁锄，在孔当第一次开垦出了200亩梯田，又向群众传授水稻种植和管理技术。连长虎映山从贡山县城背了一头小牛，沿着山路走了五天，翻过高黎贡山将牛送到了独龙江。之后，边防战士教独龙族群众利用耕牛犁地，提高了生产效率。和耕回忆建政工作时说：

> 5月10日起，县政府工作人员分头下到二、三区，发动群众生产自救。我负责宣讲党的民族政策，废除保甲制度，建立村级政权。7月初，人民解放军十四军四十二师首长专邮指示，要我发动全县民工修复进藏道路，进藏部队不久将从贡山进入西藏察隅。8月10日，野战军126团高建勋团长率领部队到达贡山。这支部队由机枪连和步兵营组成，目的是要占领门工、碧土和察隅。帮助运粮的民工家中都没有粮食，部队领导将两百多包（每包30斤）粮食留给了一区尼当打的群众，当地群众至今仍怀念人民军队，感谢中国共产党毛主席的领导。[①]

---

① 和耕：《贡山县建政工作回忆》，载政协怒江州委员会文史资料委员会编：《怒江文史资料选辑》（第21辑），芒市：德宏民族出版社1993年版，第134-142页。

贡山是从云南进入西藏的一条重要通道，要夺取全国革命的全面胜利，西藏的农奴制神权统治是新中国需要面对的挑战之一。除了从丙中洛往察瓦龙，独龙江是另一条通向藏区的通道。所以，政局尚不稳定之时，必然需要重点把守通道。原贡山独立营干部怒黄光[1]回忆："1952年10月，我参加革命工作，先在贡山县民族基干连当通讯员。当时，民族基干连除了班长、排长和连长以外，都是本地的各族青年，每个人有六元津贴。1953年，县政府改址丹当，基干连随迁。1955年，县民族公安连正式编入中国人民解放军3849部队独立营。1957年，杨世荣在独龙江任区委书记期间，独龙江没有驻兵，缅方一些不法分子常赖在区公所不走，要区公所提供吃喝，给独龙族群众的生产生活带来很多不利影响。为了捍卫祖国尊严，威慑境外敌人，确保独龙江区的社会稳定，我奉命带领一个排进驻独龙江。"[2]

国家是追求特殊道德即"国家理由"的自治、世俗的王国。[3] 随着民族统一国家的出现和中央集权的君主制的诞生，明确的国家主权观念开始形成。国家是人们自愿订立契约的产物，只有经过人们同意，国家才具有合法性；公共权力源于个人权利，人们通过让渡权利而产生国家这一公共权力组织来保护个人的生命、自由和财产，并获得某些公共服务。[4] 民族国家存在于由其他民族国家所组成的联合体之中，它是统治的一系列制度模式，对业已划定边界（国界）的领土实施行政垄断，它的统治靠法律以及各种治理工具的直接控制而得以维护，特别强调现代民族国家的控制能力。新中国对独龙族的有效管理，最显著的地方就是行政建制的不断变更。

获得政权是有效管理独龙族的重要条件，通过武装斗争，新中国将土司政权和地方反对势力肃清，然后建立政权机构。接着，按照中央委员会的统一部署，在滇西北成立了工委，直接管理各县边纵支队。这个过程需要继承原来的部分管理机构，并利用地方各民族的上层人士。新中国对独龙族的吸纳，首先是针对其上层人士，对其授予一定的管理权力。然后，在国内经济水平普遍较低的情况下，想方设法调运生活物资，无偿发放给独龙族。最后，也是最重要的手段，就是给它一个独一的民族称呼，这是

---

[1] 怒黄光为贡山县人民武装部退休老干部，居住在怒江边双拉村，访谈时间：2008年4月30日上午，谈话内容与之前刊载在文史资料上的基本一致。

[2] 参见政协贡山独龙族怒族自治县委员会文史资料委员会编：《贡山文史资料》（第一辑），1995年。

[3] 尼科洛·马基雅维里著，潘汉典译：《君主论》，北京：商务印书馆1985年版，第1-6页。

[4] 伍俊斌：《论公民社会与政治国家的共存共强》，《黑龙江社会科学》2010年第1期。

独龙族享受政治待遇的基本前提。独龙族获得单一独特的族名，是其被吸纳到新中国统治内的一项重要措施。

（二）获得正式族称

民族地域的形成、民族共同地域的扩大及其重要性的提高，必然带来民族政治生活的一系列变化，并要求以政治统治形式来谋求与维持民族地域的完整。国家的形成为民族政治属性提供了更加宽阔的场所，以便使它淋漓尽致地表现自己和发挥自己的功能。[1]

独龙族这一族称源于第一位独龙族干部孔志清，他到北京参加人民代表大会受到周恩来总理接见并询问族称时，将本民族的自称[2]"tɯ^{31}ruŋ^{53}"用汉语"独龙"告诉了总理，随后获得总理首肯，就此在其后的民族识别工作中顺利得到认可。因此，笔者认为如果用民族识别的基本原则去讨论独龙族这一正式族称，重要的是要将事件参与者孔志清的人生经历弄清楚。在孔当村调查期间，笔者走访了孔志清的家族成员，查阅孔志清生前的口述史料，将田野调查材料与文史资料横向比较，可以得出以下结论：

首先，独龙族的自称并不统一，沿着独龙江流域一直到恩梅开江，分散于两岸坡地平台上的居民以各自居住地的地名称呼自己的家族，在获得统一的族称之前，他们尚没有民族概念，相互之间的认同主要依赖血缘关系。各人之间互相称呼也是采用地名加上自己家中的长幼次序来表示。

其次，独龙江南北走向的峡谷地形，决定了外界强势族群如藏族和傈僳族对峡谷内居民的他称能够长期存在。外界科研人员进入独龙江时雇请孔志清作为向导，促成其外出接受教育，在稀缺资源方面获得了向上流动的机会，有机会作为民族代表进京，接受国家领导人对其族称的认定。

> 1952 年我作为独龙族的代表到北京参加中央民族事务委员会扩大会议。会议结束的第二天，敬爱的周恩来总理要在中央机关礼堂与代表见面，轮到我和总理握手说话的时候，我向总理汇报说："总理，我叫孔志清，是从云南的最边远的独龙江来的少数民族代表，过去汉族和其他民族叫我们是'俅子''俅帕'，我们自

---

① 周星：《民族政治学》，北京：中国社会科学出版社 1993 年版，第 37 页。

② 多吉、孙宏开调查，孙宏开整理：《独龙语的基本特点和方言土语概况》，载《民族问题五种丛书》云南省编辑委员会编：《独龙族社会历史调查》（一），昆明：云南民族出版社 1981 年版，第 160 页。

己是叫独龙族。"总理听了就说："你们本民族原来怎么称呼，就按本民族自己的意愿来称呼，别的民族对你们的称呼，不能做你们的族名。"周总理说过以后，我们的族名就确定为独龙族了。独龙族人民也和全国其他兄弟民族一样在政治上获得了平等地位。

他在后来的一篇回忆性文章中又提到：

……建国初期，我作为独龙族的一名上层人士，对新政权也有一段认识的思想过程。最初担心共产党会关押我和没收我的财产，曾考虑逃往缅甸。正当我思想斗争十分激烈的时候，接到县上和文龙写来的一封信，信中说："共产党已来到贡山。共产党不同于国民党，不歧视不压迫少数民族，你不要怕，要做好独龙族群众的思想工作，不要让他们逃跑。现在请你来贡山商量工作。"抱着去看看新政权究竟是什么样的想法，我接受了和文龙的邀请。不久，我又接到和耕的来信。信中告诉我，共产党领导下的人民自卫军已打退了土司兵，贡山恢复了正常秩序，你能不能出来一转，商量工作。接到和耕信，我准备前往贡山，但这时大雪封山，驿道阻断，未能成行。1950年7月初，我才领着五名独龙族代表，踏着尚未化尽的冰雪，翻越高黎贡山，步行七天，走到贡山县城。和耕与解放军的一名团长前来迎接我们，并给我们安排了吃住的地方。在贡山的几天时间里，和耕同志先后三次和我谈心，给我讲了中国共产党的民族平等政策和民族上层人士应尽的义务和前途。

最后，独龙族正式确定族称为独龙江的社会结构变迁带来了契机。由民族的单一称呼带来特殊的政治待遇，不仅让独龙江内的居民逐渐完全认同自己的民族身份，更让周边其他民族的居民设法变更民族成分或与独龙族联姻，以便享受独龙族独有的政策优惠。这一点不仅可以从访谈材料中证实，还可从人口普查的数量得到印证。正如孔志清自己回忆的材料中说道：

我回到独龙江前，县上为我们举行欢送宴会，在宴会上，解放军团长赠送我一些茶叶、盐巴，一条小牛，还把一本《中国人民政治协商会议共同纲领》的小册子送给我，亲切地对我说："你是独龙族中有威望的知名人士，回到独龙江后，要向群众宣传好《中国人民政治协商会议共同纲领》，团结一致，为共同建设好新边疆而努力。"我回到独龙江后，先后到一乡、二乡、三乡召开群众大会，向群众宣讲《共同纲领》，宣传我在贡山的所见所闻。独龙族群众听后，消除了对新政权的疑虑，群众思想很快就稳定下来。1950年10月，贡山成立县人民政府，我应邀再次参加会议。会上，我被推选为独龙江区区长，黎明义同志为区干事。我接受任命后，带着政府赠送的20匹棉布，返回到独龙江，在孔当乡召开全区代表大会，当场给群众发放布匹，并向群众宣布，独龙族人民翻身解放了！再也不用给土司纳贡了！再也不用给国民党纳税了！①

上面这则口述史材料向读者传递了三方面的信息：其一，孔志清是独龙族获得正式族称的功臣，是事件的关键人物；其二，孔志清家族曾经在独龙江担任管理者的角色；其三，新中国考虑独龙族的历史事实，充分发挥其本民族干部的作用，同时利用独龙江的独特的封闭型生态环境，赢得独龙族对于新中国的高度认同。

孔志清的父亲孔目金，年轻时交游很广，能说会道，能讲一口流利的傈僳话，被地方群众推选为"伙头"。②他自然对当时县城的形势有所了解，在群众尚不知道使用免费教育资源的时候，率先托熟人将儿子孔志清送到了怒江边的永拉嘎小学读书。1953年，国家为了确定民族成分和族称，组织人力进行大规模民族识别考察工作。民族识别是指民族成分和民族名称的辨别。在调查研究的基础上，首先识别某一族体是汉族还是少数民族；其次识别其是单一民族还是某一少数民族的一部分；最后确定这个族体的民族成分和族称。民族识别工作是以马克思列宁主义的民族理论为依据，结合中国民族的实际情况，坚持历史唯物主义观点，尊重本民族人民的意

① 以上三则材料均来源于孔志清口述，余新整理：《难忘的会见》，载政协怒江州委员会文史资料委员会编：《怒江文史资料选辑》（第1—20辑摘编下卷），芒市：德宏民族出版社1994年版，第709－711页。

② 孔志清口述，彭兆清整理：《回忆先父孔目金》，载政协怒江州委员会文史资料委员会编：《怒江文史资料选辑》（第1—20辑摘编下卷），芒市：德宏民族出版社1994年版，第542页。

愿，逐一进行的。① 从孔志清的个人回忆来看，独龙族这一族称并没有经过民族识别。

孔志清由旧政权的地方头人这一角色过渡到新生政权的地方人士，对于本民族的族称的确立，的确起到了关键性作用。不过，真正促成他有机会进京面见国家领导人的契机，出现在他进入云南民族学院政治系学习之后。他回忆道：

> ……就在学习结束时，学院领导通知我到北京，出席中央民委扩大会议。……1952 年元旦晚上八点三十分，毛主席满面红光地走来，在中南海接见了我们参加会议的各民族代表。陪同毛主席接见我们的还有刘少奇、朱德、周恩来等党和国家的领导人，并同代表们在一起照了相，照相时 55 种民族选出一名代表站在毛主席身后第一排②，我是独龙族代表也站在第一排，而且离毛主席不远，感到非常幸运和幸福。接见结束后，当晚毛主席、朱德和夫人还同我们开会代表一起观看了晚会演出。③

从孔志清的回忆材料分析，孔志清的个人命运与独龙族的族称紧密联系在一起，这样的事对于其他少数民族来说，并不常见。事实上，1956 年10 月 1 日，贡山独龙族怒族自治县宣布成立之时，民族识别工作组尚未将独龙族和怒族作为单一少数民族公布于世。1964 年第二次全国人口普查登记的 183 种民族名称经过民族识别调查研究，新确认了 15 个少数民族，其中就包括了独龙族。④

1953 年民族识别工作开始的前夕，全国有 400 多个待定的族体请求国家鉴别其民族成分，仅云南就不少于 260 个。⑤ 于是，民族问题研究专家们开始在全国范围内展开民族调查和分类拣选，以确定哪些团体可以被认为

---

① 施联朱：《民族识别》，载《中国大百科全书·民族》，北京：中国大百科全书出版社 1986年版，第 311 页。

② 这是文史资料整理者带有个人主观意愿的说法，当时尚未进行民族识别，哪来 55 种民族之分？1954 年，中国政府确认了 38 个民族；到 1964 年，中国政府又确认了 15 个民族。加上 1965 年确认的珞巴族、1979 年确认的基诺族，全国 55 个少数民族才被正式确认并公布。

③ 孔志清口述、李道生整理：《独龙族第一任县长的回忆》，载政协怒江州委员会文史资料委员会编：《独龙族》，芒市：德宏民族出版社 1999 年版，第 96 – 108 页。

④ 黄光学、施联朱：《中国的民族识别——56 个民族的来历》，北京：民族出版社 2005 年版，第 109 页。

⑤ 费孝通：《我国的民族识别》，《中国社会科学》1980 年第 1 期。

是与众不同的单一民族。"名从主人"是民族识别工作遵循的一个主要原则。①民族识别工作刚开始，许多学者就强调了独龙族和怒族之间的关系。一些调查人员认为"贡山的怒、俅应是同一民族或只是支系的不同，应该考虑用共同的族名"②。有人认为所谓的独龙人"只不过是一般地被称作日旺的一部分，仅仅是这一大集团的一个较大的氏族群体"③。那么，为何独龙族可以顺利地成为单一民族呢？

正如林耀华后来的评述所说：从广义上讲，独龙族广布于恩梅开江上游及其左近地区，大致不会越出东经97°~99°、北纬27°~29°范围。俅夷、俅人、俅子、毒龙、都龙、曲子、俅帕、chu-tsu、chuzu、chiujen、chiupa、chiutzu、chiuyi、tulung、dulong、dulogzu、drung、taron 等旧称如果不是误称，均指俅人，即现在的独龙族。④ 俅族居住区域在丽江府西部澜沧江大雪山外的俅江流域一带，与怒族居住区域接壤。至近代则逐渐集中到俅江下游以西南的独龙河流域地带，因而称为独龙族。⑤ 在缅甸北部，以前称作日旺族的不同的群体，各有自己的称呼，但他们都被归入了"独龙族"中。这证明独龙族这一名称已被广泛使用并正式确定下来。自20世纪80年代，大多数出版物都使用了官方构想的这一名称。而且，在最近的一些著作中，出现了一种对独龙族和其邻族的新的说法，正如独龙族研究人员所说的那样，独龙族可以被看作"跨境民族"（因为有许多"独龙族"人现居于缅甸境内）。⑥

孔志清对独龙族获得民族身份的叙述，几乎可以在关于独龙族的汉文记载中找到逐字逐句的翻译。对于独龙族人来说，他们的正式分类不仅是一个重要的资本，而且是他们与政权关系的真实转变。历史其实也是一种确定族群范围的认同和记忆，所谓的"历史叙事"与"族群记忆"也因之染上浓厚的现代国家权力色彩。⑦ 通过这个独有的民族地位，他们不仅能够加强其地方认同，同时还能够建立和坚定信念去发展和改善其生活条件。

---

① 林耀华：《中国西南地区的民族识别》，《云南社会科学》1984年第2期。
② 云南省编辑组：《云南少数民族社会历史调查资料汇编》（三），昆明：云南人民出版社1987年版，第48–49页。
③ 《民族问题五种丛书》云南省编辑委员会编：《独龙族社会历史调查》（一），昆明：云南民族出版社1981年版，第43页。
④ 林耀华、庄孔韶：《父系家族公社形态研究》，西宁：青海人民出版社1984年版，第171页。
⑤ 尤中：《云南民族史》，昆明：云南大学出版社1994年版，第545页。
⑥ 李金明主编：《独龙族文化大观》，昆明：云南民族出版社1999年版，第1页。
⑦ 彭兆荣：《人类学历史志的生命表述》，《广西梧州师范高等专科学校学报》2006年第4期。

新中国成立之后，独龙族人比过去有更多机会参与管理地方事务，也比过去有了更多的渠道从国家和各级政府获得生存资源。这一时期，中央与地方的互动关系不同于以往任何一个朝代，作为边境地区上国家认可的民族之一，他们直接从国家的政策中获得了生存空间和发展的机遇。[①] 因此，族称的认定标志了独龙族成为社会主义大家庭一员的开始，也是其社会结构变迁的转折点，更是稀缺得到满足的基础。

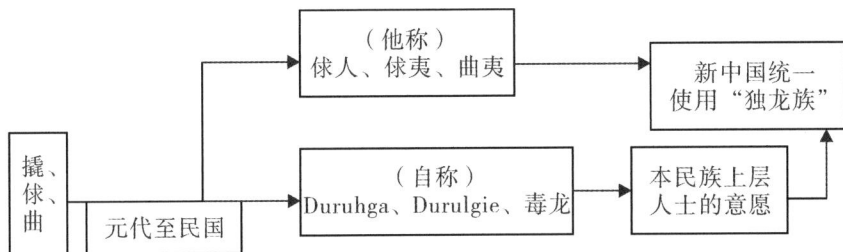

图2－2　独龙族名称变化图

独龙族的单一族称确实为独龙江这道封闭式的峡谷带来了巨大的转机。不妨设想，如果没有孔志清个人外出求学的经历，没有进京参会受到国家领导人的接见，独龙族这一族称就可能不被认同，独龙江峡谷内的居民也就可能被并入怒族这一多支系的少数民族的名下。1954年7月26日发表的《云南省民族识别报告》称"贡山的怒、俅族应是同一民族"。[②] 二十世纪五六十年代的民族识别所依据的标准，一是客观民族特征，二是本民族的主观意愿。前者作为识别民族的客观依据，是科学性的集中体现，其关照点除了斯大林定义民族的四个特征——共同地域、共同语言、共同经济生活与共同心理素质之外，还有对民族名称的调查研究以及对民族历史渊源的追溯。当然，在追求客观科学的同时，必须尊重本民族人民的意愿，遵循"名从主人"的原则，"在保持族称的科学性与本民族成员的意愿相抵牾时，要充分考虑各族体群众的意愿，只宜陈述理由，帮助本族群众及上层人士对自己的族别问题做出正确抉择"。事实上，族称给独龙江的老百姓带来了看得见的实惠，给独龙族的社会结构提供了变迁的基础。

———————

　① 张劲夫、罗波：《独龙江文化史纲：俅人及其邻族的社会变迁研究》，广州：中山大学出版社2013年版，第272页。

　② 云南省编辑组：《云南少数民族社会历史调查资料汇编》（三），昆明：云南人民出版社1987年版，第12页。

由于独龙族人内化了独龙族的身份，这个新的类别形成了他们的地方认同，使其无论在本地或是在中国境内任何其他地方都有了深刻的意义。[①]新中国给了这个民族独特的表述空间，在行政建制上也充分考虑其独特的社会历史发展轨迹。考察独龙族在政治权力网络的变化轨迹，必须将之放入国家的背景之中，以国家权力为主导推进一个区域的现代变迁，尤其在独龙江乡这种具有封闭性特点的小型社会，具有极大的可操作性和优势，在其他地方需要数十年才能完成的物质现代化进程，在这里仅五年便取得了显著的成效，这是外源性发展的结果，亦是显著特征。[②]

中共贡山县工作委员会成立初期，遵照"慎重稳进，团结、生产、进步的方针"和"加强民族团结，加强爱国主义教育，加强对敌斗争"的具体政策精神，逐步开展各项工作。独龙江区基层临时政权保留了一部分国民政府时期的保甲长，有利于团结和争取地方人士。随着工作的深入和群众的发动，独龙江区建立"团结生产委员会"，作为基层政权的过渡形式，发展民兵联防武装组织。

（三）委派当地干部

一个社会的组成要素包括那些构成复杂社会关系网络的若干个体。当两个或更多的个人通过限制或调整他们的兴趣，最后达到兴趣融合时，他们之间就会有一种社会关系产生。[③] 干部在构建独龙族社会关系方面，作用极其明显。1950年9月30日，贡山县委组织召开全区各族代表大会，宣布贡山县第四区独龙江区公所成立，孔志清被选举为区长，成了独龙族加入社会主义大家庭后第一任具有浓郁政治色彩的地方官员。会议同时选举出了政府班子：副区长伊里亚（教名为马扒恰开），他在新中国成立前担任过保长，也是教会里的密支扒；区干事黎明义；会计和桂香，兼任干事、教师和代销员。也即是说，独龙江结束了没有地方政权网络的历史，从此开始促使独龙族真正地被吸纳到新中国里去。

这里尤其要提一下中央民族慰问团的事情。1950年10月，中央民族慰问团到碧江进行慰问，贡山派代表参加并接收了各种慰问礼品。代表们回

---

① GROS S. The politics of names：the identification of the Dulong of northwest Yunnan（China）. China information，2004，18（2）：275 - 302.

② 杨艳：《本土建构的差异化治理：基于独龙族脱贫与发展的乡土实践》，北京：知识产权出版社2020年版，第70页。

③ 拉德克利夫 - 布朗著，丁国勇译：《原始社会结构与功能》（二），北京：九州出版社2006年版，第297页。

到贡山后，将全部礼品转送给独龙江的独龙族人。当独龙族群众收到布匹、针线、毛巾、棉毯和食盐等礼品时，激动地说："过去国民党和西藏察瓦龙土司只会抢我们的东西，如今党和毛主席尽向我们送东西。"[①] 这些话语两次出现在贡山县志中，应该不是子虚乌有的事。可以相信当时得到外界的物资输入完全是独龙族不敢想象的事情，他们的心情自然非常复杂。这些虽不是很贵重的物品，但与他们的生活息息相关。

由于新生的国家政权可以调动政治的力量，第二年，孔志清就被保送到云南民族学院学习。这当然是新中国充分利用并改造少数民族地方人士的结果。后来孔志清之所以能够参加全国人民代表大会，完全得益于这次外出学习的经历。所以，独龙族的族名以及享受的政策的确与这一阶段的历史密不可分。紧接着，新中国调动外部力量，开始大力援助独龙江地区居住的群众。

首先，从文化教育上抓起，这在本章第三节专门有论述；其次，从人才上进行调配，怒江州委派杨世荣亲自挂职独龙江区，同时选派傈僳族农技员杰图、藏族农技员阿当到独龙江传授犁耕技术，拉开了生产力改革的序幕。

1952 年 12 月 15 日，孔志清到达北京，被国务院总理周恩来接见，这次被孔志清称为"难忘的会见"的见面不仅让独龙族有了正式族称，更让孔志清获得了重要的社会地位。四年之后，贡山县成立民族自治县，他被选为县长。与孔志清命运相似的独龙族群众还有白丽珍，1953 年她被推荐到碧江学习，并被确定为第一个参加革命工作的独龙族文面女性。第二年 4 月份，她被送到云南民族学院研究部学习，又成了第一个进入高等院校的独龙族文面女性。这些政治光环始终环绕着当时被新生国家政权吸纳的独龙族，目的是要重新建构平等的民族关系。

1957 年 4 月独龙江区委会成立，区委书记杨世荣，委员包括和达成、白丽珍、顾世昌和李永伯。党在当地的工作方针最初是"团结第一，生产第二"，1953 年时，上级党委明确提出"团结、生产、进步"的方针，区委会的工作也围绕此方针进行。区委会每年召开一次生产代表会议，乡村干部和地方人士都要参加，研究各村的生产计划、指标和工作方法。区委会积极组织群众成立了 6 个互助组和几个变工队，凡是可以开垦水田的地方，

---

① 贡山独龙族怒族自治县志编纂委员会编：《贡山独龙族怒族自治县志》，北京：民族出版社 2006 年版，第 135、180 页。

就引导群众开挖水田，对于已经开垦的旱地，提倡精耕固地，不搞盲目开荒。到 1958 年时，旱地面积达 1 200 亩，1960 年初达到 1 800 亩。到 1959 年底，全区水田面积达到 850 亩。但是，受耕作技术和地理环境、籽种等因素影响，独龙江粮食产量很低，旱地每亩的单产只有 150 斤左右，稻谷单产只有 300 斤左右。新中国成立初期，全区粮食只有 60 多万斤，到 1960 年时已经达到 80 万斤，1969 年时增至 125 万斤。[①] 白丽珍回忆了她的经历："1940 年出生于独龙江二乡（现为献九当村）白利村小组。1953 年接到通知到碧江县学习，经过 13 天的长途跋涉，到达碧江知子罗，参加怒江边工委举办的民族干部训练班的学习。先学三个月汉语拼音，然后学习《中国人民政治协商会议共同纲领》和互助合作政策。1955 年 7 月加入青年团，1956 年 3 月在碧江县边工委民族工作队工作时加入党组织。1957 年，中国社科院派来专家调查独龙族的社会历史，作为翻译在独龙江工作了半年。工作结束后，参加民族参观团到北京参加 1957 年的国庆观礼，还到吉林、辽宁、天津、上海、南京、杭州和广西等地参观学习。回来后一度调到州中级人民法院工作。"[②]

斯考切波以历史社会学视角将中国的兴起模式看作"大众动员型"，是党制国家的治理模式，党组织在合作化运动中推动基层社会走向组织化。[③] 乡村干部通过对集体资源的分配与群众建立关系。在这一过程中，村级领导人扮演代理人的角色，他们一方面要执行上级的命令，另一方面要为村民的利益不断与更高一级政府商讨。[④] 政府凭借自上而下的权力网络，运用强大的宣传手段，对与农民利益直接相关的稀缺资源进行有效的调控。传统上小型、半自治而独立的农村社区，慢慢被以中央政府为主导的大众文化渗透，行政系统通过高度组织化的网络触达基层社会的各个角落。

独龙族从原始社会末期过渡到社会主义社会，采取的是直接过渡的方式，对旧社会遗留下来的原始落后因素的破坏力有限，而且集体生产与独龙族社会一直沿袭的土地共耕制度和平均分配制度相同，很容易就被独龙

---

① 杨世荣：《回忆独龙江区委工作》，载政协怒江州委员会文史资料委员会编：《怒江文史资料选辑》（第 27 辑·独龙族），芒市：德宏民族出版社 1999 年版，第 89 页。

② 白丽珍：《党培养了我们独龙族两代人》，载政协怒江州委员会文史资料委员会编：《怒江文史资料选辑》（第 27 辑·独龙族），芒市：德宏民族出版社 1999 年版，第 109 页。

③ 西达·斯考切波著，何俊志、王学东译：《国家与社会革命：对法国、俄国和中国的比较分析》，上海：上海人民出版社 2007 年版，第 360 页。

④ OI J C. State and peasant in contemporary China, the political economy of village government. Berkeley：University of California Press，1989：227 – 233.

族接受，他们对"一大二公"模式特别容易产生共鸣，纷纷以极大的热情投入其中。独龙族本来是分散居住在整条独龙江及下游恩梅开江，进入社会主义大家庭之后，发生了中缅勘界事件，独龙族的主体被划到了国外，国内的独龙族拥有了一个固定的共同地域。他们成了边境的守夜人，勘界之后在独龙江最下游的村寨长期驻有军队，他们的活动对于独龙族产生了较大的影响，尤其体现在小学教育和边民贸易上。

（四）常驻边防部队

1. 中缅勘界

中缅北段未定界区域位于中缅两国接壤的北部地区，地跨高黎贡山以西的恩梅开江和迈立开江中上游地带。西起巴特开山，东至高黎贡山，南沿尖高山密支那猛拱，北抵西藏的察隅。未定界总面积为 73 300 平方公里，其中恩梅开江以东 14 700 平方公里，迈立开江和恩梅开江之间约 16 800 平方公里，枯岭以西约 29 600 平方公里。[①] 1905 年，清政府派腾越关道石鸿韶至北段未定界与英领事列敦会堪。但因为石鸿韶没有前往实地勘察，会堪没有达到预期效果。1911 年，英军武装侵略片马，非法私立 12 棵界桩。[②]

1960 年 1 月 28 日，中缅两国签订边界议定书，决定成立一个由双方同等人数的代表组成的联合委员会，进行勘查边界、树立界桩、绘制边界地图和起草中缅边界条约等工作。1960 年 10 月 1 日，中缅两国政府在北京签订《中华人民共和国和缅甸联邦政府边界条约》。1961 年 1 月 4 日，两国政府在仰光互换《中缅边界条约》批准书。为了更全面地考虑边界问题，国家专门邀请了独龙族地方人士参加讨论。伊里亚回忆了当年的事件：

> 1956 年冬，我参加"全国少数民族国庆观礼团"，座谈会前，负责同志反复交代，要我们多谈历史上中缅的胞波感情。我谈了自己对中缅边界北端的看法，我说："当年在独龙江头人孟当纳挂当事时期，曾管辖到木克嘎以下两个驿站的登肯当地方；贡山袁裕才俅管当事时期，曾管理到迪子江畔，还任命了那里的头人尼布肯管理王庆当、布甲兰以上的地方，吉娜朋登管理布兰岗以上

---

① 资料来源：贡山县政府边境口岸管理办公室统计股。
② 陈瑞金：《中缅北段未定界的历史变迁》，《云南史志》1995 年第 1 期。

的地方，麻布必利朋管理迪子江强口以下的地方。英国人来了抢去了这些地方，现在，我们要友好和气地商量，世代做友好的邻邦。"①

　　参加了 1960 年中缅勘界工作的汉才清②也对当时的场景记忆犹新："1956 年 9 月我从二区报名参军入伍，1957 年 6 月上级从部队抽调干部战士，组成民族工作组进入独龙江开展工作。因为我是傈僳族，懂得民族语言，也被调到民族工作组，任务是帮助独龙族群众搞生产和保卫边防。1960 年 7 月，中缅两国政府进行中缅边界独龙江地段的勘界和划界工作。碧江团部和福贡营部的部队首长亲临独龙江，安排布置工作并带队上山。贡山县人民政府组织两千民工，从县城丹当背运物资，送进独龙江再送到各个勘界小组，保证后勤供应。由于当时怒江沿岸交通还很不方便，为了将紧急物资送到独龙江，上级决定在巴坡半山腰设立空投站，从保山机场空投物资。由于地形复杂，飞机不能低空飞行，第一次所投下的 3 000 公斤物资全部落到木里王深箐。"

　　中缅勘界后马库常驻部队，这对于独龙族来说也是破天荒第一次接触到荷枪实弹的武装力量。这种无形的威慑力量让独龙族有了安全感和国家主权的观念，因为专政机关可以让叛乱分子受到教训。当然，对于独龙族来讲，解决生产生活存在的稀缺就足以让他们心满意足。

　　同时，为了进行中缅勘界工作，国家投入了大量的物力。贡山县志对这一段历史也有记载：1960 年 7—10 月，中国和缅甸在中缅北段贡山独龙江边界勘界期间，共调运粮食超过 12 万公斤，在大雪封山前，中国人民解放军兰州军区空军部队派军用运输机从保山起运至独龙江，空投大米 2.5 万公斤，实收 1.5 万公斤。中缅勘界期间，丰学昌、洪禹疏（原独龙江区卫生所医生，现为贡山县医院退休干部，2008 年接受访谈时为 65 岁）被派往独龙江勘界组开展医疗工作。洪禹疏回忆了相关事件：1960 年他随中缅勘界工作人员一起进独龙江参加勘界的医疗服务工作，勘界结束后留在独龙江区卫生所工作。因此，得以亲历了边防战士张普的救治工作。许多群众目睹飞机空投药品的全过程，感慨万千地说："我们独龙江距离北京这么遥

---

　　① 伊里亚：《参加芒市中缅边界座谈会议的回忆》，载政协怒江州委员会文史资料委员会编：《怒江文史资料选辑》（第 18 辑·贡山独龙族怒族自治县文史专辑），芒市：德宏民族出版社 1991 年版，第 139 页。
　　② 汉才清为贡山县政府老干办退休干部，访谈时间：2008 年 8 月 11 日上午。

远，但无时不处在祖国温暖的怀抱中。"中缅勘界之后，国家在独龙江常驻军队。驻守贡山的边防独立营负责马库驻军的日常管理，他们不仅要负责边疆安全，还要接待外地前来贡山，尤其是前往独龙江考察的专家或领导。譬如，1974 年 8 月 17 日，作家冯牧率领数人前往独龙江体验生活，就是由独立营副政委王月堂陪同。行程中，冯牧了解到王月堂在人马驿道上已经走过了十几个春秋，甚至背了一头小牛犊，爬过几道"天梯"，送到了独龙江边防连。[①] 其后，一起前去体验边疆民族风情的作家张昆华以独龙族妇女文面为题材，结合实地考察的体验创作了小说[②]，后来还拍摄成了电影，使独龙族文面女为国内其他民族知晓。

2. 修筑人马驿道

人马驿道从贡山县城丹当起，沿着普拉河谷西行，经吉速底、双拉娃、娃土底、嘎足、其期，翻越高黎贡山后沿着西坡向下，经西哨房、梅里王（现在称为米里旺）、孟当（现在称为孟底），最后抵达巴坡，全长 65 公里。

1956 年贡山县委着手修筑这条驿道，但因工程艰巨，修了 10 公里后停工。1961 年 6 月，县委与驻贡山部队协商，将人马驿道上升为国防驿道，继续投入资金和人力。9 月，驻怒江的部队开始帮助勘测线路，部队工程技术员黄倧负责测设技术，驻贡山部队独立营派出 15 人的一个班，由茨开朱利当村的布腊等 4 人作为向导，地方派出 15 人背运物资。野外测绘工作经过 28 天完成。初次勘测的线路经过露天原岩 3 580 米，原始森林 43 公里，跨越大小河流 26 道。

1963 年 10 月，贡山县成立独龙江国防驿道筑路委员会办公室。1964 年 1 月开工，采用"民工建勤""军地结合"的办法修建。贡山县政府从二区、三区抽调民工 150 人、管理干部 5 人，后期又从一区和四区抽调民工 120 人。驻贡山部队独立营抽调一个排共 30 人。修路队编为 4 个排 16 个班，后勤供应由县国营马帮队抽调 8 匹马，并由马哥头高正德（鹤庆人）负责，将物资运输到筑路队所在地。民工工资由县政府负责，部队支援施工工具及部分器材。1964 年 11 月竣工，实际开挖里程为 59 公里余 120 米，总耗资 20 万元人民币，投工 24 万个工日，国家补助粮食 9 万公斤，公用布 817 米。路基宽 1.2 ~ 1.5 米，建有木面桥 3 座、小桥 16 座，途中建有东哨房、西哨房、其期和三队四个驿站，还有用木楞及铁皮修建的"哨房"，供

---

① 冯牧：《沿着澜沧江的激流——我与云南》，昆明：云南教育出版社 2000 年版，第 174 - 186 页。

② 张昆华：《不愿文面的女人》，北京：中国文联出版公司 1987 年版。

来往人员居住。①

贡山独立营管理员黑智②参与了人马驿道修建，他说："1963 年 11 月，贡山独龙族怒族自治县成立修路委员会，总指挥由 3849 部队驻贡山独立营教导员李庆昌担任。副总指挥是贡山县副县长余耀龙、独龙江区副区长独都登和黑智。办事人员有二区工作组组长和友智、县民政科副科长黎明义。部队抽调 120 人，二区抽调青壮年 120 人，三区抽出 120 人，一区与四区总共约 200 人，总共分成 3 个连队。国家拨款 20 万元，每个民工补助粮食 45 斤，油脂 1 斤，每人每天补助 1.2 元，其中交合作社 0.8 元办伙食，个人补助 0.4 元。修路所需炸药、雷管和工具由丽江分区供给。"

1964 年 10 月 17 日，独龙江举行国防驿道通路典礼，县政府专门组织了数百匹骡马，驮着物资进入巴坡。所有修路民工都参加了庆功大会，并从中评出劳模 30 人进行表彰。民工中有 60 人被留下一半管理维护驿道，另一半调建筑队当工人。大会期间杀了四头牛，是从维西买来的，每个连队分了一头，部队分了一头。当年就有察瓦龙马帮、中甸马帮和德钦马帮陆续来到贡山，支援独龙江封山物资运输。

为了表彰汉朝钧在人马驿道修建中的英烈事迹，媒体深入人马驿道修建施工现场，采写通讯。贡山县委追认他为中共正式党员，追授"筑路标兵"称号，并于 1964 年 11 月 29 日发出通知，号召全县各级干部职工学习他的革命精神。1965 年 3 月 12 日，《云南日报》刊发《无产阶级临危不惧舍己为人的精神　傈僳族医务人员汉朝钧为抢救修路民工光荣牺牲》专题报道。1965 年 4 月 10 日，云南省卫生厅以"（65）卫人字第 55 号"文件发出《关于认真组织医药卫生人员学习汉朝钧同志的革命精神的通知》。州县文艺部门还把汉朝钧的事迹编排成文艺节目，在各地巡回演出。《云南日报》的通讯后来被多家媒体转载，为何一个医生因公殉职的事情可以被如此渲染呢？在于他是因为修建独龙江的国防驿道牺牲，要让独龙族完成社会变迁政权，需要这样的宣传报道。它有以下作用：一是让独龙族群众深受感动，体会国家扶助人口较少民族的决心，二是让独龙族干部能够更忠诚于党的事业。

二、解决生存问题

独龙族参与社会主义革命的二十年，重新经历了整体稀缺的艰难。本

① 王玉球主编：《怒江州交通志》，昆明：云南人民出版社 2000 年版，第 56－57 页。
② 这部分访谈材料由边防派出所指导员马建国提供，特表谢意。

来自 1952 年获得族称后，国家大力支持，调拨救济粮食等生活物资，无偿发放给独龙族群众，他们的生活眼看要发生质的变化。可是，全国的政治局势发生急转，独龙江虽有工作队，但他们没有外部援助，能做的事情毕竟很有限。

在独龙族获得专有、固定的族称之后，地方人士开始积极配合新的政策。正如清朝官员夏瑚对独龙江村落头人的任命一样，孔志清从贡山县人民政府那里领到了"一套中山装"和"二十四布匹"等生活物资，就有了接受上级授权的符号。而与中央领导人的见面，说明了其权利来源于国家，同时族名的获得也具有合法性和权威性。独龙族群众获得正式的民族身份后，与内地的密切接触发展到政治、经济和文化全方位接触。在共产党制定的国家民族政策保障之下，独龙族在发展过程中得到各级政府和云南省内外各族同胞的帮助和支援，体现在如生产技术的引进和生活物资的运输等方面。在新的政治环境下，独龙族与周边民族的关系从被统治和压迫走向平等互助，这也导致了独龙族作为一个民族的民族观念、民族意识的最终产生和不断发展。[①]

（一）开垦水田和派驻技术人员

独龙族成为社会主义大家庭一员的初期，最为急迫的事情就是解决温饱问题。国家刚刚摆脱战乱之苦，满目疮痍，经济尚未复苏，还要面对反对派的挑衅。所以，当时贡山县人民政府需要发动群众，开展生产自救。为了在独龙江开垦水田，使独龙族接受新的生产技术，政府从其他民族调派专人进独龙江教他们掌握牛耕技术。笔者访问的一些老人，还能回忆当时的情况：

> 金国娜（69 岁，学哇当最年长的妇女）：我十岁那年（1952年，她孙子推测的年龄），从巴坡来了很多人，有两个讲独龙话的干部（黎明义、孔志清），其他人听不太懂我们的独龙话。村寨里每家得到了他们发放的棉布。他们还带了锄头、犁与牛。我们一开始不知道他们要干什么，我父亲是村里的"南木萨"，听说政府反对搞封建迷信，有点害怕。村里的青壮年劳动力都参加工作队

---

① 张劲夫、罗波：《独龙江文化史纲：俅人及其邻族的社会变迁研究》，广州：中山大学出版社 2013 年版，第 211－212 页。

的活动，帮他们盖了三间工棚。

孔当普（52岁，其父参加了第一次水田的开垦）：过去父亲健在时，经常会谈起他参加开垦最早的水田一事。母亲刚生下第一个小孩，父亲就被工作队抽去挖水田。当时，还有几位傈僳族和藏族的技术员。参加开田的，可以得到一个工分牌，小木板上写了出工者的名字，背面写了工数，侧面木刻一小刻表示一天，一大刻表示十天。我看过父亲保留的工分牌，总共有两个大刻和四个小刻。当年秋收时，父亲拿出工分牌，分到了72斤稻谷。

王胜华（王美组，81岁）：我参加过开水田，还学习插秧技术。当年（1953）插秧时，独龙族没有人懂得如何弄，从贡山永拉嘎和茨开来了几位技术员，附近村寨的12个独龙族青年跟着他们学习。后来，我跟着阿当学习撒秧、扒地、犁田、斗犁架、锄把等技术。完成栽秧任务后，怒江边来的技术员回去了一半，有5人留在学哇当继续教大家管理稻田。

孔学义（孔干小组，70岁）：我在1953年参加了学哇当挖水田的工作。当时，我年纪小，干不动重活，负责搭工棚并帮助搞后勤。之前，学哇当已经挖了水田53亩。到了秋天收稻谷时，周围村寨也派人来帮忙。县政府派来的技术员搬来了脱粒的装备，总共收了53担谷子，有15 000多斤，每亩产量达到了300斤。这是我们独龙族群众第一次吃上独龙江里种的水稻，大家都想挖水田种水稻。①

这些访谈材料表明，新中国对独龙族的管理，一开始就抓住了独龙族的稀缺这一典型特征。初期是给独龙族的头人一些看得见的物质支援，让他们知道他们所要进入的社会主义大家庭已经完全不同于以往的地方势力。后来则是政府充分调动周边资源为独龙族服务，完全改变了过去独龙族只对外纳贡交税的历史。

马巴恰开是独龙江马巴恰村（今巴坡村马扒兰）人，新中国成立前曾在马库、木兰等村寨担任过保长。由于他为人正直，办事果断，在独龙族中享有很高的威望。党和政府为了培养和团结他，1955年曾让他参加云南省组织的民族参观团，到北京、东北以及沿海各大城市参观。另一个地方

---

① 这四例访谈材料都是笔者于2008年7月16日在孔当调查所得。

人士伊里亚于 1943 年在孟底教堂（现为马扒兰教堂）入教，1948 年由教会保送到维西县托底教会学校，培训了 8 个月，回到独龙江之后，担任教会管事密支扒的助手；1955 年参加少数民族参观团，到昆明参观学习；1956 年参加云南民族参观团，到北京等大城市学习。这些活动都是围绕独龙族的地方人士展开的。

民族头人参加代表团接受新中国的各种慰问，这在独龙族的地方头领看来是莫大的荣誉，因为之前他们只能履行收税的责任，没有享受到土司给的权利。1950 年 10 月，中央派出慰问团到碧江进行慰问，贡山各族人民派代表参加慰问大会，接受慰问礼品，其中独龙族就派出了这几位地方人士作为代表。

早在 1952 年 7 月，碧江武工队就派出工作组首次到独龙江开展工作。他们通过上山采黄连，换取食盐分发给群众①，拉近与独龙族的感情。这说明当时独龙族最缺乏的应该就是食盐。这与独龙族被纳入藏族土司制的原因一致，然而，藏族土司利用独龙族的稀缺达到控制和剥削的目的，新中国却是利用自身资源为独龙族社会解除稀缺。两相对比，独龙族会如何选择便一目了然。

另外，经济手段还包括发放生产工具。工作组进驻独龙江时，携带大量生产工具，并从一区调运大量黄牛。政府给独龙族无偿发了 1 431 把条锄、板锄，每个劳动力分到 2 把锄头；无偿发给各村公所犁头 219 把、耕牛 36 头。② 1950 年独龙江区第一任区委书记杨世荣从丽江到独龙江工作，主要目的就是支援独龙族人民发展农业生产，他回忆说：“除了赠送给独龙族生产工具，同时还派农业技术人员深入独龙江地区传播农业科技知识，帮助独龙族人民变革耕作方式，固定耕地，学会施肥，推广粮种。并拨出大批专款和实物，为独龙族人民运去粮食、布匹、衣被、食盐、茶叶、铁锄、斧头、砍刀等生产生活用品，组织生产、发展经济、改善生活。同行的还有政府特聘的农民技术员茨开傈僳族杰图和丙中洛藏族阿当，是到独龙江地区传授斗犁架、锄把和驾牛犁地等技术的。县政府还特意从鹤庆请来农民技术员蒋炳堂教授独龙族种植水稻。在劳动中，阿当、杰图、蒋炳堂等农民技术员手把手地教当地群众犁田犁地、斗锄头把、犁架等技术。示范

---

① 贡山独龙族怒族自治县志编纂委员会编：《贡山独龙族怒族自治县志》，北京：民族出版社 2006 年版，第 11 页。

② 云南省编辑组：《独龙族社会历史调查》（二），昆明：云南民族出版社 1985 年版，第 122－132 页。

几次后，当地群众也就很快掌握了各种技术。"① 为了取得群众的支持，区政府先给各家各户发放救济布共 380 余件。

1954 年上半年，独龙江畔共开出水田 130 多亩，龙元、麻必当和上一年开挖的学哇当都获得了丰收。1954 年以后，群众开田的技术、经验都有了提高，从原先 100 多个工分挖一亩提高到 60 ~ 80 个工分挖一亩的水平。而且，1955 年以后，各行政村都能自行单独开田了。1957 年区委积极组织群众成立了 6 个互助组和几个变工队，凡是可以开水田的地方就引导群众开挖水田；对已开的旱地，提倡精耕固定，不再盲目开荒。

2009 年底，县政府根据相关文件，组织实施了独龙江乡草果基地建设项目。草果适生于温暖、半阴半阳的环境，如腐殖质深厚的森林黄壤、棕壤的阴坡疏林下，种植要求郁闭度在 0.5 ~ 0.7。经实地测量，乡政府在孔当村、马库村、巴坡村、献九当村、龙元村 5 个行政村推广了草果种植，建草果基地 1 万亩，包括标准化草果核心示范园 0.1 万亩，草果生产基地 0.9 万亩。2010 年，按照"公司 + 专业合作社 + 基地 + 农户"模式，供销社牵头注册了独龙江草果合作社；2011 年，由贡山县荣华农资土产有限责任公司投资 180 多万元，建成了独龙江乡草果烘干厂。2011 年后，村民们陆续开始种植草果。熬过了最艰难的挂果期，2012 年全乡草果收成 80 吨，收入48 万元。截至 2013 年末，全乡种植草果面积由 2010 年的 1 万亩增加到 4 万多亩，产量达到 284 吨，比 2009 年净增 281.2 吨。独龙族群众在自给自足的"庭院式"劳作之外第一次有了真正的增收致富产业。以巴坡村斯拉洛小组为例，该小组 21 户 67 人，2017 年小组草果种植面积累计达 237 亩，产值达到 329 101.14 元，是 2016 年产值的 4.2 倍，草果人均产值达到了 4 912元。副组长（女，独龙族，30 岁，小学，务农）家 2016 年草果收入 4 000元，2017 年草果收入已达 2 万元。2017 年底，巴坡村委统计 2016 年人均纯收入为 4 263 元，其中大部分收入来自草果种植。如今，村民们尝到了产业致富的甜头，纷纷开始扩大种植。全乡草果种植面积从最初的 1 万亩增加到2013 年的 4 万多亩，到 2018 年全乡草果种植面积累计达 68 277 亩，产量达1 004 吨，产值约 743 万元，成为乡里名副其实的支柱产业。草果种植真正成为调整农业产业结构、推动独龙族群众整体脱贫的切入点。除草果种植以外，截至 2018 年底，全乡耕地面积 3 626 亩，粮食播种面积 2 848 亩，粮

---

① 杨世荣：《独龙族的牛耕》，载政协怒江州委员会文史资料委员会编：《独龙族》，芒市：德宏民族出版社 1999 年版，第 167 页。

食总产量393.8吨（不含退耕粮）；大小牲畜存栏20 285头（只），出栏10 600头（只）；重楼种植1 718.6亩；招养独龙蜂4 625箱，产量5 119.9斤；新种植羊肚菌403亩，示范种植金耳5亩，种植黄精40亩。该乡立足气候、区位、生态优势，基本上形成了以草果、重楼林下产业为龙头，其他林果产业为辅的发展模式。

（二）运输生活物资

贡山县人民政府按照统一部署，给独龙族运输生活物资。每年大雪融化，独龙江与外界交通恢复后，就有物资的大规模运输。贡山县经贸局离休干部李华接受了访谈①，他回忆了独龙江第一家商店（民族贸易中心商店）的建立过程。

> 1951年贡山县成立民族贸易办事处，和耕县长把我从政府部门调到办事处搞业务，专门从事土特产的收购和仓库管理工作。1953年8月，贸易办事处已经有18个职工，县政府决定在4个区建立民族贸易商店，每个商店配备3人，从9月份开始，政府发动一、二、三区的民工运送货物进独龙江。后来，和耕县长和办事处副经理尚文修找我谈话，要我到独龙江建立民族贸易商店并开展工作，还把刚从昆明学习回来的独龙族青年孔志礼分配给我做助手。1953年12月12日，我离开县城，破雪翻越高黎贡山，经过六天的艰难跋涉，终于到了独龙江区政府所在地巴坡。1953年12月25日，独龙江区民族贸易中心商店正式对外营业。当天，前来买东西的人很多，晚上结账后统计营业额达到8 000多元。刚开始，独龙族群众对商品贸易很不习惯，自己生产的蛋、禽和皮张宁可送人，也不愿意卖给商店，来商店购物也是躲躲闪闪。我们还要经常向群众宣传，说明商品生产与交换的好处。

这段访谈材料体现了当时政府要将独龙族吸纳到民族大家庭的基本态度：一方面要改善他们往日落后的生产技能；另一方面要让他们认可国家的政策，同时在整条峡谷中形成一种强烈的国家认同，让独龙族不断释放稀缺。另外，要让边境外的独龙族对国家产生向往之情。独龙江区第一家

---

① 笔者于2008年8月11日在贡山县经贸局干部宿舍楼李华家里对他进行了访谈。

营业所创办人王华之子王国防①也回忆了他父母建立该营业所的经过：他父母亲在 1950 年参加革命工作，1956 年成婚；当年 9 月份，受组织委派，身背步枪，携带现金 17 500 元，翻山越岭从人马驿道走到独龙江，筹建营业所。后来，县委将表现较好的高小毕业生独龙族青年塔肯松普吸纳到营业所工作。独龙江区营业所的主要工作任务是：在区委和解放军武工队的领导下，宣传党的路线、方针和政策，以"团结、生产和进步"为工作方针，帮助独龙族同胞发展粮食和畜牧生产；搞好对农村、机关和部队的服务工作，发放农贷资金、划拨干部职工工资、开展各种储蓄存取款业务；配合武工队民族工作组和区委公安特派员，开展防止人民币外流等工作。

除了政治和经济手段，新中国还充分调动文化手段，让处于深山峡谷中的独龙族了解战争，知道新中国经历过战火的洗礼。1955 年 10 月，云南省文化局 35 电影放映小队翻越高黎贡山到独龙江区放映《南征北战》和三大战役的影片②，独龙族第一次从屏幕上看到了独龙江之外的世界。巴坡村寨里很多上了年纪的老人还记得那时看电影的情境。第二年 10 月，省 37 电影队再次翻越高黎贡山，把电影送到了独龙族的许多村寨。所以，独龙族老人即使不会说汉语，但党、人民政府等几个词汇却讲得非常标准，这当然与独龙族整体稀缺的释放密不可分。

从这些史料及田野访谈材料来看，独龙族在经历了察瓦龙土司和国民党政权的多重压迫之后，整个社会积贫积弱，群众生存面临很大威胁，地方人士在政局变动时，主动投靠新中国，这是独龙族进入社会主义大家庭的开始。随后，新中国为独龙族确立独一的族称，输入农耕技术和大量的生产生活物资，并在独龙江设立了基层政府。这种以改变独龙族稀缺为目标的管理措施推动了社会变迁。

（三）土地改革体现的稀缺

土地改革是新中国成立以来一项最重要的政策，因为它确定了独龙族生态稀缺和制度稀缺的改变方向，之后独龙族社会就朝着这个方向迈进。

土地问题是新中国成立后党和政府面临的重要问题。1950 年 6 月，毛

---

① 王国防为贡山县农业银行退休干部，2008 年 8 月 11 日下午接受访谈。
② 贡山独龙族怒族自治县志编纂委员会编：《贡山独龙族怒族自治县志》，北京：民族出版社 2006 年版，第 12 页。

泽东在党的七届三中全会上，强调要慎重地对待少数民族地区的土地改革。① 刘少奇在为中央起草的关于少数民族问题的指示中，也强调必须从缓提出少数民族内部的社会改革，严禁以命令主义的方式推行少数民族地区的各种改革措施。② 6 月 30 日，《中华人民共和国土地改革法》颁布实施，但党中央明确少数民族地区的土地改革时机还不成熟，需要时间准备，应通过扎实的工作，逐步提高广大少数民族群众的政治觉悟。③ 1950 年 12 月，邓小平结合西南民族地区实际，进一步强调："对少数民族的很多事宜，不盲动，不要轻率地跑去进行改革，不要轻率地提出主张，宣传民族政策也不要轻率……不要由外面的力量去发动少数民族内部的所谓阶级斗争，不应由外面的力量去制造阶级斗争，不能由外力去搞什么改革。所有少数民族内部的改革，都要由少数民族内部的力量来进行……要对上层分子多做工作，多商量问题，搞好团结，一步一步引导和帮助他们前进。"④ 土地制度改革是民主改革的一部分，当时国务院总理周恩来指出："我国各民族，都要过渡到社会主义，进行改革和改造，消灭剥削制度，这是在我国宪法上规定了的。我们应该遵照宪法办事，把奴隶、农奴从旧制度下解放出来，使他们都有土地耕种……一定要把奴隶制度、封建制度和个体经济制度，改革成为社会主义的经济制度。所以改革只是一个先后问题，缓急问题，而不是改革不改革的问题。"⑤

在中央高层领导下，云南省委省政府针对云南社会经济发展极端不平衡的特点和当时面临的复杂的国内外形势，创造性地提出并在部分少数民族地区推行"和平协商土地改革"，成功解决了处于不同发展形态的少数民族的土地问题，进而实现了维护边疆稳定、促进民族发展、巩固国防建设三大目标。⑥ 云南实行和平协商土地改革的 29 个县市⑦，基本上都是少数民

① 国家民族事务委员会政策研究室编：《中国共产党主要领导人论民族问题》，北京：民族出版社 1994 年版，第 46 页。
② 祁若雄：《刘少奇与我国少数民族地区土地改革》，《中央民族大学学报》（社会科学版）1999 年第 6 期。
③ 刘少奇：《刘少奇选集》（下卷），北京：人民出版社 1985 年版，第 30 – 31 页。
④ 《邓小平文选》（第一卷），北京：人民出版社 1994 年版，第 162 – 169 页。
⑤ 陈立旭：《周恩来关于少数民族地区民主改革的理论》，《云南社会科学》1998 年第 2 期。
⑥ 徐红卫、谢颖：《20 世纪 50 年代云南少数民族地区和平协商土地改革政策形成过程再探析》，《长春理工大学学报》（高教版）2009 年第 6 期。
⑦ 即河口、金平、元阳、绿春、石屏、红河、江城、勐腊、景洪、勐海、澜沧、孟连、耿马、镇康、永德、双江、龙陵、潞西、畹町、瑞丽、陇川、盈江、梁河、腾冲、保山、维西、中甸、德钦、宁蒗，主要分属于当时的德宏、西双版纳、思茅、临沧、红河、怒江、丽江、保山等地、州。参考云南省党史研究室编《云南边疆民族地区民主改革》第 505 – 506 页的统计表。

族聚居区，这些地方与云南其他地方的土地改革有明显的差别。因此，新中国团结各族劳动人民和其他各阶层人民，团结教育与群众有联系的领袖人物，采取自上而下的和平协商的方法，有步骤有分别地废除封建土地所有制度，逐步地组织起来发展生产。① 和平协商的土地改革方式是由云南省立足实际最早提出的，并于1954—1955年在边沿六县区试点，1955年9月将有关情况整理成书面报告上报中央。中央对此给予了充分肯定与高度评价，认为"云南根据这六个县的特点，采取和平协商方式进行土地改革的效果是好的，所取得的经验也值得重视"，并及时转发有关省、自治区作为借鉴。② 和平协商的土改政策在1956年大范围实施，1958年底结束，前后历时四年左右，产生了深远的历史影响。

之后，云南省内各州县地方政府根据自身实际情况，调动物资并借贷于生产及救济灾荒，群众对待政府表现出一定的亲密程度，干群关系以此建立，大部分区乡相应地建立了联合政府、自治政府、农协组织。笔者在导师协助下，获得了一份《昆明县第三批土改工作计划》的文件。③ 文件显示，土改的方针是"放手发动群众，依靠贫雇农，慎重执行行政政策，消灭地主阶级，树立人民民主专政制度"，在土改中应满足农民要求，结合清匪反霸，发动群众兴修水利，发展生产，解决农民生产中的困难。

同时，土改工作分成了四个步骤：一是根据群众实际情况，大力宣传土改，打开局面扩大土改规模，综合宣传土改。根据各项情况，按照民族宗教、习惯，召开各种会（民族代表会、村贫雇农协会、农代会、群众大会）宣传土改基本政策。巩固各民族的团结并在斗争中通过诉苦、串联提高群众觉悟，发动落后层参与农会，使反封建队伍壮大起来。这一阶段主要达到以下目的：群众认识土改，要求土改，要求斗争，通过诉苦、串联，初步将斗争队伍建立起来，注意从头到尾掌握各民族团结的政策，解决突出的民族纠纷。二是划分阶级，在划分阶级时主要进行阶级教育，将农民内部的恶霸、游民、反革命分子及惯匪划分出去。划分阶级的方法是：边讲、边划、边斗，贯彻劳动光荣，剥削可耻。在斗争中注意开展诉苦、串联，发动落后层，发展农会，整顿民兵组织，将地主的土地、山林、房屋统计

① 秦和平：《对20世纪50年代云南边疆民族地区和平协商土地改革的认识》，载李晓斌主编：《西南边疆民族研究》，昆明：云南大学出版社2006年版，第291页。
② 马曜主编：《云南民族工作40年》，昆明：云南民族出版社1994年版，第155页。
③ 《昆明县第三批土改工作计划》，1952年2月8日。资料来源：云南省档案馆，由何国强教授收集后提供。

出来。三是没收征收，没收征收是对地主阶级的一次歼灭战，要打得狠，群众声势要大，因此发动落后群众参加农会很重要。要巩固健全农会小组，并树立乡自治、联合政府及乡农协会的威势，注意使用代表会，发动其权力作用。四是搞好分配，充分进行思想教育，提出劳动光荣，靠生产才能彻底翻身，翻身不忘新，搞好民族团结的口号。根据土地情况及相关政策，在原耕地基础上分配土地山林。分配要注意地主阶级反攻倒算，加强管制地主，分配后要整顿一次组织，使组织成为依靠贫雇农、团结中农的阶级队伍，将武装建立起来，组织妇女代表会。

这是一份能很好说明地方社会如何被纳入国家统一有效治理的文件，虽然它是对昆明郊区农村土地改革工作的指导，但云南省其他民族地区的基本做法具有相似性。从文件中规定的土改步骤，可以看出新中国对于少数民族的管理，采用了连续反馈服务民众的方式满足生态稀缺和制度稀缺。虽然独龙族的社会形态与昆明郊区农村有很大的差异，但是政策是可以变通的。笔者前面所引的材料已经谈到独龙族群众参与水田改造的情况，但由于历史原因，很少有当时土改情况的书面记载。我们可以参考当时云南其他少数民族进行土地改革的实例，说明土地制度改革是影响独龙族成为社会主义大家庭一员的重要因素。

在独龙族进入社会主义大家庭之后，生态与制度稀缺的释放总是如影随形，相互交替制约着独龙族社会变迁的速度。从逻辑上看，先要解决制度稀缺，依靠武装斗争夺取政权，砸碎旧的政权机构，推翻原有的社会制度。但在实际运作过程中，我们看到的往往是生态稀缺先得到满足。独龙族地方人士向新中国靠拢，新中国在贡山乃至滇西北政权刚站稳脚跟，需要当地少数民族积极配合，以彻底肃清封建政权和资产阶级政权残余的旧势力。这时，独龙族的生态稀缺与制度稀缺都处于极度渴望得到满足的阶段。独龙族群众衣不蔽体、食不果腹的生活状态，激发了无产阶级政权的拯救欲望。因为无产阶级政权代表人民的利益，目标是要解放全人类。一方面，独龙族渴望被吸纳到一个愿意切实解决其整体稀缺的国家；另一方面，新中国从边境安全着想，很快就推动了独龙族社会的变迁。

当然，在这一过程中，生态稀缺与制度稀缺的满足总是交替进行。要在一个村寨有效开展工作和落实基层建制，都需要先满足其生态稀缺。因此，大规模发放农具等生产资料，以及大量的粮食、衣物和现金，每一项措施的目的都是缓解生态稀缺。然后，独龙族群众发自内心感激党的恩情并接受国家的意识形态，使制度稀缺得到释放，又反过来促进对生态稀缺释放的新期望，这两类稀缺的释放呈螺旋形交织在一起，互相刺激并强化，最终让独龙族社会变迁的过程逐步加速。

如果从独龙族原有的制度稀缺及生态稀缺得到的满足程度来看，显然在吸纳中期，独龙族的生态稀缺先得到了满足，接着是制度稀缺得到满足，两者交替推进独龙族社会变迁的过程。一方面，独龙族原有的平等主义观念在不断萎缩，国家科层制管理模式逐渐被独龙族接受和认可；另一方面，国家的统筹调拨能力，能够让独龙族的生态稀缺不断得到满足，进一步巩固制度稀缺的满足程度。

三、缓解稀缺的其他措施

民族工作队入驻独龙江

1966 年 6 月，怒江州人民医院副院长参加民族工作队，率领该院 5 名医生到独龙江进行巡回诊疗。这次的巡诊为之后外地医疗队的巡诊奠定了基础，原独龙江卫生所医生和政刚[1]（时任贡山县人民医院副院长，纳西族，53 岁）讲述了上海医疗队的事迹：短短三个月时间，医疗队为全乡90% 的干部职工、群众进行了检查和治疗，共进行了 30 多例手术。10 月，医疗队要离开独龙江时，群众自发地组成了足有半公里的欢送队伍，很多人流着眼泪说："共产党好！""毛主席好！"独龙族群众永远怀念上海的"曼巴"（医生）。曾在独龙江卫生所工作 17 年的王凤立[2]对此深有感触："1962 年，我从昆明卫生学校毕业，被分配到独龙江卫生所工作，当时所里负责人是 1959 年分来的陶学仁。我驻在一乡医疗点工作，那时独龙族群众得病了就杀牲祭鬼，村民害怕'南木萨'不敢来就医。我主动到群众家里，耐心说服，送药治病。1976 年，全县各卫生单位大力支援，驮来大量药品和医疗器械，卫生所很快就重新恢复了工作。1978 年缅甸边民有 600 多人陆续来卫生所看病。一次，一位瘫痪多年的老人，被人从缅甸抬到独龙江卫生所就医。我诊断后认定是高血压脑血管病，经过一个多月治疗，病人痊愈后返回缅甸。还有一些缅甸妇女前来请求做绝育手术，我们都免费给她们动手术。到村里巡回医疗时，我们还帮助群众阉猪和阉鸡。因此，群

---

[1] 访谈时间：2008 年 11 月 28 日晚上 7：00，地点：贡山县人民医院家属楼。

[2] 王凤立为贡山县医院退休职工，2008 年 12 月 1 日上午接受笔者访谈，这类访谈资料基本与怒江文史资料或贡山县文史资料所载的个人回忆录雷同。

众对医生非常热情。"这段材料表明国家不仅要让独龙江内的独龙族改变稀缺，也要使境外同一民族看到差距。

孔志清代表独龙族参加过第三届全国人民代表大会，他回忆道："1964年12月20日至1965年1月4日，我十分荣幸地出席了第三届全国人民代表大会第一次会议。我们这个只有四千多人口的独龙族，能第一次有本民族的代表与党和国家领导人共商国家大事，这是多么了不起的事！这在过去，是做梦都不敢想的事……我作为第一个乘坐飞机的独龙族人，心中除了感到荣幸和自豪外，就是从心灵深处顿生对党、对社会主义祖国母亲的无限感激之情，暗下决心一定要为党为人民好好工作，把自己的一切，献给伟大的党，献给伟大的祖国。"[1] 从孔志清当时的回忆录来看，他对自己受到新中国的优厚待遇记忆犹新。

新中国成立后，互助组作为农业合作化的初级形式在贡山得以全面展开[2]，从1955年底至1956年初，短短的几个月贡山县就建立了70个互助组。入组农户占总农户的80%以上。通过互助组这种形式，人们在生产劳动中可以互帮互助，这对居住分散且土地不集中的独龙族来说是极为必要的，可以解决一些农户耕牛及劳动力不足的问题。互助组在某种程度上与独龙族传统上的"共耕"这种集体协作的方式极为接近。

图 2-3　新中国成立初期开垦水田与售卖山货[3]

---

① 孔志清：《出席第三届全国人民代表大会的感受》，载政协贡山独龙族怒族自治县委员会文史资料委员会编《贡山文史资料》（第一辑），1995年，第115页。

② 《贡山独龙族怒族自治县概况》编写组：《贡山独龙族怒族自治县概况》（修订本），北京：民族出版社2008年版，第77页。

③ 从图片背景来看，应该是对1960年前后的独龙族的历史记录。

土地改革完成之后，对农民来说，还必须解决劳动力、农机具、农田水利等问题。为了解决农业生产面临的困难，国家决定开展生产的互助合作运动。早期的互助合作运动利用了分工协作的机制，有利于农业生产率的提高。[1] 1953 年开始的农业社会主义改造，又以农业合作化的形式，将农民土地所有制改变为集体所有制。[2] 人民公社强调"一大二公"，实行"一平二调"，将高级社的财产完全无偿转为公社所有，劳动力和劳动产品由公社统一调配，公社实行统一经营，统一核算，统一分配。但是，人民公社化运动没有达到预期的效果，农业生产长期处于徘徊状态。1958 年掀起了席卷全国的人民公社化运动，到 1962 年形成了"二级所有，队为基础"的集体产权制度。

开通公路之前的每年 6 月，大雪刚刚解冻，由"国营马帮"和从西藏察隅县察瓦龙远道而来的私营马帮组成的壮观的运粮队伍就出发了。一个月后，开始进入雨季，这是马帮运输最为残酷和艰难的季节，也是马帮大量生病或苦累死亡的季节，直到 12 月，大雪把驿道封死后，马帮才可以得到休整。每年平均有 80 匹极富耐力的高原山地马和骡子累死在这条须行走六天的山路驿道上，纪录片《最后的马帮》[3] 就以独龙江人马驿道为题材。

从 1953 年到 1964 年修通人马驿道，贡山县政府调拨给独龙族的粮食完全依靠人力背运。11 年内调运到独龙江区的粮油总共达 28.5 万公斤，年均 2.59 万公斤，人均负荷 25 公斤，年需 80 个强壮劳动力连续背运 4 个月才能完成集运粮油的计划。在此期间共有 6 名背运的民工摔死或被雪崩淹没。中缅勘界期间，县政府雇请马帮 574 匹将粮食驮到可通行马匹的地方，再由县内民工 1 600 人背运粮食，共运输粮食 12 万公斤。[4] 1965 年人马驿道开始通行，人背单程 3 天，马驮单程 4 天。从 1979 年到 1990 年，这条人马驿道上一共死亡骡马 739 匹，年均死亡 67 匹，1980 年死亡骡马达 105 匹，这些死亡的牲口都由物资部门赔偿。丙中洛风景管理区的值班员余师傅介绍，他在人马驿道的其期站工作过 10 年，县兽医站专门调派他负责医治骡马。

---

① 廖洪乐：《中国农村土地制度六十年》，北京：中国财政经济出版社 2008 年版，第 44 页。

② 任建树：《中国新七十年大事本末》，上海：上海人民出版社 1991 年版，第 406 – 408 页。

③ 导演为郝跃骏，该片荣获第 18 届中国电视金鹰奖纪录片优秀作品奖、纪录片最佳摄影奖，1999 年度中国纪录片学术奖、最佳音响奖，第 8 届全国少数民族题材电视艺术纪录片一等奖、纪录片最佳摄影奖，第 6 届中国电视纪录片学术奖长片二等奖、最佳录音奖，第 6 届"金熊猫"奖国际纪录片评选人文即社会类委评特别奖、最佳长纪录片奖提名、最佳创意奖提名，并先后入围 2000 年德国格廷根国际民族学电影节、德国第 44 届莱比锡国际纪录片电影节。

④ 贡山独龙族怒族自治县志编纂委员会编：《贡山独龙族怒族自治县志》，北京：民族出版社 2006 年版，第 347 – 348 页。

他目睹了很多骡马的死亡，并提供了一些治疗骡马的偏方。

1962 年独龙江粮管所成立，1979 年 2 月在龙元增设粮店。1975 年 12 月 3 日，独龙江区公所发生火灾，公社机关粮管所、营业所和卫生所及驻军部分营房全部烧毁。当时，已经大雪封山，没有办法重新调运过冬物资，独龙江群众只能大量采集野粮度日。这样来看，独龙族的稀缺释放，首要的就是提供生存所需的粮食，新中国能够得到独龙族的极大支持和响应，关键也是因为政府首先满足了独龙族生存的基本需要。

第三节　独龙族地域社会的变迁

面对社会主义革命时期反反复复的各种变革，独龙族传统的文化是否需要放弃，地方人士如何构建自身的文化符号，获得更多的资源，这是独龙族地方社会与国家互动时必须面对的问题。地方人士在整个族群发展过程中产生了重要的影响，对于一个头领来说，他的职责是和外人沟通好并完成交易，为族人争取经济利益和政治利益。在独龙江与外界互动和接触的过程中，这些贤达在应对外来的压力和争取外部资源时发挥了关键性的作用。这些在独龙族社会有影响力的人物，在整个独龙江地区被纳入新中国之际，有的参与民族共同体塑造的过程，有的被吸纳到新管理体系中，成为影响地方社会的精英或主要乡贤。①

一、地方人士的成长

独龙族在进入社会主义大家庭时，地方人士主要是旧政权中担任保甲长的那一部分头人。到社会主义革命时期，独龙江区已经办起了多所学校。这些学校为独龙族培养了一大批人才，他们走上工作岗位，脱离了原来世代为农的身份。

（一）学校教育

独龙江区最早的学校为巴坡小学，1952 年 3 月正式开办，区公所干事

---

① 张劲夫、罗波：《独龙江文化史纲：俅人及其邻族的社会变迁研究》，广州：中山大学出版社 2013 年版，第 200－206 页。

和桂香兼任教员。1953 年巴坡小学迁到孔当村，校名改为孔目小学。1953
年，当时的丽江专署给贡山县分配了 15 名教师，并在独龙江乡开办了第一
所学校，当年共招收了 5 个班 63 名学生。1956 年，唐嘉伦老师在独务当重
新筹建巴坡完全小学，丰耀昌、李经义分别在献九当和龙元开办小学。1956
年，又在独龙江乡的巴坡、献九当和龙元三个村委会新建了三所小学。到
1959 年，独龙江乡一共有 5 所小学，教职工 12 人。1959 年 7 月，第一代独
龙族高小生从巴坡完全小学毕业。8 月份，丽江师范毕业生杨万里、李庆
荣、子德亮、熊润宝、沈正、陈万金等人被分配到独龙江学区任教。9 月
份，李崇智在迪正当开办小学。这时，独龙江区有 1 所完全小学，4 所村级
小学，在校学生 183 人。1965 年，马库、拉王夺、腊配也开办小学，学生
有 418 人。1968 年县里贯彻上级教育精神"把学校办到贫下中农家门口"
和"读小学不出村，读高中不出大队，读初中不出公社，读高中不出县"，
独龙江小学发展到 16 所，其中高小 5 所，教职工增至 28 名，在校学生 496
名。1968 年至 1969 年，独龙江乡的办学规模空前发展，一共有 16 所小学，
教职工达到了 28 人，在校学生达 490 人。[①]

受访时 57 岁的高德荣担任过贡山独龙族怒族自治县的县长，1965 年
从巴坡完全小学毕业。他在参加国家民族事务委员会的会议时，也颇为自
信地提到："我是来自云南的独龙族干部，我深切地感受到全国扶持人口
较少民族发展迎来新的春天，为人口较少民族的发展提供了前所未有的历
史性的机遇。在这里我想说的一句话就是感谢党中央，感谢国务院，感谢
国家民委。独龙江是中国独龙族唯一的家园，是中国独龙族文化的发源之
地。虽然只是一个乡，但事关整个民族，所以要了解独龙族，首先要了解
独龙江。要看独龙族的发展，首先要看独龙江乡的发展……解放以来，特
别是党的十一届三中全会以来，独龙江发生了翻天覆地的变化，1999 年，
独龙江公路建成通车，极大地鼓舞了独龙族的信心。2004 年开通了移动
电话，结束了独龙族没有公路、无移动通信的历史。2004 年独龙江乡农
民纯收入达到 574 元。独龙族要实现和平发展、走上小康社会的道路。长
期以来，独龙族人民一直生活在封闭和半封闭的自然环境中，但始终坚持
着党的领导。"[②]

笔者在调查中获悉，高德荣的父亲是巴坡米里旺小组的农民，母亲是

---

① 资料来源：贡山独龙族怒族自治县教育局统计股 2008 年 5 月 11 日提供。
② 高德荣时任怒江傈僳族自治州人大常委会副主任，在独龙江经营了一家规模最大的旅馆，
承包了下游的草果基地。这段材料是他于 2008 年 11 月 19 日上午在孔当与笔者闲聊时谈到的话题。

缅甸的独龙族，他家五兄弟中有两个在独龙江巴坡村种地，其他三兄弟都经过学校教育，依靠上学读书进入公务员行列。兄弟高德生最初在独龙江献九当、龙元小学任教，后来负责独龙江九年一贯制学校的行政管理工作。最小的弟弟中专毕业，进入交通局工作，后成为贡山县交通局副局长。可以说，高家是独龙江比较显赫的家族。在高德荣任县长的 10 年里，正好赶上几件大事，一是修通独龙江公路，他有机会结识很多省部级领导；二是实行新农村建设，他率先承包草果种植，给上级领导留下了很深刻的好印象。

木里门·约翰①是县文化局的退休职工，笔者访谈时他说："我出生在斯拉洛木里门家族，小时候家里生活很苦，没有读完中学就到缅甸木克嘎去了。我在缅甸生活了 7 年，学过日旺文圣经，懂得日旺文，后来回到独龙江，政府安排我到贡山县文化馆工作。我参加工作后，上级安排我到云南民族学院学习，使我学会了一些汉语和汉文。我创作的独龙族民歌《独龙桥》，获得了全国少数民族文学创作二等奖。1979 年 10 月，我作为独龙族歌手参加了北京召开的全国少数民族歌手座谈会。座谈会上，国家民委领导作报告，指出没有文字的民族要研究和创造自己的民族文字。我听了很受感动，决心为独龙族文字工作奉献自己的力量。1979 年，我向贡山县各级领导反映，要创立我们独龙族的文字。平常我与县里工作的十几名独龙族干部商量，他们非常支持我的观点，县领导同意我的想法。不久，县政府就把我的提案转交给了云南省少数民族语言文字指导工作委员会。1982 年，我编写了一本《独龙文声母韵母表课本》和一本《独龙文声母韵母表》，两书共油印了 800 册……现在我手上还有当初最早版本的独龙文教材。"从约翰的个人访谈资料，我们可以了解到独龙族文字创制的过程，也能感受到社会主义革命对他人生历程的影响。与他的曲折人生相比，其他地方人士顺利得多。

李友祥②时任贡山独龙族怒族自治县的县政法委书记，受访时 52 岁。他说："我出生于独龙江巴坡村，在巴坡完全小学读书，然后考入独龙江中学。1979 年，以优异成绩考入怒江州民族师范学校。1981 年，我从师范毕业，被分配到贡山茨开完全小学任教。1982 年，我到昆明参加全省少数民族美术班学习，在学习期间得到了省美协姚中华和王正两位老师的辅导。

---

① 访谈时间：2008 年 8 月 9 日晚上，地点：于约翰家里。

② 访谈地点：独龙江乡巴坡村委会，2008 年 10 月 18 日李友祥来巴坡村看望自己的弟弟，接受笔者访谈。

学习结业时，每位学员要完成一幅作品，我以家乡生活为素材创作的《独龙山寨》表现独龙族人对新生活的向往。"

小茶腊的木正华在独龙江任教二十年，与他共事过的丽江纳西族和秀群①回忆道，民办教师只有 7 元的生活补助，公办教师每月口粮 32 市斤，还有 4 两香油和 1 斤腊肉。大雪封山后没有新课本使用，就把《毛主席语录》和《毛泽东选集》当课本。独龙族的学校教育，从校园、校舍建设到学生的笔墨纸张，乃至生活费、医药费都由政府一手包办。政府长期包办的政策使独龙族学校教育飞快发展的同时，也培养了群众对政府的依赖心理。

2008 年，独龙江乡有村小 7 所，各有 1～3 年级共 3 个班，每个学校学生在 10～15 人不等，3～4 个教师负责语文、数学、品德和体育的教学工作。2006 年各行政村之间修通简易公路后，乡政府与县教育局研究决定成立独龙江学区，将原来各个村完全小学 4 年级以上的学生统一并入孔当完全小学并恢复初中，改称"独龙江九年一贯制学校"②，学校校长兼任学区负责人，管理 7 所村级小学的教学工作。

村级小学由于办学时间较早，校舍大都破陋不堪，近年政府通过各种渠道吸纳资金，基本上已将 7 个村小的校舍翻新或改建③。笔者在独龙江各个村民小组开展调查时，经常进入学区内各个学校，对学校的环境、教师的基本情况、学生成绩以及学校教学基本实施做具体了解，情况如表 2-4 所示。

表 2-4　独龙江乡学校基本情况

学校名称	学生数	教师数	班级数	教室数	校园面积（平方米）
迪政当学校	42	4	3	3	2 002
熊当学校	6	1	1	2	827
龙元学校	49	3	3	3	1 613

---

① 和秀群为贡山县教育局退休干部，2008 年 8 月 7 日晚上在其家里接受访谈。
② "九年一贯制学校"是指小学 1～6 年级、初中 1～3 年级在同一个学校学习生活。2008 年，独龙江学区负责人高德生是独龙族，已经在独龙江从事教育 30 年，见证了独龙族学校教育的发展历史。2008 年 9 月，独龙江乡共有 11 名在岗的独龙族教师，感谢他们提供的资料。
③ 其中 2007 年 10 月更名为"中日友好巴坡侨心小学"的巴坡村小是由云南省侨联引荐 NPO 法人——日本 - 云南联谊协会，争取到日本外务省援助款 600 万日元（折合 40 万元人民币），其后因改建难度大又追加到 53.6 万元人民币。该协会在云南已经援建了 16 所小学，协会理事初鹿野惠兰女士与片冈严先生共同著书《中国云南省最奥秘境独龙江乡学校期待的孩子们》，该书由日本株式会社技术评论社于平成十七年（2005）9 月 1 日初版发行，感谢巴坡学校负责人木文忠提供该书。

（续上表）

学校名称	学生数	教师数	班级数	教室数	校园面积（平方米）
献九当学校	33	4	3	3	1 800
巴坡学校	43	4	3	3	3 979
马库警民学校	23	3	3		521
腊配学校	37	2	2	2	1 780
独龙江九年一贯制学校	513	27	13	18	10 300

注：表中数据截至 2008 年 9 月 5 日，由九年一贯制学校杨文武老师提供。

分析表 2 - 4 中学生与教师比例，可以看出村小的师生比例基本在 1∶10 以内，而刚合并的九年一贯制学校师生比例却仅仅为 1∶19，显然九年一贯制学校教师的教学任务远远超过 7 个村小。但是在调查中，村小有 80% 的教师流露出想调入九年一贯制学校的想法，主要原因是村小大多交通非常不便且生活条件比九年一贯制学校更艰苦。不过，政府将村小并入九年一贯制学校，实行寄宿制，对于加大吸纳力度无疑具有重要的作用。

（二）基层干部和行业人士

独龙江成为社会主义大家庭一员之后，于 1950 年成立孟顶行政委员会，主任是孔志清；其后改称孟顶独龙族自治区人民政府，区长还是孔志清，副区长马巴恰开；1954 年改称区公所，新增独都登为副区长；1958 年成立独龙江人民公社，社长为白丽普，副社长是独都登；1964 年改为区公所，首次出现其他民族担任领导职务，怒族的利用佰任区长，独都登继续担任副区长；1981 年以后，独龙江成立人民公社，傈僳族的李明光担任主任，杨永光担任副主任；1984 年改称区公所，区长为迪新茂，高德荣和肯国青为副区长；1987 年，纳西族人杨志担任区委书记，迪新德和高德荣担任副书记；1998 年开始，独龙江成立乡党委，担任党委书记的不再是独龙族，高德荣、迪新德等人担任副书记。

自治县委恢复和加强了县委党校的培训力度，加强对独龙族干部职工的政治理论教育和文化教育，在各类招生招工中，对独龙族青年优先录取，保送他们到省内外学习，定向培养。1983 年，全县有 957 名干部，五大机关的 20 名领导中，有 4 人为独龙族；当地政府贯彻执行中央"普遍大量培养，放手提拔使用"的方针，从开展"交朋友，做好事"到团结生产、改造山区的各项工作中，发现积极分子培养进步力量。独龙族地方人士依靠学校教育，获得了进入非农阶层的资格，他们对于本民族被吸纳到国家政权下具有重要的影响。

马秀珍是独龙族的妇女代表，她说："我于1963年出生在独龙江马库村，1977年从马库警民小学考入独龙江初中。不久，县里成立文工队，我被招收为文工队员，从此，在编导与老师的苦心培养下，走上了文艺演出的道路。1980年9月，我接到政府通知，到北京参加全国少数民族文艺会演。在演出时，我唱了一首独龙族民歌《独龙木里色挖地期干约》（意思是：党的政策好，独龙人民喜洋洋），得到了领导嘉奖。"类似马秀珍这样的独龙族地方人士，对于自己能够从独龙江跳出农门，无一例外地满心喜悦，对于荣誉也看得非常重。

贡山县档案馆馆长马文德①受访时47岁，他回忆了自己工作的历程："我出生在独龙江马库村，1980年参加工作到县图书馆做管理员才离开独龙江。1981年12月20日，贡山文教局通知图书馆要在独龙江乡建立文化站。我在开展文化站工作中，经常注意防止境外对我方群众的文化渗透，当发现有不明身份的人将思想不健康的书刊和录音磁带或宗教宣传品悄悄送给当地群众时，我就积极主动地做群众的思想工作，并把这些宣传品买过来进行封存，不让它们在群众中扩散。"马文德的话语体现了独龙族地方人士对于本民族社会变迁的心态。

独龙族第一位主治医生李明元受访时54岁②，他提到："1972年夏天，我在贡山一中读高中，校革委会副主任杨子安找我谈话，为了培养少数民族的医药专业人才，推荐我到丽江地区卫校读书。开山后，我回到龙元与父母告别，然后与王桂英一起前往丽江卫校报到。毕业后，我主动要求回独龙江公社。我在公社卫生所孔当医疗点工作了两年，1975年9月被保送到昆明医学院医疗系学习。经过三年的大学深造，我又要求回到独龙江卫生所工作。"独龙族社会变迁的直接受益者，就是这些接受过学校教育的地方人士。

即使没有接受过高等教育，独龙族在县城各行业的干部，对于自己能有一份优厚待遇的工作，也是满心喜悦。马志荣③退休前在独龙江邮电所工作了22年，他说："1972年，我调到独龙江邮电所担任报务员。之后，李

---

① 访谈时间：2008年9月19日下午，地点：孔当乡政府，当时马文德来独龙江乡出差。
② 李明元住在贡山县医院家属楼，2008年5月6日在家中接受笔者访谈。
③ 马志荣住孔当街18号，笔者于2008年9月16日上午在他家中访谈。

新荣退休离职，我被任命为所长，一直到 1994 年调离独龙江。所里只有两名邮电内勤工和四名外勤人员，我还兼任共青团独龙江区团委副书记，并出席了 1976 年云南省第六次团代会。独龙江的邮电事业为政令畅通起了很重要的作用，1992 年独龙江粮管所发生火灾，邮电所利用电话第一时间及时上报，线路 24 小时畅通，为抢险救灾、迅速稳定人心，我们日夜安排专人值班，保证政府指令迅速传达。"

独龙族第一个裁缝技师杨李荣受访时已经 63 岁，他也回忆了这段历史："我响应党的号召，先后在普拉底、丙中洛和独龙江培训各族学徒，使他们成为本民族的缝纫师。"① 这些被挑选出来的独龙族地方人士并没有多起眼的事迹，但在独龙族的发展历程中，具有里程碑的性质。哪怕是普通的经商者，只要是独龙族的第一个，也值得大书特书。地方人士们得到了国家的政策优待，他们在独龙族社会变迁这个过程中，发挥了他们的示范作用。

二、传统文化的扬弃

自从贡山县城通往独龙江的公路修通之后，独龙族经历了加速变迁的过程。因为对于封建性质的国家而言，对独龙族的管理是为了征税和获取独龙族的资源，而社会主义国家是为了解放独龙族，帮助独龙族脱离贫困，与其他各民族共同发展。公路这一独龙江与外界联系的关键媒介开通之后，对独龙江的社会文化产生了巨大的影响。由此带来的明显关注之一集中于文面上。独龙族妇女文面是独龙族文化的符号之一，表征了独龙族社会变迁的历史。同时，政府对于文面的态度转变，体现了地方人士在本民族社会变迁时，既有放弃又有保留的策略。独龙族的原始宗教信仰以剽牛祭天的"卡雀哇节"为象征，经历了衰弱与复兴的交替变化，反映了地方人士对社会变迁的态度。

（一）文面体现的稀缺

文面（ba⁵⁵kə⁵³tu⁵⁵）是独龙族传统文化中最引外界关注的民俗事象。清末光绪年间夏瑚对独龙江上下游的不同地域中居住的妇女文面情况进行了区分。"上江女子头面鼻梁两颧上下唇均刺花纹，取青草汁和锅烟揉擦入皮肉成黑色，洗之不去；下江女子文面，只鼻尖刺一圈，下唇刺二三路

① 杨李荣为孔当一队孔荣的女婿，访谈当天在马志荣家喝酒，一并接受了笔者的访谈。

157

不等。"①

世界上很多民族都有文身的习俗，卡其那人用针刺破皮肤上面覆盖锅灰，因纽特人用针尖挑海藻、煤烟灰或枪炮灰来擦针痕。② 独龙族妇女文面与这些族群的文身在方法上有相似之处，但它产生的时间却很难有确切的答案。民俗是世代传袭下来的、同时继续在现实生活中有影响的事象。③ 独龙族文面妇女调查时仍有 40 余人还生活在祖祖辈辈居住的独龙江流域，并不时接受外界异文化语境中来客反复的访问。民俗是具有普遍模式的生活文化，作为一个相对稳定的统一体被人们在生活中重复，在特定群体的社区生活中是共知共识、共同遵循的。④ 在独龙江乡，本民族历史上遗留下来的独龙族妇女文面这一民俗在村民中基本上可以说是人所共知。民俗又是指产生并传承于民间的、具有世代相袭特点的文化事象。对于独龙族妇女文面，我们决不应该只停留在民俗的考察上，而是需要从独龙族地方人士、一般群众及外来研究者的话语中解构这个文化符号。

在 1998 年修通独龙江至贡山的公路之前，外界能够进入独龙江的人员仅限于上级政府部门的各类工作组，他们对于文面女并没有特别的关注。因为访问的人少，地方人士们对于妇女文面的说法不一，他们坚持认为独龙族文面是遵循古制、沿袭传统，并不是外族强制形成的文化现象。独龙族学者认为"独龙族没有留下什么传说，而独龙族人每当被问起文面的原因时，一般都自称是为了防止外人抢劫而文面"⑤。也有人认为察瓦龙土司对独龙江上游地区的统治导致文面，并认为由于受周边民族影响，文面习俗才终止。⑥ 西藏解放前西藏察瓦龙地区藏族土司对独龙族的服饰和文面作过多次的命令，即男子不准穿长袖衣裤、不准剪发，妇女不得留长发，须剪至耳部。他们说："你们的妇女要画脸，男子不要剪发，否则不是独龙族人了，就同傈僳族人和怒族人一样了。"⑦ 在这种特殊的社会历史环境中，

---

① 尹明德：《云南北界勘察记》，载云南省编辑组：《云南少数民族社会历史调查资料汇编》，昆明：云南人民出版社 1986 年版，第 219 页。

② 英国皇家人类学会编订，周云水、许韶明、谭青松等译：《人类学的询问与记录》，香港：国际炎黄文化出版社 2009 年版，第 221 页。

③ 乌丙安：《中国民俗学》，沈阳：辽宁大学出版社 1985 年版，第 7 页。

④ 高丙中：《民俗文化与民俗生活》，北京：中国社会科学出版社 1994 年版，第 144 页。

⑤ 杨将领：《独龙族的社会组织和社会形态》，载政协怒江州委员会文史资料委员会：《怒江文史资料选辑》（第 27 辑·独龙族），芒市：德宏民族出版社 1999 年版，第 40 页。

⑥ 罗荣芬：《独龙族文面习俗的发生与消亡》，载郭大烈主编：《云南民族传统文化变迁研究》，昆明：云南大学出版社 1997 年版。

⑦ 李金明主编：《独龙族文化大观》，昆明：云南民族出版社 1999 年版，第 62 页。

独龙族妇女为了免遭掳掠，逃避土司的蹂躏与践踏而文面。这种解释无非是要表述独龙族在社会变迁过程中的无奈。

笔者在独龙江乡孔当村木切旺小组走访了两户独龙族文面女家庭，了解文面女家庭成员对文面这一民俗的看法。当时大约86岁的木切旺黛与小儿子一家共同生活，她的听力基本上已经丧失，但视力尚好。见到笔者时，她的第一反应是用双手捂住了自己的脸，原来她看到了笔者手中所持的数码相机，因为她已经反复接待过很多外来游客或记者，知道外地人会偷拍照片，所以干脆躲避起来。后来笔者与她的小孙女解释，仅仅是了解文面习俗，不会拍照。正在贡山县城一中读书的小孙女告诉笔者，外地人依靠独龙族文面的照片挣了很多钱，问她听谁说的，她回答大家都这么说，同学在报纸和杂志上看到过独龙族文面女的照片。可见，文面女家庭成员已经在潜意识里认为自己家里的文面女存在实际价值，所以对于外地人的询问，他们的解释就五花八门、多种多样，让调查者理不清头绪。不过，这些纷繁复杂的情况，其实正体现了独龙族社会变迁过程中对待传统文化的扬弃。一般的游客仅仅是付费拍照，文面女本人或者其家人无须什么解释，有时也可以收点小礼品。小茶腊组的文面女木文英的几个女儿就分别收到过外地人拍照时赠送的手机。[1] 实际上，独龙族社会变迁越深，对外的经济和文化交往越多，文面女的文化价值就被抬得越高。居住在文面女周围的独龙族群众，目睹了文面女的日常生活和那些络绎不绝的访客，感觉到了文面女的潜在经济价值。实际上，对于文面原因及意义的争论，本身已经反映了独龙族进入社会主义大家庭后意识形态的变化。

图2-4 孔当村的三名文面女之一

对于独龙族妇女文面的原因及文化功能的解释，首先应当注意到独龙族妇女文面是一个不断变化的过程。在这一过程中，与外部力量的互动和内部社会的变化等不同因素不

---

[1] 在笔者访谈中，房东的女儿对于外地人络绎不绝到木文英家中拍照甚至住宿觉得非常不好，她强调说不能收外地人的钱，因为他们是来给独龙族做宣传的。

断添加进来，因此应当将这一文化现象放在民族互动的关系网络中进行考虑。有关独龙族妇女文面的各种表述反映了民族关系的历史记忆，文面本身也成为一种不断重新叙说和解读的方式。[①]

不同研究主体又产生了完全不同的话语。[②] 在笔者与几位独龙族文面妇女的谈话中，可以看到这一现象受文化交流的影响。

> 木切旺黛（孔当村木切旺小组，自称当年100岁）：以前是照相的人自己给我们钱，后来村里的组长说政府规定给我们照相的人要给100元钱，去年有1个人来过，今年就没有了。我们不喜欢记者照相，老是说要给照片，结果什么都没给。现在我病了，快死了，文面的事情记得不太清楚了。不过，我还是觉得共产党比国民党和察瓦龙的土司好得多。

外来文化中各种不同职业的研究者，在讨论独龙族妇女文面时，都带入了自身文化的印记。不管研究者的自身目的和研究角度是否相同，在阐述这一现象的流变和起因过程中，使用的话语都掺杂了自身文化的价值判断。[③] 自称为受苦人的农民对苦难历史的讲述构成了20世纪下半期中国农村社会生活口述资料的重要内容，也成为重要的学术资源和独立进行知识生产的一个领域。[④] 其实，对独龙族妇女文面的解读，恰恰反映了独龙族与国家互动的事实。一方面，如果没有察瓦龙藏族土司和傈僳族蓄奴主的暴虐，独龙族妇女可能不会文面；另一方面，独龙族妇女文面只有在独龙族成为社会主义大家庭一员后，才会出现不同的解读声音，甚至需要国家明令禁止。在这个过程中，我们看到了国家意识形态、知识分子和地方人士共同参与构建的文化。[⑤]

1949年以后，文面习俗一度扮演着阶级压迫产物的角色，被视为旧时陋习大加禁止。而当民族地区局势稳定，经济建设、文化保护、民族团结

---

① 高志英：《独龙女文面的文化阐释》，《西南民族大学学报》（人文社会科学版）2010年第2期，第27页。

② 沈醒狮：《独龙族文面习俗现状调查》，《安徽师范大学学报》（人文社会科学版）2005年第2期。

③ 周云水：《文化交流与独龙族妇女文面习俗的隐语》，《思想战线》2009年第6期。

④ 郭于华：《作为历史见证的"受苦人"的讲述》，《社会学研究》2008年第1期。

⑤ 郭建斌：《边缘的游弋——一个边疆少数民族村庄近60年变迁》，昆明：云南人民出版社2010年版，第164页。

等问题成为独龙族发展的主要目标之时，找到标志性的民族象征符号为民族代言，展示民族建设的各项成果，便成为国家有关民族建设的题中应有之义。在这一背景下，文面习俗褪去了阶级压迫的色彩，被赋予新的象征意义，再次成为政府政策导向下的象征符号。文面为独龙族具有辨识性的文化习俗，因此仅存的得以体现这一习俗的文面女就成为独龙族民族代言人的不二之选，是表现一系列民族政策贯彻落实成果的首选对象。在保护与发展民族文化的政策下，政府将文面习俗视为独龙族的标志性象征，并采取相应的政策照顾健在的文面女，邀请其参与民族文化的宣传活动，将其视作独龙族的代言人。自从文面习俗被认定为独龙族的文化象征，文面女就常常被邀请在电视台、文化交流活动等场合出现，有时还会被要求作为独龙族的象征与代表性人物表演独龙族传统的歌舞、器乐等。①

（二）与稀缺伴生的独龙毯

独龙毯是独龙族的传统服饰。受独龙族早期整体稀缺的制约，传统的独龙族男女衣着均以独龙毯裹身为衣。独龙毯被称为"可以挂在墙上的衣服"，是一张长约两米、宽约一米的毯子，结实耐磨、使用方便，昼可为衣、夜可做被。在20世纪50年代以前，由于物资贫乏，独龙毯是家家户户必不可少的物品。传统独龙毯由妇女手工织成，原材料是山上野生的麻，将麻劈下后晾晒十余天，再上山扛回来，用手撕成条，反复揉搓绕成线。当地妇女的纺织工具多为自制的腰机（踞织机），从剥麻、搓线、洗染到织布，全是手工操作。若想给麻线染色很有难度，需要采集多种植物的液体调制染料，染出的颜色也十分有限。由于手工制成的麻线比较粗糙，经常卡在腰机上，纺织起来非常困难。村里的老人习惯在雨雪天织布，这样才能让麻线保持湿润，处于相对柔软的状态。传统纹样为多种直线条纹连续拼接，简洁明快，色彩绚丽，独龙族妇女因此被称为"织彩虹的人"。

1949年以后，随着人马驿道的打通，棉毛线陆续进入独龙江地区，当地妇女开始改用各色的棉毛线与麻线、火草棉混织，成品的独龙毯质地更加柔软，条状纹饰愈发鲜艳。独龙江通公路后，独龙族妇女能够买到彩色的棉毛线，独龙毯的颜色逐渐丰富起来。买来的棉毛线不仅色彩艳丽还柔软细腻，穿在身上既美观又舒适。织布的时间也不再受制于天气，当地妇

---

① 张潇祎：《象征与权力：独龙族文面习俗的历史变迁及其意义》，云南大学硕士学位论文，2019年，第29－39页。

女一有空闲就会与三五好友一起聊天织布，一周左右就能织好一块独龙毯。

随着公路的开通，独龙江乡的发展之路就此开启。2018 年，独龙江乡 6 个行政村整体脱贫，独龙族摆脱贫困，现代产业取代了刀耕火种，特色产业蓬勃发展。独龙江乡还成为云南首批通 5G 网络的乡镇。如今，网购已成为年轻的独龙族妇女日常生活中重要的一部分。网上售卖的线样式更多、颜色更丰富，她们设计的"彩虹布"愈发新颖时尚了起来。曾经作为生活必需品的独龙毯，如今是稀缺资源，卖给游客一条就有六七百块钱，已成为独龙族织女们新的收入来源之一。

独龙毯最显著的特征就是色彩斑斓的纵向竖直条纹。彩色条纹变化多样，基本很少出现条纹排列一模一样的两条独龙毯。独龙毯是确认独龙族特性的重要标志，是同源民族间交流的产物，其间记录着远古的族源印记，鲜艳夺目的姿态成为中华民族非物质文化遗产的独特存在。独龙毯的条纹色彩组合丰富多样，独龙族人更偏爱彩虹色，这主要来源于独龙族人对自然的崇拜。独龙族人喜欢彩虹，彩虹寓意着吉祥和幸福，于是便用编织的方式把彩虹披挂在身上，给生活增添色彩。独龙毯不仅穿在独龙族身上，其在独龙族最重要的节日"卡雀哇节"中还扮演着另一个角色。在"卡雀哇节"的最后一天，要举行隆重的"剽牛祭天"仪式，仪式中独龙族会给牛披上独龙毯，然后围牛跳舞，最后宰杀祭天。在仪式中，牛被披上了独龙毯，作为献祭祈福的重要物品。由此可见，独龙毯既是独龙族身份的象征和符号，更是独龙族节庆仪式的重要媒介。[①]

为织物增加装饰，是因人类智慧而引发的创造活动。为布料增加装饰最简单的方式有三类：一类是染、绘（如蜡染等）；一类是缝制（如苗绣等），还有一类是编织（如壮锦等）。很显然，独龙毯属于后者。而在织的过程中，通过经线或纬线颜色变化形成条纹，是最简单的装饰方式。几乎每一条独龙毯都有着独一无二的配色，其原因在于每次织布伊始，独龙族妇女都会进行一次"色彩设计"，这与苗族、藏族等人口众多、文化相对发达的民族服饰具有丰富的形式、图案、内涵相比有着很大不同。

织毯在独龙族数千年的历史中扮演了重要角色，具有极大的传承价值。同时，这种简约大气、不带任何纹样的抽象线条，也与国际流行的当代艺术风格相吻合，便于进行艺术再创造，以及多种跨界合作。

---

① 卢萍：《独龙毯条纹装饰与现代平面设计中条纹装饰的共性分析》，《中国民族博览》2021 年第 4 期，第 176 - 180 页。

北京当代艺术基金会（BCAF）联合上海素然服饰有限公司通过运用当代艺术和设计，帮助少数民族更好地管理传统文化资源，发展文化经济，形成产业链，让少数民族社区，尤其是女性，有能力开创更美好的生活。

2015 年，由北京当代艺术基金会发起的"中国少数民族文化发展与保护 naze naze 独龙族"项目正式启动。这是全国首个独龙族公益项目，旨在把独龙族独特的文化符号从路途遥远的独龙江带到城市里来。

2015 年 4 月，由联合国开发计划署、上海素然服饰有限公司、北京当代艺术基金会、云南省青年创业协会一共八人组成的考察团，在怒江州团委工作人员的陪同下，到独龙江乡 6 个行政村进行了实地考察。

2016 年 3 月，两位独龙族织毯妇女碧玉莲和金春花来到上海，由上海素然服饰进行了为期一个月的培训和指导。内容包括用素然提供的纱线在独龙族织造设备上进行一系列的技术测试，设计织毯色彩和材料方案，用织出的布块尝试设计衍生品，参观上海素然店铺，学习经验。在该援助项目中，专家和村民互相交流编织技术，碰撞出了艺术的火花，威尼斯双年展中国馆外立面设计中，门窗部分的装置就是由独龙毯做成。接受培训学员回乡后，在独龙族地区组建生产合作社，带动更多独龙族群众参与到项目中。[①]

2019 年夏天，第四期项目的织女培训和指导活动在上海素然服饰提供的工作室进行。

在独龙语里面，独龙毯为 tvrung yopel，而 naze naze 取自独龙语 naze naze brao，意为"慢慢地织布"。从两名独龙族织女到上海接受培训，到第五期培训结束，已有超过二十名独龙族的织女参加过该项目。每年一期的系列产品，也在市场中得到了积极的回应。这五年内，因为织女们织就"彩虹"的生活日常，独龙族这个名词被越来越多的人知悉。项目中独龙毯制成的产品，保留了传统腰机织毯工艺，沿用线条元素，通过色彩、大小等符合现代审美的调整，进入了城市的生活场景。

织独龙毯本就是当地妇女的日常，每年 9—11 月的农闲时，便是织布的时节。有了稳定的项目，织毯便有了新的价值意义，独龙族织女每小时手工费为 19 元，高于独龙江乡的最低工资 12 元/小时，而生产代表更是能有每月 2 000 元的工资，高于同一时期独龙江乡的月最低工资标准 1 180 元。

---

① 杨艳：《云南贡山独龙江乡的扶贫与发展研究》，中南民族大学博士学位论文，2018 年，第169 页。

收入的提升赋予了独龙族女性更多的话语权，同时带来的资源也打开了她们走出大山的可能性。

保留并延续日渐消失的手工纺织传统，离不开发掘当地文化内涵和保护当地民族特性，尤其是在文化生活中与纺织息息相关的女性的角色与地位显得尤为重要。该项目正是着眼于独龙族织女，把织造作为方法，以促进女性意识的觉醒。同时，署名化的生产方式能够打破对于民族妇女的单一想象，更加着眼于个人技艺，也能让织女们强化自我意识。五期项目的成功执行也正说明，它的模式能够联动古老技艺与现代生活。

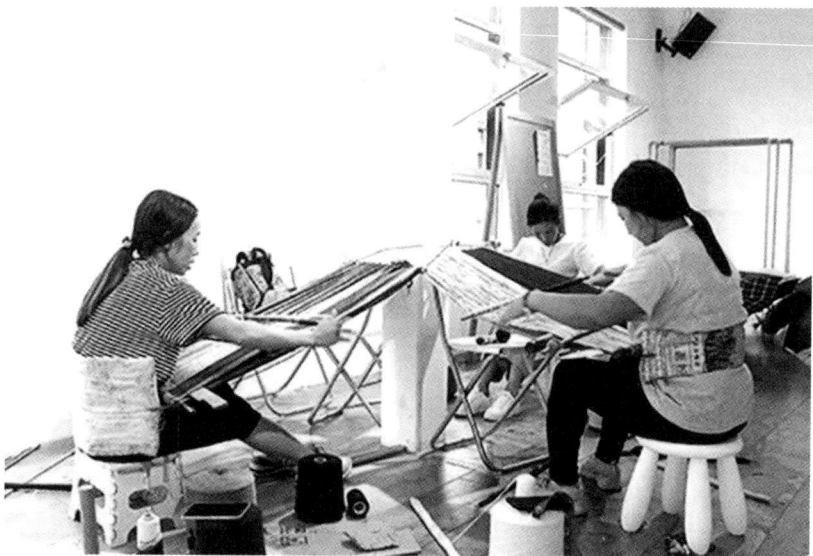

图2-5　三位独龙族织女在上海素然服饰工作室学习编织技术

本章认为新中国为独龙族修建人马驿道，改善独龙江流域内部的交通条件，从外界大量调拨粮食和生产工具，是通过释放稀缺使独龙族社会发生变迁。新中国在独龙江设立行政机构和事业单位，使独龙族接受学校教育。各项政治制度和活动改变了独龙族的制度稀缺，经济援助缓解了生态稀缺，两者不断交替向前推进。

新中国在滇西北建立政权，使俅人看到了希望；地方人士审时度势主动接住了新中国抛来的绣球，配合新的社会主义革命。独龙族进入社会主义大家庭后，获得单一的族称，享受民族自治的政策待遇。这使独龙族成为中华民族的五十六分之一，为稀缺的快速变化奠定了基础。新中国在解决自身稀缺能力尚弱的情况下，改造独龙族生产方式，促使其开始更快地被吸纳到无产阶级领导的政权之中。

　　中国共产党领导的新中国深入独龙江，首先是在独龙江流域的上、中、下游分别建立基层政权，将党组织设在每一个行政村。其次是为了满足独龙族的生存需要，继续调拨大量的粮食，特别是在 20 世纪 60 年代中缅勘界之后，政府耗费大量财力修建贡山到独龙江的人马驿道。随着交通状况的改善，各项物资的输入更加方便，到改革开放之前的二十年里，独龙族对新中国的认同日益加深。但是，仅仅依赖于国家的外部支援显然不足以持续地释放独龙族的稀缺。独龙族整体稀缺得到释放，走向部分稀缺时，还需要与新中国产生良性互动，逐步走上自身可持续发展的坦途。

第三章　新中国政府与独龙族的互动

第一节　人民政府对独龙族的深度扶持

20世纪80年代，国家实行改革开放政策，具有从上到下的贯彻力度。国家对于独龙族的吸纳，开始采取深度扶持的政策。首先，延续新中国成立初期对独龙族吸纳的思路，帮助其发展经济，但总体效果不理想；其次，云南省委书记代表国家权力机构亲自进入独龙江考察，这是独龙族社会变迁进程的一个转折点，此后才有大规模的交通和水利建设；再次，交通改善后独龙族社会真正开始从整体稀缺走向部分稀缺，独龙族干部阶层有了更大的活动空间。

2010年以来，党和国家累计投入资金13.04亿元，启动实施了"独龙江乡整乡推进独龙族整族帮扶"工程，独龙江实现了经济发展大跨越、基础设施大夯实、人居环境大改善、社会事业大改观、特色产业大发展和素质能力大提升。独龙族由原先分散居住的41个自然村统一安置为26个集中安置点，新建安居房1 089套，全乡6个村委会全部通柏油路，26个自然村全部通车、通电、通电话、通广播电视、通安全饮水，成为全省第一个实现村村通4G网络的乡镇。至2017年底，小学入学率、巩固率和升学率连续五年均保持100%；建成了独龙江公路高黎贡山隧道，彻底结束了独龙族千百年来半年积雪封山与世隔绝的历史；草果、重楼、独龙牛等特色种养产业初具规模。独龙族群众的生产生活得到了根本性变革，原来想都不敢想、做梦都梦不到的事情现在都实现了，独龙江乡结束了每年半年大雪封山的历史，独龙族群众住上了干净漂亮、安全稳固的安居房，有了增收致富的产业，看上了电视，用上了4G手机，学会了很多现代的生产生活技能，生产生活条件"一步登天"，过上了幸福美满的日子。[①]

[①]　2018年独龙江乡政府工作报告，转引自独龙江乡人民政府微信公众号。

一、基础设施建设

（一）交通建设

1976 年 3 月，云南省公路规划勘察设计院下发云路（76）字第 9 号文件，抽调工程技术人员 15 名，在怒江军分区 35525 部队和县工交局的配合下，部队派排长黑孜带民兵 10 人，组成 28 人的独龙江公路及贡丙公路勘察队，从 1976 年 7 月 22 日至 8 月 21 日，历时 29 天，对贡山至独龙江和丙中洛双拉村小茶腊进独龙江的两条线路进行了勘探，并编制了调查报告。

由于文化大革命刚刚结束，国家经济尚未走上正轨，怒江州交通局提出的独龙江公路建设方案没有得到上一级政府的批准。但我们看到，20 世纪 80 年代到 90 年代中期，贡山独龙族怒族自治县和怒江州政府抓住一切可能的机会进行游说，独龙族地方人士也在不断发声。1988 年 10 月 6 日，《人民日报》记者向兵，在"民族地区纪行"栏目中，发表《大山阻隔应有路》一文，提出：长期以来，独龙族人几乎与世隔绝，西离缅甸 27 公里，北连察隅，往东要到县城走一趟，得爬天梯、过溜索、翻雪山、下深涧，过原始森林，风餐露宿方能到达。无论是着眼于一个民族的前途，还是基于开发独龙江的资源及边防建设的需要，都应在这里修筑一条公路。文章寄希望于社会各方面的支持帮助。

1989 年 4 月 7 日，《云南日报》记者明公，在"民族呼声"专栏中，发表《独龙江乡的交通运输问题——亟待解决》一文，迫切呼吁政府和社会各方面帮助，解决独龙江乡的交通运输问题。《人民日报》记者在深入独龙江地区采访后发表的三篇通讯，在全国各族人民中产生了强烈反响。在这之后，由于怒江州委、州人民政府和州交通局领导的努力争取，修筑独龙江公路有了希望。自 1990 年 5 月国家交通部挂钩扶贫怒江州以来，黄镇东、刘松金、刘锷、李居昌、胡希捷等正副部长先后八次到怒江视察交通建设状况，并对修筑独龙江公路作出了一系列指示。他们说，独龙江公路不仅是一条经济路，更是一条政治路、扶贫路和支援边疆少数民族地区发展进步的民族团结路及幸福路。

历届的全国人大代表、全国政协委员和海清、亚娜、邱三益、孔志清等人，以及省、州、县历届党代会、人代会、政协会议的代表和委员，都提议修建独龙江公路，改善独龙江的交通运输条件。1990 年，国家交通部、省交通厅把怒江州列为扶贫联系点，独龙江公路的建设列入了"八五"扶贫项目。交通部交计字〔1990〕442号文件《抓紧做好"八五"期间拟建国、边防公路项目前期工作的通知》及省交通厅指示：尽快做好独龙江公路前期勘察工作，要求"对工程和投资估算及资金筹措进行研究"。

1998年12月，中共中央政治局委员、全国人大常委会副委员长田纪云为独龙江公路亲笔题词"大力发展民族地区经济，促进各民族大团结"。1998年5月3日，中共中央总书记、国家主席江泽民在出席昆明世界园艺博览会开幕式活动期间，亲笔为独龙江公路题词"建设好独龙江公路，促进怒江经济发展"。1999年9月9日9时，国家交通部副部长李居昌、云南省副省长牛绍尧、省交通厅厅长李裕光，以及怒江州、贡山县党政领导为独龙江公路全线贯通剪彩。① 2008年底将黑娃底至芒孜办事处之间的毛路改造成了沥青路面。②

虽然独龙江乡在行政级别上仅仅是一个行政乡，甚至连民族自治乡都不是，可是就因为其族名代表着国家领导人的关怀，地方人士处处都愿意打出这张牌。根据历史照片（参见图3-1）显示，参加这场仪式的领导包括交通部副部长、云南省副省长、云南省交通厅厅长和州、县领导，甚至有多位国家领导人亲笔题词。如此高级别的官员参加一个小小的通车仪式，换成其他民族恐怕很难会有这个场面。一方面，在没有修通公路之前，已经有云南省委书记令狐安徒步从人马驿道进独龙江；另一方面，国家领导人的题词可帮助独龙族向政府要资源和救助，这并不是坏事，反而增进了独龙族群众与执政党之间的感情。

图3-1 独龙江公路通车剪彩

---

① 王玉球主编：《怒江州交通志》，昆明：云南人民出版社2000年版。
② 资料来源：贡山独龙族怒族自治县交通局2008年4月19日提供。

其实，独龙江上下游各村之间的交通改善方案，早在改革开放初期就开始启动。1981年，县交通局修路队对红星桥进行改建，将全长68米的简易钢索吊桥改成了能供人马通行的吊桥。1989年，国家投资修建孔目钢索吊桥。当时的交通局局长罗文举后来回忆说："1982年，我参加州、县联合工作队，在独龙江工作了8个月，负责协助乡政府抓交通，着重抓好迪政当和龙元两个行政村之间的驿道、马库驿道的修建，以及架设达色河钢架拱桥等工程的施工……3月15日，乡党委开会研究边境驿道改建问题。3月17日，张德华带领一名排长和十名战士，杨生清带领三名警员和施工队，一起前往滴水岩工地。同去的还有独龙江乡文化站放映员齐利新，负责对外宣传工作。我们通过民间渠道，邀请缅甸木克嘎村边境管理员帕到钦郎当面谈。晚上，还为帕及其他缅甸边民安排放映了电影《五朵金花》和《上甘岭》。4月19日，边境驿道工程正式开工。永胜县杨生良的施工队承包了滴水岩悬崖路段，其余3.8公里的土石混合路段，由钦郎当民工协助施工修筑。5月14日，4公里边境驿道胜利竣工。"[1] 独龙江边境驿道的修建是出于边境稳定的需要，要让缅甸独龙族对中国产生向往的心理。

1999年，当时担任云南省委书记的令狐安对独龙江公路的评价是："全国没有一个地方像独龙江，国家投入人均3万元资金修建公路，这就是新中国对少数民族人民的关怀，这就是优越的社会主义制度给少数民族人民的扶贫。"[2] 2008年，独龙江乡孔当村普卡旺的普光荣刚从部队退役，回到村里被吸纳到了村委会领导班子，他向笔者提供了新的贡独公路的改建计划，并说已经在动工改建了。

笔者通过互联网联系贡山县交通局副局长和天生，得知2010年3月10日发布的怒江州贡山县独龙江公路改建工程计划注明，建设单位是云南省公路局，工程编制单位是招商局重庆交通科研设计院有限公司。这项工程被认为是"独龙江乡整乡推进独龙族整族帮扶三年行动计划"的第一步，也是完善云南省、州、县公路网和国防的需要；是实施"兴边富民"工程、促进民族团结的需要，是加快区域资源开发和保护、发展旅游业的客观需要。

---

① 罗文举：《我到独龙江协助抓交通的情况》，载政协怒江州委员会文史资料委员会编：《怒江文史资料选辑》（第19辑），芒市：德宏民族出版社1997年版。

② 尹善龙：《山高水长隔不断——中共云南省委书记令狐安徒步深入独龙江乡调研散记》，《民族工作》1999年第1期。

（二）兴修水利

1971 年，县政府从各部门抽调技术、财务和管理人员，组成施工队伍，在独龙江麻必当建设第一个小型发电站。县农水科技术员魏凤山（广东人）负责电站设计，县水工队技术员杨灿章（云南宜良人）、尚正和（云南弥勒人）担任电站技术员，李逢昌和严家信（云南永胜人）担任泥石工，木器社工人杨廷贵（云南剑川人）负责木工，木义甲（云南丽江人）负责会计和事务工作，独龙江派出所王正清（云南华坪人）负责民工的组织和管理。由于发电机的水轮机和钢管体型过大，没有办法从人马驿道运输，工程组开会研究，设计了木制水轮，用木制管代替钢管。1972 年 5 月 1 日电站竣工，麻必当、木兰当和巴坡村民用上了电灯。1989 年，怒江州水电局投资89 万元，对独龙江麻必当电站更新改造，1990 年更新为两组水轮发电机（$2 \times 55kW$），改善了用电困难的状况。

孔目电站位于孔当村木切旺小组，在高黎贡山两个山脊形成的山涧下游，离孔当村政府 7 000 米。2007 年 12 月开始对孔当村的鲁腊、孔当一组、孔当二组、王美、丙当、学哇当和腊配共 7 个小组、乡政府机关及周围群众、献九当村的丁拉梅、献九当和齐当 3 个小组供电。从电站装机容量看，还可以往其他村庄拓展电力供应的业务。[1]目前，孔当村鲁腊、丙当、孔目、王美、腊配和学哇当及献九当村丁拉梅以南的 3 个村民小组都能使用孔目电站供应的电力。小型电站建于 21 世纪初期，1999 年贡山到独龙江的公路修通后，发电机组可以通过货运汽车和拖拉机运进独龙江。巴坡和龙元两村的部分自然村由这种小型电站供电。巴坡村有独务当、孟底、村委会及周围的居民使用麻必当小型电站供应的电力，每度电收费 0.25 元；龙元村的一组和二组居民使用村学校附近小型电站的供电，按照每个灯泡 3 元/月来收费，各户上缴的电费除了一小部分给村委会，大部分用作电站管理人员的工资。每天晚上 6 点到 12 点供电，白天要外出干活没有人员值班，也就不供电；碰上下雨天，值班人员就把电闸门合上，群众坐在电视机前边闲聊边欣赏似懂非懂的电视剧。

---

[1] 孔目电站的相关资料由站长李永华（独龙族）提供。

图 3 - 2　独龙族村民家里的碾米机和洗衣机

　　缅甸独龙族的大部分村寨没有电力供应，靠近马库的木克岗的 4 个村落中，村民经常来中国交换生活资料，有 7 户村民从孔当买小型水力发电机回家用①。这种水力发电机在怒江和独龙江两岸半山腰以上的村落中随处可见，就连靠近江边的龙元村里的白来组和龙仲以及孔美小组也使用。笔者调查的拉王夺小组、小茶腊组和扎恩村，有 80% 的家庭用水力发电机来照明和看电视节目，当时在贡山县城购买一台 1 千瓦的水力发电机需要 500 元左右，但是水力发电机的使用寿命一般只有 1~2 年，又容易受水流的影响，输出的电流不太稳定。家用小型水力发电机一般安装在有自然落差的山涧水流中，村民只要将水力发电机接上水管，接上电线放在水流中就能获得电流供灯泡照明。在水利资源不丰富的小茶腊，村民将山顶的溪流导引到村寨附近，然后用松树掏空做成导流渠，有时为了增加水流落差，还要用木桩将导流渠支撑起来，末端用一个废弃的铁质油桶储存水；圆柱形油桶高约 1.3 米，直径大约 60 厘米，上方盖上一个竹篓或者铁纱网，防止泥沙进入水桶堵塞水管，靠近油桶底部 30 厘米的地方挖一个圆洞，接上软管将水引到水轮发电机上。超过 1 千瓦的水轮发电机，一般可同时为一台电视和一盏灯泡供电。

　　电力是发展的重要基础，其他设施的完善则主要是在 2010 年之后。2010 年后，独龙江乡的基础设施建设，呈现了全面发力的状态，致力于独龙族生产生活的综合改善。一是加快推进以交通基础设施改善为重点的项目建设。截至 2019 年底，迪马国边防公路改建工程（孔当村鲁腊桥至迪政

---

　　①　笔者在当地独龙族保长旺真岗歇尔的带领下走访了 7 户独龙族家庭，并记录了当地人使用的电力设施。斜击式水轮发电机的铭牌显示 1 500 瓦，220 伏，水头 8~35 米，流量 0.006 米/秒²，制造商为浙江平南县平南镇华达机电厂。

当村迪布里）、普卡旺桥、独龙江乡红星桥已完工，完成四星级酒店项目总工程量的 80%。启动了独龙江生命防护工程，完成安居房配套设施建设，实现伙房全覆盖。新建孔当村风雨馆 1 个。累计建设党群活动中心 28 个，实现全乡党群活动中心的全覆盖。二是加快推进独龙江乡旅游基础设施建设，研究制订旅游产业发展营销管理方案，把独龙江丰富的自然资源和独特的民族文化转化为发展优势。编制完成了独龙江人马驿道项目规划。独龙江高 A 级景区景前区一期工程已开工建设，守望野牛谷、走进神田观景台等项目有序推进，迪布里旅游公厕项目已建设完工。扶持新建农家乐 7 户、特色客栈 2 户、旅游产品加工户 1 户。独龙风情小镇总投资 10.23 亿元，已落实到位资金 2.2 亿元，完成新增投资 1.92 亿元，主要建设独龙江四星级酒店、腊配桥等旅游基础设施。三是独龙江乡 35 千伏联网工程环境影响评价生态保护和项目对遗产地环境影响评价报告已上报审批，"三江并流"国家级风景名胜区贡山景区影响论证报告、对"高黎贡山"国家级自然保护区影响评价报告正按程序逐级报批，社会稳定风险评估正在编制，其他前期工作已完成。启动实施独龙江乡配电网自动化完善工程。建成并开通 6 个 4G 基站，独龙江公路沿线信号盲区 4G 基站修改补点工作有序推进中。

二、经济帮扶措施

20 世纪 80 年代开始，独龙江农业有了新的变化，市场经济的观念逐步进入独龙江。村民除了配合政府使用良种和薄膜技术，还自发搞些副业，比如采集药材、熬制香樟油。独龙族在政治上感触最深的是省委书记进独龙江，巡视了巴坡、马库和孔当三个行政村的多个村寨。这让独龙族对政府充满了期待，他们希望能够尽快致富，将独龙族的稀缺尽快释放。

（一）推广良种和薄膜

52 岁的县政协委员马宗仁①负责农科所的工作，他回忆说："我于 1956 年出生于马库，在马库军民小学读完小学后进入独龙江初中，毕业后国家保送我到保山地区农校读书。1976 年，我从农校毕业分到了丙中洛公社农科站工作。1977 年冬季，我到各个生产队进行政策宣传，帮助他们清理财务账目，顺便抓农田基本建设工作。后来，在喇嘛寺村负责将小丘改成大

---

① 访谈时间：2008 年 8 月 9 日下午，地点：马宗仁家。

丘的工作，把原来的小块土地合并成 10 亩大小的大丘田。为了提高水稻的亩单产量，我到泸水县赖茂种子站，学习人工授粉繁殖水稻新品种。1981 年，我被保送到怒江州农业学校进修一年，回来后在农科所工作。当时，县里刚开始推广薄膜育秧的农业新科技。我组织村社干部和社员试种了 10 亩，秋后水稻平均亩产增加了 25%，达到了 920 斤。经过几年推广，薄膜育秧在丙中洛、捧当、茨开、普拉底得到了大面积推广，提高了水稻产量。1983 年，农科所引进墨白 94 号玉米种，在全县独龙江乡以外的地方普遍推广，我们亲自下乡示范种植，结果当年粮食产量创下历史最高纪录。1984 年 10 月，我参加州、县工作队，回到阔别多年的独龙江乡搞农村工作。我的任务是试验和推广地膜育秧。我在孟底村种了 3 亩薄膜育秧示范田，取得成功后当年在孔当和龙元进行大面积推广。1985 年 6 月，我回到县城调任丙中洛乡农科站站长。我们先后引进和推广玉米群改种、掖单 2 号、单玉 15、中单 23、云群 15 等新品种。经过几年观察，发现杂单 201、鲁三 2 号等玉米新种。1992 年，我们开始试验杂交水稻，引进常规品种 04 - 5138 种植，结果平均亩产达到了 400 公斤。现在，我已经不再负责农业科技工作了，但依然时常关心家乡的农业。我从 1977 年工作以来，从技术员到助理农艺师，再到农艺师；先后被推荐为省政协委员、县政协常委；1998 年，我当选为全国人大代表，到北京参加人大会议。30 多年来，我先后荣获省农业厅、省经济委员会、省科委、省农牧渔业厅、林业厅、怒江州委和科协的通报嘉奖。"

现年 48 岁的农业局副局长丁永明①也是独龙族人，他说："我 1961 年出生于献九当迪兰村小组，1978 年从独龙江中学考入怒江州农校。1980 年，我成为第一批农校毕业生，被分到独龙江乡农技站工作。1986 年春节前夕，乡党委书记周建国从县里带回一卷塑料薄膜和一袋良种玉米，要我试验用地膜覆盖法种植苞谷。我在农校读书期间，学过地膜苞谷栽培，试验时乡政府通知了乡村干部和附近社员共 30 多人，前来实地参观学习。我一面操作，一面讲解，在半亩地上按照规范步骤松土、理墒、挖塘、施肥、点种和覆盖地膜。然后，讲解如何进行后期管理和防治病虫害的方法。到了九月中旬的秋收季节，乡政府和农技站又在半亩试验地上召开现场会，乡村干部和附近社员都前来参观。打下的苞谷晒干以后，周书记亲自过秤，结

① 访谈时间：2008 年 9 月 28 日上午，地点：孔当，乡政府二楼会议室，当时丁永明来独龙江乡指导农牧培训工作。

果半亩地实收 500 斤，这个数字是当地苞谷产量的三倍多。1987 年，全乡推广了 100 亩地膜苞谷，平均亩产 900 斤。当时云南省农牧渔业厅厅长黄炳生来独龙江乡视察，听到这个消息时十分高兴，表扬我们做得好，并当场决定每年直接拨给独龙江乡五万元专款，用于继续推广地膜苞谷种植。1992 年，全乡推广地膜苞谷种植面积达到 455 亩，总产量达到 69.8 万公斤。"

笔者对当地独龙族的种植业进行了记录，玉米种子有两种，一种是云南宾川县瑞丰种业生产的会单四号玉米杂交种，果实饱满颗粒肥大；另一种是本地自留种，颗粒较小，产量较低但是口感比前者好。塑料地膜是聚乙烯吹塑薄膜，规格是宽度 1 000 毫米、厚度 0.008 毫米，长度根据土地面积裁切，在贡山县城售价是 82 元/卷，毛重 5.4 千克，净重 5 千克，产地有云南德宏和大理两个地方。农药为江苏生产的"地虫杀星"，用量 0.5～1 千克/亩，与玉米粒混合均匀后下种，在贡山售价 15 元/包。复合肥一袋 80 斤，在贡山县城售价 82 元；尿素一袋 80 斤，售价 85 元。如果在农技站买种子 1 斤，政府免费补助 3 斤尿素，目的是鼓励群众使用新品种，独龙江三乡群众可购买到新品种。

图 3-3 大棚蔬菜与苞谷地膜种植

另外，政府也鼓励村民扩大蔬菜种植，1990 年全乡蔬菜种植面积为 69.1 亩，多间种萝卜、青白菜及少量辣椒。村干部带头开发利用蕨菜、竹叶菜和野韭菜，乡农技站帮助引入耐阴耐湿的包菜、花菜和茄子，改善当地居民的食物结构，提高种植业的生产收入。① 这些措施促使独龙族的生态稀缺逐步释放。

---

① 高应新：《独龙族聚居区农牧业开发》，《山地研究》1995 年第 4 期。

（二）发展多种副业

独龙江乡畜牧业的收入从 1980 年的 0.3 万元增加到 1998 年的 86 万元。[①] 云南省畜牧局自 1985 年起连续 5 年拨出专款保种大额牛，至 1990 年已发展到 237 头。不过，1990 年完全依靠个人资金力量饲养时只有 116 头，到 1998 年也只发展到 330 头。[②] 独龙江畜牧业发展的高潮，是在 1998 年得到政府大力支持之后。1998 年 2 月，省委书记令狐安到贡山调研，提出"远抓林果，近抓畜牧"的发展思路，并帮助解决了发展山羊养殖的 10 万元资金。3 月，黄炳生副省长在怒江"独龙江扶贫专题会议"上提出四大项目：一是要退耕还林 1.4 万亩，发展林产业，争取两年内完成退耕还林 7 000 亩，固定基本农田 3 000 亩；二是大力发展以养猪、羊、牛为主的畜牧业，把畜牧业培育成独龙江乡的支柱产业，使之成为独龙族群众增收的主要来源，做到户均至少一头牛和一头肥猪，人均一只羊，畜牧业产值要占到整个农业总产值的三分之二；三是要按照以沿江、沿路为主，相对集中、就地安置的总体原则，认真组织实施易地搬迁和安居工程；四是下决心，集中力量，抓好乡村公路建设。同时，省政府批给独龙江 10 万元养羊滚动发展资金。其后，省委独龙江工作队也筹集资金，先后两批购入 2 130 只良种山羊投放到农户，以政府扶贫资金购买的羊为基础，以滚动方式发展，保证养羊的数量逐年增长。

木利祖是独龙江边的第一个养牛专业户，20 世纪 80 年代初就承包了木兰当的 6 头独龙牛。1986 年 11 月，他曾牵着一头 1 000 多斤重的独龙牛，赶了 5 天山路到县城，献给贡山独龙族怒族自治县成立 30 周年大庆。木利祖[③]讲述了省委书记与他交谈的细节："那天傍晚，我和弟弟木利山听说来了客人，急忙从外面赶了回来。在竹楼的走廊上，看见了令狐书记，他问我家今年的大小春收了多少，家里养了多少头独龙牛，还养有多少只山羊和多少头猪，有多少只鸡。我告诉他现养有六头独龙牛和两头黄牛时，他说：'你们以后开展剽牛活动最好用黄牛。饲养独龙牛是一条致富路，一定把它作为优良牛种来出售，这样才能挣钱。'"

1998 年云南省委书记令狐安徒步进独龙江时，在歇脚期间，看到一块

---

① 除具体标注外，资料均来源于独龙江乡政府。

② 怒江州统计局编：《怒江五十年统计年鉴》（1949—1999），北京：中华书局 2000 年版，第 270、510 页。

③ 访谈时间：2008 年 9 月 28—30 日，地点：巴坡村木兰当小组。

开阔的草地上，有 8 个独龙族装束的"赶羊哥"正在用三块石头当三角，架锅烧水煮饭。他们身旁，一群黑山羊正在啃嚼着青草绿叶。令狐书记问中年男子："你们这群山羊一共多少只？"这位中年男子回答："260 多只，是从贡山县捧当乡迪麻洛村买来的，要赶到独龙江的献九当村。这是上级领导给我们买的，是扶贫养羊滚动项目。"[1]

独龙族熬香樟油是利用蒸馏的方法提取香樟树的油脂。使用富含芳香和挥发性的香樟树脂的树木，取其树干或根底部位，砍剁成一寸见方的碎薄片，将其放在炉灶上的大铁锅内，加水齐锅面，其上扣罩一个大型的木甑"歇格东"，木甑上密搁上一口铁锅"夏不大"。灶内架火蒸煮，树脂随水蒸气上升至木甑上的铁锅底部，用逐段衔接的竹筒从近处引来泉水，不断进入木甑上的铁锅里，铁锅的热水再引出外流，如此不停地流出流进，以保持铁锅的冷却作用。凝附在该铁锅底面的香樟油和水蒸气，滴落在横置于木甑中上部的木盘"端布"上，木盘一端的长柄有槽口，向下倾斜，伸出木甑孔外，香樟油和水一并流出，注入盆内。香樟油的密度较水大，油沉在盆底，倒去上面的水就剩下油。20 世纪 80 年代，不少独龙族群众靠蒸馏香樟油挣得一点副业收入，每人做一周至十天，可得百元左右。笔者访谈了退休干部老肯[2]，在谈到 2001 年做了一年的香樟油时，他记忆犹新，将熬制香樟油的简图在草纸上画给笔者看。这项副业所需的生产工具很简单，只要一把砍刀、斧头和两口大铁锅，就可以到山上砍伐樟树，切成小片放入铁锅，然后架上柴火持续烧煮，将樟木中的油分蒸发到装有冷水的铁锅中，蒸汽遇冷液化掉入下方的木槽中，流入铁盆就可收集。

也正是公路修通初期的作坊式手工业，让孔当村部分群众积累了原始的资本，后来陆续开小卖部的三家人，在 2000 年初都曾积极地参与了这项粗放式的加工业。笔者居住处所的房东老肯，2000 年时刚从乡长位置上卸任，他说看着到处的树木被熬制香樟油的群众砍得七零八落，觉得非常痛心，在乡人代会上提过两次，要政府下令禁止群众再搞这样的破坏式生产活动，后来终于禁止了。

独龙族学者李金明在一篇文章中谈到自己家乡的生活："我的童年是在清苦的环境中度过的。我没有上过幼儿园，八岁那年才到学校读小学。那个时候，独龙江地区正在搞人民公社，社员们一起劳动，凭工分吃饭。我

① 尹善龙：《山高水长隔不断——中共云南省委书记令狐安徒步深入独龙江乡调研散记》，《民族工作》1999 年第 1 期。

② 笔者在孔当调查期间，一般居住在老肯家里，他提供了很多访谈材料，特此致谢。

家9口人，只有父母两个劳动力，一年劳动挣得的粮食，只勉强够全家人吃半年，剩下半年的时间全以采集野菜野粮充饥。父母亲常常轮流上山采集各种野菜野粮……1986年7月，我从北京回到了独龙江，这是我到北京读书四年来第一次回到家乡。家乡已发生了巨大的变化，推行了生产承包责任制，寨子里的田地已经分给各家各户，冲破了干多干少一个样的生产模式，大家都在拼命地砍地种粮。我家里人多，种了好多地，收了好些粮食。此外，村子里的人，家家都在炼树油赚钱。家乡有一种叫邛的树即黄樟树，这种树根可以炼成一种叫黄樟油的树油，而且很值钱，每一市斤可以卖到5元钱，乡商店大量收购这种树油。这样一来，家里又多了一个经济来源。后来，我被云南民族学院民族语言文学系录取。家里几个兄弟合伙突击炼了一桶黄樟油，作为我上学的路费和入学的学费，我爹背着那桶油到乡里送我。"[1]独龙族社会变迁的动力来源于稀缺，独龙族群众不再满足于过去那种艰苦的日子，需要向大自然索要现金收益，比如砍伐树木、挖掘药材。

实际上，贡山独龙族怒族自治县的领导干部一直想要开发独龙江的旅游资源，只是因为公路的状况实在不乐观，加上半年的封山期，他们的雄心壮志往往难以实现。独龙族群众本身对于偶尔进来旅游的外地人，还没有形成趁机致富的普遍观念，但个别年轻人已经开始动作。笔者在普卡旺调查时，村里有三位外地游客，是由孔当的孔金花带来的，陪他们转一天工钱为100元，另外再以350元的单价购买他家的三床毛线独龙毯。

社会转变主要依靠三种动力，一是物质环境或生态学上的动力，二是政治环境或政治历史的动力，三是英雄人物的动力。独龙族社会变迁是伴随着独龙族被吸纳到新中国管理体系而发生的，独龙江群众对于政府记忆最深的莫过于省委书记带领相关领导视察独龙江，与其接触过的群众还能绘声绘色地描述当时的情境。

三、政治的强力保障

（一）省委书记进独龙江

1998年初冬，中共中央委员、中共云南省委书记、省政协主席令狐安徒步进入这个全国56个民族聚居地中唯一不通公路的地方。他连续徒步8天，走访了3个行政村，近10个寨子，并看望了30多户独龙族群众。他是

---

① 李金明：《流动的血脉》，《今日民族》2001年第4期。

有史以来第一位来到独龙江畔的省部级干部，也是第一位进入独龙江峡谷的中央委员和省委书记。令狐安曾经从人马驿道徒步前往独龙江，到达最南端的马库村，并为中缅边境附近的月亮大瀑布题诗一首："神龙见首不见尾，千曲百回始出山。突兀一峰凌空立，月在江心水在天。"① 省委书记爬了三天山路来到独龙江边的消息，很快传遍了独龙江峡谷。独龙族群众喜形于色，都说："云南省最大的官来到了独龙江。"②

木兰当组长回忆了省委书记令狐安看望五保户都娜的情境：在老人破旧的竹楼里，他把随身带来的棉毯双手送到都娜手中，并告诉她："这是省委、省政府对独龙族人民的关怀，冬天到了，你要注意身体。"高德荣负责向都娜翻译，都娜听完后连连点头，眼眶湿润了。

巴坡村的赤脚医生孟新强描述了当时令狐书记视察乡卫生院的情况：省委书记视察中药房、西药房、注射室和治疗室，然后与病房里的两位独龙族住院病人（孟国新与巴强胜）交谈了一会儿。省委书记看到乡卫生院房屋破旧、药房有医无药、手术室设备十分简陋，很沉重地对随行的省卫生厅杨万泽处长说："独龙族是全国 56 个民族大家庭的一员，独龙江是全国 56 个民族聚居地中唯一不通公路的地方，省卫生厅在经费和药品器械上，给一点特殊政策是可以的吧！"杨处长当即回答："应该给一点特殊政策。"第二年 10 月公路通车，独龙江卫生院从贡山得到了十箱常用药品，是由省卫生厅直接调拨给独龙江卫生院的。

肯国青在 1998 年时正担任独龙江乡的副乡长，他全程陪同了省委书记在独龙江的视察工作。11 月 3 日，他陪同令狐安去下游的马库村，走到独都小组的时候，十几位独龙族群众等候在那里，端了一锅水煮洋芋、一盒旱谷扁米，还有鸡蛋和茶水、水酒等食物，令狐书记汗流满面地坐在一幢茅草屋前吃起洋芋来，独龙族群众深受感动。他们第一次见到了省委书记，看到云南省最大的官吃上了自己种的洋芋，吃上了自家鸡下的蛋，吃上了自己加工的旱谷扁米。在马库村聋哑五保户娜松的家，村委书记用手势翻译，并把令狐安书记随身带的礼物递到娜松手里，娜松眼眶红了，她连连在胸前打手势表示感激不尽。省民委格桑顿珠主任拿出两千元钱，让村里帮助娜松解决住房困难。

---

① 杨毓骧：《伯舒拉岭雪线下的民族》，昆明：云南大学出版社 2000 年版，第 1 页。

② 尹善龙：《山高水长隔不断——中共云南省委书记令狐安徒步深入独龙江乡调研散记》，《民族工作》1999 年第 1 期。

　　马库村武装干事马国民①，兼任边境出入境登记的工作，他回忆说："令狐安书记获悉全村50多户人家，286个独龙族群众，只有几十亩水田和200多亩旱地，就与格桑顿珠主任、张耀武书记召集马库村的干部研究如何帮助群众寻求致富门路的事。令狐安指示马库村党支部书记江华和村委会主任孟国民，要带领群众，把能改造成梯田的尽量改，只有把坡地改成了梯田或台地，才能保土、保水和保肥，科技措施再跟上去，粮食产量就很快上去。秋收秋种结束后，乡村干部要在农闲时组织群众修路补桥，以民兵为主把马库到巴坡的山路加宽，危险地段要加固防堤，河沟上要架桥才行，不能老是在几根木头上走来走去。"这反映出政府对于独龙族生态稀缺的重视，各项帮扶措施首先重在释放原有的生态稀缺。

　　省委书记进独龙江考察，在独龙族进入社会主义大家庭的进程中，起到了关键的一步，不仅让独龙族地方人士感觉到了国家的重视，也给普通群众留下了深刻的回忆。巴坡村小组长当年也参加了见面会，他回忆道，1998年11月4日晚上，在独龙江乡政府会议室，令狐安书记向参加会议的乡党委、政府领导、各村党支书、乡级各部门负责人和武警独龙江边防工作站巴坡值勤排的官兵说："独龙江乡再边远偏僻，也是祖国壮丽河山不可分割的一部分，独龙族人民再远离内地，也是祖国56个民族大家庭里不可缺少的成员……独龙江乡仅有4 050人口，但全乡草山草场面积占了贡山县的60%以上，有着发展畜牧业生产得天独厚的条件。乡党委、政府包括贡山县和怒江州都应该把畜牧业生产当作第一支柱产业来发展。特别不要忽视独龙牛的发展，饲养独龙牛是独龙族群众致富的好门路，独龙牛就是独龙族群众的'摇钱树'，要'远抓林果，近抓畜牧'，要采取'以羊生羊，以羊还羊'的滚动发展方法，要走'以草养畜、以畜换钱、以钱换粮'的路子，千万不能再走'以火烧山、刀耕火种、广种薄收'的路子。为什么独龙江乡的各项建设事业比其他地方发展缓慢呢？关键在于独龙族儿童入学率、完学率低，青壮年文盲率高；交通落后，群众文化素质低，教育跟不上，这就是独龙江乡经济社会后进的根本原因。本世纪末，全省要基本解决群众的温饱问题，在实现这个伟大目标的过程中，决不让任何一个兄弟民族掉队。"②

　　在省委书记的讲话中，我们必须注意到以下几个方面：首先，国家赋

---

　　①　访谈时间：2008年9月6—8日，笔者动身前往缅甸葡萄木克岗前居住在马国民家中。

　　②　尹善龙：《山高水长隔不断——中共云南省委书记令狐安徒步深入独龙江乡调研散记》，《民族工作》1999年第1期。

予独龙族单一民族的身份，在民族区域自治的原则下享有与其他民族平等的待遇；其次，独龙族群众响应政府号召，放弃传统的刀耕火种的农业生产，改成以畜牧和林果副业为主；再次，独龙族接受学校教育，逐步放弃家庭教育的方式，融入国家的主流文化和意识形态；最后，政府不遗余力推动独龙族的发展，也就是说这种强力的扶持方式还要持续，帮扶的力度还会更大。

十年后，2009年10月12日至13日，时任中共云南省委副书记李纪恒同志赴独龙江乡调研后，形成了省委《专题会议纪要》。明确要求经过3—5年的努力，使独龙江乡和独龙族经济社会实现跨越式、可持续发展。当月，中共云南省委、云南省人民政府派遣了省级有关部门组成的工作组，深入独龙江乡帮助贡山县开展规划编制工作。按照省委省政府的要求，由省发改委、省扶贫办牵头，省民委、省交通运输厅、省住房城乡建设厅、省旅游局六个部门共同编制了《云南省贡山县独龙江乡整乡推进独龙族整族帮扶综合发展规划（2010—2014）》，制定了切实推动独龙江乡整乡推进独龙族整族帮扶的工作安排，并明确了各部门的帮扶项目及资金安排。2010年1月19日，中共云南省委、云南省人民政府在昆明召开独龙江乡整乡推进独龙族整族帮扶专题会，从省级层面启动了独龙江乡整乡推进独龙族整族帮扶工作。中共云南省委、云南省人民政府先后出台了《关于独龙江乡整乡推进独龙族整族帮扶三年行动计划的实施意见》（云办发〔2010〕2号）和《中共云南省委办公厅云南省人民政府办公厅关于印发〈2013—2014年独龙江乡整乡推进独龙族整族帮扶实施方案〉的通知》（云办发〔2013〕14号），制订了独龙江乡整乡推进独龙族整族帮扶综合发展五年规划、三年行动计划，省直32个部门组成了"独龙江乡整乡推进整族帮扶综合开发统筹协调小组"。前期投入资金8.6亿元，五年共落实建设资金13.04亿多元，先后抽调州委118人作为独龙江帮扶工作队队员进驻独龙江乡6个村委会26个自然村。截至2014年底，组织完成了基础设施、安居温饱、产业发展、社会事业、素质提高和生态环境六项帮扶工程，体现了这一阶段扶贫整体性、全面性的特点。

在乡政府层面，2010—2014年累计完成了农村实用技术、文明生活、农技人员培训等共计25 464人次，培训驾驶员100名。除大量为村民提供种植技术、现代生产工具操作与种植管理的各类培训，乡政府为保护种植户利益，还统一了收购草果的最低定价；同时，通过官方网站和供销会为买卖双方及时提供各种供需信息，起到农户与商家交易的良好中介作用，将市场给小农户带来的风险降到最低。基层政府为小农户创造了各种销售渠道，如 2017 年草果等农产品丰收后，怒江州组织十余家企业和农民合作社参加各类博览会，如第八届广东现代农业博览会、在贡山县丙中洛镇举办的农土特产品推介宣传会等，为草果等中药材，以及野生蜂蜜、菌干、茶叶等生态农产品供销信息的沟通起到中介作用。在村组层面，各村委就如何为村民种植草果提供更多的惠农措施、如何为农民减负，亦是下足了功夫。以巴坡村为例，村农业科技协会专门就草果种植进行了可行性论证，组织县科普项目，为村民极力争取种植经费与技术培训的机会。①

（二）民政救灾

独龙江先后发生过两次比较大的火灾，都是在 12 月份，政府的救灾能力直接体现了独龙族社会变迁的深度。原贡山县民政局局长新有华②（2008 年为县政协副主席）回忆：1992 年 12 月 7 日凌晨 1 时 50 分，独龙江乡巴坡（乡政府驻地）发生特大火灾。粮管所 30 多万公斤粮油和商店的 25 万多公斤物资全部被烧毁。这些物资都是用来供应独龙江乡群众过冬的，如果没有及时补充，接下来半年封山期内群众将得不到生活保障。第二天，县政府接到独龙江乡政府报告后，召开紧急会议，研究救灾工作事宜，决定派出巴国新（县委副书记、县长）、李茂林（县委副书记）及边防大队政委和永安带领工作组的 15 名成员，冒雪进入独龙江地区了解灾情，慰问灾区干部群众，稳定人心并组织救灾工作。新有华负责登记受灾人数、单位、个人财产损失情况，并把县救灾办的 7 000 元救灾款发放给了重灾户。同时，县里发动各机关干部和其他乡镇民工，开始投入突击抢运独龙江救灾及封山期间物资的工作。几天之后，这些物资运抵高黎贡山西坡的三队，由独龙江乡干部职工与民工接应。经过 15 天的艰苦奋战，救灾物资顺利运进独龙江，工作组返回县城后，高黎贡山已经完全没法通行了。除了传统民居的火灾防范之外，政府对各类民生事务的关注也日益突出。

2018 年，独龙江乡各项民政资金累计支出 24.07 万元，对困难家庭及个人、困难学生、残疾人士等各类群体实施临时救助 16.188 万元，医疗救助 1.845 074 万元，有 522 名困难群众得到及时有效救助。发放救灾棉被 305 床，发放农村低保金 158.175 5 万元、城镇居民最低生活保障金

---

① 杨艳：《本土建构的差异化治理：基于独龙族脱贫与发展的乡土实践》，北京：知识产权出版社 2020 年版，第 175 – 180 页。

② 访谈时间：2008 年 4 月 20 日上午，地点：新有华家。

21. 962 5万元、五保户供养补助 33. 614 万元、孤儿生活补助 10. 688 942 万元、救灾救助 0. 25 万元，发放边民补助 565. 075 万元。

2019 年 11 月 7 日，独龙江乡民政办发布了 2019 年工作总结，提供了以下数据：核查建档立卡户低保享受情况，共有农村低保户 327 户 986 人，其中 A 类 23 户 42 人，每人每月 350 元；B 类 136 户 380 人，每人每月 250 元；C 类 168 户 565 人，每人每月 172 元。截至 2019 年 9 月，该年度共发放农村低保金 167. 816 8 万元，城市低保户 13 户 18 人，发放城市低保金 8. 303 8 万元。独龙江全乡 2019 年需社会救助兜底保障人数 66 户 87 人：其中低保兜底保障 15 户 29 人；特困户兜底保障 44 户 46 人；孤儿兜底保障 7 户 12 人。特困户 42 户 46 人，集中供养对象 23 户 23 人，分散供养对象 19 户 23 人，截至 9 月发放特困户补助 34. 506 7 万元。持证残疾人 76 人，一级 15 人、二级 17 人、三级 24 人、四级 20 人，1—9 月发放残疾人两项补贴 3. 309 万元，享受残疾人两项补贴 41 人。孤儿 8 户 13 人，享受孤儿补助的有 7 户 12 人，1 户 1 人材料正在申报当中，1—9 月发放孤儿补助 13. 596 152 万元。全乡实际到龄 80 岁及以上享受高龄补贴 51 人，发放 2019 年上半年高龄补助，总计 3. 192 万元，全乡百岁老人 2 人均属迪政当村。2019 年乡民政办重点开展了婚姻系统补录工作，截至 2019 年 11 月 8 日，完成录入 564 对，预计全乡还有大约 180 对需要动员录入系统。2019 年全乡婚姻工作登记结婚 43 对，办理离婚登记业务 6 对。2019 年全乡共发放 2018 年边民补助 564. 65 万元，2019 年发放边民补助 675. 87 万元。全乡共完成失能老人统计工作 496 人。①

第二节　独龙族缓解稀缺的意愿

关于独龙族对于国家深度扶持的态度，大部分人满怀喜悦和激动。省委书记亲自到独龙江视察，陪同的大小官员又纷纷表态，要为独龙江建设尽力。一方面，这让独龙族的地方人士可以直接向省部级干部汇报工作，提出本民族的意愿；另一方面，普通独龙族群众也因此获得了更多的救济和扶持。

---

① https：//www. gongshan. gov. cn/xxgk/015108241/info/2019 – 124100. html.

一、干部阶层的态度

（一）获取政策支持

被独龙族人尊称为"老乡长"的肯国青是笔者在孔当村调查时居住处所的房东，他出生于1945年，小时候住在江东（独龙江东面担当力卡山西侧）的肯迪，21岁时参加革命委员会，20世纪80年代开始在区委会做出纳，直到1990年才被提拔到乡里做副乡长，先后担任乡党委副书记、书记和乡长等职务。老乡长接待各种公务和调研的人多了，经常会被问到个人经历，他索性自己弄了个硬皮抄笔记本，仔细记录个人任职时间等多项信息。

他比较重视孩子的教育，是孔当村第一个愿意花钱供孩子到外地读书的人。不过，最小的女儿从怒江卫生学校毕业已三年，一直没有找到工作，让他很不开心。他谈到十几年前省委书记进独龙江视察的事：1998年11月4日，令狐书记从马库返回巴坡的路上，下陡坡、爬深箐、过独木桥，在一座山梁上小憩，忽地朗诵了一首诗并说："独龙江下游有落差一两百米、宽四五十米的大瀑布，水像是从月亮上掉下来的一样，真的是独龙江的骄傲，就取名月亮大瀑布。"同行的贡山县人大常委会主任、独龙族干部高德荣第一个站起来拍手称赞："感谢令狐书记为滴水岩大瀑布取名。"独龙江乡乡长、独龙族干部熊学礼高兴得几乎跳起来："月亮大瀑布，取得好！"

值得注意的是，独龙族人有"兄弟故事"和"盐来自东方，我心向东方"等认同中华民族的心理表达，归附于地方土司，并每年向其纳贡，以获得盐、茶、布匹等生存物资。历史上，独龙族人生存所需的粮食、盐布货都仰赖外界输入，随着独龙族人与外部的接触越来越频繁，在生产方式上出现新的转变，一些专门用于交换的捕猎和挖掘活动产生，一些善于经营的人成为富有者，有些头人则成为政治能人。独龙族头人主动参与到外部活动中，希望能够改变族人的命运。而且在内外因素的影响下，这种参与是多维度的，包括药材皮货交易、接受新式教育以及乡村一级的管理。正因为如此，在民族国家发展进程中，独龙江的生存环境和生存条件越来越有利于独龙族人。[①]

老肯在20世纪末参加过一次省内外出考察的活动，他饶有兴致地把两

---

① 张劲夫、罗波：《独龙江文化史纲：俅人及其邻族的社会变迁研究》，广州：中山大学出版社2013年版，第267页。

本厚厚的影集翻给我看，并逐一介绍每张照片的场景。他说："1999年6月27日，独龙江乡村干部一行21人在贡山县副县长杨谊群的带领下抵达昆明，开始了为期半个多月的考察学习，先后到了昆明、玉溪、思茅、西双版纳、曲靖、大理等市。在玉溪参观了亚洲最大的卷烟企业玉溪卷烟厂，了解现代化企业的生产过程；参观了红塔区大营镇，重点了解大营镇和大营村党组织带领当地群众脱贫致富的情况。在元江参观了大水坪乡大明奄村彝族群众通过山坝结合、因地制宜、依靠科技发展种植业走上富裕之路的情况。在思茅参观了思茅的茶叶基地建设，在西双版纳重点了解基诺山基诺族群众重视发展民族教育，利用山区资源优势，大力发展多种经济作物的情况。"说到这里，他停顿一下，怕笔者不知道基诺族，他补充了一句，"过去他们的生活与独龙族一样差"。

后来，独龙族基层干部参观团到曲靖市马龙县月望乡深沟苗族村了解他们如何推广科技，大力发展种植、养殖业，使苗族群众的生活逐步得到改善，还参观了麒麟区茨营乡小河彝族村"三高"母猪示范点和三宝镇的花卉、蔬菜种植及越州镇的地膜苞谷和烤烟种植。这些活动使独龙江乡村干部对科技脱贫致富产生了深刻的印象。在昆明西山区团结彝族白族乡，考察团听取了团结乡全面情况的介绍，重点学习他们教育为本，科教兴农，科教兴乡，全面提高劳动者素质的经验，特别是学习团结乡党委如何寻找发展路子，带领群众致富的经验。①

这次考察的主办机构省民委，组织独龙族基层干部参观世博园、民族村、昆明市容市貌，使独龙江乡干部真实而具体地感受到新中国成立50年来特别是改革开放20年来云南省发生的巨大变化。这些乡村干部祖祖辈辈生活在大山里，由于交通不便，他们中的绝大部分人连州府六库都没有到过，这次却到了省内的主要城市和经济发达地区。通过半个月的考察学习，他们不但感受到了社会主义建设所取得的巨大成就，而且开阔了眼界，扩大了视野，促进了思想观念的转变，看到了差距，更激发了带领群众自力更生、艰苦奋斗、脱贫致富的积极性。

老肯说他在考察过程中也发了言："这次出来学习考察，我们到了祖祖辈辈做梦都没有到过的地方，看到了做梦都没有梦到过的东西。能到省内发达地区参观学习，的确非常高兴，感受到了党的民族政策的温暖。我们

---

① 李勇：《为了独龙族兄弟——省民委组织独龙江乡村干部赴省内发达地区考察》，《民族工作》1999年第8期。

看过后也在想，为什么这些地方发展那么快？我们从他们身上感受到了党员干部的楷模作用，回去后我们要把学到的东西运用到实践工作中，把独龙江乡建设好。"与他一同参加考察的乡妇联主席王秀芳也说："我从来没有见过这么广阔的世界，改革开放 20 年来变化太大。这次考察是我一生中最难得的经历，回去后要向独龙族妇女宣传介绍，在建设独龙江乡的过程中更好地发挥妇女的作用。"许多乡村干部都表示通过考察学习，要根据独龙江乡"以草养畜、以畜换钱、以钱换粮"和"近抓畜牧、远抓林果"的发展思路，把学到的知识与独龙江实际相结合，因地制宜地带领独龙族人民大干快上，早日摆脱贫困。

由于是省民委带队，参观团所到之处受到了当地党委和政府的高度重视和热情欢迎，独龙族干部感受到了祖国大家庭的温暖。高德荣在考察团返回贡山时对独龙族基层干部说："独龙江的发展是省委省政府的期望，也是全省各族人民的希望，独龙江乡村干部通过考察学习，要带领独龙族同胞走出一条脱贫之路。"独龙族干部已经逐渐适应各项政策，懂得通过合理规划，带领群众辛勤劳作解决生态稀缺的制约。

（二）文化生态保护凸显民族特色

独龙族的物质文化是独龙族文化赖以存在并借以表现的实物器具，以实物形式体现独龙族人的需要、价值观和审美意识，是精神和观念的物化积淀，包括建筑、饮食、服饰、生产生活及交通工具等。独龙族在长期与自然的互动中积累了丰富的自然资源和野生动植物方面的知识，具有鲜明的民族特色。独龙江不仅是独龙族的聚集地，也是独龙族文化孕育、聚集、传承的地方。[①]当前，国家把独龙江流域作为文化保护区，推动独龙族文化的延续和传承。独龙江流域北部（龙元、迪政当）是独龙族传统文化保留较好的区域，主要展示以"节日""祭祀"为主的"民族习俗文化"；中游地区（以孔当为中心）重点发展文化旅游，推动以"歌舞表演""剽牛活动"为主的"民族文化展示"；南部地区（马库、巴坡）被确定为"民族文化交流与创新区域"。独龙江乡发挥乡文化站、妇联、共青团的作用，组织动员群众晚饭后到党群活动室广场跳民族舞、唱民族歌，参与人数有 3 000 多人次。[②]

新中国成立前，受俅江封闭的地理位置影响，再加上人口又少，俅人

---

① 李金明：《独龙族文化保护面临的问题及对策》，《学术探索》2009 年第 5 期，第 39 - 43 页。

② 根据独龙江乡人民政府提供的资料整理。

根本没有成套的衣服，男性只能在身体的下部围上一小片麻布遮羞，女性则从肩膀和腋下披上一大块麻布，挡住上身的胸部和下半身。如今，独龙族妇女已经很少有人知道麻线毯子的式样，只有上了年纪的妇女才能回忆起狩猎采集时代上山砍麻、纺线和织布的情形。龙元村一组龙忠新的妻子讲述了麻线毯子的历史。

独龙族现在较为推崇的民族服饰是用彩色毛线编织成的马甲，这可以回溯到贡山独龙族怒族自治县建成 50 周年之际，县政府为独龙族设计的统一装饰。当时，每个村挑了一部分群众到县城参加活动，每个村民可以领到一件这样的马甲，上面有"三江明珠"的标志图案和文字。之后，独龙族妇女开始购买毛线，按照过去麻线毯子的制作工艺纺织彩色的布片，然后缝制成被单或者裁剪成衣服，有时也卖给外地来的游客，零星地补贴家庭的收入。

图 3 - 4　晒麻线与手工织毛线毯子

住在独务当电站附近的独龙族妇女齐芬，已经手工编织过 30 床毛线毯子，不过由于缺少商业意识，仅仅将这些五颜六色的毛线毯子当作馈赠亲友的礼品。在烟雾弥漫的火塘边，她边整理托人买回来的毛线团，边给笔者讲解织布的动作。麻线毯子除了作为独龙族人当初御寒和遮羞的物品，还有一种神圣的功能，在"剽牛祭天"时披在即将要剽倒的公牛的牛角上，祈求吉祥如意和家人平安。[1]　其实，这种粗放原始的编织技术不仅仅在怒江和独龙江峡谷中可以找到，在印度东北边境特区居住的阿迪人也采用类似

---

[1]　张桥贵、陈麟书：《宗教人类学：云南少数民族原始宗教考察研究》，成都：四川大学出版社 1993 年版，第 120 页。

的纺织技术。① 甚至在许多其他生活方式和物质文化的形式上，他们与独龙族也异常相似。

麻线毯子曾经为贫困的独龙族人民解决了衣的需求，这种功能伴随着政府的帮扶逐渐减退。而随着公路的修通，独龙族对外宣传的形象越来越需要有一种符号，让外界能够迅速地辨认出来。于是，独龙族的干部在苦苦寻觅之后，选中了"剽牛"这一相对独特的活动场景，采用了跳牛锅庄时使用的铓锣以及跳舞时身披的独龙毯。新的符号脱胎于以前的麻线毯子所承载的宗教含义，逐步出现于报纸杂志和其他大众媒体，以独龙族的民族符号作为主题的邮票就是例证。

外人看待独龙族的独特性间接影响了独龙族学者，认为"独龙毯以麻线为原料，颜色为条纹花色，是唯一能代表独龙族服饰文化的文化事项"②。与此论调相适应的是外界旅游者对独龙族文化的好奇心，笔者偶遇来独龙江徒步旅行的背包客，他们在进入独龙江之前都会上网了解独龙族文化，了解独龙族织麻为衣的历史，很想在狭长的独龙江内找到还披着独龙毯的文面老人。共同体的代表者对自我的表述与对他人的表述都会同时影响自我与他人在结构中的位置关系。③ 独龙族学者的表述无疑代表着大部分旁观者的心态，面对国内其他民族地区的旅游文化红火开展的场景，独龙族干部自然也有自己的想法。

贡山县政府 2005 年就开始组织独龙族在县城怒江边的河滩之上搞起了"剽牛祭天"的节庆仪式，请来了独龙族学者指导群众按照文献记载的样式，让小茶腊和县城散居的独龙族人身披毛线织成的毯子，围成一圈跳牛锅庄。

这种场景被政府宣传部门和邀请来的媒体记者宣传后，出现于地方报纸和电视台，让外地前来探寻独龙族文化的旅游者产生错觉，认为独龙族的民族服饰就是这样一件毛线织成的毯子。当然，文化展演的场景虽然满足了政府打造旅游品牌的需求，但独龙族群众日常的服饰依然以牛仔裤和夹克衫为主。另外，在交通相对便利的小茶腊，独龙族妇女到丙中洛购买毛线后织成毯子，卖给外地的游客，一张毯子可以卖到 200～300 元，能够获利 100 多元，有效改善了家庭收入。

---

① 沙钦·罗伊著，李坚尚、丛晓明译：《珞巴族阿迪人的文化》，拉萨：西藏人民出版社 1991 年版，第 83 页。

② 李金明：《独龙族文化保护面临的问题及对策》，《学术探索》2009 年第 5 期。

③ 龚浩群：《信徒与公民——泰国曲乡的政治民族志》，北京：北京大学出版社 2009 年版，总序第 4 页。

在民族符号的认知上，小茶腊的独龙族趋向于认同迪麻洛一带的藏族服饰和歌舞，每到傍晚山梁上高亢的藏语情歌响彻整个山谷。村中独龙族群众对独龙族自身披麻布的记忆日益模糊。在独龙江流域下游的马库等村寨，经常有缅甸的日旺族人前来交换山货，男子穿着宽大的筒裙，他们溯江而上到达中游的孔当村，从店铺中购买一些日用品后用背箩背回缅甸。此时，孔当村的独龙族群众会产生族群认同的话语。

通过独龙毯这个符号，独龙族的地方人士试图利用既有的环境，对传统文化进行重构，突出本民族的身份认同。首先，独龙毯被用在重要的集会场所。每逢县里或乡里有重大政治活动，特别是有媒体记者参加时，地方政府总是要参会的独龙族群众和干部在日常的服饰外面披上一张独龙毯。当地群众一开始略微有反感情绪，因为大热天披上一张麻线毯子的确不便，加上独龙毯已经退出了生活的舞台，总会有陌生的感觉。但是，随着媒体记者的不断提醒，以及偶尔有登载于各类杂志和报纸上的照片反馈回来，他们又开始重新构建审美价值，认为独龙毯的确好看。其次，文面女每次面对外界的镜头，总被外人提醒穿上民族服装，她们只有独龙毯，而且是最近才编织的毛线毯子，于是不断重复的印象增加了她们的主动性。笔者在访谈十一位独龙族文面女时，她们第一反应就是在自己屋里寻找新近编织的毛线毯子，似乎没有这个她们就无法登场。

可以这样讲，独龙毯的地位由最初的御寒之物上升到了民族符号的象征，因此，无论是平面还是立体媒体，只要出现独龙族的介绍时，主角都要身披一张独龙毯。包括2009年国庆期间在天安门广场安放的中华民族团结柱，其中代表独龙族的柱子上刻画的重要符号之一就是独龙毯。独龙族传统文化要素在现代化背景中的重构，决定因素主要来自两方面：一是国家的民族政策和主流社会对独龙族文化的评价；二是独龙族主体，尤其是地方人士对外界变化的认识。

二、普通群众的认知

（一）出让土地使用权

在建设独龙江公路之前，国家对独龙族累计投入1亿元资金，派遣约千人次干部和科技人员，帮助独龙族人民解决生活生产困难、改善基础设施、发展教育卫生事业。在政治方面，建立和巩固了社会主义制度，成立了贡山独龙族怒族自治县，结束了独龙族人民世代受剥削和压迫的历史，获得了政治上的平等，翻身做了国家的主人。在生活方面，为了使独龙族从食不果腹、营养不良、衣不遮体的生活境况中解脱出来，党和政府派人帮助独龙族建房子、讲卫生、制订生活计划等，同时发放救济物资，每年返销和救济独龙江的粮食有 20 万～40 万公斤，上百万元的药品、生产、生活物资，县政府每年支付的交通运输费、驮马死亡赔偿费、驿道修复费及运输间接费等近 200 万元，但也只能运进一半左右的物资。在生产方面，为了提高独龙江流域的劳动生产率和自给能力，国家派工作组教独龙族群众使用铁锄、镰刀、犁等传统农具和肥料，推广适宜独龙江自然条件的新品种，发展养殖业，进行水利建设，改造田地等。

政府除加大对独龙族的救济外，还加大农业科技推广的力度。在文化、教育、卫生方面，为了使独龙族提高对天灾的抵御能力，每年都派出科技人员，帮助其建立学校、医院、文化站、农业技术推广站，还帮助独龙族创造了文字等。在基础设施方面，党和政府为了改善生产、生活条件，打破封闭，1965 年修通了从县城茨开镇至独龙江乡政府的人马驿道，每年用于这条驿道的养护费约 60 万元；为了解决乡政府所在地巴坡的照明，建立了一个小型发电站；还架设了一条单边电话线，设立了邮电所。①

这些项目最初并不需要独龙族群众承担或付出什么代价，很多群众也没有私有制概念，感觉山林和农田都属于国家。在 1999 年独龙江公路通车之前，村民对土地的使用价值尚缺乏深刻的理解。一是由于各家的火山地很多，园地或江边的熟地显得可有可无；二是大面积的火山地上种植的玉米和荞麦勉强可以对付日常的口粮，政府征用土地修路或建设乡卫生所之类的公共建筑，也不会想从中获得补偿。

2000 年 8 月开始，孔当至巴坡的村间公路正式动工，第二年乡政府从巴坡向孔当转移。之后，独龙江的政治、经济和文化中心转移到了孔当。原来靠近江边的一块平坝大约有 2 平方公里，全部是 20 世纪 50 年代开挖出来的水稻田。乡政府搬迁到孔当，选址时首先看中了邻近独龙江的这块平坝。其后，边防派出所、农技站、学校等事业或行政单位，陆续搬迁到了乡政府周围。此时，孔当村的村民对自己的耕地产生了权利意识。

孔当二队村民孔文华在与笔者交谈时，抱怨说自己的 3 亩水稻田被乡政府盖办公大楼占用，没有得到任何补偿，而他弟弟孔文的 2 亩水稻田被边防派出所盖楼时征收，却得到了 3 000 元补偿金，他觉得很不公平。

---

① 张惠君：《独龙江流域的生态保护与发展》，《云南社会科学》1999 年第 1 期。

类似孔家弟兄被征收农田用于修路或盖房子的情况,在孔当二队有 13
户,因为他们原来就住在政府所在平坝的周边,老肯家的旧房子也是那个
时候修建的。老肯最得意之处是自己比较有眼光,2000 年村子还没有多少
人家时就在村中央建了 3 间木板房,2004 年又自己选址,在当时没有修通
路的江边修建了 3 间板房还上了油漆,现在也算处于黄金地段的位置,兼做
小卖部,生意还不错。

(二) 参与"卡雀哇节"

独龙族学者和地方人士积极出谋划策,努力将"卡雀哇节"打造成独
龙族的象征符号。笔者对这一仪式的历史材料进行分析后发现,首先,新
中国成立前独龙族的剽牛仪式并非任何人都可以组织举行,必须是家财相
对殷实,而且能够买得起或家里有牛的人才能组织。一般人家只能用家里
的劳动力与察瓦龙的土司交换黄牛,然后举行剽牛仪式,赢得村落其他民
众的尊敬。其次,这种仪式普遍流行于三江并流地区各条狭长的河谷地带,
形成了一种仪式语言。最后,新中国成立后经过一段时间的沉寂,地方人
士为了发展旅游经济和重构本民族传统文化,策划和推动了剽牛仪式的复
兴,使这一仪式具有了独特的象征作用。与剽牛仪式相关的传说和道具也
被重新诠释,这些无不体现出独龙族已经融入市场经济之中。

1991 年贡山独龙族怒族自治县人大常委会以地方条例的形式把每年
的公历 1 月 10 日定为独龙族的"卡雀哇节"。2006 年独龙族的"卡雀哇
节"经国务院批准列入第一批国家级非物质文化遗产名录。然而,田野材
料却表明大部分独龙族群众对于"卡雀哇节"极其陌生,相反,他们对
于诸如国庆节、三八妇女节或五一劳动节之类的国家法定节日却很熟悉。
全球化过程中这一文化的生产,在一定程度上,又强化了族群、地方社会
与跨国文化圈的文化认同。[1] 社会一旦从国家分离出来,就会有自己的文
化表现。各地可以自成舞台,保持自己的价值观、仪式和表达方式,在民
族地区则可以按照民族政策堂而皇之地恢复本地的传统。但是,这并不是
说地方或社会在仪式上与国家不相干了,而是说双方在分立的前提下正在
建立新型的连接方式。[2] 在国家留给民间的社会空间里,一些仪式可以恢
复,人们也可能自觉改造这些仪式,把国家的扶助作为一种发展的资源。

---

① 麻国庆:《全球化:文化的生产与文化认同——族群、地方社会与跨国文化圈》,《北京
大学学报》(哲学社会科学版) 2000 年第 4 期。
② 高丙中:《民间的仪式与国家的在场》,《北京大学学报》(哲学社会科学版) 2001 年第 1 期。

围绕仪式和地方社会的结构过程，干部与民众、官方与民间、国家与地方社会、不同信仰者等这些经常被简单机械对立的参与诸方，同时都扮演着主动者和被动者的双重角色，互观、互审、互构着对方，而且互为主体。[①] 在此过程中，神话传说、仪式等民众集体记忆表现出对自己部分历史"失忆"到"失语"的历程。政府作为显性和隐性的权力符号，在"卡雀哇节"从地方仪式向文化资本的嬗递中，处于核心地位，以富有特色的民族传统文化来提升本地知名度和吸引外来者，从而发展地方经济。

对于独龙族民众来说，通过"卡雀哇节"配合贡山旅游活动的开展，他们的传统文化获得了国家的认同、外界的喜爱，这在一定程度上增加了独龙族人对自己文化的自信心，从而调动起了他们保护和发展传统文化的热情。由于政府对民族文化的认同和征用本身就体现国家对少数族群的认同和关注，而直接参与节日活动可获取一定的经济收益，这构成了民众参与活动的强大动力。在多种力量共同交织、作用下所建构的"卡雀哇节"节庆活动，一方面重新唤起了独龙族民族成员的历史记忆，增强了他们的民族内聚力、自信心和自豪感；另一方面，也使得主流文化获得了对独龙族的新认识，使得这一种边缘群体文化得到了重新肯定和积极评价，推动独龙族传统文化在全球化背景下的复兴和再造。

图 3 - 5　表演性质的剽牛仪式[②]

———————————

① 赵丙祥：《文化接触与殖民遭遇——明清时期以来胶东半岛中西文化接触史的历史人类学研究》，北京大学博士学位论文，2000 年。

② 这幅图片是笔者的访谈对象之一用自己的相机拍摄于丙中洛怒江边的坝子，时间是在 2008 年的国庆，丙中洛镇政府为了配合当地旅游局举行的国庆文化节活动，特别邀请小茶腊的剽牛师。

小茶腊共有 3 个剽牛师，其中木华参加过 5 次剽牛活动，在县城参加过两次，都是县政府为了迎接外地领导检查工作，临时安排的表演活动；在丙中洛参加了 2 次，乃是配合丙中洛旅游宣传的需要进行的广告宣传；另外一次是在小茶腊，配合日本某电视台拍摄电影的需要。另外两人是杨生和木国华，其中杨生参加过 3 次。2002 年 8 月日本某电视台来村寨拍电影，付给他们每人 20 元一天的劳务费，另外剽牛后可以共享牛肉。牛由村里李向阳家卖给日本摄制组，当时的价格为 650 元，大家整整吃了一天，间或表演打猎的活动。

第三节　独龙族整体稀缺的缓释

在多民族社会中，国家执行着一定的功能，它不仅致力于各民族在政治上的统一，也致力于它们在经济、文化与族体等各个方面的一体化努力。[①] 进入 21 世纪的今天，国家实行改革开放并全面推动经济发展，已经具备巨大的财力，完全可以对独龙族实施各种扶贫工程，被当地政府称为"整村推进"的工程就是其中之一。这项巨大的工程涵盖了独龙族社会的各个方面，其力度远大于过去的"安居工程"和"兴边富民"等一般性项目。另外，还有"退耕还林"和"林权改革"等各项阶段性工程，不断促使独龙族从整体稀缺向部分稀缺转变。

长期以来，党中央国务院、云南省委省政府高度重视独龙族的发展问题。2014 年元旦前夕，习近平总书记给贡山县干部群众回信，希望独龙族群众"加快脱贫致富步伐，早日实现与全国其他兄弟民族一道过上小康生活的美好梦想"。2015 年 1 月，习近平总书记亲切会见贡山县干部群众代表时强调，全面实现小康，一个民族都不能少。省委省政府有关领导多次深入独龙江乡看望慰问独龙族群众。2018 年 1 月 27 日，时任中央政治局常委、国务院扶贫开发领导小组组长汪洋同志，深入云南省贡山县独龙江乡视察脱贫攻坚工作，并代表习近平总书记和党中央、国务院看望慰问独龙族干部群众。2019 年 4 月 11 日，习近平总书记给独龙江乡群众回信，祝贺独龙族实现整族脱贫，勉励乡亲们为过上更加幸福美好的生活继续团结奋斗。

---

① 朱伦：《拉美国家民族一体化政策简评》，《世界民族研究学会会刊》1988 年第 1 期。

一、政策实施与经济保障

（一）退耕还林

按照贡山县政府林业主管部门提供的资料，退耕还林是因为国家公园建设的需要。不过，对于什么是国家公园，一般干部也解释不清楚。后来，他又说是因为要设立自然保护区，不准打猎，也不准开垦火山地。其实，在笔者看来，退耕还林政策的基本目的是要调控独龙族的稀缺。贡山县独龙江乡 2009 年度退耕还林涉及 6 个村委会，831 个农户，3 926 人，需要供应成品粮（大米）735 吨。[①] 2009 年，贡山县粮食局按政策要求，积极安排部署、筹措粮源，从 6 月份起就启运了独龙江乡退耕还林粮食，到 10 月 10 日止，大米全部运输到位，加上原来的独龙江粮食库存，实行边运输边兑现的方式，逐渐供应到退耕农户手中，到 10 月底为止，大米全部兑现完成。从 10 月初开始启运 2010 年封山期间的粮食，大米全部运输到位，完全能满足当年独龙江乡封山期间的粮食需求。

为什么说退耕还林实际上是国家在调控独龙族的稀缺程度呢？我们来看一个村的实际情况。巴坡村土地总面积 443 平方公里，占独龙江乡土地总面积的 22.2%。全村境内高山与河谷相间，山区面积占 90%，河谷阶地仅占 10%。境内最高海拔 2 200 米，平均海拔 1 500 米，属于温带山区。虽然巴坡村土地资源丰富，但缺少高稳产农田。按 2007 年的巴坡村人口计算，人均占有土地总面积 917 亩，但是人均耕地面积 1.76 亩，其中人均水田面积仅为 0.16 亩，也就是说水稻田的面积根本不足以生产出他们所需的大米。

在任何一个社会中都贯彻着一种作为经济生活过程后果的、对社会相互关系或紧或松的调节。没有这种经济调节过

图 3-6　退耕还林补助款发放现场

[①] 资料来源：贡山县人民政府统计局秘书股李股长 2010 年 6 月 10 日提供。

程，各个人之间为了满足需要的目的而进行的协作就根本无法进行。这种调节，连同由其进一步引申出来的一般社会交往法规构成了社会制度。① 政策落实对于有效释放独龙族的生态与制度稀缺，具有重要的作用，这是将独龙族社会变迁推向高潮的关键。地方政府是拟定扶贫项目的机构，贡山县政府的工作报告表明了退耕还林及草果种植的背景：

> 力争2007年人均有粮达200千克（2005年为167千克），农民人均纯收入达1 000元（2005年为410元），劳动者培训人数达300人，农业总产值达180万元（2005年为145万元），小学学龄儿童入学率、年巩固率、小学六年级完学率达100%，农村标准化卫生室、文化室建设得到完善。②

按照政府的预算，巴坡村计划草果种植2 000亩，总投资64万元；人工椴木栽培黑木耳320亩，总投资345万元。由于草果种植需要技术培训，上级政府部门原定在巴坡村开展农村实用技术培训18期，500人次；草果种植技术培训18期，400人次；人工椴木栽培黑木耳技术培训18期，400人次，所报总投资20万元。③ 但在与巴坡村的民众访谈时，他们没有任何人反映自己接受过培训。在政府的项目计划书中，贡山县较少特有民族脱贫发展规划领导小组及其办公室是独龙族脱贫发展项目规划的实施管理机构。其任务是按照独龙族发展建设规划和年度计划，编制下达年度项目计划；积极协调扶贫资金，保证资金能及时足额到位；制定切合独龙江乡独龙族发展实际的规划实施管理的规定制度；组织有关方面对脱贫发展规划的实施进行监测评价；组织技术人员为脱贫发展规划实施管理提供咨询服务和技术培训；组织对项目和发展规划完成后的总结验收。尤其重要的是，政府提倡的参与管理是指社会各级、各界参与独龙族发展建设规划的制定和实施管理，形成合力，保证规划目标的实现。在政府的极力倡导下，巴坡村部分接受过高等教育的群众同意将自家责任田出让，用于培育草果苗。村民木利山手中还有一份2006年底政府发放的宣传手册：

---

① 亨利希·库诺著，袁志英译：《马克思的历史、社会和国家学说：马克思的社会学的基本要点》，上海：上海译文出版社2006年版，第261页。
② 资料来源：《贡山独龙族怒族自治县独龙江乡巴坡独龙族发展建设规划（2006—2007）》由贡山县政府办提供，特此致谢。
③ 资料来源：贡山县农业局统计股2008年11月29日提供。

草果套种以水冬瓜树为主的林地，同时日照时间少，降雨量大，常年气温均衡，适应草果生长。同时草果种植技术简单、田间管理简便。加之耐贮藏，在销售环节上与独龙江乡每年有半年雪封山的实际没有冲突，目前贡山草果在市场需求量较大，贡山县实际完成草果种植面积约为 15 000 亩，因尚未达盛果期，年产量仅为 10 吨左右，市场价格在鲜果每公斤 10 元，最高时可卖到 16 元。

因为初期育苗几乎全部没有成活，原来参加种植项目的 6 家农户全部放弃。从巴坡村出去学习后原担任贡山独龙族怒族自治县县长的高德荣得知这些情况后，充分利用了近水楼台先得月的便利，调动自己的社会资源将草果种植试点项目一人独自承包，并在巴坡村最好的农田中再次进行试点种植。为了克服巴坡村夜间多雨对草果育苗的影响，高德荣还专门购置了 3 000 平方米的黑色大篷布，可以遮阳避雨，并雇用巴坡村群众定期除草。经过一年的大棚培育，曾经的水稻田中长出了稀稀疏疏的草果苗。笔者在巴坡村调查期间，16 位村民正在掀开篷布给草果苗除草。他们给高德荣打工，一天原定工钱是 30 元，但由于后期草果苗几乎全部没有成活，他们领取工资的希望自然也无法实现。

根据独龙江乡向县政府提交的报告，1999 年末，独龙江全乡总耕地面积为 7 203 亩，其中固定耕地为 3 363 亩，刀耕火种的轮歇地为 4 040 亩。2005 年，政府提供的数据显示，已经完成了 1.2 万亩的退耕还林任务，其中已经退耕的面积为 7 000 亩，种植树苗的面积为 5 000 亩。人均退耕 1.78 亩，每亩补助粮食 210 斤，人均 374 斤，但按照 2003 年家中实际人口数量领取，每人都可以得到 7 袋大米，共 350 斤粮食。[①]

退耕还林政策的直接结果是村民不管原来的家庭有多少劳动力，八年之内都可以顿顿吃上大米。许多家庭还把大米转送给独龙江之外的亲戚，笔者在孔当亲眼看见鲁腊的两位村民把刚领到的大米装上小卡车送到二区，给自己的女儿及女婿家；也有一些粮食富余的人将大米加工酿成米酒，笔者所住的房东家一年要将一个人份额的补助粮食酿成水酒。由于退耕还林之后，独龙族群众很多人已经没有土地，年轻人基本上没有农活可干，除了出门找点猪食，打点柴火，就是到处闲逛，晚上就互相串门，做

---

① 贡山县粮食局独龙江乡粮站提供相关资料。

霞拉（一种酒名）或者喝啤酒，经常弄到半夜三更的时候到处都是狗叫的声音。中老年人本来可以在冬日农闲时上山打猎，如今退耕还林之后，所有的弩弓全部要上缴，私自上山打猎将会受到处罚。另外，原来在刀耕火种地上可以种植野麻、各种杂粮，如今几乎看不见野麻的踪影，麻线独龙毯就此退出了历史舞台。同样，上游迪政当和龙元村过去经常搞一些巫术仪式，也因为没有苦荞之类的粮食可供制作道具，几乎没有人再搞传统的仪式了。

表面上看，退耕还林给当地农民带来了现金收入，粮食也充裕，无须任何忧虑。但它带给村民的后果并非完全是积极的一面，从另一面方面来看，独龙族传统的生活方式正面临全方位且彻底的变革，不仅有电视、DVD播放机和手机之类的媒体进入他们的生活，市场经济的法则也开始步入他们的内心。他们开始懂得商业世界的竞争规则，知道货比三家的基本道理，就是卖虫蝼之类的药材，也要和收购商讨价还价。不过，最大的问题是，如果退耕还林补助款及口粮停止发放，他们应该如何生活。国家强大的财力，可以利用财税转移支付制度，让独龙江旧貌换新颜，何况为了体现国家民族政策的优越性，也需要这样不断扩大经济建设。

从 20 世纪 90 年代末到 21 世纪初，禁猎和退耕还林政策给独龙族民众的经济生活带来了很大的变化，为此国家也给予了独龙族人民每年一定数量的大米和金钱作为补贴。2010 年独龙江乡成为省级扶贫开发整乡推进试点，开始新农村建设，独龙族的生活居住方式也开始发生变化。绝大部分当地居民统一安排从山上搬到新农村集中居住，每家每户配备三室一厅的安居房，通水通电，新房子配备电视机、洗衣机等电器，取代了原本的木头茅草房。大部分人总体上满意和适应新农村的生活，觉得生活条件比过去好了很多，聚居的生活比过去更加热闹。还有一部分年轻人干脆把安居房打造成农家乐，客房供旅客居住，每年能稳定获得不错的收入。①

（二）政治选举

国家的政治社会化与一体化努力，久而久之，便可以改变民族性格，而民族性格又会在相当程度上影响到国家的政治制度。② 国家作为一种建构在全

---

① 张缙韬：《社会快速转型期独龙族的自杀问题及其影响因素研究》，昆明医科大学硕士学位论文，2019 年，第 12 页。

② 绫部恒雄、贺崇武：《东南亚的国家和民族：国家领域的类型和民族》，《民族关系史译丛》1985 年第 1 期。

社会之上的公共权力系统，其职能还在于控制多民族社会中的民族冲突。政治是调节公共事务中权威和权力关系的结合和相互作用。斯沃兹、特纳和图登提出，政治是人类社会的全球性现象，是具有公共目的，并且集中于使用权力的人际关系，尤其是团体关系的行为，因此政治可以界定为团体成员为实现公共目的而使用权力的行为过程。[①] 独龙江的特殊地理环境和独龙族获得族名的特殊方式，赋予了村寨政治网络与众不同的特点。笔者在调查期间，亲身体会了很多次群众会议。在 2008 年 6 月份进行的县人民代表大会正式代表的选举活动中，笔者从下游到上游走访了 4 个行政村，参与了 4 次现场选举活动，不仅捕捉到了群众参与政治生活的基本态度，还从选举中进一步见识了村内干部把握机会和利用资源的本领，由此可以分析出在选举这一场域中，村民如何做出选择回应乡村干部和政府机构的强势话语。

图 3 - 7　2008 年孔当二队人大代表选举现场

独龙江乡 6 个行政村都有办公楼，巴坡村政府用的是以前乡政府在巴坡时留下的木板旧楼，其中孔当村的政府大楼颇为气派，是贡山民委投资 23 万元建成的。二层水泥砖房共有 6 间，分别设有党支部和村委会办公室，党支部办公室内部挂有 16 块牌匾、1 面党旗、4 张宣传画、1 个大屏幕电视、

---

① SWARTZ M, TURNER V, TUDEN A. Political anthropology. Chicago：Aldine, 1966：2.

1 个音箱和 10 个沙发组成的一圈沙发座椅，另外还有 2 张玻璃茶几和 10 张油漆方凳。独龙江乡行政机构的建立不仅因为国家的在场而改变了原本村寨内部人与人之间的关系，还深刻影响了地方与国家的关系。在国家进一步直接支配地方资源和管理模式下，独龙族往日的头人和能说会道的卡桑（kɑ⁵¹sɑn⁵⁵）很难再有作为。

地方社会需要多元的权威①，不过民众对于国家的认同概念并不一致。在笔者调查过的独龙族村寨，大部分人都知道自己是中国人，并知道独龙江下游缅甸境内居住的日旺族生活水平不如自己，表现出强烈的国家认同感。他们直接感觉到的认同源于党和国家的惠民政策，能够接触到的干部主要是乡村两级干部②，因此对于国家的认识基本局限在这些基层干部，特别是村委会班子成员身上。对于国家的象征物比如国旗、国歌、国家领导人和首都等政治符号，独龙族群众能够完全准确认知的并不多，但是对自身的民族身份却很敏感。

在谈到党和政府实行的政策尤其是少数民族地区的政策时，独龙族群众都会竖起拇指表示满意。有些汉语表达不流利的老人，总会用简单的词语表达自己的心声，如"共产党好"，当然，他们也表达了自己对受冷落的不悦心情，希望政府能给予自己多一些帮助和扶持。村社公共权力的能力主要体现在两个方面，一是控制能力，即对村社公共事务的控制；二是动员能力，即对村社成员和其他资源的动员。另外，村社公共权力的能力大小主要取决于这样几个因素：一是公共权力的整合度；二是能够支配和利用的政治资源；三是村社成员的支持程度。可以讲，独龙族群众的认同心理和满足程度已经超越了历史上任何一个时期。

为具体了解独龙族村寨的基层政治制度建设，笔者与村委会干部一起参加了各个村小组的人大代表选举活动。村委会副主任孔学荣 2007 年花了3 000 元从贡山买了部二手吉普车，平常村里干部要下村，他就开着吉普车下去。路上党支部书记很自豪地说，9 月 21 日他要到北京参加全国村长论坛，向我展示他的发言稿，看得出这位独龙族支书很有政治抱负。在基层工作已经 15 年的肯志荣对新基层干部的工作方式了如指掌，在各级领导来村里嘘寒问暖时能够恰如其分地提出要求，他对笔者说村委会大楼的项目就是他申请来的，言谈中不无自豪感。

---

① 赵旭东：《权力与公正：乡土社会的纠纷解决与权威多元》，天津：天津古籍出版社 2003 年版。
② 张晓琼：《变迁与发展：现代化背景下的云南布朗山布朗族社会研究》，中央民族大学博士学位论文，2003 年。

图 3-8　孔当村主任在讲解选举程序

　　这次规模宏大、持续 2 个月的人大代表选举活动在 8 月份公布结果时落下了帷幕，各个村委会的村支书无一落选，另外县里指派的名额如时任怒江州人大常委会副主席的高德荣、县人大副主任李正中也全额选上，最后没有普通独龙族村民的代表，能够到县里开会的仅仅是森林管理员或者村干部以上的拿国家工资的工作人员。2008 年 8 月 17 日开始，各个村里选出的人大代表从村里赶到乡上，统一坐车去县城开会。

　　凡是满足人的物质或精神需要的都可称为利益，利益的实现也就是人的需要得到满足。为了达到满足利益的目的，首先需要使利益得以充分表达。① 少数民族村社成员向政治权力表达自己及其利益的行为既有面向国家政权组织的利益表达，也有面向村社政治权威的利益表达。利益表达主要是公民向国家和政府提出某种愿望或要求的行为，是政治过程几个基本环节（利益表达、利益综合、政策制定、政策执行）的第一阶段，也是公民个人或一定的利益集团影响政府决策的主要环节。② 动员性参与是指在政府、政党以及其他政治组织的动员与胁迫下进行的政治参与；自主性参与是指参与者按照自己的意愿主动地、自发地进行的政治参与。显然，自主性参与更能反映一个社会中公民的参与意识与程度。目前，独龙族村寨的

① 阎学通：《中国国家利益分析》，天津：天津人民出版社 1996 年版，第 10 页。
② 程同顺：《当代中国农村政治发展研究》，天津：天津人民出版社 2000 年版，第 115 页。

群众的政治参与大多数是动员性参与方式。

独龙族对于政治的主要参与形式是选举县、乡人民代表大会代表和村委会干部。这些选举一般由乡党委和乡政府派出工作队进驻村里，挨家挨户劝说村民来开会投票，因此参与的比例较高。村民虽然直接参加了选举，但在实际运作中，几乎都是被动接受各级干部的动员、安排，并未真正参与基层民主政治，也没有真正行使法律赋予的政治民主权利。

村级领导人扮演代理人的角色，他们一方面要执行上级的命令，另一方面要为村民的利益不断同更高一级政府争取。① 政府凭借近乎完美的权力网络，运用强大的宣传手段，并对与农民利益直接相关的资源进行有效的调控。尽管乡村文化中存在多元性和不统一性状态，但毕竟存在一种共同文化；在不同历史条件下，所有这些文化构件的互动发展出各种影响到每个干部或普通公民的行动方式，这一图景因此展现了国家和地方社会之间的相互渗透。

在地方社会进入国家的过程中，传统上小型、半自治而独立的农村社区，慢慢被以中央政府为主的大众文化所取代，行政系统通过高度组织化的网络渗透到基层社会的各个角落。② 在国家的大力投入和支持下，扶贫、脱贫、乡村振兴等各阶段国家战略在独龙江乡落地生根具有很大可控性。伴随新时代全面现代化进程的持续推进，通过"巩固脱贫成效，实施乡村振兴"行动方案的贯彻落实，作为独龙族的全国唯一聚居区，独龙江乡将在保持原始"秘境"特色的同时，大步走向"富裕、文明、和谐"的现代美丽乡村，以其乡土实践成就脱贫致富的地方样本和中国经验。"整乡推进整族帮扶"是继"直接过渡"之后独龙族发展的又一个重大转折点，通常来说需要数十年完成的物质文明进程在这里只用了数年时间，这个高山峡谷之中的民族发生了翻天覆地的变化。③

独龙江乡自然地理偏僻、社会发展程度低、经济发展严重滞后，一直是全省乃至全国最偏远、最封闭、最贫困的乡镇之一。2009 年末，全乡人均生产粮食 201 公斤，人均经济纯收入 916 元，有 12 个自然村（350 户1 245 人）不通公路；31 个自然村（896 户 3 306 人）不通电；31 个自然村

---

① OI J C. State and peasant in contemporary China：the political economy of village government. Berkeley：University of California Press，1989：227 – 233.

② 黄树民著，素兰、纳日碧力戈译：《林村的故事：1949 年后的中国农村变革》，北京：生活·读书·新知三联书店 2002 年版，第 21 页。

③ 杨艳：《本土建构的差异化治理：基于独龙族脱贫与发展的乡土实践》，北京：知识产权出版社 2020 年版，第 iv 页、第 60 页。

（789 户 1 879 人）饮水困难；文盲率最高时达 33.07%，缺医少药现象突出，处于整乡整族贫困状态。在此后的较长时期内，地方政府一直在努力改变独龙江乡整族贫困的情形。为努力实现"率先脱贫、整体提升、全面小康、整族致富、生态标兵、旅游秘境"目标，怒江州委于 2017 年 9 月 13 日在独龙江乡召开了独龙江乡"率先脱贫、全面小康"现场办公会，全面启动了独龙江乡"率先脱贫、全面小康"提升行动。

法律规则"是由建立在互赖基础上和互惠服务的同等安排的认同上的特定社会约束力机制所强制执行的，并将这些权利主张融入错综复杂的关系网络中才得以实现。配合了必需的公共控制和批评的礼仪形式在绝大多数的交易中被完整地执行，从而增强了它们的约束力"①。

笔者从独龙江乡政府得到了有关独龙江乡基本工作动态的一份资料，上面显示独龙江乡人民政府班子中，非党员只有 2 名，妇女干部 1 名，大学本科学历 2 人，大专学历 2 人，中专毕业 1 人，平均年龄 33.8 岁。2008 年独龙江乡人民政府主要工作有"1·24"特大雪灾的抢险救灾、第二十七届奥运会期间的安保工作、乡级人大代表的换届工作、县级人大代表的换届工作、深化林权制度改革，以及开展好独龙江乡 2007 年的各种项目：王美和鲁腊的新农村示范点项目、米里王和恰务当易地搬迁项目、龙元村的民房改造项目、独龙江乡江面人马驿道吊桥 7 座项目；巴坡村委会、迪政当村委会、龙元村委会和献九当村委会四个村委会的维修和新建项目；巴坡侨心小学、迪政当小学、龙元小学、献九当小学和马库小学的维修和新建项目；乡镇公路和集镇建设等。到 2008 年底，独龙江乡政府干部职工与林业站流转房投入使用，独龙江乡九年一贯制学校教学实验楼顺利竣工运转，正在建设中的有独龙江乡卫生院干部职工流转房、粮管所、农技站和九年一贯制学校干部职工流转房。

二、易地搬迁与林权改革

（一）易地搬迁

自 2005 年以来，贡山县民委落实国家民委人口较少民族的扶持计划，先后筹集了三拨资金用于其他三个偏远自然村小组整体搬迁到巴坡村。水

---

① 马林诺夫斯基著，原江译：《原始社会的犯罪与习俗》，昆明：云南人民出版社 2002 年版，第 35 页。

泥砖住房主要在下游的巴坡村居多，原来住在山上的斯拉洛、米里旺、马扒兰三个自然村，按照政府的计划，都要搬到江边公路一侧。根据贡山县民族委员会提供的成本预算，可以推测每户搬迁新建房屋所需的费用：

空心砖：1 600 个空心砖 × 2.75 元（实地生产加工价格）= 4 400元；

木料：50 根 × 40 元/根 = 2 000 元；

水泥瓦：100 张 × 19 元/张（含贡山县城至独龙江乡巴坡村运费 4 元/张）= 1 900 元；

砂石：20 米³ × 40 元/米³ = 800 元；

水泥：4 吨 × 600 元/吨（含县城至独龙江乡巴坡村运费）= 2 400 元；

其他材料（包括天花板、窗户、玻璃、门框、门）：2 000 元；

施工费：80 元/米² × 60 米² = 4 800 元。[①]

以上的建筑成本是按照每户三间的标准来计算的，每户建筑成本是 18 300 元。

对于政府主导的易地搬迁工作，巴坡村群众的态度褒贬不一。笔者对巴坡村 40 户独龙族家庭的户主进行了专题调查，询问他们对于易地搬迁工程的看法。其中 12 户村民为易地搬迁户，他们分别来自离巴坡村 6～10 公里远的三个自然村。因为耕地还在原来的村寨，他们对于搬迁仍是忧大于喜。

虽然易地搬迁房让他们一家在居无定所时有了落脚点，但马新山对于自己新搬迁的水泥砖房颇有微词。他说竹子房通风性能好，比木板房干燥，不容易积灰尘，但结构不稳定；木板房更防风、耐牢，但是建造起来比较麻烦。缅甸那边的独龙族住的房子，都是用龙竹或者青竹建造，屋顶全部是茅草覆盖。用竹子来修建住房，一个人准备 1 个多月就可以了。先到江边砍回 200 根大一点的竹子，用砍刀剖开，制成薄片然后再编成大片的竹篾。同时要留 30 根圆竹，再准备 20 根方料，一般是附近的水冬瓜树，再找几堆大石块。选择好盖房子的地方后，用石块砌出 10 个石墩，把方料平放在石墩上，必须保持水平。之后就可以将其余的木料搭出框架，用圆竹铺在方

---

① 资料来源：《贡山独龙族怒族自治县独龙江乡巴坡独龙族发展建设规划（2006—2007）》由贡山县人民政府办提供。

料上，再盖上已经编织好的竹篾；墙体也一样，待所有的竹篾都固定在木柱与圆木上面，房子就盖好了。

2000年开始，政府连续调拨8 000张石棉瓦分发给巴坡村的6个自然村寨，取代原来的茅草屋顶，笔者调查了几户独龙族家庭建房的基本费用。

（吴永华家）三间木房建于2006年11月，当时玉米已经全部收完，国家给了120张石棉瓦。从2005年6月开始，慢慢准备木料，自己山上的水冬瓜树不够，要去别人山上砍木料。一天只能找到1根合适的木料，大的松木要在山上锯开，请一个人帮忙。付给别人的工资是15元/根，一根大的木料可以锯成12块木板。到前年（2006年）冬天，木料全部准备完毕，有80根木料和100块木板，请弟弟（吴永明）来做，还有村里的邻居也来帮忙，10天就全部建好了。杀了一头自己家里养的猪有95斤，总共喝了20斤自熬酒，还买了2箱麦芽青、1箱苞谷酒、2箱啤酒和4斤腊肉。总共花费了1 500元钱，另外还要自己累一点。

（罗兴光家）两间木板房建在球场附近的平地上，用了130根木料，其中40根大的松木锯成了木板。去年（2007年）自己家三个男人和村里的两个小伙子一起，用了7天就建好了。到丙中洛买了两次酒和菜，有3箱苞谷酒、3斤烟丝、4斤腊肉和1条鱼，自己家养的山羊，杀了1只，总共大概500元。盖房顶用的石片是平常从江边背回来的。

（建华家）2005年从四川复员回来，在村里做武装干事，能拿到420元/月。2007年10月开始准备木料，请村里的两个小伙子一起到山上砍水冬瓜树，两间房一共要80棵水冬瓜树。建造房子时，买了5箱啤酒和2箱苞谷酒。自己家养的1头猪杀了，有75斤肉，总共算起来要700元钱，主要是吃的东西贵，还买了塑料薄膜做房顶。

以上三则案例反映了独龙族自己建造传统住房时共同的特点：建造前的准备周期长；邻里亲戚之间互相帮助；材料成本低廉；建筑工艺要求低，房屋实用。对比政府的"安居工程"，两者成本比为1：10，独龙族群众对水泥砖房颇有微词。笔者在巴坡村三个搬迁小组的独龙族村民家，了解他们对新居的一些看法。有一半以上的村民认为自己不习惯住这种水泥砖砌成的房屋。

（村委会大楼后侧水泥房杨志明家）从米里旺搬下来，5 亩苞谷地还在山上，这里只有 1 间厨房和 1 间卧室，都是水泥地面，很不习惯。下雨天，到处都是湿的，又不容易干。没有猪圈和关鸡的地方，过去在山上可以养 5 头猪和 10 多只鸡。过去住的木板房，倒水直接从屋里往木板底下倒，现在只能倒在门口，又没有排水沟，很容易引来蚊子和苍蝇。冬天晚上睡觉时，经常被冻醒，只好搬到厨房火塘旁边睡，总感觉这里不是自己家。

（巴坡村斯立全家）原来我家住江东山上，今年政府给我们 12 户免费统一盖了 3 间水泥砖房，没有厨房，我们自己准备木料，自己建厨房。我原来有 100 来根木料，4 月份开始建厨房，6 月份我就先搬进来了。住了 3 个月了，感觉不如原来山上的茅草房好。江边用水不方便，政府没有给我们安装自来水，要到上面路边背水不方便。3 间水泥砖房很小，地面都是水泥硬邦邦的，很不习惯。铁门关起来的时候声音很大，不像原来的木门，连锁都不要。这里不好养猪和狗，要是政府帮我们在原来的地方盖木房就好了。

从简单的访谈内容，可以看出刚搬入新居的独龙族村民感触更深的是对新居的不适应。从孔当村到巴坡村的半路上，还有一个保留得比较完好的独龙族村寨，是政府准备发展旅游的特色村庄，笔者到达该村时，正好赶上村里一家人举办婚礼，访谈了四个类别的人。

（组长普山仁）普卡旺小组有 12 户 57 人，男性 29 人中有 13 个青壮年劳动力。村里有 26 亩耕地，只能种植玉米、洋芋（马铃薯）和大豆，16 名在校学生中有 11 个小学生。村里有茅草房屋 50 间，村口水泥道边的 3 间草房是政府出资建造的；另外 24 间是苞谷仓房、猪圈与羊圈，23 间是厨房和住房。历史最久的茅草房有 150 多年了，屋顶已经换过几十次茅草了，木料也换过几次。去年（2007 年）6 月份开始，县旅游局来村里，宣传旅游开发的政策，政府给每间茅草房（住房与厨房）补贴 1 000 元。现在搞退耕还林，茅草很不好找了，我们还是愿意继续住茅草房，感觉更舒服，别的村用铁皮屋顶很热。

（士官普光荣，2009 年 12 月退役）在内蒙古机动雷达部队服兵役，现在是二级士官，2000 年 12 月读初二上学期时，就弃学去参军了，2004 年、2007 年和今年（2008 年）各回家探亲 1 次。这次回来是结婚，对象是孔当村一组的独龙族姑娘。每次回家都感觉不一样，村里的面貌变化很大，路修通了，外地游客来村寨就很方便了。村寨地理位置好，依山傍水，普卡旺河常年清澈见底，河里有许多白鱼，味道非常鲜美，可以捕捞供外地游客品尝。村庄周围的景色非常美丽，传统的草房在树荫掩映下，让人流连忘返。如今村里要开发旅游，我准备明年退伍后，回来带领父老乡亲一起干，把村里建设好。

（村民普文明，31 岁）1999 年修建了 3 间木板房，盖了茅草顶，那时搞火山地，茅草很好找，盖房子也没花多少钱，信基督教的乡亲来帮忙，不需要买酒和烟，只要买些菜，大概花了 500 元钱。现在附近山上的茅草越来越少，修建得早的茅草屋顶有些已经开始腐烂了，政府要求不能更换成铁皮，给我们钱作为补贴，但是上哪里找茅草呢？要是可以在山上搞些火山地，茅草好找了，我们也愿意住在茅草木板房里，冬天暖和，夏天也凉快。村委会干部给我们开会，说要搞旅游，我们也不知道怎样搞，就是种好玉米和蔬菜，让外地来的人吃到独龙族的特色食品，我们可以多一点收入。

不管巴坡村的独龙族群众如何评价他们已经或将要搬进去居住的水泥砖房，政府对工程的验收工作还是照常进行。2008 年 8 月下旬，主管巴坡村易地搬迁项目的政府领导来到巴坡村，简单巡视了几个安居点的情况后就直接落脚村委会。七八个干部中只有一位独龙族领导，他一直在积极地争取扶贫款，帮助巴坡村的群众从偏远的山寨搬到巴坡村来。群众对他比较熟悉，但奈何各自家里也拿不出能够招待上级领导的东西。

最后，村主任跑了三个村寨，找到了六只鸡一只羊，在小卖部要了五斤腊肉、三件苞谷酒和十箱啤酒。当天晚上，巴坡村的男女青年都来到村委会的会议室，庆祝易地搬迁工程顺利竣工。此时，村委会厨房中小小的火塘已经不够用，周围四家厨房的火塘同时帮忙煮饭炒菜，俨然一顿集体大餐。笔者在这样的集体场合得以一见独龙族青年男女的庐山真面目，他们的酒量确实不错，几乎每个青年都能喝半斤以上的白酒。在霞拉下肚后，年轻人对着政府赠送的一台 DVD 唱流行歌曲。一直到第二天凌晨，他们才慢慢散去各自回家。在这种庆典酒席上，我们可以看到独龙族社会变迁的激烈程度。

图 3 - 9 2008 年底竣工的孔当村安居工程

　　但值得注意的是，政府免费发放的石棉瓦、水泥瓦给高寒山区村民带来房屋保暖性差、不适应木结构房屋等问题，导致村民普遍抛弃这些材料。而易地搬迁往往忽视了耕作农地的距离问题，使得部分村民不得不搬回原来的村寨居住。这些花费很多扶贫资金、广大人口较少民族群众盼望已久的扶贫项目，最终没有发挥出预期效果，不仅浪费投资，还让一些群众误认为政府并非实实在在为他们服务，从而冷淡漠视地应对后来的帮扶项目。①

　　施工队负责木板安装项目的师傅李根新讲，独龙族即将居住的新房一般有三间房，标准用料大概在 300 块松树木板，原木方料需要 30 根，光是木料的裁切和安装所需的费用大约是 1 500 元。另外，铁皮用料大约 80 张，人工费用在 200 元左右，如此算来，一栋三间房屋的新式住宅大约需要15 000元的成本。独龙族人过去居住的木垒房面积很小，每间房屋不过六七平方米，现在的新式板房每间内部空间有 12 平方米，但依然沿袭老式的窗户（木板墙上挖出一块 30 厘米见方的空间），只是加了一个活动的挡板，便于开合。

　　笔者对新农村建设所占用土地做了粗略的估算，孔当村 72 户人家中，去除 34 户在乡政府周围用作商业建筑或者政府事业单位的房屋，剩下 38 户全部要重新规划建设，占用孔当村原来邻近江边的苞谷地 30 亩。按照新农

　　① 张锦鹏：《从"有限理性"看云南少小民族自主发展意识的激发》，《云南社会科学》2010年第 2 期。

村建设的统一规划，每排建 3～4 户，就需要 10 排，显然没有这么开阔的空间供他们建设。于是，施工队只好化整为零，将新房星罗棋布地分散在几块稍大的空地上。独龙族群众自己完全不需操心，照常上山放羊或背柴，偶尔有空就好奇地在自己的新房边张望。孔当村最显眼的三排房子位于广场右侧一号桥附近，是 2001 年省委民族工作队专门蹲点建设的工程，总共16 家，结构一致，大小基本相同。当时总投资在 100 万元左右，但由于后期资金没有落实，独龙族村民抱怨安装的玻璃窗户却没有玻璃，风吹雨打很不舒服。相反，工作队一厢情愿给每家安装的炉灶却完全被独龙族群众抛弃。孔当村 58 岁的孔文华认为，工作队给他们每家安装的铁皮炉子不仅费柴，做饭也不快，重要的是冬天的时候还没办法取暖。传统的三角铁火塘是独龙族群众生活中最重要的部分，想当然地改进他们的生活方式，似乎并不那么奏效。但在肯迪光家里，火塘的作用却在日趋减少。

孔当村的民房建设经历了三次大的变化，从 20 世纪 60 年代以前的茅草房，到 90 年代以前的原木垒成的房子，再到 2000 年初的石棉瓦屋顶的木板房，如今又要住上蓝铁皮板房，群众感受到了政府带来的实惠。在省民政部门及县发改委资助下，一排排独龙族新居在独龙江畔出现。2008 年 11月，独龙江乡已建造完成近百幢新式的独龙族民居。在访谈中，孔当村当时最富裕的和小李算了这样一笔账。他列出了自己一年的收支情况，对比老乡长的家庭经济状况，他家的收入显然算得上村里前列，在其他村民眼里已经具有了很强的号召力。

2010 年，笔者的访谈对象普光荣通过手机短信，告诉笔者独龙江整乡推进整族帮扶工作的计划。6 月 18 日，贡山县独龙江乡整乡推进整族帮扶工作第一个项目——独龙江乡农村信用社办公楼开工仪式在独龙江乡政府驻地举行。项目建设规模为占地面积 576 平方米，建筑面积 274 平方米，工程总投资 140 万元，拟于 2010 年 10 月 28 日竣工，11 月份投入使用。6 月19 日，由怒江州公路规划勘察设计院和贡山县交通局相关技术人员组成的公路测设队开始了独龙江乡马库村委会钦郎当小组到迪政当村委会的农村公路路基改造测设工作。该路全长 90 余千米，将按路基宽 4.5 米标准进行路面硬化。勘测工作于 8 月 20 日前完成，并提交招标工程量，以确保招标工作如期开展，并于 10 月开工建设，在 2011 年底全部完工。6 月 11 日，相关部门还发布了孔当村丙当小组整村推进工程招标公告。该项目涉及农户 30 户 127 人，主要包括 872 米进村公路和占地 1 864.3 平方米的排水沟、卫生道、文化室、篮球场等一系列基础设施建设。

(二) 电视与通信

2004 年，云南移动公司在孔当自建了一个 16 千瓦的水力发电站给基站供电，利用卫星传输建成了独龙江乡孔当村的移动通信基站。10 月 2 日，贡山县县长高德荣与远在北京的国家民委副主任牟本理通话的拨通，宣告中国最后一个少数民族聚居区——独龙族地区从此结束了不通无线电话的历史，并一步从"放炮传信"飞跃到数字移动通信时代。[①] 高德荣在电话中对民委领导说："独龙江乡移动基站的开通，结束了独龙族人民世代与世隔绝的状况，这既展示了中央政府对独龙族地区经济社会发展的重视，体现了党的民族政策的优越性，也体现了中国移动企业强烈的社会责任感。"[②] 独龙族地区移动电话的开通，标志着中国 55 个少数民族聚居区全部开通了移动电话。从 1953 年独龙族获得新生到 2004 年开通数字移动电话，仅仅半个世纪，独龙族就从过去"刀耕火种、结绳记事"的原始社会大步跨入了数字移动通信时代。

独龙江 6 个行政村现在都有中国移动公司建立的手机信号发射塔，2007 年 5 月份开始，怒江州移动分公司派出技术人员，分批调运设备进入独龙江。乡政府附近的移动信号发射塔建于 2005 年 7 月，塔高 70 米，设备机组采用木切旺电站的电力供应，信号覆盖周边的孔美、鲁腊、王美、丙当、肯迪和学哇当 6 个小组，可以同时容纳 38 部手机通话；位于献九当丁拉梅小组的手机信号发射塔，塔高 35 米，也是采用木切旺电站的电力供应机组设备，信号只能覆盖献九当周围的 3 个小组。其他 4 个行政村迪政当、龙元、马库和巴坡的手机发射塔，都是采用 42 块太阳能多晶硅板作为机组设备的电源，只能同时供 18 部手机通话。4 个行政村的手机发射塔信号覆盖面积在半径 5 千米以内，因为独龙江峡谷中村落分散，至 2008 年还有不到一半的村落无法使用手机。[③]

中国移动在独龙江大部分村寨都有信号覆盖，2009 年以前开通了 6 个卫星基站，经过公司各级领导的努力，于 2010 年 7 月 20 日开通了怒江贡山县独龙江乡普卡旺直放站。云南省移动公司总经理但云林组织了公司领导以及与其合作的单位，为独龙江乡中心九年制学校和巴坡侨心小学进行了

---

① 杨之辉、赵岗、曹玉昌等：《从"放炮传信"到数字移动通信》，《云南经济日报》2009 年 12 月 24 日。

② 王毅辉：《独龙江：从"放炮传信"到数字移动通信》，《通信企业管理》2010 年第 1 期。

③ 有关通信的资料由贡山移动营业厅张常山经理提供。

基站开通助学捐款。出席活动的独龙族领导高德荣认为："独龙族群众只要看到手机有信号，心里就感到踏实，看到移动的客服人员或网络维护人员，心中就觉得安全，无论是从独龙族群众生产生活的需要，还是从感情和心理上的依赖来看，都离不开移动网络。真是做梦也想不到啊，我们独龙族同胞也能和其他兄弟民族一样用上手机！"从移动公司在独龙江的系列活动来看，通信网络的拓展极大地释放了独龙族的制度稀缺，这可以从地方人士的评论中得到印证。

图 3－10　独龙江乡的移动塔与太阳能硅晶电池板

此后担任怒江州人大常委会副主任的独龙族干部高德荣，时常奔走于省及国家有关部门，以争取多方支持，帮助独龙族群众脱贫致富。对他来讲，手机通信实在太有必要，他说："独龙江移动电话的开通，对独龙族而言是第二次解放，过去，通信有邮件、电台和电话，但由于受制于交通状况，邮件日报变月报，月报变年报，电台通信仅限于乡政府与县政府之间的联系；一旦大雪封山，杆路倒塌，一年中有七八个月通不了电话，信息传递极不发达。"独龙江乡6个行政村建了7个移动通信基站，实现了"村村通移动电话"。过去，大雪封山封路，便封住了独龙江人民的一切；现在，大雪封山封路，党的方针政策可通过移动通信网络便捷地传达到独龙江。独龙江移动通信基站的建成开通，对独龙族思想观念的转变、科学技术的传播起到了很大的促进作用；对推动独龙江社会经济的发展，稳固边防，促进民族团结和国家安定起到了很好的作用。

武警云南边防总队独龙江边防派出所所长马世宏[1]也说："在过去，

①　访谈时间：2008年10月17日上午，地点：巴坡营地。

独龙江乡没开通移动电话之前，部队信息的上传下达与交流沟通全靠书信，大雪一旦封山，邮件既带不出去也传不进来，以前传递一个普通文件要好几天，现在一般的普通文件，我们直接用手机邮箱就可传递给上级。过去的老式电台这边讲那头就只能听，这边听那头只能讲，沟通费时费事，通信、工作、生活受到极大限制。现如今有了移动电话，对巩固边防安全、提高出警效率帮助很大，以往村民报一次警需要走一两天的路，然后我们才能赶到现场处理，现在一个电话我们就立马赶去，不知节省了多少时间。从生活上来讲，官兵们与家里、对象的联系方便了，军心稳定，工作和生活稳定，移动电话对广大官兵的工作学习起到了巨大的帮助作用。"若从当地的制度稀缺来看，通信的确为年轻人的生活带来了变化。

图 3-11　电视和卫星电话

　　独龙江乡 81.5% 的家庭都有卫星电视接收器和 21 寸彩色电视机，通电的村庄共有 6 台碾米机，全乡共有 13 台洗衣机，主要是在乡机关单位的职工家里，手机共有 213 部左右。孔当的宏达超市经营的家用电器有电视机、影碟机、微型水力发电机和电饭煲，每种电器平均月销售量在 4~5 台，碾米机必须到贡山县城购买，价格一般在 1 000~1 500 元/台。年轻人利用手机播放最流行的音乐，晚上聚在电视机前观看电视剧，或者用手机互相邀约，购买啤酒或白酒喝到天亮。

　　2015 年 5 月，"宽带乡村"试点工程在独龙江乡启动，推动"4G + 全光宽带网络"在独龙江乡实现全覆盖。2019 年 5 月，独龙江乡开通 5G 试验基站并成功拨通云南省首个 5G 高清视频通话，信息高速公路的贯通让这个昔日最晚进入现代社会的民族率先进入了 5G 时代。为彻底解决在地面光缆受损、通信中断时独龙江乡变成"孤岛"的问题。中国电信 2020 年在怒江独龙江乡建设了高通量卫星基站，使得独龙江乡的对外通信不再受制于雪崩、泥石流等地质灾害，架起了卫星通信不中断的"天路"。①

2022年3月，中国移动100套"云桌面"系统运达贡山县城，将落户独龙江乡中心学校，为独龙江乡的教育信息化插上腾飞的翅膀。云南移动在独龙江乡酒店客栈开通宽带网络，为远道而来的游客提供快速便捷的高品质网络服务。特别是沿独龙江公路建设的4个智慧厕所，可以定位显示路线距离，还可以提前查询空余位置，不仅满足了往来游客的如厕需求，还成为智慧旅游路线中的一次独特体验。② 2022年7月22日，在贡山县独龙江乡建设的7个5G基站正式投入使用，目前已有130多个用户接入5G网络，这标志着独龙江乡5G网络已实现行政村全覆盖。"互联网＋教育""互联网＋医疗""互联网＋电商"等在独龙江乡纷纷落地，5G网络将为独龙江乡村振兴注入更多的信息化动能。

中国移动信息化建设在怒江天堑中架起发展通途，从第一波移动电话信号从独龙江乡发出，打破信息隔绝的屏障，到移动4G网络全面覆盖，5G布局渐次展开，再到数字化应用四处开花，现代文明的车轮沿着"信息高速路"快速滚动。据悉，云南移动5G将覆盖独龙江乡的所有行政村。随着5G建设加快，沉浸式娱乐、智能家居服务、智慧医疗、智慧养老、无人驾驶等将进一步改变独龙江乡的生活方式，而农业、旅游等产业也将在数智化加持下融入具有更高效率的新兴产业，信息化的深度变革加速在这个边远山乡渐进式演进，乡亲们正向着更好的日子昂首迈进。

（三）林权改革

笔者参加的一次林权制度改革会议是2008年5月6日在小茶腊篮球场举行的，会议由乡干部李秀文主持，村民小组长木正光召集，有30名独龙族和2名傈僳族群众参加。会议的议题包括自留山的确认、现有集体林和防风林如何分到户。主要解决在自留山确认的基础上，现有集体林、防风林是分到户还是集体联营的问题，征求村民意见的结果是多数认为由1～2户或4～7户来经营管理。这是登记在乡里驻村干部记录本上的信息，但村民似乎并不认账。

召开会议之前，组长在头天晚上挨家挨户通知，第二天早上10点就有

---

① 韩永军：《为什么独龙江乡能"一步跨入5G时代"？》，《人民邮电报》2022年3月18日。
② 付琦、薛颖雯、管文菁、陈蓉：《"数字沙漠"变身"数智乡村"——云南移动数智引领撰写独龙江乡数智乡村新答卷》，《中国电信业》2022年第5期，第64－66页。

傈僳族从山上下来，到村里开小卖部的木珍梅家（在开会的篮球场下方）买了3瓶白酒，坐在路边等候会议开始。每有村民来到球场边，不分男女，只要不信基督教的群众，都接过酒瓶喝上两口，然后用手指擦拭一下喝过的瓶嘴，还没有开会酒就见底了。开完会后，几个村民又聚在一起买了4瓶苞谷酒。主持会议的是担任丙中洛乡文书的怒族干部，还有担任双拉村副主任的傈僳族干部，两人分别讲怒语和傈僳语，小茶腊村民大部分能听懂。村民刚到达球场就领到写有自己名字的会议通知，本来前一天晚上就要发的，但还在村干部手上没有拿到组长家里。

笔者向村干部询问得知，这是县林改小组统一印制的会议通知。村民还要在通知的送达回执上签字，表明会议精神已经贯彻到每个群众。会议主要内容是让村民填写林改方案表决票，也是统一印制，要求在同意或不同意的方框中填写个人名字。主持会议的李秀文将随身携带的《贡山独龙族怒族自治县深化集体林权制度改革实施方案》给笔者翻阅，这本22页的方案足足有10 000字，包含了林权制度改革的指导思想、总体目标和基本原则。方案规定了集体林权制度改革的范围和内容、主要任务和政策、制度改革的方法和步骤，并且作了相关配套改革的时间规划，制定了保障措施。另外还有16页的培训材料，下到村里的干部必须在县上先进行一周的学习，掌握阶段工作的内容和方法。现场的村民表示：

> （鲁明达，独龙族）我家爷爷从鲁腊搬来这里的时候，只有李文辉的爷爷在这里居住，到处的山林都是我们的，后来搞农业合作社，我们的山林拿出来很多给大家搞火山地，十多年前停止搞火山地的时候要植树，大家都不去，只有我们几个去种水冬瓜树，现在还要重新分，搞不懂！

> （肖勇，独龙族）现在有政府来管，那些人就不能再偷树卖了。去年丁××三兄弟卖了10 000多元的树木，我们胆子小不敢去砍，今天我本来想告诉干部，又想想算了。我们来开会是想借这个机会和大家喝酒，管他什么改革，大家的山林大家使用，不需要分得那么清楚，如果要分开，就要请村里年纪最大的人来讲。

笔者后来进入独龙江乡，在龙元村调查期间，又碰到乡干部来村里开现场会议，对这里的会议情况笔者作了对比调查。独龙江乡重视深化林权制度改革的政令，为在全乡6个行政村落实好会议精神，从2008年7月3

日开始连续出了 3 期简报，分别召开了动员大会、业务培训会和工作进展汇报会。之后，上游的林改工作小组入驻村里，墙上贴标语，隔三岔五地召开群众会议。

（和志文，傈僳族，林改工作组成员）我们要提高认识，要把林改工作当作一件政治大事来抓。这次到村里搞山林界线摸底工作，对村与村、组与组之间的争地问题就地解决。弄清楚各村民小组的集体林面积和范围，要召开村民表决大会。贯彻落实县林改会议精神，走群众路线，做好工作。

（龙强，独龙族，村民小组长）我是森林管理员，林业局每个月给我们发 300 元钱工资，每个月到山上巡逻两次，看是否有人在山上打猎和乱砍树木。一般外地来挖虫蝼的傈僳族多，独龙族很少，过去没有修通公路，我们自己挖一点白芨，卖给外地来收购的人，用马驮出去。现在要把集体林分到户，我想那样管理就会更好些，但是我们对自己的山在哪里也不太清楚。

省委书记徒步进独龙江考察，体现国家对独龙族的高度重视，为独龙族社会发展方向定调。贡山到独龙江的公路正式修通，加快了独龙族与外界的交往，独龙族开始被吸纳进全球化体系。独龙族社会在经济上出现分层现象，部分头脑灵活的人抓住机会，从事商业贸易活动，在经济收入方面拉大了与其他群众的差距。对传统文化有选择地扬弃，体现了独龙族在释放稀缺时需要付出的代价。

国家通过退耕还林、建设自然保护区和国家公园等多项政策，推动独龙族生产方式的变化。独龙族完全放弃刀耕火种的农业，生活几乎都依赖国家的投入。这使独龙族在原有稀缺有效降低的同时，又加大了对政府的依赖度。独龙族在扶贫、新农村建设和整村推进整族帮扶等项目中，衣食住行等各方面得到前所未有的更新变化，生态稀缺释放程度逐步增加，整体稀缺转化为部分稀缺，新的社会分层更加明显。

第四章　社会结构的变化

第一节　稀缺改变生产关系

社会结构主要是指内部人们的关系配置，此乃社会变迁的主轴，主要体现在所有制形式、人与工具的结合、分工合作、资源分配以及人口生产等方面。独龙族在进入社会主义大家庭之后，这些关系出现明显的分化。如果不把环境因素和生活方式考虑进来，就不能理解政治制度，也就是说，政治制度与生态环境一致。结构关系构成一个系统的群体之间的关系，以及一个群体系统内部的人们之间的关系。[①]一个人群的社会结构就是那些彼此独立又相互关联着的系统，地域性群体之间的关系可以看成是政治。政治结构的趋势或原则通过价值观念控制着人们之间的实际行为，而且社会关系是由政治结构所安排的。

独龙族青年对于近几年村庄的快速变迁，大多数保持热切欢迎的态度，但个人的活动能力不同，获得现金购买外来消费品的数目也不尽相同。在经济收入上，各个村庄已经初步呈现出了贫富差距；在适应社会变迁方面，这种分层就更加明显。适应变迁的人群能够抓住政策，外出打工或者在村里开办小卖部，从事商业活动，或者接受学校教育后跳出农门；相反，一部分不适应者无法接受改革的新思维，在新农村建设中逐步被淘汰，甚至走上人生的绝路。

一、人口流动加剧

独龙族经商的人目前还只是个别比较有头脑的地方人士，这些人要么是退休教师或干部，要么是现任乡村干部。外出打工的往往是初中毕业生，没有考上高中或者家中无力支撑其上学，就选择到贡山的服务行业找点小工的活儿干。除了组织一般群众的劳务输出，地方人士也积极拓展自己的政治资源，利用一切机会发展某些挣钱的行业，比如购买货运车辆、争取银行贷款、发展种植和畜牧。

---

① 埃文思·普里查德著，褚建芳、阎书昌、赵旭东译：《努尔人：对尼罗河畔一个人群的生活方式和政治制度的描述》，北京：华夏出版社 2002 年版，第 304－307 页。

　　在乡政府所在地的孔当村，沿着乡政府门口的路自南向北数，共有 13 家商店和 4 家旅馆，只有 4 家为独龙族人经营；从客崧旺饭店往南走到王美村口，共有 11 家商店和 3 家旅馆，有 5 家为独龙族人经营。现阶段的中国，农民流动是在现代化进程中产生的，而现代化带来的一个至关重要的政治后果便是城乡差距，而且这种差距在短时间内不可能消除。在传统农业社会向现代工业社会的转变中，农民流动的动因和影响十分广泛和复杂，它不仅深刻地改变着传统"安土重迁"的农民自身，而且深刻地改变着传统乡村的社会生态。由于现代化话语的强势，已经很难再找到不受现代化话语影响的社区。独龙江这一带的乡村虽然交通相对闭塞，但其仍不可避免地受到现代化的影响，大量的年轻人在改革开放后开始奔向经济发达地区打工赚钱，传统的农业生活已经很难再支撑村民一家大小的日常开支。在独龙江一带，初中毕业后的青年大多外出打工，在家的也大多有外出打工的经历。人员的输出，以及现代化各种传播、渗透的渠道，还有政治、经济、文化的进入都在一定程度上改变了传统的少数民族村寨生活形态，人们业余生活的很多方面开始被现代化的产物比如电视媒体、电子产品如手机等占领。

　　孔当村现任支书是复员老兵，1992 年从部队退伍后就进入政治队伍，先后在上游的龙元村、献九当村担任过民兵连长和村委会主任。2000 年他入党后被乡政府重点使用，2008 年 9 月份他代表独龙族参加全国村长论坛，请了乡里面学历最高的干部帮他撰写发言稿。他把发言稿拿给笔者修改，还向笔者咨询大会上如何表现出众。为此事，第二天他专门杀了一只羊犒劳帮他写稿子的乡干事，笔者也作为他的座上嘉宾被邀请到他家，详细了解了他的雄心大志和政治抱负。

　　这份发言稿据说后来还刊登在村长论坛的正式出版物上，很快他就凭着这次的荣誉顺利当选为乡政府副乡长，实现了他的政治抱负的第一步。他曾经对笔者讲，他想当乡长，可是这条路还很漫长。今非昔比，往日独龙族对于政治权力不感兴趣，如今出外求学回来等着到政府部门就业的独龙族人剧增。显然，这种变化体现在了社会结构中，劳动工具的配置不再由过去的家庭公社负责，完全遵循市场化原则；生产资料的分配则完全由政府官员来定，人口再生产也是由政府用计生政策和婚姻法加以管制。人与工具的结合依赖于经济条件，有商业活动能力的可以购买外地的先进工具，比如水泥砖预制机生产新农村建设所需的水泥砖，挣取客观的利润；也可以倒卖普通群众从山上采集的药材。

图 4 - 1　独龙族人经营的小卖部

　　龙元村一组的组长龙兴，2007 年花了 3 000 元钱把学校的三间旧木房子买过来，并将房子拆了重组后移到了新修通的村间机耕道旁。他说离公路近，可以做点儿小生意，两口子（他妻子一直没有生育）现在住的茅草房总是漏雨，也得尽快搬迁到新买的木房子里，可是水电都没有安装。自来水要用塑胶水管从村旁山涧溪水中接过来引入一个水泥蓄水池中，需要 200 多元购买塑胶水管，他还没有筹集到这笔钱。他说半年的工资没有发，要不早就搞好了。原来，他还是林业局雇用的护林员，每月可以领取 300 元的工资，但半年才发一次，每个月只发 250 元，另外 50 元要等到年终考评，如果合格才能全额发放，若不合格就要扣减。在他那间厨房兼卧室的茅草房里，笔者与他聊到修建公路的事情时，他在墙上一个塑胶袋里小心翼翼地翻出来几张写有数字的纸，上面记录了他和村里几位赶马哥帮丽江来的包工头姚江山驮炸药的数量和工钱，他反复问笔者这笔款是否还能拿到，在这远离都市的山旯旮里，真是想不到还有人拖欠农民工的工钱。

　　龙兴要笔者把欠条原原本本抄下来到县里找领导反映，看来人类学者在田野里还真被报道人当作了救命稻草。看到笔者仔细认真地拍照抄录，龙兴似乎看到了讨薪的希望。透过这张笔迹潦草的欠条，可以看到独龙族社会变迁的程度。这种尴尬的局面，让笔者不禁深入思考田野调查中调查员的角色问题。① 后来笔者也做过多方面努力，终究没有结果，第二次回访时向他谈起此事，很是无奈。

表4-1　龙元村群众在乡村公路打工所欠工资摘录

打工者	打工时间/天	应付工钱/元	工头
东钟华	82	1 640	齐利新（丽江纳西族）
李正华	37	740	
李华	80	1 600	
东文省	126	2 510	
董春强	31	620	
东齐兰	17	340	杨成满（永胜汉族）
罗李三	13	260	
董志军	12	240	
东春花	7.5	150	
龙华	148	2 960	

在返回县城与民委领导告别时，笔者把这事向他们反映，这样的事情远不止龙元村有，其后在迪政当村等地的调查中，我也看到了几张类似的"白条"。在少数民族山区开发过程中，外地人善于拉通关系，打点好各个环节，将修路、建房这样的差事揽到手后再发包给小老板，地方群众出卖劳力，干完活后拿不到工钱，还被包工头一推了之，这让当地群众产生不满情绪。

笔者在孔当调查期间，住在老乡长家，他的大哥去世后，留下其媳妇带着4个小孩生活，不时需要他接济一些口粮。老肯比较坚持独龙族传统观念，自己儿子生了3个小孩（2个女孩、1个男孩），之后儿媳妇怀孕，按照贡山县政府的计划生育政策，独龙族自1990年以后一对夫妇只能生育三胎，儿子必须缴纳10 000元罚款才能得到第四胎的指标。老肯说自己用几年工资中攒下的钱帮儿子家交了罚款。他的大女儿则没有按照姑舅表婚的传统嫁给他妹妹的儿子。

对于独龙族解放前的生活，老肯的体验就是饥饿和寒冷，他说自己直

---

① 帕特丽夏·安·阿德勒、彼得·阿德勒著，范涛译：《田野研究中的成员角色》，香港：国际炎黄文化出版社2010年版。

到 16 岁才开始有裤子穿。那年他在巴坡小学读书，大家当时都只披了一床
麻线毯子，县里有民政干部背回来一包衣服，给学校的低年级学生每人发
了一条裤子和一件棉袄。为了糊口，他在读完高小五年级时就辍学回家帮
助砍火山地了。虽然已经从领导岗位上退了下来，但老肯在村里的地位还
是很难被人取代的。每次的独龙族的节日——"卡雀哇节"，敲锣、主持与
剽牛都由他来做。还有一件让老支书很开心的事，那就是 2009 年 8 月 15
日，独龙江乡孔当村 140 多户独龙族群众身着节日的盛装参加独龙江乡林权
证首发仪式，独龙族群众领到了他们盼望已久的"林权证"。从艰苦的年代
走过来的老支书，更是对现在独龙江乡的变化有着深切的感受，他说这全
靠党的好政策。怒江州、贡山县和独龙江乡三级党委、政府高度重视林权
制度改革，为了切实解决独龙族群众的后顾之忧，他们采取超常规措施，
集合州、县、乡人员和资金在确保林改质量的前提下突击完成了独龙江乡
林权制度主体改革工作，早日让独龙族群众吃下林改的"定心丸"。老支书
的林权证注明了他家拥有 22 亩林地的使用管理权，领到了受法律保护的证
后，他可以在林地里种一些花椒和草果，搞一点绿色产业，能够过上更加
幸福富裕的生活。

老肯就是这样一个为家里、为村里、为乡里操劳了一辈子的人。在职
时，他兢兢业业，把自己的时间和精力奉献给了自己的家乡。即使到年老
退休了，他还是关心着村里的发展，关心着村里的未来。或许是做了太长
时间村里的工作，老肯永远都能看到问题所在，比别人看得远看得深，也
深知"富了脑袋才能富口袋"的道理。①

二、村落文化产业多元发展

近年来，独龙江乡巴坡村充分发挥基层党组织的引领作用，把发展壮
大村级集体经济作为抓基层、打基础的重要抓手，坚持因地制宜，依靠项
目支持、实地盘活资源，推动村级集体经济持续健康发展，为巩固脱贫攻
坚成效、率先乡村振兴打下了坚实的基础。

巴坡地处独龙江乡南部，距乡政府所在地孔当 18 公里，有耕地面积
560 亩，林地 43 313 亩。过去，巴坡村民长期以靠天吃饭的传统农业为主，
因技术不足和销售渠道不畅，农业基础薄弱，农业产业化程度不高，村集
体经济基本为零。

---

① 黄锐主编：《孔当村调查（独龙族）》，北京：中国经济出版社 2014 年版，第 241 – 243 页。

巴坡村前身为独龙江乡人民政府所在地，独龙江人马驿道的起始点，承载了独龙江乡半个世纪的发展历史，选择此地作为研究对象，具有典型意义。而丰富生动的传统文化和历史记忆成为乡愁之源，激发乡村振兴的内生动力和活力。

距离巴坡村委会南边的一块开阔地上，村里建盖了一个独龙原鸡繁殖示范基地。独龙鸡体型小而紧凑，羽毛颜色较杂，具有觅食力强、善飞翔、抗病力强、肉质鲜美等特点。独龙鸡虽然能适应高海拔、高湿度的恶劣条件，但产蛋较少，导致原鸡数目较少。为改善这种局面，巴坡村积极向上争取资金，以发展村集体经济的形式，通过引取野生原鸡做种源，人工驯养繁殖，使原鸡的存栏量达到两千只以上，养殖规模得到不断壮大。

巴坡村独龙原鸡保种扩繁基地总面积有七亩多，基地的原鸡全部用机器孵化，有全自动孵化机 12 台，全部运转起来每个月能孵化一千多只小鸡，成鸡规模达到两千只以上。[1] 该基地在保种扩繁的基础上，还将培育出来的鸡苗分红发放或低价转售给巴坡村群众，扶持群众发展致富产业。

巴坡村除了养殖独龙鸡，发展壮大集体经济以外，还立足各小组的实际，以租赁集体林地、成立合作社、成立建筑队等形式，不断发展和壮大村级集体经济，积极探索贫困户稳定增收渠道，激活贫困户自身的"造血"功能，为推进乡村振兴注入强劲动力。为盘活闲置资源，采取村集体直营、租赁、外租、参股等形式提高村集体资源利用率。因地制宜鼓励党支部、村小组、社会团体积极参与到集体经济发展中，确保集体资产增值保值，巩固脱贫成效，助力乡村振兴。

截至 2021 年底，巴坡村草果种植达 2.5 万亩，户均超 100 亩，草果年收入户均达 1.6 万元，实现家家户户有草果产业。成立了一个包括独龙牛、独龙鸡、中华蜂等养殖的集体经济专业合作社，养殖中华蜂 2 000 箱，年产蜂蜜 1.3 万斤，羊肚菌 50 亩，生猪存栏 312 头，独龙牛存栏 460 头。[2]

在独龙江畔的巴坡村，脚下的巷道干净整洁，清流交响迂回，路旁鹅卵石庭院圆润整齐，竹编花盘别具一格，兰花与石斛齐放，石竹与杜鹃争艳，花团锦簇，树木葱茏，一座座错落有致的独龙族民居，与蓝天白云、独龙江碧波交织成一幅绿水青山美丽乡愁的新画卷。在旅游业方面，一是打造"游在独龙江吃在巴坡"，推出了草果嫩芽凉拌鸡、虫草鸡、臭竹笋、

---

[1] 根据巴坡村委会提供的 2021 年资料整理。

[2] 贡山县独龙江乡人民政府：《习总书记回信三周年：独龙江乡大力发展特色优势产业，壮大集体经济》，https://www.gongshan.gov.cn/xxgk/015108241/info/2022 - 192735.html。

传统制作炸苞谷花，让游客吃到真正的独龙菜；二是提出"游在独龙江体验在巴坡"，组织民族舞蹈表演、非遗传承项目表演等各类活动，讲好独龙族独龙江的故事，让游客有参与感，充分展现巴坡村民俗风貌，让游客体验了独龙族民俗风情。

此前，笔者调查时在献九当村委会的外墙上看到这样的村规民约，详细规定了村民日常应该安排的活动规则：

1. 每个村民都要学法、知法、守法，自觉维护法律的权威和尊严，敢于和违法犯罪行为作斗争。

2. 村民或来往人员之间要团结友爱、和睦相处，不得打架斗殴，不得酗酒闹事，严禁侮辱诽谤他人，严禁造谣惑众、拨弄是非，情节严重的当事人，处罚 30 元以上 100 元以下。

3. 自觉维护社会秩序，不阻碍公务员执行公务。

4. 严禁偷盗敲诈或哄抢国家、集体、个人财产，严禁赌博，严禁替罪犯隐藏赃物。

5. 爱护公物，不得损坏水利、交通、供电、生产、学校等公共设施，无故损坏公物者，要照价赔偿，故意损坏公物者加倍处罚。

6. 严禁出售传播淫秽物品，不调戏妇女，遵守社会公德。

7. 严禁非法限制他人的人身自由，或者非法侵犯他人的住宅。

8. 按时睡觉，不得影响他人的休息，晚上 12 点以后任何人不得喧闹，违者罚 15 元以下。

9. 任何人不得在学校范围内喧闹，不得阻碍师生正常休息和工作。

10. 本村民来往人员、经商农户必须遵守制度，违者按以上制度处罚。

11. 2005 年 4 月 5 日，村民委员会第二届村民代表大会第二次会议通过，2005 年 4 月 26 日开始执行。

独龙族的村民自治组织架构一般是由村党支部和村委会组成，很多情况下党支部与村委会合而为一，趋向一体化。这样一体化后的村委会一般应由村支书、副支书、村长、副村长、会计、出纳、计生员组成，但实际情况在独龙江乡，各村已经简化成了只有村支书、村主任和武装干事三个成员。这三个成员是任期内带薪的，每月 300 元，三个主要成员下面则是每个村民小组的组长，这些小组长一年只是偶尔吃上一顿饭，没有薪酬，因而他们就更加显得业余了。村里大小事情几乎都落到这三个人头上，三个村干部的分工不同，村支书主要管党务以及与上级政府沟通等事宜，而村主任则管村子的生产生计等事情，武装干事只负责每年的征兵工作。

第二节　结构变迁的个体差异

独龙江开始大规模建设，新农村建设的大型土木工程需要很多的劳动力，除了本地独龙族群众，外地涌入的技术人员、政府招标项目方招募的施工人员，给独龙族的年轻人带来了许多新的事物，尤其使年轻的女性有了新的选择。

一、族际互动频繁

2008 年 8 月，孔当村有 356 人，其中独龙族 243 人，另外 113 人都是来自山外的其他民族。从职业上看，外来的 113 人中，从事建筑业的有 46 人，从事商业零售业的 21 人，在行政事业单位的工作人员有 32 人，还有 14 人从事餐饮、运输和旅馆等服务性行业。孔当村因为交通相对便利，成了政府各部门衡量政绩的试验田。一方面，乡政府驻扎孔当村，相应的行政机关包括边防派出所、林业站、农技站、卫生院、学校等，各单位纷纷建房，用的都是现代钢筋水泥，就连水泥沙石也要从山外用轻型卡车拉进来，这些活儿对独龙族人来说，都异常陌生，因此外来人口大多从事这些被认为是技术活儿的工作；另一方面，国家向独龙族地方各级政府发放资金以便落实民族政策，资金划拨到县财政后，要分步落实到位，于是不乏各种各样的工程建设。2000 年以来，先后搞了两次大型的民房改造以及水电设施的建设。目前，孔当村大部分村民主要居住在独龙江东面靠近一号大桥附近，全村共有 73 户，独龙族家庭占了 50 户，其中 48 户已经用上了木切旺电站的统一供电。统一供电带来的变化极其明显，经济条件好的家庭用上了各种家用电器。

在孔当村的 113 名外来人口中，男性人口有 92 人，女性 21 人；18 岁以下的外来人口只有 2 人，是从事餐饮行业的大理白族一对夫妇的子女，男孩杨新 13 岁、女孩杨柳 11 岁，在九年一贯制学校读书，其他全为青壮年劳动力。从人口流入时间来看，113 人中已经在独龙江乡生活一年以上的有 22 人，生活了半年到一年的有 41 人，其余 50 人为 2008 年 5 月份开山（垭口恢复通车）后陆续进来参与两个工程项目建设的。从人口来源地分析，丽江过来的人口占了绝大多数，有 83 人；从大理过来的主要是生意人，有 13 人；其他人口均为怒江州内独龙江乡以外进来找钱或者做边境贸易的，主要是福贡的傈僳族。

参与建设的 50 人刚从外地进入独龙江乡，进行新农村建设的住房改造和路面施工，他们分成了三批，陆续从福贡和保山过来，其中汉族占大多数，有 30 人，主要负责技术活儿，他们带来了新式的电锯、电刨、搅拌机和其他工具。同时，工程队还带来两辆拖拉机和一辆轻型卡车，拖拉机可以在附近装载泥土、石块，轻型卡车负责日常所需食物的运输。从年龄来看，有一半左右的工人是年轻人，有 19 人未婚，他们坦言来独龙江干活的目的是看看里面有没有合适的女青年，带回家一起过日子。可见，独龙族妇女从独龙江往外嫁的趋势越来越明显，外地人来独龙江务工的主要目的不是挣钱，而是找一个合适的媳妇。

由于独龙江雨季漫长，盖房子和修路不时受到雨季的影响，工人们很多时候聚在工棚里打牌、喝酒，未婚的小伙子则到附近的几个小卖部闲坐，边喝酒边借机认识村里的未婚女孩，套套近乎或者一起玩耍，慢慢混熟后独龙族的女孩们就会邀请他们在晚上到家里喝酒聊天。

笔者在孔当村调查的两个月里，先后与工程队里的 5 个小伙子分别到独龙族女孩家里玩耍，后来这 5 位男青年都与孔当村及周边三个村子的女孩好上了，准备待工程结束后就带她们离开独龙江。针对施工人员的个人情况、对孔当村独龙族的态度和认识以及他们与地方群众的交往，笔者做了 5 次深度访谈。其中一例如下：

> 陈荣，27 岁，汉族，家住福贡匹河乡，未婚，因为家里经济状况不好，一直没钱建房，2007 年跟随姑父到贡山县城工地工作。年底，姑父所在的建筑队接到了独龙江乡的新农村建设的 50 栋民居建设工程，2008 年开山时与姑父所在的建筑队 20 名工人一起进入独龙江乡。他说自己以前只听说过独龙族，在贡山时也没有接触过，只听人说里面很穷，老百姓过的日子比福贡还差，当时不想来，但姑父告诉他在这里或许能够找到对象，就跟着一起来试

试运气。进来三个月了，感觉这里晚上很冷清，只有一个歌厅，每天都是放那些歌曲，听得很腻了，好在第一次去歌厅喝酒时认识了邻村肖哇当（学哇当）的独龙族女孩肖红。肖红19岁，刚从贡山一中读完初三回到家里，暑假时帮家里背点柴火和猪草，空闲时间很多，经常跑到他的工地上来玩，看他锯木板，慢慢地，两人之间话就多了。陈荣说自己还是比较喜欢肖红的，关键是肖红不愿意在独龙江待，想要跟他一起到外面打工。陈荣觉得自己很矛盾，到大城市打工，自己才小学毕业，恐怕没有生活门路；不去又不愿意丢开肖红，苦恼自己没好好读书之余，也找笔者喝过两次啤酒，想寻求解决问题的办法。

其实，类似陈荣这样的外来男青年在独龙江乡务工之余，认识独龙族女孩并互生爱慕，将其带离家乡的例子并不少，约有28例（笔者访谈或在访谈中听到报道人转述后加以统计）。这种现象使得独龙族男青年有些不安，毕竟他们到独龙江以外的地方找适龄女子结婚的可能性相对较小。但是，陈荣的婚事最后能否成功，还取决于他是否有财力拿出一笔现金交给肖红的父母。在访谈中，笔者了解到的另一个案例的主人公就陷在没钱的烦恼中。

阿生，30岁，傈僳族，家住腊咱，父亲2003年因为交通事故（搭乘拖拉机去丙中洛，司机喝酒过量，把拖拉机开进了怒江）死亡，司机家里一开始也没钱赔偿，但最后给了2 000元钱将他父亲的后事处理完毕。他和一个妹妹相依为命，去年21岁的妹妹嫁到六库去后，自己一个人在家也待不住，在舅舅的带领下到处找活儿干，来独龙江乡之前，已经挣了1 500元钱，舅舅怕他喝酒乱花，帮他保管着那些工钱。2008年6月，舅舅听人说独龙江乡搞新农村建设，就带着他坐车过来找活儿干，顺便也想帮他物色个媳妇。由于乡政府前面到广场（其实是一块面积稍大的空地）这一段路要修正和硬化，他们来的第二天就开始干活儿。在建筑工地上总共有18人干活儿，借了原学校教工宿舍的一排旧房子作为住宿和做饭的地方。孔当村小组长孔林的妹妹孔花刚从东莞打工回来，在家闲不住又不愿意去干农活儿，就到工地来帮忙做饭。孔花2006年在县劳动局组织劳务输出时，与村里另外三名女孩和五个小伙子一起踏上了南下打工之路，在东莞虎门一家服装厂干了一年半，在那里认识了一个湖南小伙子，两人很快同居并生下了一个男婴。2008年春节，她的男朋友（孔花不愿意说男朋友的事情，是与她一同回来的男青年孔勇强转述的）偷偷辞工抱走了男婴，再后来她怎么打电话也联系不上了。孔花无奈地离开了令她难忘的虎门，带着500元钱伤心地回到了独龙江父母家中。尽管有过一次被骗的经历，孔花还是喜欢热闹的世界，一听说有工程队来，她赶忙请大哥帮忙联系找点活儿干。

阿生刚到独龙江乡，对独龙族的生活习惯基本能够认同，孔花从小在家练习做饭，用火塘煮饭对她来说也不难。在工地上帮忙做饭的时间很有规律，剩下一半空闲的时间，她就在路边一个蓄水池旁洗衣服，阿生就是在洗衣服这件事上与孔花有了接触。后来，孔花帮阿生洗衣服的事情慢慢传开，工地的其他人就拿他们开玩笑。当然，阿生一直不知道孔花外出打工生过小孩的事情。2008年10月，工地第一阶段行将竣工，阿生的舅舅要阿生向孔花家里提亲，孔花的大哥提出，要娶走妹妹就需要按照目前的行情，给10 000元养育钱。这让阿生有点犯难，自己在这里打了三个月工，扣除伙食和平常赊欠的零花钱，恐怕只有2 000元左右，连同原来的1 500元老本儿，还不够一半，怎么办呀？后来，他舅舅消息灵通，了解到了孔花外出打工的经历，以此为筹码与孔花家讨价还价，最后孔花家同意只要8 000元，舅舅帮他筹集了3 000元，看来他必须在独龙江乡继续打上一年工才能挣够钱。

近两年，孔当村的独龙族青年相继外出务工，最初是由政府部门组织，到后来就有县城里居住的工头进来招募人员，负责来回路费，在沿海地区就业。2008年9月，村里15～30岁之间的人口，除了12人在学校接受义务教育外，有两人因为残疾在家帮父母干点家务和农活儿，其他23人（男10人、女13人）全部在外务工。跟随孔花一起回来的孔勇强在家住了一个月之后，又到县城一家宾馆去当保安了。孔花若不是因为认识了阿生，也会很快离家到县城或六库、昆明找点活儿干。

阿勇，23岁，白族，家住兰坪县，2008年7月跟随同乡阿军（42岁，傈僳族，在贡山务工7年）一起进入独龙江乡，负责屋顶的蓝色铁皮安装及搬运工作。由于屋顶铁皮用料相对较少，他的工作任务也比较轻松，闲暇时间较多，碰到工间休息，他总喜欢到村里的几家小卖部买点儿口香糖、零食等。一次，在宏达超市认识了邻村王美组来宏达超市进货的罗秀兰，两人开始交往。阿勇每天下午6点干活儿收工后总会跑到罗秀兰开的小卖部去买上两支啤酒（澜沧江牌，每支3元），给罗秀兰一支，两人边喝酒边闲聊，不到两个月，两人就好上了。虽然罗秀兰才22岁，可18岁就与乡卫生院的一名男医生同居生过一个女孩，但一年后两人分开，如今女孩由她的妈妈负责照料，她自己在路边搭了一间小木房，平常卖些烟酒糖果和方便面，今年来务工的人多，每天有20元的收入，也足够她一家的开销，阿勇慢慢地也了解到了罗秀兰这位独龙族女孩的淳朴，最终决定留在独龙江乡，两人一起过日子。

像阿勇这种没有任何手艺只能依靠自己的体力来独龙江乡务工的人并不多见，大多数进来施工建设的人，都有一技之长，他们找到自己喜欢的独龙族女孩之后，更想把她们带离独龙江这个偏僻的地方。相反，类似罗秀兰这种经历过一次婚姻的独龙族姑娘，她们对于个人的爱情与婚姻已经没有出门打过工或在外求学过的女孩那样有主见，只求能够过上平淡安稳的日子。所谓门当户对，对她们来说已成奢望。随着独龙江与外界联络的增多，很多出门打过工（大部分是到县城各饭店或宾馆做服务员）的女孩已经按捺不住自己的野心，总想寻找离开独龙江的机会。

和武平，24岁，纳西族，丽江人，祖传木工，2008年6月初与父亲、表哥等7人一起进入独龙江乡，承揽了10栋民房的建设任务。由于人手不够工期又紧，他们7个男人的伙食和生活就没有时间打理，他父亲在贡山搞装潢时认识了乡里的一位独龙族干部，由他帮忙介绍住到了原邮电所（现在已经解散，只有两个邮差，没有办公场所）所长高生家里，高家的三女儿高莲今年刚从县城峡谷大酒店辞工，待在家里也没有多少活儿干，就帮忙做饭洗衣，收取他们400元/月的工钱，日常消耗的食物由他们自己采购。和武平除了木工活儿干得好，还会吹口琴，晚上坐在高家火塘边，大伙边喝酒边听他吹口琴，喝到酣处大家一起唱歌跳舞。就在这样的接触过程中，高莲看上了和武平的才艺，渐渐流露出爱慕之心。和武平略显腼腆，谈到未来的发展，他说等建完这些新房子，就与高莲一起去昆明打工。

因为个人的才艺博得独龙族女孩的喜欢，对和武平来说也是未曾想过的事，他本来只想在独龙江乡完成新农村住宅建设任务后就离开，没想到以后还有很多次来独龙江乡的机会。但是，施工队里的年轻人大多承认自己要是与独龙族女孩结婚，肯定不愿意再来这里，因为交通实在不方便，也没有发展的空间。在孔当村已经有8位独龙族女孩嫁到了外地，最远的嫁到了安徽、四川，近的也在怒江州以外云南省内的其他州县，嫁到丽江的比较多，这与修通公路后从丽江来的施工队有关，村里75岁的独龙族老人孔当滇认为丽江人诚实可靠，他们比较相信。

自施工队进驻孔当村以后，每天十几辆装载木板、原木的"云南红塔"轻型卡车（载重量都在2吨以内）往返于县城与独龙江乡之间，原本崎岖不平的山路被车辆压出一条条深深的辙痕，加上频繁降雨，经常有车辆陷在泥坑中，需要附近村民和施工队员忙活一阵才能解困。没有保养的路面，碰到雨季总让司机们头疼，但昂贵的运费依然吸引了贡山县城周边甚至察瓦龙乡的货车司机，他们从开山到封山，几乎一直在这条山道上跑。

在十几个司机中，只有一名独龙族司机孟华，他到六库学习驾驶技术后花了3万元钱在县城买了一辆二手车，最近两年一直在贡山县城和独龙江乡之间跑运输，有时也会往上运货到龙元村或者往下游的巴坡村拉些生活用品和退耕还林的大米。2008年开山后，他一直在运载新农村建设用的木料和铁皮，几乎每天都要跑，两天才能运载一次，还要去掉修车的时间，大概一个月能装载25车。平均一户人家的房子所需建筑材料需要装运两车。

在孟华家访谈时，他详细地讲解了这些建筑材料的来源地、价格和运输费用，慨叹独龙江人幸福。因为他父母都是城镇户口，自己家里没有资格享受新农村建设的补助。孟华的父亲在九年一贯制学校当老师，已经从教36年，母亲原来在村里任妇女主任，2003年被提拔到乡里，现在担任乡妇联主席，平时也没有什么工作任务，顺带照看家里的小卖部。孟华买车的钱基本来自父母的工资，他说自己跑了两年还没挣到钱，因为买的是二手车修理费高，加上油钱等各种开销，很多时候又是给自己或几个亲戚家里拉货，没有运费，所以母亲经常抱怨，还指责他回家后与一帮小青年喝酒嬉闹。不过,这些年轻人似乎没有生活的忧虑,他们三五天就会聚在一起喝酒。比如,某个年轻人上山采药材,辛苦十几天弄回十来斤虫蝼,然后拿到孔当的商店换成现金,接着就会联系几个青年一起买酒喝。他们没有其他的抱负,也不信仰基督教,真是"今朝有酒今朝醉"。独龙族群众对于国家的认识主要停留在个人是否获得利益这个层面上,在普通群众中,那些没有读书或者从学校毕业后找不到工作的青年是呈游离状态的个体,他们由于利益、权利的不均等分配而形成了新的社会分层。

二、对口帮扶推动结构调整

独龙族虽然人口少、居住偏远,但党和国家却从来没有忘记这个民族,兴边富民行动、扶持人口较少民族发展等扶持政策惠及独龙江乡。当地政府紧扣生态主题,科学论证选择产业,以点带面逐步做大,大力发展林、农、牧、游"复合"经营模式,立足实际,确定以草果为主的林下特色产业。推广"林+畜禽"模式、"林+蜂"模式、"林+菌"模式、"林+游"模式。

2010年,云南省委省政府启动了"独龙江乡整乡推进独龙族整族帮扶"工程,面向独龙江乡人均投入25万元。2009年至2014年,上海浦东新区与贡山县结对帮扶,发挥东西部各自比较优势并形成合力,针对独龙江乡开展"整乡推进整族帮扶"项目,着眼于造血与输血功能共同增进,从实际出发,进一步在资金保障、就业帮扶、医疗帮扶、人才交流、科创环境等方面出实招,搭建帮扶交流合作平台,推动建设现代化独龙江乡边境小康村。

上海东西部帮扶对口资金总投入1400万元用于"克劳洛"乡愁领地保护项目民房建设,于2022年底完成。着眼于全域生态旅游和长远发展,独龙江乡全力打造具有独龙江特色的精品旅游村镇,留住山水乡愁,促进旅游业蓬勃发展,使独龙江一丛绿林、一片花海都成为乡村振兴的金山银山。

自2018年独龙族整族脱贫后,独龙江乡坚持把农村人居环境整治作为巩固拓展脱贫攻坚成果、推动乡村振兴的重要抓手,积极探索农村人居环境整治提升新路径,倾力打造"生态宜居、美丽村庄、文明和谐、乡风淳朴"的美好家园。庭院"小美"构建乡村"大美",以点带面共建"特色小镇"。上海市浦东新区注入项目资金195万元建设"最美庭院"及50万元微菜园建设项目资金。独龙江乡党委以"最美庭院"为抓手,每村由两名乡班子成员"承包"入村蹲点,组织驻村工作队队员、村干部、小组长、党员宣传发动，带头干、领着干，男女老幼齐上阵，家家建庭院，户户忙种花。宜居宜业"最美庭院"打造覆盖全乡 6 个行政村 40 个村民小组，受益群众 1 000 多户，195 万元做成了 1 000 余万元的事。经过全面升级打造，乡村面貌焕然一新，美丽风景催生美丽经济，今天的独龙江乡成功创建国家 4A 级旅游景区，有 1 家四星级酒店、25 家旅游客栈，生态旅游后劲十足。

中华蜂（独龙蜂）养殖管理技术培训项目，依托专业养蜂企业，投入专项扶贫资金对农户进行技术培训帮扶。孔当村委会主任吴永权带头参加了培训，他说："从小跟着村里的老人学养蜂，养了也有几十年了，参加了这次培训才真正掌握了分蜂和扩繁技术，还学到了蜜蜂疾病防治方法，收获很大，现在对中华蜂养殖充满信心。"巴坡村斯文全是 2019 年度"中华蜂（独龙锋）养殖管理技术培训"项目第一批学员，"学到技术后蜂蜜收入很可观，微信上订购的都不够卖。今年又增加了 15 箱，想慢慢扩大规模。"斯文全笑着说，"脱贫只是第一步，更好的日子还在后头。"龙元村的张志辉更是精心钻研独龙江"甜蜜"事业。每当有客人来到家里，他就拿出勺子，一边打开蜂蜜罐请大家品尝，一边自信地展示天然蜂蜜的独到妙处。

独龙江蜜源丰富，有草果花、黄精花，野樱花、杜鹃花等，采出来的蜜颜色深一些，但晶体明显，蜜质优等，倒出过程不会稀拉断线。自 2019 年来，独龙江乡共培训本土养蜂技术骨干力量中华蜂养殖技能人才 500 余人次，创建小型中华蜂养殖场 3 个。通过培训从整体上提高本土养蜂技术骨干力量，提升技术水平和业务能力，使其成为独龙江乡中华蜂产业的技术能人，加强推动中华蜂产业的发展，以技术技能提升内生动力，带动创业就业。

在党和国家的帮扶下，独龙族群众不仅住上了新房，还发展了草果、中药材等特色种植产业。2018 年底，独龙族这个曾经靠刀耕火种、结绳记事、狩猎为生的民族，发生了历史性巨变——全乡建档立卡贫困户全部脱贫，独龙族实现整族脱贫。

目前来说，独龙族社会经济结构已经有了显著的变化，以住宅建设为例，社会变迁的速度达到了前所未有的程度。但若从未来的发展趋势来看，或许目前的变迁只是一个相对快速的过程，未来还会出现更剧烈的变迁。政府对于独龙族这样的边疆民族，完全可以不计回报地投入，不需要像内地城市发展那样做好精确的预算。作为民族研究者，我们可以延伸性地思考他们未来的文化前景。究竟是部分或全部失去，还是保留和继承传统文化，或许并不是独龙族自己可以掌控的结果。但可以肯定的是，有政府兜底的民生保障措施，仅仅因为文化失调导致的心理落差很容易得到补偿和恢复，独龙族人在基层干部的带领下，无论是在物质还是精神方面，对于未来幸福美好生活的憧憬正在一步步实现。

第 五 章 比 较 与 讨 论

第一节　独龙族社会结构变迁模型

　　对于社会人类学来说，任务是阐述和证实社会体系存在的条件（社会静力学的法则）和在社会变迁中可观察到的规律（社会动力学的法则）的理论。只有采用将历史研究与社会学研究相结合的那种整合的、有机的研究方法，我们才能真正认识人类社会的发展。[①] 在 1888 年和 1896 年，博厄斯两次指出了人类学要从事的两个任务：第一个任务是"构拟"具体地区或民族的历史，他认为这是"首要的任务"；第二个任务是"不同民族社会生活的比较证明，它们发展的基础有着惊人的一致。由此可以推断，存在着与这种发展有关系的一些规律。对这些规律的发现是我们的科学第二位的但也是更重要的目的……审视这些研究，我们发现同样的习俗、同样的思想，发生在我们不能建立任何历史联系的那些民族之中，以至不能设想出一个共同的历史渊源，这样，就有必要确定是否存在这样一些规律，这些规律导致了有其独自历史原因的共同现象，或至少是相似现象的产生。因此，产生了民族学的第二个重要任务，即对统治社会的规律进行考察"。[②]

　　本研究对独龙族进入社会主义大家庭的历程展开讨论，大抵也是围绕这两个任务来进行。对独龙族社会结构变迁的研究，实际上就是在贯彻博厄斯的这两条原则，完成他所指出的这两个任务——为这个民族构建社会变迁的历史，通过比较各个阶段的特征，概括出对国内一些人口较少民族而言具有共同性的规律。从社会结构来看，社会转变的动力包括物质环境或生态学上的动力、政治环境或政治历史的动力，以及英雄人物的动力。无论是独龙族还是其周边的各种力量，都有可能在一定的条件下利用这三种力量，推动整体稀缺向部分稀缺的转化。

---

　　① 拉德克利夫-布朗著，夏建中译：《社会人类学方法》，济南：山东人民出版社 1988 年版，第 107－108 页。

　　② BOAS F. General anthropology. New York：D. C. Heath and Company，1938：9－12.

一、独龙族社会变迁的机制

前面已经对独龙族被有效整合到新中国的过程进行了描述，这可以让我们清楚地看到一条主线，得出独龙族社会变迁的机制。

进入近代以来，国家权力不断地向乡村渗透，乡村中旧有组织和自治方式被打破，从而使得乡村的发展越来越依赖于国家的控制与推动。国家与少数民族乡村之间的关系涉及职业、投资、技术、交通、通信、医疗、教育、宗教等范畴，以及隐匿在各种关联之中的看不见的因素。他们试图在通俗文化、家庭、农村发展与国家意识形态、指令型经济、政治历史这两个世界之间架通一座桥梁。独龙族社会变迁受到三方面要素的制约：独龙族的稀缺状况、传统文化的延续、社会主义的国家政治。第一项是社会结构变迁的最主要的也是最直接的推动力量，第二项是独龙族社会变迁的代价，最后一项则是社会结构变迁的背景。

（一）不同历史阶段独龙族周边各力量

研究者用"整体历史"的观念去理解地域社会的历史脉络，将乡村置于地域社会的脉络之中，对更深刻理解乡村与国家历史的关系，具有方法论上重要的意义。[①] 为了探索在不同历史时期与独龙族发生关系的各力量如何将其吸纳到自身的管理范围之内，需要按照历史线索，结合独龙族的稀缺程度进行分析。

首先，是独龙族在进入社会主义大家庭之前的阶段。在俅人尚处于自在族群时，其周边已经先后崛起了乘象国、骠国、吐蕃和南诏。这些地方势力在空间距离上，以现代的交通方式来看，并不遥远。但当时滇西北的崇山峻岭和江河峡谷，完全没有现在的公路网络那样便捷，即使有强大的骑兵，吐蕃也没有办法将触角伸到滇西北的克钦山区，尤其是独龙族先民居住的怒江流域。独龙族在周边强势族群的挤压下，逐步迁居独龙江流域，形成相对固定和集中的生活地域。北部察瓦龙土司在地理位置上靠近独龙江上游；南部缅甸被西方殖民势力占领，西面有中原政权在丽江的代理，其下辖的康普土知府和土千总也形成了一股地方势力。这些势力都试图将独龙族吸纳到自身的管理体系之中，各自的目的都很明确，那就是获

---

① 陈春声：《乡村的故事与国家的历史——以樟林为例兼论传统乡村社会研究的方法问题》，载黄宗智主编：《中国乡村研究》（第二辑），北京：商务印书馆 2003 年版，第 31 页。

得赋税和可支配的劳动力。辛亥革命虽然推翻了封建帝制，但政府对滇西北原有的地方势力没有能力全部肃清。这种多足鼎立的局面，使得独龙族陷入整体稀缺的境地。

国民政府不仅将区政府视为国家权力的延伸和加强，还肯定区政府在整个民族复兴中的地位。根据国民政府的设想，区政府不仅要统计人口、丈量土地、征收赋税、维护治安，而且要担负起建设近代文明基础的任务，如兴办教育、参与自治、多种经营、发展经济。但实际上，榨取财税一直是区政权的中心任务。结果，尽管区政权亦处理组织乡村防卫、确认村保甲长的候补、调节村长无法解决的争端等事，但主要职责仍是征收赋税。

孙中山在讲到三民主义时，对于旧中国的民族论述得非常深刻，他认为："造成民族的原因，概括的说是自然力……当中最大的力是'血统'……次大的力是'生活'……第三个大力是'语言'……第四个力是'宗教'……第五个力是'风俗习惯'……就中国的民族说，总数是四万万人，当中参杂的不过是几百万蒙古人，百万多满洲人，几百万西藏人，百几十万回教之突厥人。"[1] 从孙中山对民族主义的理解，可以看到民国为什么没有吸纳独龙族。一方面，当时民国政府根本就不认为独龙族是一个单一的民族；另一方面，民国政府认为只有满、藏、蒙、回四个民族与汉族可以并列为"五族共和"，自然不会想要将独龙族这样的边疆族群社会变迁。分析孙中山对于民族的观点，可以看到民国之前封建王朝已经吸纳了哪些民族，吸纳的力量在哪里，被吸纳的民族为什么表现为心甘情愿或者抗拒。很明显，满、藏、蒙、回四个少数民族已经完全经历了社会变迁，甚至还入主中原执掌政权，依靠的就是武力。所以，国家想要吸纳边疆民族，同样要采取武力。这样，我们就可以理解，新中国之前的政权无法将独龙族有效吸纳的原因所在。

其次，是独龙族成为社会主义大家庭一员的阶段。这一阶段从血缘到地缘的变化，是独龙族社会最大的特征。政治关系是在一定的领土系统范围内，由生活在明确划定的区域中并具有认同意识和独特性的个人组成的群体之间的关系。[2] 新中国的成立，对于独龙族来讲，就是获得了符合其自身意图的一个契机。为什么这样讲呢？新中国成立之前，俅人面临人口剧

---

① 《孙中山选集》（下册），北京：人民出版社1956年版，第592–594页。

② 埃文思·普里查德著，褚建芳、阎书昌、赵旭东译：《努尔人：对尼罗河畔一个人群的生活方式和政治制度的描述》，北京：华夏出版社2002年版，第4页。

烈下降、饥饿灾荒和疾病不断、外部剥削和压迫加重等诸多问题，若是没有新中国适时出现，他们就要继续南迁进入更加偏僻的山区，直到最后的灭绝。但事实上，俅人的头人审时度势，主动接住了新中国抛向他们的绣球。于是，一场新的社会变革开始启动，独龙族的稀缺才开始出现质的变化。在新生政权成立初期，李弥退守缅甸北部，这对恩梅开江及独龙江的独龙族产生了一定的影响和渗透。这种僵持的局面，陡然增添了独龙族在国家边疆安全方面的重要性，新中国需要在独龙族聚居区实施更有力的管理措施，还要派驻军队，挫败境外势力的分裂活动。"原始社会按亲属关系组织起来，依靠宗教的神圣力量来维持社会秩序。随着社会朝世俗化方向的进化，社会组织不再以血缘关系而是以地缘关系为基础，从而产生了政治行为。"由于血缘纽带的重要意义，人们知道自己在社会中的位置。因此，当发生地缘接触的时候，社会就从身份社会向契约社会过渡。社会进步的过程实质上是一场"从身份向契约的运动"，社会从基于血缘上的家庭群体革命性地转变为基于领土之上的国家组织。① 独龙族干部依然试图保留自己的文化特色，比如独龙族的原始宗教信仰、剽牛舞、独龙毯、文面等文化象征，但独龙族干部阶层又赋予其新的解释，使得文化象征符号被政治化。独龙族进入社会主义大家庭之后，血缘联系日益被地缘联系取代。究其原因，根本的因素是稀缺出现了转折性的改变。

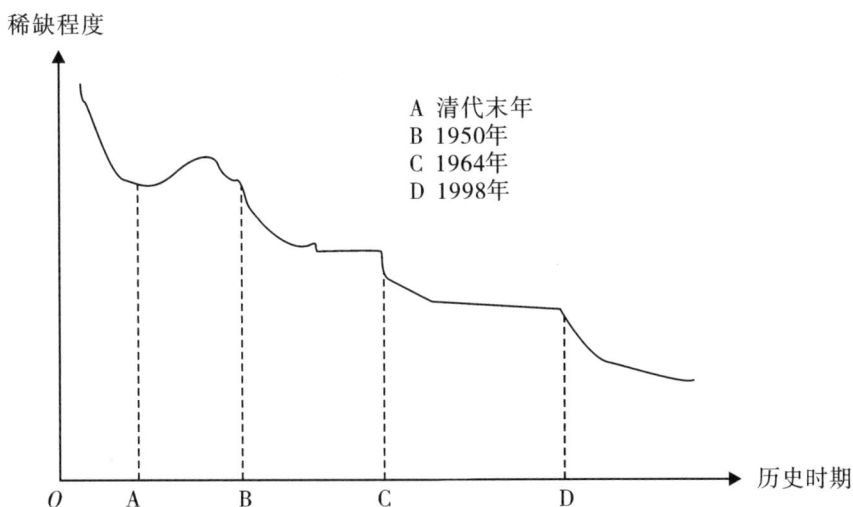

图 5-1　独龙族的稀缺程度示意图

---

① KUPER，A. Alternative histories of British social anthropology. Social anthropology，2005（1）：27.

若以图形来表示独龙族稀缺的变化情况，又可以细分出四个阶段。在第一阶段独龙族社会处于部分稀缺的状态。随后的第二个阶段稀缺的增长加快，内外困迫的独龙族急于寻找一个能够缓解其稀缺的政权。但没有任何外部势力能够满足其愿望。到第三阶段，新中国开始进入滇西北，独龙族的愿望终于有了实现的可能。这一时期的独龙族社会，稀缺程度快速得到缓和，但总体上还是没有能力完全转化成不稀缺的状态。第四阶段，国家有实力帮助独龙族摆脱原来存在的大部分稀缺，总体上已经没有整体稀缺的存在可能了。

新中国成立之初，中央和地方的财力有限，不足以让独龙族彻底摆脱稀缺，但是政策运用得当，迅速地为独龙族解决了基本的稀缺，并为继续解决这一问题指明了方向。如果使用 being（静态结果）与 becoming（动态过程）二分法对独龙族社会变迁的各个阶段进行分析，图 5-1 可以表述独龙族社会每个阶段的坐标点上存在的稀缺程度。

地理位置往往能决定一个国家近期的优先目标，一个国家的军事、经济和政治力量越强，它在重要地缘政治利益、影响和参与方面超越其近邻的覆盖面也就越大。在决策者和决策智囊层那里，专门的地缘政治区域并不是由恒定不变的地形所规定的地理区域，而是一方面由自然地理决定，另一方面由实力中心的动态转移所决定的战略区域。

（二）不同稀缺时期独龙族对国家的期望

在普通群众来看，20 世纪末独龙族社会变迁能够为他们带来看得见的实惠，日常食用的大米、政府发放的衣物，以及半年一次的退耕还林补助款，能够为他们的生活带来很大的变化。同时，到高山上挖来的药材拿回家就有人来收购，家里养的鸡偶尔也能换来零花钱，使用手中的钱随时可以到村里的小卖部购买自己想要的啤酒、饮料和方便面，或者其他的生活用品，比如胶鞋、牛仔裤或者腊肉之类的商品。

独龙江乡施行精准扶贫以来，很多村子进行了整体搬迁，过去住在山上，栖身竹棚，常年赤脚的独龙族村民，搬到政府盖起的安置房里，不但有了新的床褥、衣柜、沙发、茶几，不少富裕村民家里还添置了冰箱、洗衣机、液晶电视、音响、摩托车等。如今，走进独龙江乡，能看见家家户户屋顶上飘扬着鲜艳的五星红旗。生活在中缅边境的独龙族同胞用这种方式表达着对党和国家的感恩之心，彰显着作为中华民族大家庭成员的骄傲和自豪。

如果给独龙族社会变迁这一过程设立几个基本的坐标点，独龙族被吸纳到新中国政权之前，大抵都是带着期盼的心情，因为本地不出产食盐，食物与人口的比例日趋失调，对温饱的需求是独龙族生态稀缺的最大特征。分析独龙族社会变迁的过程，要看这个民族与国家的互动关系是被迫的还是自愿的，两者对独龙族的稀缺有着截然不同的影响作用。在从元代至20世纪50年代的漫长历史阶段，独龙族被迫受周边某些地方势力统治，虽然获得了生存所需的部分物质，但社会资源整体稀缺的状态始终没有得到改变。比如，从察瓦龙土司手中获得了沙盐，却要承担繁重的税赋，因而需要更加劳苦，不断采集和狩猎才能交清日益加重的税收；再比如，从傈僳族蓄奴主手中获得了铁质生产工具或黄牛，又要用人去抵押或偿还债务。由此，出现了初步的社会分化，强势的家族可能奴役弱小的成员，但独龙族的家庭蓄奴没有发展到奴隶制，也是因当时资源稀缺所致。对独龙族的管理，如果只想要从当地获得税赋和资源，又没有强大的外力可以稀释或减缓独龙族的稀缺，这种管辖就一定不会得到独龙族的支持和认可。

在独龙族被吸纳到社会主义大家庭的历史过程中，土地制度发生了相应的变化。新中国成立前夕，独龙族正从原始公社向阶级社会过渡，存在四种土地占有的形态：其一为血缘集团公共占有、集体耕种的土地；其二为血缘集团集体占有的土地；其三为少数几户共同占有的土地；其四为个体家庭私有的土地。新中国成立初期一直到改革开放初期，独龙族社会先后经历了农业合作社、"大跃进"和"文化大革命"，土地占有形态基本上是集体共同占有，集体劳动吃大锅饭。这一时期开垦了水田，并不断扩大火山地的面积，村寨周围几乎没有闲置的土地。到20世纪80年代中期，独龙族基本上实行了家庭联产承包责任制，原有的火山地逐步落实划分到户，但由于耕作方式对劳动力的需求，没有办法完全像精耕细作的农业那样精确地划分小块土地。这时，每家每户人均拥有的土地面积都在5亩以上，村民的口粮基本依靠传统的刀耕火种和政府救济。但自从修通公路以后，国家实行天然林保护和高黎贡山自然保护区政策，出于森林防火的需要，村民就很难再种火山地。笔者在整个独龙江河谷只发现不到10亩左右的火山地，都是位于很偏僻的山坡上，主要种植芋头和洋芋。由于禁猎导致野生动物数量逐年上升，它们经常破坏农作物，即使有火山地也无法种植苞谷或谷类作物。

另外，国家粮食部门每年通过汽车运输大量的粮食，补贴给实行退耕还林的独龙族村民。同时，以最低生活补助、教育补助和救济款等各种形式，给独龙江流域的独龙族很多实惠。土地对于独龙族来说已逐渐变得陌生，有部分村民完全没有土地，依靠外出务工或给工程队做零活挣钱。当然，他们的退耕还林补助已经足够让全家人衣食无忧。目前，独龙族的土地占有形式几乎是重新回到了公有制，每个村寨周围的少量土地依然还是私有制，但这些土地的面积数量已经相当有限。此外，生计方式的变化也很明显。解放初，渔猎和采集在独龙族的生活中占据的比例还很高。随着独龙族被吸纳进现代民族国家和市场经济之中，各种山林和渔业资源开采的速度非常惊人。目前，采集的范围已经缩小到了少量的集中药材和部分可以食用的植物块茎；狩猎已经完全禁止，个别人家偷偷地捕获一些小型动物也只能自己享用，不敢拿到市场出售；渔业资源每况愈下，过去世代捕鱼的村民如今很少能够在独龙江里面捕获到鱼。独龙族村民正在逐步远离土地，少量的土地正在试验种植经济作物，以期获取更高的经济收益。

农村户口转为城镇户口的途径，主要有参军、入党提干、读书、招工等。① 独龙族成为社会主义大家庭一员后，围绕独龙族生存的问题，国家不断采取强有力的措施，修建人马驿道、每年调拨大量粮食和生产物资、兴建水利开挖水田、兴办教育、修通公路，乃至整村推进整族帮扶，这些措施的共同目的，就是要解决独龙族的生存和发展问题。在这一过程中，物资及人这两种生产关系的要素在不断调整和变化。

那么，独龙族在成为社会主义大家庭一员的过程中，需要付出什么代价呢？其传统文化随着吸纳过程如何变化？是增多还是减损？哪些会减损？独龙族各阶层如何看待文化减损与社会变迁之间的关系？杜赞奇以1900—1942年华北农村的社会变迁为例，探讨了中国国家政权与乡村社会的互动关系，希望解释国家政权的扩张对乡村社会权力结构的影响。他以"国家政权建设"和"权力的文化网络"两个中心概念贯穿整个研究，指出权力是指个人、群体和组织通过各种手段以获取他人服从的能力，这些手段包括暴力、强制、说服以及继承原有的权威和法统。通过对乡村社会生活中权力关系各个方面的整体考察，他揭示这些权力之间的关系和相互影响以及所构成的"权力文化网络"。他认为一种文化甚至在经历巨大的历史变革时仍将保持自身认同的方式，20世纪国家政权抛开甚至毁坏文化网络以深

---

① POTTER S H, POTTER J M. China's peasants: the anthropology of a revolution. Cambridge: Cambridge University Press, 1990: 2-35.

入乡村的企图注定要遭到失败。[①] 按照笔者对滇西北独龙族社会变迁的研究来分析，得出的结论恰恰相反。独龙族在社会变迁的过程中，自身的文化体系尚未结成有力的网络，无法阻止外部力量对其吸纳或者与之抗衡，因为其自身存在的生态稀缺与制度稀缺，需要不断地得到释放，只有依靠新中国才可能实现。

二、稀缺与社会结构的关系

稀缺这个概念是一种试探性的设计，目的是用来解释独龙族社会变迁的原因和动力。然而，这个试探性设计和假设性特征尚需本书田野研究的实证。在整体稀缺的条件下，社会成员必须合作，部分稀缺的条件下成员可以竞争和冲突，并出现领导权。如果要分析稀缺和领导权这两个常量，必须先分析生态变量，然后才能分析稀缺与领导权的结构性含义。

在各种持续的社会交往中，合作、冲突和领导权是不可削减的组成因素，有必要先假定一组变量，然后汇总并在经验上产生可观察到的社会状况。这三个变量与历史和生态变量一起组成一个社会的模型。领导权是用来缓冲合作与冲突的变量。整体稀缺是一个常量，生态和历史是变量。整体稀缺可以包含在一个总的标题之下，即冲突和合作的互动之中。冲突意味着采取手段争夺处于稀缺供应的奖励，不同的稀缺类型具有不同的冲突。如果存在整体稀缺，必然就会有部分稀缺。对于两者的比较，能够揭示不同稀缺类型社会的结构意义。

独龙族的地方人士认为国家对独龙族的治理"过多地强调了经济方面的发展问题，最近又过多地强调环境方面的保护问题，而忽视了民族文化的保护与扶持，导致独龙族文化不断消失，文化传承出现断代。整个独龙江的发展呈现不协调、不平衡的态势。独龙族政治权益得到了保障，经济生活有所改善，生存环境由于实施'退耕还林'和'天保'工程而趋于改善，而文化却急速消失"[②]。实际上，独龙族干部阶层没有看到本民族社会变迁的根本原因。这个原因就是整体稀缺与部分稀缺的转换机制。

---

① 杜赞奇著，王福明译：《文化、权力与国家：1900—1942 年的华北农村》，南京：江苏人民出版社 1994 年版，第 1 – 4 页。

② 李金明：《独龙族文化保护面临的问题及对策》，《学术探索》2009 年第 5 期。

整体稀缺是指在一定社会中，人们觉得与自己生活有关的任何事情，无论是精神、制度，还是物质前提，在数量上都绝对地不足。相比之下，部分稀缺明显是指在一定范围内只有一些迫切需要的东西存在不够，其他方面并不缺乏。我们看看，独龙族社会各阶层，面对稀缺将会如何选择，社会变迁的内在原因与稀缺有什么联系。

一方面，独龙族所居住的独龙江峡谷天然存在的生态稀缺，迫使独龙族寻找外部可以依赖的力量。他们需要解决生存问题，首先要面对的就是食盐和粮食的补充；滇藏茶马古道将川滇的井盐带入滇西北，独龙族需要付出数倍的代价才能获得这些必备的生活物资。只有夺取国家政权，才可能在滇西北修筑交通网络，使独龙族需要的生活物资从外界源源不断地输入。这样，独龙族为了生存所需的基本物质，被吸纳到强大的外部势力或国家中，自然就是顺理成章的事情。

另一方面，独龙族地理上的封闭性决定了稀缺的程度，无论是制度稀缺还是生态稀缺，假如没有外部强有力的措施，几乎很难让独龙族社会发生质的变化。想被正式承认为一个民族的群体应该有共同的语言、共同的经济基础、共同的心理素质和共同的地域。群体被判定具有这四个共同特征之后就在共和国民族之林中拥有了一席之地，确定民族地位的关键时间框架不必看现在，而是看民族形成的时间。[①] 独龙族在成为社会主义大家庭一员的门槛上，关键的一点就是获得了民族的地位，这是解决其整体稀缺的基础和出发点。

整体稀缺是一组生态、技术和历史因素造成物品与资源的地方性不足的结果，阻碍了个人和团体获取并长期积累财富。[②] 因此，整体稀缺抑制了社会分层的发展，建立在经济差异的基础之上的权力结构也就不可能形成。由于它减小了代际传递可继承的财富、地位和声望，通常不利于有效的司法与政治制度的出现，容易产生平等的伦理价值观，在精神层面体现出物质与制度的缺乏。

实际上，稀缺这个概念对于生活其中的每一个人的日常存在具有如此深的根源，以至于它会从看得见的外部世界延伸到无形的文化价值空间之中。特权、荣誉、男人气概、生育力和好运气，或者是经济领域的成功都

---

① 顾定国著，胡鸿保、周燕译：《中国人类学逸史——从马林诺斯基到莫斯科到毛泽东》，北京：社会科学文献出版社2000年版，第141页。

② BLACK-MICHAUD. Cohesive force：feud in the Mediterranean and the Middle East. New York：St. Martin's Press，1975：121 – 178.

可以被看作商品，如同土地、水和有效的制度一样，具有供应的限度。人们普遍要求其他的个体不会得到超过"平均份额"的东西，这样就形成了平均主义的观念，对于那些获得了或者想获得超出社会允许的最大量的人来说，这是强有力的道德处罚的根源。

人类群居性的本源是因为相互模仿，模仿使人变得相像，瞧见别人获得了某种东西，自己就会产生欲求，但问题是，我们一心渴求的事物往往不可多得。[①] 因此，整体稀缺最重要的伴生物是恐惧，担心由于缺少司法保障，个人没有能力抵抗其他人的侵犯而挨饿。物质的缺乏与制度的稀缺密不可分。社会制度是由生态与历史因素决定的各种各样的制度性不足。整体稀缺可以归纳为在特定社会中人们认为与生活息息相关的一切现存的事物在精神、制度及物质的前提下，数量绝对地不足的状态。整体稀缺可以分成两个不同的稀缺领域。第一个领域最终形成一种可以看见的物质的供不应求。第二个领域从经验上无法观察得到，这个领域由一些无法用科学方法来证明其稀缺的物质构成。前者具有客观性，可以直接观察得到；后者具有主观性，只有那些身临其境的人才能体会到。前者可以称为生态或物质稀缺，后者可以称为精神或制度稀缺。物质稀缺具有现实性，而制度稀缺具有非现实性。生态稀缺可以发生在任何社会的任何时候，只要与物质产品和资源的生产、开发有关，人类的活动就会存在稀缺。只有当生态系统处于一定程度的紧张状态时，才会出现精神的稀缺，它会影响到人们本来就不稳定的生产经济的方方面面，对于能使人们更容易生存的社会组织模式具有决定性的影响。只有在出现极端的生态稀缺时，才会出现精神或制度的稀缺。两者同时发生的状况，就可以称为整体稀缺。这时，社会结构的形式很不发达，自治机构也很少。部分稀缺是指随着物质的不断丰富，制度相对地变得复杂多样，使得人们之间相互的关系日趋多样化的状态。在社会结构与部分稀缺的关系中，合作、冲突和领导这三个组成要素必须同时出现。开发供应不足的资源时会出现合作，协调合作需要领导，并激发冲突。然而，冲突仅仅局限于稀缺看上去很普遍的地方，在这些地方合作和领导仍然重要。但是，由于是部分稀缺，还有很多范围会出现剩余。因此，如果某些个人和群体具有野心或侵略意图，他们就会选择在某些范围争取最大的获益，在没有稀缺和冲突的范围内获得政治和文化

[①] 费尔南多·萨瓦特尔著，魏然译：《政治学的邀请》，北京：北京大学出版社 2009 年版，第 16 页。

资本。

由于整体稀缺的社会导致了合作、冲突和领导在整个社会结构中无限制扩大，因此争斗是怀有敌意的集团之间建立关系的手段，可以将松散的各个部分黏合在一起。在缺乏条件发展出强大君主或集权的地方，暴力的使用产生了一种力量的平衡，并随之产生了压制混乱的状态。争斗成功地控制了群体之间的关系，并强迫社会规范达成一致。两个群体或个人之间的暴力构成了系统的有机组成部分。可以说，争斗是一种社会控制的工具，是交流和沟通的手段，也是表达临时性统治与臣服关系的语言。社会的内部结构特征和生态约束导致制度的缺乏。在平等主义思想的表达中，可以发现缺少高度发达的制度和生存边缘的危险特征。然而，这种思想的内涵并不局限于个体或群体之间的关系领域。它们几乎延伸到了人类生活的每个方面，抑制任何想要比社区中其他人获得更多物品的想法。这种态度在生态条件不利的地方非常典型，他们的信念可以称为非现实或精神的稀缺。在制度稀缺中，信念以及维持这种信念的制裁有助于保证"所有人公平地获得"的原则，尽管缺少制度强迫人们遵守这些规则。

从独龙族不同稀缺的历史时期来看，他们渴望社会变迁的意愿不一样，但共同点是一样的，那就是期待外界能够有效解决其固有的稀缺，不管是生态稀缺还是制度稀缺，都是朝着减少稀缺走向富足的目标。从独龙族社会变迁的过程来看，我们已经能够看到整体稀缺向部分稀缺转变的脉络。这个过程也是促使独龙族社会变迁日益加快的原因，那么其周边存在过的地方势力的国家性质有何影响呢？

（一）国家性质与独龙族社会变迁速度之间的关系

国家是一个阶级的概念，它的性质由统治阶级的性质来决定。在独龙族与外界交往的过程中，涉及三类不同性质的国家。首先，我们看到三类不同性质的国家明显具有不同的能力，可以大致得出下面的比较曲线图（图5-2）。其次，不同性质的国家对于独龙族的管理或统治目的明显不一样，无产阶级执政的国家，以解放全人类为目的，自然与另外两类性质的国家对独龙族的统治目的不同。

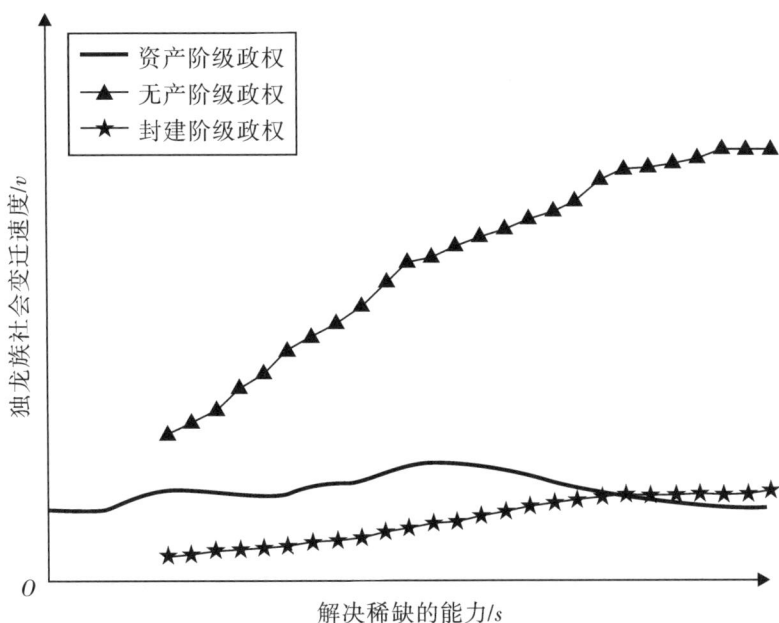

图 5－2　不同性质的国家解决独龙族稀缺的趋势变化

　　本书探讨了独龙族古代先民周边陆续存在的地方势力，包括乘象国、骠国、吐蕃、南诏，以及元代独龙族先民出现在汉史记载后，其周边先后存在的土司制，都可以在国家性质上划归为封建制国家。不管是较低级发展阶段的带有军事民主制的封建农奴制，还是较高级发展阶段的封建地主制国家或其地方政权，他们的能力都相当有限。这种限制主要来自三方面：第一，自身社会的经济发展实力尚不足以克服生态条件的障碍将独龙族有效纳入自身的管理体系；第二，封建政权的统治阶级对周边社会的统治目的，旨在获得象征性的税赋和朝贡；第三，封建政权依赖于地方乡绅治理基层社会，无法向独龙族提供外部的援助。

　　所以，我们看到独龙族先民直到清代，依然处于原始社会的公有制状态。虽然有察瓦龙土司与傈僳族蓄奴主的管理，但独龙族的稀缺没有得到本质的改变。一方面，生态稀缺依然存在，虽然引入了铁质生产工具，能够向大自然索要更多的产品，但对外承担的税赋却超过了自身生产力提高的程度。另一方面，制度稀缺没有得到有效缓解，这可以从社会组织与宗教信仰上得到体现。在社会组织层面上，独龙族的家族公社一直持续到解放初期，这种社会组织的低级性决定了独龙族无法形成强大的力量来促使本民族摆脱自身的生态稀缺。同样，原始的宗教信仰虽然部分融入了藏传佛教的微量因素，但这种万物有灵的宗教观念一直持续到新中国成立之后，宗教神职人员也没有形成专门的阶级，社会的分层只表现在家族公社的头人这一个层面。

虽然封建阶级性质的国家对独龙族的治理能力很弱，在目的上只是以征收象征性税赋为主，但这一阶段却经历比较漫长的时间。无产阶级政权领导的新中国解决独龙族稀缺的能力呈增长趋势，促使独龙族社会变迁的程度也日益加快。

清末民初，帝国主义国家在中国大地上掀起了瓜分中国的狂潮。面对边疆危机的严峻局面，晚清政府和民国政府都采取了一些应变对策。国民政府成立之后，军阀混战，国内政局动荡不安，北洋军阀政府和南京国民政府几乎很难顾及边疆。① 孙中山在谈及民族问题时，往往限于汉、满、蒙、回、藏五族。虽然主张国内各民族要平等团结成一家，但对于五族之外的其他少数民族则几乎忽视。南京国民政府统治者以"三民主义的边疆政策"为口号，宣称一切边疆政策均以孙中山之"三民主义"理论为指导。南京国民政府统治下的中国，既继承了晚清以来遗留下的边疆诸问题，另外也面临世界政治、经济格局发生重大变化下的边疆新局势。② 更关键的是，在民国政府忙于"攘外必先安内"时，抗日战争爆发，促使学术界往抗日后方转移。抗战结束以后，中央政治学校边疆学校特设边政专修科，蒙藏委员会亦专开蒙藏政治训练班，于是"边政史""边政研究""边疆政策"这一类科目名称，始出现于课程表内。③ 民国早期的边疆研究主要有两类，一种是国内的史学家出于解决边疆危机的目的来进行的带有历史地理学色彩的研究，另一种是国外的传教士出于在边疆地区传教的目的来进行的具有社会学色彩的研究。不妨这样设想，如果没有抗日战争，国民政府对独龙族的管理恐怕不会那么早，也就是说，若是没有学术机构和人员向西南的转移，就不会有严德一和陶云逵等人对俅人的调查。

本书用了较大篇幅描述独龙族如何成为社会主义大家庭的一员。田野材料说明，无产阶级政权对于包括独龙族在内的人口较少民族，表现出强烈的帮扶欲望。这与无产阶级政党的纲领有关，因为无产阶级是要朝着最

---

① 李国栋：《民国时期的民族问题与民国政府的民族政策研究》，北京：民族出版社 2007 年版，第 15 页。

② 段金生、董继梅：《试论南京国民政府边政研究的内容和方法》，《云南师范大学学报》（哲学社会科学版）2010 年第 1 期。

③ 吴文藻：《边政学发凡》，载《吴文藻人类学社会学研究文集》，北京：民族出版社 1990 年版，第 263 页。

高的社会发展阶段前进，要解决人类的不平等，帮助一切人口较少民族。这里可以看出无产阶级政权与西方资产阶级政权的差异。后者为何会设置保留地制度？因为资产阶级强调西方文化的优越性，需要保留土著部落的文化作为反衬，表明自身文化进化已经到了高级阶段。相反，无产阶级政权虽然也推崇汉文化的先进性，但不是要周边少数民族的文化作为点缀，而是要各个民族共同发展。这不仅符合宪法规定的各民族平等政策，也有利于国家的边疆稳定和少数民族社会发展。因此，在治理的能力与目的上，封建国家、资产阶级和无产阶级的国家各不一样。

同样，另外两种性质的国家在解决稀缺的能力上，显然弱于无产阶级政党领导的国家。封建国家解决稀缺的能力最弱，因而使俅人一直处于较低的社会发展水平上。综合以上几方面的分析，我们看到国家的性质对于独龙族的社会变迁相当重要。在无产阶级领导的国家中，独龙族释放稀缺的能力最强。

（二）影响独龙族被外部力量吸纳的因素

从前面的分析可以看到，影响独龙族被外部力量吸纳的因素主要有两类，一类是稀缺程度，尤其是独龙族自身的稀缺程度。有没有具体的指标可以衡量稀缺的程度呢？我们大致可以从经济和制度发展水平来测算，也就是生态稀缺及制度稀缺。另一类是国家的性质，它直接决定吸纳各方的目的及意愿，还决定解决稀缺的程度。对于封建性质的国家，将独龙族纳入自身管理体系的目的，仅仅是象征性地征收税赋，而且具体都是地方的土司去落实管理措施。对资产阶级性质的国家而言，他们更愿意将独龙族纳入自身的意识形态控制之下，并获取资源和税赋以支撑自身权力体系在当地的运转。而对于无产阶级执政的社会主义国家而言，解放独龙族使其摆脱贫困，与各民族共同发展，是最重要的目标。外部力量必须依赖自身或其所属国家强大的经济和政治实力，才能有效地解决独龙族的稀缺。所以，我们不妨对这三个方面各用一个字母来表示，产生一个通用的公式，反映独龙族乃至人口较少民族社会变迁的共同机制。

怀特在研究文化的进化机制时，曾经提出一个公式 $C \times B = P$，他假定 C 代表文化传统，B 代表智能的生物因素，P 代表发明或发现的概率。[1] 如

---

① L. A. 怀特著，沈原、黄克克、黄玲伊译：《文化的科学——人类与文明的研究》，济南：山东人民出版社 1988 年版，第 211 页。

果借鉴怀特构建文化模型公式的思路，对于独龙族社会结构变迁的机制，也可以采用这种类似的公式，表示独龙族被外部力量吸纳的不同过程的各个相关要素。假设用字母 d（degree of scarcity）来表示稀缺程度，用字母 P（properties of country）表示国家性质，用字母 a（acceleration of involvement）表示独龙族被外部力量吸纳这一过程的加速度，那么我们可以从独龙族社会变迁的个案，构建出以下公式：$d \times P = a$。这表明独龙族被纳入外部各种力量的加速度，不仅与稀缺这一个变量有关，还与国家性质有着密切的联系。d 为自变量，主要取决于生态环境、技术和制度；P 为常量，取决于独龙族外部力量所属国家的性质，它能改变 d 的大小，进而影响 a 的大小。a 为因变量，反映独龙族被纳入外部力量的程度，可以体现社会结构变迁和文化适应状况。

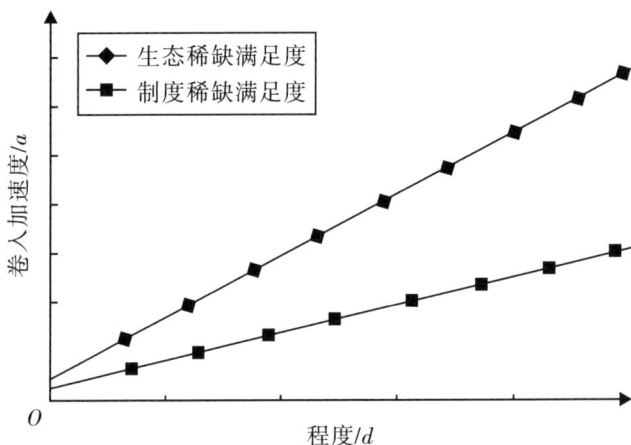

图 5-3　独龙族稀缺释放程度的趋势分析

　　首先，我们需要重点关注 d 这个自变量。生态稀缺与制度稀缺并不同步。从独龙族的个案来看，无产阶级政权先从制度入手，改变上层建筑之后，再逐步改变生态稀缺。但在实际运作过程中，是要先解决生态稀缺。譬如，要搞选举，必须有实惠的物质支撑，不服从制度的就要在物质利益上遭受损失。同样，要在村民那里宣扬新的政策，比如笔者在调查时看到村主任手里的用水公约，政府要给村民先铺设自来水管道、发放净水设备等。又比如，落实卫生制度需要派发药品，发放灭蚊用的蚊帐等。实际上，独龙族社会的生态稀缺与制度稀缺得到的满足程度，与其社会变迁的程度成正比关系，尤其是生态稀缺的满足程度，比制度稀缺的满足程度要快得多，外部的表现就是文化的变迁。图 5 - 3 表明了独龙族的两种稀缺得到满足的程度不一样，但随着稀缺的释放，社会变迁的速度就越快，吸纳程度就越深。这证明前面所讨论的 d 与 a 的正比关系可以成立。

其次，我们要注意国家性质这个量的变动情况。因为在独龙族的个案中，我们看到了三种不同性质的国家。封建阶级的国家，强调象征性的统治关系，能够如期得到税赋或者朝贡，就不再实行更深度的吸纳措施；资产阶级国家则处于一种更加理性的状态，如果它觉得将人口较少民族吸纳后，无法有效改善其稀缺的程度时，就可能宁愿不吸纳；无产阶级国家担负着历史使命，即使在吸纳能力即解决稀缺的能力还比较弱时，也要将人口较少民族吸纳至自身的体系中，哪怕是吃大锅饭，也要坚持对人口较少民族的吸纳。这在本书第四章的案例中，有非常清楚的体现。因为无产阶级政权一度强调平均主义，这又适合独龙族这样的人口较少民族传统社会的特点，所以我们看到即使在"文化大革命"期间，独龙族对于新中国依然抱着极大的热情。

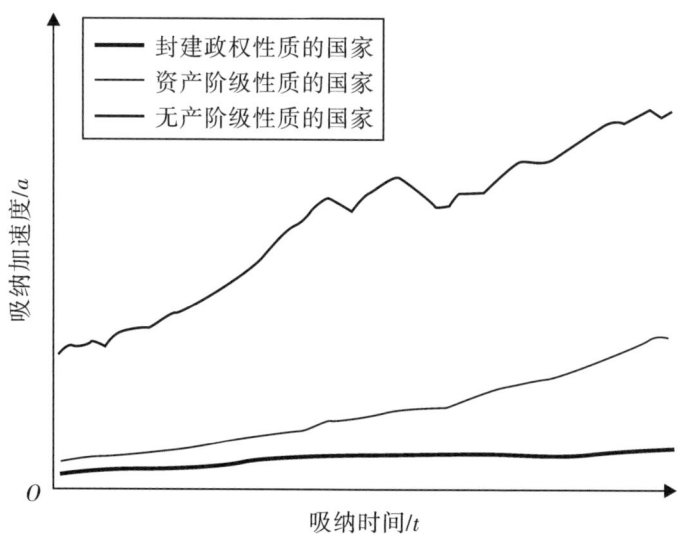

图 5 - 4　独龙族被吸纳到不同政权的加速度趋势图

最后，国家的性质决定吸纳的能力。如图 5 - 4 所示，在相同的吸纳时间内来看，无产阶级性质的国家具有最强的吸纳能力。这在独龙族个案中，最明显的就是新农村建设。自 2018 年 12 月，独龙江乡脱贫摘帽后，独龙江乡党委政府在致力于建设草果、黄精、羊肚菌、重楼、灵芝等特色生态产业的同时，将全域旅游作为独龙江乡长远发展的重头戏。通过全面推进人居环境提升整治行动，发动全乡六个村1 142户村民融入"美丽庭院"建设，持续抓好乡村振兴，守护好边疆，把独龙江建设成为幸福美丽的新家园，为促进边疆繁荣稳定添砖加瓦。与此同时，独龙江乡在人居环境整治提升行动取得成效的基础上，开展路边、江边（河边）、山边、村边，房美、村美、人美、景美，净化、绿化、美化、亮化"四边四美四化"专项行动，让乡村振兴提速升级，努力打造云南美丽边陲旅游小镇，加快全域旅游发展步伐。从勉强温饱到家家户户有产业，从没有一寸公路到大桥大道畅通，从与世隔绝不通水电到"5G＋"数字化小镇，近年来，独龙江乡不仅摆脱了贫困，更实现了"一步跨千年"的现代化振兴发展。

图5-5　孔当乡村建设现状

图5-6　龙元乡村建设现状

独龙族先民未受乘象国、骠国、吐蕃和南诏等地方势力统治，较轻微地被纳入明清封建王朝在西南民族地区的代理（察瓦龙、康普土司制），部分受英印政府为代表的西方殖民势力统治，主要是由于这些地方势力所属的国家在主观上不愿意解决独龙族的稀缺，客观上解决自身与边缘族群稀缺的能力有限。

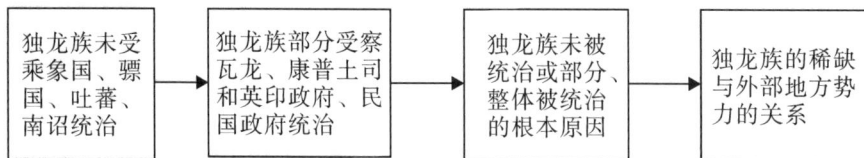

图 5－7　独龙族不同时期的政治参与

独龙族在社会变迁的过程中，土地使用权（包括耕地和房屋住宅地）从公有到私有；生产资料逐步商品化、生产技术更新、生计方式多样化；财产分配从平均走向不平均，经济交换逐步市场化。婚姻形态由多样化趋于单一化、婚姻选择标准日趋复杂；从不受约束的自然生育转向有计划的生育；亲属称谓从类别式转向描述式，亲属成员之间的责任关系日趋功利化。社会组织从家族公社到农业合作社，再解体为单个小家庭为社会基本单位；村落从零散分布走向集中并出现行政建置；冲突调解从民间走向官方并受到法律约束。独龙族教育关系结构变迁的表现有：由简单的家庭传统教育走向学校分科教育，行政强制命令和学校课程教育保障了社会分层的需要。下面结合独龙族社会结构的变迁过程，进一步阐述人口较少民族社会变迁的某些共性。

独龙族社会变迁的进程体现了人口较少民族社会变迁的普遍特点：首先，在进入社会主义大家庭之前，这些民族都经历了早期的迁徙，他们与周边族群都存在一定的渊源关系。然而，面对生态稀缺的制约，他们受到其他族群排挤，被迫进入生态环境更加不利于生存的地区。之后，在他们周边先后出现隶属不同性质国家的地方力量。这些国家不管性质如何，都有将其纳入自身社会的欲望。不过，直到新中国成立之前，这些不同性质的地方势力都没有完全将其纳入自身的政治体系之中。究其原因，一是交通造成的生态稀缺，二是这些地方势力或国家只想从人口较少民族那里获得税赋，根本不想改变其固有的稀缺，更遑论大量生活和生产物资的无偿输入与补给。

其次，谈到社会结构，我们不得不对其功能性有所关照。弗里德曼研究中国东南沿海的家族组织，想要论证一种既分化又统一的社会如何成为可能。他提出裂变型国家的结构概念包含几个要素：其一，在国家的核心地带以外的社会，地方共同体有相当大的自主空间；其二，地方共同体在面对自上而下、自外而内的压力时，会强化自身的凝聚力。① 如果我们仔细分析类似独龙族这样的人口较少民族，他们在社会变迁过程中，地方共同体对于自身文化资本的建构，显然与其自身社会解决原有生态稀缺与制度稀缺的欲望有关。

最后，人口较少民族进入社会主义大家庭之后，稀缺释放的外在表现，同时体现在传统与现代文化要素的此消彼长之上。获得外部资源以解决稀缺，其传统思想理念就要发生相应变化。人口较少民族的干部凭借政府赋予的权力，在社会分层中处于优势地位，又积极地构建本民族的文化资本，争取更多的资源。以独龙族为代表的人口较少民族，在成为民族大家庭一员之前，大都有自己原始的宗教信仰，即使西方宗教意欲对其产生影响，也未能将原始宗教信仰赶出他们的内心世界。

第二节　稀缺与人口较少民族的社会变迁

独龙族的社会调查材料被认为"对研究原始社会的历史有很重要的意义"，另外"鄂伦春族也还保留有原始参与较多的社会经济形态，它提供了研究原始游牧民族的一种很好的典型"；黎族、怒族、傈僳族等民族的调查材料"为研究原始社会如何过渡到阶级社会提供了丰富的资料"。② 对于 20 世纪 50 年代的民族调查材料，我们不应该只从社会形态的角度来看待和分析，还要看这些材料是否提供了探寻人口较少民族社会结构变迁规律的一般机制。

政治学研究群体的集体决策过程③，政治人类学则要考虑民族国家的政治如何影响到民众自身历史书写④，随着整个世界日益纳入全球市场，以往那种与世隔绝的部落或社区早已不复存在。对于人口较少民族而言，因为

---

① 王铭铭：《溪村家族——社区史、仪式与地方政治》，贵阳：贵州人民出版社 2004 年版，第 249–250 页。

② 谢扶民：《两年来少数民族社会历史调查工作的基本总结》，载中国科学院民族研究所编：《民族研究工作的跃进》，北京：科学出版社 1958 年版，第 8–24 页。

③ BARRIE A, BROWNING G K. Introduction. In politics: an introduction. London and New York: Routledge, 1997: 18.

④ 范可：《政治人类学今昔》，《广西民族大学学报》（哲学社会科学版）2008 年第 2 期。

文化的特殊性，由于开发而造成的自然和社会环境的改变，事实上已经造成许多人口较少民族文化的衰亡或正在走向衰亡。这种"损失"绝不是靠获得物质利益或经济补偿所能弥补的。如何将资源开发和保障人口较少民族利益很好地结合起来，是各个国家均在探索，以求合理解决的现实问题。因此，分析人口较少民族社会变迁的一般机制，显然具有实践价值。

一、人口较少民族社会变迁的模型

前面分析了独龙族社会变迁的个案，接下来笔者试图对此进行一些理论概括，目的是要得到人口较少民族社会变迁的机制。我们必须分析，在社会变迁过程中，是谁（人口较少民族或者其他主体）得到了什么，在何时（不同稀缺的阶段），如何得到稀缺的释放（包括生态与制度稀缺）。不妨用"吸纳"来描述这个过程，它至少涉及两个方面，一个是吸纳方，另一个是被吸纳方。当然，在不同的历史时期，吸纳方可能出现多方共存的情况，比如针对前面论证的独龙族，在新中国成立之前，对它有吸纳意图的主体，每个时期都不止一个，他们会形成相互竞争或联合的趋势。在吸纳方看来，人口较少民族之所以想要被纳入外部势力之中，根本的出发点是要改变现状。如果人口较少民族没有这样的想法，这种吸纳显然就无法持续。为什么要从人口较少民族的角度来分析呢？我们得先回到政治人类学的基本特点上来。

政治人类学研究试图超越特定的政治经验和理论，建立一种带有普遍性的政治行为科学，以寻求人类的各种政治行为在不同历史和地理环境下的共同性；并且，它主要致力于描述和分析与原始社会有关的政治制度。[①]人类学者主要从四个方面给"政治"下定义：从空间方面，把政治与一定的领土结合起来，认为在界限分明和自成一体的空间内的组织系统就是政治的范围；从功能方面，认为政治活动的功能就在于保证社会内部的合作，防止外部侵略和维持社会的稳定；从政治行为方面，主张如果一定的社会行为试图控制或影响公共事务的决策，那么这种行为就是政治行为，体现了团体和个人之间的竞争关系；从政治制度的特征方面，根据一定社会中各个不同结构之间的关系来确定政治，在一个统一的社会中，一种结构支配其他结构的权力关系。[②]

[①] 董建辉：《政治人类学研究及其理论的发展》，《广西民族学院学报》（哲学社会科学版）2001 年第 5 期。

[②] BALANDIER G. Political anthropology. New York：Random House，1970：1 - 26.

由于全球经济一体化的加速进行，当今的政治人类学研究已不能不考虑这些边远的原始社会与现代社会之间日益紧密的相互依存关系，不能不考虑影响传统政治制度和政治过程变迁的转型问题。① 这需要侧重讨论政治制度的"变"（becoming）而不是静止的"是"（being），也就是说分析过程胜于静态描述。把政治研究的对象明确地定义为团体成员为实现公共目的而使用权力的行为过程，凸显了对政治过程的强调。② 二十世纪六七十年代主要研究现代国家在这些传统社会的变革中所扮演的特殊角色，研究传统社会与现代国家之间的互动关系；七十年代以后侧重研究现代国家社会中的一些小规模的政治团体，以及在政治活动中起重要作用的一些社会文化因素，本书的研究属于政治人类学探讨范围。

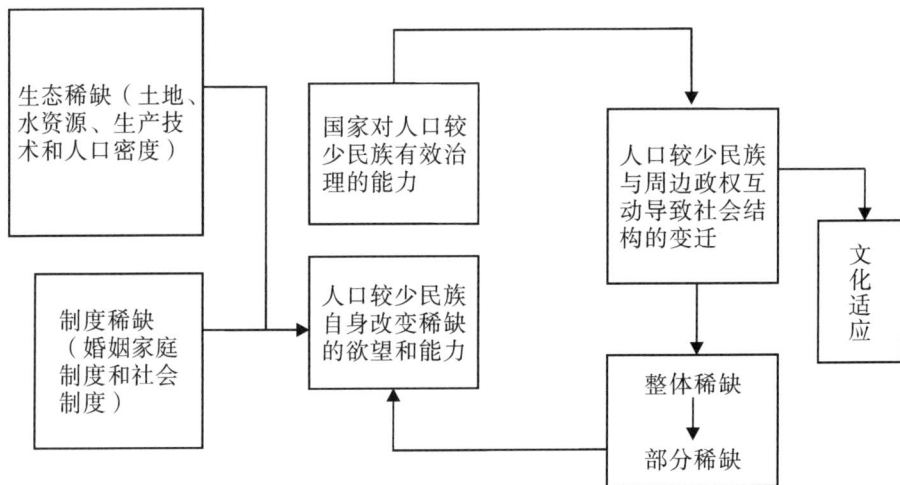

图 5 - 8　人口较少民族社会变迁的机制示意图

阿伯勒·科恩对尼日利亚的豪萨人（the Hausa）的个案研究表明，在国家强行废除部落制的过程中，部落群体可能在一个层面上通过扩大对国家政治和经济的参与，而实现其自身的整合；而在另一个层面上又通过强调自身的文化特性，增强其种族的凝聚力。通过这样两种途径，旧的部落被赋予新的含义，其政治功能得到了强化，成为国家体制下的一种新兴力

---

① 董建辉：《政治人类学研究及其理论的发展》，《广西民族学院学报》（哲学社会科学版）2001 年第 5 期。

② 董建辉：《政治人类学研究的几个问题探析》，《民族研究》2000 年第 3 期。

量——政治性种族。① 法龙（L. C. Faron）对智利马普切人（the Mapuche）所作的研究则表明在国家政治体制下，部落政治处在不断的变迁过程中，以适应国家政府变幻无常的政策。② 我们可以将政治视为一种动态现象，视为一种"过程"，在一定程度上把它从以系统概念为核心的分类方法中解放出来。斯沃茨、特纳和图登提出，政治是涉及公众目标的选择和实现，以及与目标有关联的群体的成员有差异地行使权力的进程。③ 这清楚地说明了政治过程包括权力、决定和集体目标的实现、公共行为的存在。

政府实施的人口较少民族政策，对人口较少民族未来的影响是显而易见的。各国人口较少民族政策有别，各国人口较少民族的未来也就不会一样。幸存的人口较少民族集团在民族意识、现代意识方面的增强和为民族生存所做出的努力，使得各个有关国家都致力于调整和逐步完善对人口较少民族的政策，使其逐步切合实际。对一个多民族国家而言，如果按照公平和公正的原则进行国家权力分配，国内各族体通过共同分享权力，而意识到民族国家是由国内各族人民共同拥有和缔造的，那么民族关系就有可能趋于稳定。自中华人民共和国成立以来，我国的民族政策运用得当，充分保障了人口较少民族当家做主的地位。

人口较少民族社会变迁的动力在哪里？在"整体稀缺"的社会中，人类生活的每一个范围都存在稀缺，针对这些稀缺，很明显就会出现合作和领导，有了领导之后就会出现冲突，此时，外部力量的牵引至关重要。

解释社会结构差异的原因最终可以落到"稀缺"这个概念之上。如果假定"稀缺"与"领导权"是两个互相依赖的常量，而且"领导权"是所有社会形态的本质构成之一，领导权必然导致社会分层，使得社会成员在资源的获取方面产生差异。稀缺受到地方生态和历史因素等变量的影响，领导权导致的社会分层最终促使整体稀缺向部分稀缺变化，这为人口较少民族的整合奠定了内部基础。

当人口开始趋向超过食物资源时，食物可以通过某种集约化生产的办法增加，而这经常意味着一种新技术的发展，或对原有技术进行完善。灌溉、梯田、施肥、役使耕牛、多种栽培和开发水浇地，都可有效增加一定

① COHEN A. Custom and polities in urban Africa: a study of Hausa migrants in Yoruba towns. Berkeley: University of California Press, 1969.

② FARON L C. The Mapuche reservation as a political unit//COHERN R, MIDDLETON J. Comparative political systems. Austin: University of Texas Press, 1967.

③ SWARTZ M, TURNER V, TUDEN A. Political anthropology. Chicago: Aldine, 1966.

领土的生产能力。因此，人口密度的增加必然需要采取更加复杂的社会和政治组织形式。那么，是什么原因导致人口增长到了必须建立更加复杂的社会组织形式的地步？随着时间的推移，由于可耕地失去肥力，可获取蛋白质的大动物所剩无几，人口又不得不根据生产率发生逐渐和不可避免的减少。也就是说，人口压力不仅仅是因为人口的缓慢增长，还可以是因为土地生产率的自然降低。

在人口较少民族社会中，有些情况推动了集中劳动的发展，比如进行集体劳动修建公共工程时，需要劳动分工，再分配的权力显然掌握在超凡人物手上。对于这种领导地位的认可是以经济为基础的，在原始社会里，它来自慷慨和乐善好施的行为。权力不只是来自物理力量。权力可以是独立的或依附的。独立权力是一种直接以个人能力（如专业知识或经验）或人格魅力为基础的统治关系。权力可以分为具有以民众赞同为基础的赞同权力和以武力或强迫为基础的强迫权力。权力的合法性来自人们对权力本质的期望，来自获得权力的方式。

社会变化的结果在政治上有重大的意义，因为这些变化直接影响各种价值在不同类型的精英之间进行分配。[①] 相对于人的欲望与需要而言，直接可用的社会资源是有限的、稀缺的，资源（人力、土地、商品、技术等）是不足的，总存在着少于人们能免费或自由取用这些东西的情形。[②]

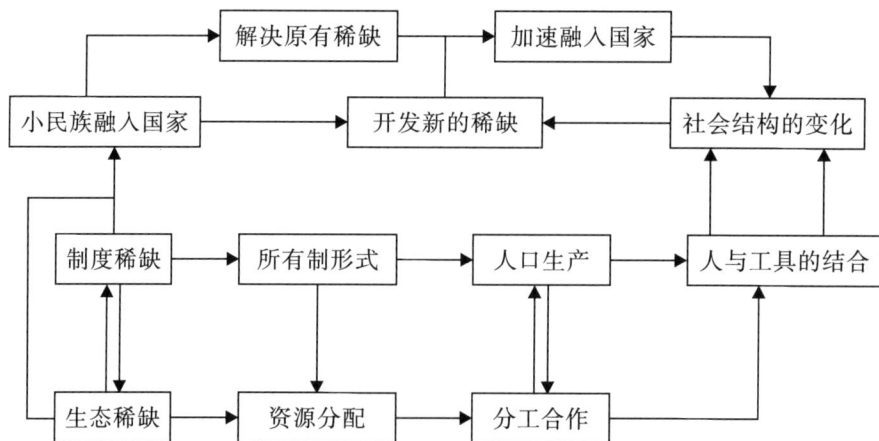

图 5-9　稀缺与社会结构变迁的关系

① 哈罗德·D. 拉斯韦尔著，杨昌裕译：《政治学——谁得到什么？何时和如何得到？》，北京：商务印书馆1992年版，第137-140页。
② 陈惠雄：《对"稀缺性"的重新诠释》，《浙江学刊》1999年第3期。

在从以血缘关系为基础的社会制度向以非血缘关系为基础的社会制度转化时，需要注意这个社会周边的其他社会，尤其是具有较强吸纳能力的"国家"，它能够利用自身的物资优势和制度丰富性，解决其他社会的稀缺问题，促使该社会从平等社会向分层社会转化。只有形成定居和人口密度增加，才可能出现全新的社会结构。[①]经济因素，尤其是不平等性，影响或导致政治制度被制定用来维持基于不平等性的政治地位。统治者的权力不仅能大体上管理被统治者的行为，还能解决如下问题：谁得到了什么、在何时、以何种手段。依此观点，政治制度源于经济体系并受其控制，不但在物品分配过程中也在物品生产供给过程中，比如政治制度所制定的长途贸易和对工匠和公共设施的补贴，这是政治人类学对人口较少民族被纳入外部各种地方势力或国家过程的分析思路。

按照社会结构变迁与稀缺的相互关系，我们要看人口较少民族被吸纳到其周边政权的前、中、后三个历史时期，在划分这些阶段的三个坐标点上，人口较少民族的社会结构如何变化，三个坐标点上的引力与斥力各有哪些，内在动力何在，又是如何变化的。按照二力平衡的观点，两方面的力量相持时，应该是既不纳入，又不疏远；反之则应该是更加疏远或者纳入更深。人口较少民族整合到国家的必要条件是稀缺的释放，如果要合理分析这些问题，还应该对稀缺与社会分层的关系进行探讨。

二、稀缺与社会分层

在任何一个社会里，任何简单的集体任务，均包含连串的义务与功能，分化的每一个步骤就是角色的分化。[②] 从这个层面来讲，人口较少民族的社会分层体现在职业和经济收入各项指标上。如果对社会进行简单的分层，可以分出社会上层、社会中间层和社会下层。社会分层是指社会成员、社会群体因为占有不同的社会资源而产生的阶层化或差异现象[③]，尤其是指制度调控下的社会差异体系。图5-10体现了独龙族社会分层的变化情况，从中可以看到稀缺的制约作用。

---

① 特德·C. 卢埃林著，朱伦译：《政治人类学导论》，北京：中央民族大学出版社2009年版，第54-60页。

② 刘创楚、杨庆堃：《中国社会：从不变到巨变》，香港：香港中文大学出版社1989年版，第121页。

③ 李强：《社会分层十讲》，北京：社会科学文献出版社2008年版，第1页。

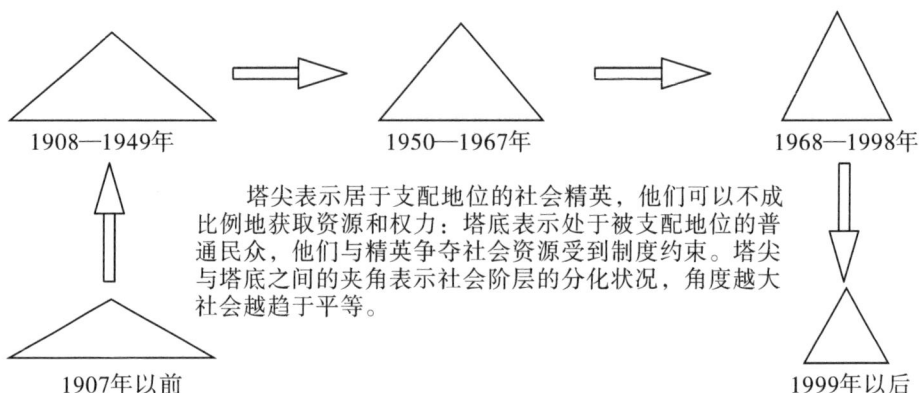

图 5 - 10　不同时期独龙族社会分层的模拟图

　　社会资源是对人有价值的资源的总称，包括政治资源、经济资源和文化资源等，其中最核心的是包括财产和收入在内的经济资源。社会分层涉及两个基本的问题：谁得到了什么？为什么能够得到？[①] 因为人口较少民族自身固有的稀缺，需要得到外界吸纳方的供给。新中国成立前，人口较少民族大多数社会发展水平较低，地理上一般处于国家边疆、边缘地区，传统经济呈现原始的狩猎、采集或传统农耕等形态。[②] 传统技术和社会制度不足以支撑人口较少民族社会发展时，改变整体稀缺的欲望就会异常强烈，对外部的依赖性就会更加明显。人们奋斗所争取的一切，都同他们的利益有关。[③] 社会结构的变迁势必使资源占有关系和社会关系发生变化，也使调控社会关系的规则发生变化。在社会交换中必然发生竞争。但是，由于人们拥有的资源在数量、质量、种类等方面是不均等的，那些拥有丰富资源的人在群体中会获得较高的交换地位。他们作为数量不多的资源提供者，可以自由地选择交换对象。要合理得出其中的作用机制，我们可以回到独龙族的个案，来看独龙族在不同稀缺状态下社会分层的情况，当然这种分层还远不如复杂社会那么明显。

　　从两性关系来看，独龙族婚姻选择的范围和对象都有了明显的变化，部分独龙族人通过接受学校教育获得了正式的国家干部身份，增加了异族之间通婚的比例。独龙族青年男女外出打工，促使部分女孩远嫁他乡，并

---

①　LENSKI G E. Power and privilege: a theory of social stratification. Chapel Hill: The University of North Carolina Press, 1988.

②　何群：《环境与小民族生存——鄂伦春文化的变迁》，北京：社会科学文献出版社 2006 年版。

③　《马克思恩格斯全集》（第一卷），北京：人民出版社 1956 年版，第 82 页。

形成链条，不断介绍本地独龙族女子外嫁他省，这是过去婚姻制度中没有的现象。在婚姻交换方面，食物的消耗量与日俱增，过去传统的聘礼已经被现代市场观念替换，年轻人结婚的物质要求紧紧跟随外界的风俗。当然，婚姻中失败的案例也占了很大的比例，主要是妇女外嫁以后因为各种原因离异或单方面出走并返回娘家。无论是哪一具体的个案，都表明了国家政策和市场经济正在对独龙族家庭制度产生深刻的影响。

相反，那些没有多少资源的其他成员，只能处于较低的交换地位，没有或很少有自由选择其他交换对象的余地。当社会地位差距较大的双方进行社会交换时，处于弱势的一方会选择尊敬、服从等作为回报，这就使另一方获得了权力，群体中就出现了权力分化。权力的分化会导致两个结果的产生。一方面，为了获得利益，处于弱势地位的人会甘居臣属地位，这就等于认可了权力。他们能够在多大程度上沟通并表达这种认可，权力就在多大程度上得到了合法化。权力的合法化使每个成员都有了固定的位置，只要按照自己的角色办事，就可以得到相应的回报，从而减少了交换中的竞争和摩擦，有助于促进群体的整合。另一方面，如果权力的实施没有带来所期望的报酬，人们会产生被剥夺感。这种被剥夺感会逐渐瓦解合法权威赖以存在的基础，并导致对权力的反抗。[①]

在分析当代少数民族地方社会和国家互动关系时，将这三个维度分别加以考察是必要的。[②] 实际上三方面的内容都可以放在本书研究的思路中加以探讨，谁在不同程度的稀缺状态下如何得到各自想要的东西？这里既有吸纳者的行为，也有被吸纳者的行为，特别是被吸纳方为了生存，各个阶层努力有意或无意地缓和与改变稀缺。（通过表意过程和合法化过程集中起来的）资源是社会系统的结构化特征，是权力得以实施的媒介，是社会再生产通过具体行为得以实现的常规要素。[③] 人类行为通过感觉、认识以及原动力的发展得到了控制，并通过个性结构的发展进行控制，这种发展处于个体需求和社会结构环境之间。[④]

---

① 彼德·布劳著，孙非、张黎勤译：《社会生活中的交换与权力》，北京：华夏出版社1988年版，第3-5页。

② 马克·阿伯勒著，黄语生译：《政治人类学：新的挑战、新的目标》，《国际社会科学杂志》（中文版）1998年第3期。

③ 安东尼·吉登斯著，李康、李猛译：《社会的构成》，北京：生活·读书·新知三联书店1998年版，第77-78页。

④ 罗伯特·伯格、罗纳德·费德瑞柯著，梅毅译：《人类行为》，北京：中国社会科学出版社1993年版，第28页。

社会结构是使社会团结一致、由规则支配的个人与群体的关系，兼有所有的权利、责任和义务。① 文化并不决定一个社会在世界体系中的位置，而是反映这个社会在过去的世界体系中所扮演过的各种角色。② 独龙族社会变迁不仅受外部力量的牵引，而且受改变稀缺程度、追求幸福的强烈欲望所推动。在输血重于造血的政策下，政府调动了更多的人力物力，连续投入，快速地改变了独龙族的贫穷落后面貌，将独龙族完全带入社会主义大家庭，并使其逐步走向小康。

不过，随着独龙族整体稀缺的释放，普通群众从依赖外界帮扶逐步转向自我发展的意识日益增强。独龙族全面脱贫全面小康，是中国脱贫攻坚实践的重要组成部分，是充分彰显铸牢中华民族共同体、奋力实现全体人民共同富裕的中国特色社会主义制度优越性的典型案例，丰富和发展了中国特色社会主义理论体系，引领着相对贫困治理机制的转型和拓新，展示了共建人类命运共同体的美好愿景。③ 从实施专项帮扶行动（2010—2013年），到实施精准扶贫方略（2014—2018年），再到实施乡村振兴战略，通过组织集体经济、电商应用、社会文化活动培育现代生产生活观念，培养农户内生发展能力，独龙族社会的变迁伴随着整体稀缺状态的变化。在党中央和国务院的关心下，独龙江地区脱贫攻坚形成了省市县乡村五级书记一起抓的工作格局，凝聚起了独龙族广大干部群众摆脱绝对贫困、实现全面小康的志向动力，发挥贫困群众主体作用，把脱贫致富的强烈愿望和奋斗激情有效转化为建设富裕美好家园的强大动力，展现了国家统筹、省负总责、市县乡村抓落实的管理机制，彰显了国家通过宏观调控彻底解决人口较少民族固有的整体稀缺的能力。

---

① 哈维兰著，瞿铁鹏、张钰译：《文化人类学》，上海：上海社会科学院出版社2006年版，第36-37页。
② 黄应贵：《反景入深林：人类学的观照、理论与实践》，台北：三民书局2008年版，第80页。
③ 中共云南省委党校（云南行政学院）课题组、邓博、韩斌、霍强、李美婷：《中国贫困治理的制度优势、理论创新与世界贡献——独龙族整族脱贫、全面小康的例证》，《中共云南省委党校学报》2022年第3期。

结　语

社会和文化本身是通过人类意图和行动生产和再生产出来的，因此研究它们可以有两个途径：一是结合某一社区长期发展中的外部因素影响——尤其是殖民主义和资本主义的挤压——去研究这个小型社会的变迁；一是民族志和史学的交叉，关注社区长期发展中的内外原因，特别关注那些维持系统的稳定和不断推进变迁的因素。① 本书的研究正是采用这两种视角，从政治人类学角度探讨独龙族社会结构的变迁，不仅关注变迁的外部原因，更关注独龙族社会变迁的内因。从本质来看，稀缺是促使独龙族社会变迁的根本原因。独龙族的整体稀缺，是促使其社会变迁的主要因素，结构变迁会改变独龙族的稀缺，从而带动民族的发展。

一、稀缺促使独龙族社会变迁

本书是为阐明"整体稀缺"的概念，并进而检验这个概念在政治人类学研究中的应用，而进行的一次尝试。也许可以说，概念既非真理也非谬误，它只有贴切与不贴切、明确与含糊、有用与无用的区别。概念只是用以描述现实的某些相关方面，并进而"构成"所研究事物的定义的工具。② 具体来讲，本书对独龙族社会变迁的历史过程进行了分析，然后得出一个模型，目的是分析位于地理和市场边缘的独龙族如何与权力中心发生联系，以便将来进一步分析国内与独龙族相似的人口较少民族在进入社会主义大家庭之后，如何重构自身的历史与传统，社会内部各阶层又是如何逐步分层。

独龙族生活在中缅边境，特殊的地理环境和历史上周边族群的挤压，使得他们一度在物质生活方面极其贫困，精神生活和其他社会需要也极度匮乏。可以设想当一个简单社会的资源足以维持自身的人口繁衍时，不可能也没有必要发展出丰富的制度对资源进行分配。因此，一旦碰到外界更复杂社会的干扰和作用，小规模社会本身制度的不足决定了它没有反抗和缓冲的余地，只能让外界的制度进入并逐步改变其自身社会的结构，因为后者可以帮助前者释放整体稀缺。

在独龙族社会变迁的过程中，新中国始终处于主导的地位。独龙族在成为社会主义大家庭一员之前，维持着无法自足的经济。随着吸纳程度的

---

① 谢丽·奥特纳著，何国强译：《20 世纪下半叶的欧美人类学理论》，《青海民族研究》2010年第 2 期。

② 默顿著，唐少杰、齐心等译：《社会理论和社会结构》，南京：译林出版社 2008 年版，第76 页。

加深，原有的经济体系逐步遭受市场的侵蚀。但是，构成区域社会动态变迁的决定性因素，又不仅仅是经济学意义上市场网络的形成，而是这个市场体系中人们的创造性劳动。① 那么，人们创造性劳动的目的何在？笔者认为这应该与利益的分配有关。

各种制度实质上是为了利益的分配，是为一定阶层、集团和一定人的利益而制定的，包括家庭制度和社会制度。社会制度是在一定历史条件下形成的宗教、政治、文化的体系。人们为了满足生理的需要，需要生产某些物品，而这种生产的进步，又使另一些需要发生，这些需要和原有的那些需要同样实际，不过它们的性质不再是生理的了，它们是经济的，因为这些需要是生产发展所引起的后果，是人们在生产进步中必须进入相互系统所引起的后果。② 在短短的六十年里，独龙族由扁平型社会——阶层分化极不明显、接近平等的社会，逐步转向了凸起型社会——阶层分化比较明显，贫富差距相对较大，不平等现象明显。当独龙族要求改变稀缺的欲望与外部各种力量将其纳入的意愿合拍时，社会就迅速地发生变迁。

新中国成立之初，中央和地方的财力有限，不足以让独龙族彻底摆脱固有的稀缺，但是政策运用得当，迅速地为独龙族解决了基本的稀缺，并为继续解决这一问题指明了方向。在社会主义革命和建设时期，独龙族社会变迁的速度明显加快。其社会结构的变迁不仅来自外部力量的牵引，而且来自改变稀缺程度、追求幸福的强烈愿望的推动。这样，稀缺就成了独龙族社会结构变迁的内在机制。

独龙族先民从元代开始出现在史书记载之中，由于外界政权吸纳力与稀缺的相互制约机制所限，未能被有效地吸纳到中央王朝的直接管辖之下，反倒轻微地纳入了处于地缘优势的察瓦龙和康普土司制中。从独龙族这一人口较少民族的社会结构变迁的结果来看，稀缺是其社会变迁的前提，不同历史阶段的稀缺决定不同的社会结构；20 世纪中后期，独龙族少数干部通过政府授权、个人灵活机动掌握经济资源的方式，成为率先致富的典型；学校教育对于独龙族社会的分层起到了很大的指导作用，掌握或获取了教育资本的精英进入政府部门，进一步获取和开发更多的资源，带动民众一起奔小康。另外，独龙族的干部通过对传统的再造，利用独龙毯、铓锣、

---

① 张应强：《木材之流动：清代清水江下游地区的市场、权力与社会》，北京：生活·读书·新知三联书店 2006 年版，第 278 页。
② 《普列汉诺夫哲学著作选》（第 1 卷），北京：生活·读书·新知三联书店 1959 年版，第 129 – 130 页。

竹编和"卡雀哇节"等文化符号，试图构建出民族身份和认同的符号，目的是从强大的国家机器中获取更多的资源，带动地方社会的发展，而政府也可凭借这些机会为独龙族开发新的稀缺。

笔者分析独龙族社会结构变迁，旨在探索政治人类学研究的一种新途径。将"稀缺"这一核心概念引入本研究，目的是找到独龙族社会变迁的原动力。通过独龙族的个案，可以看到，"稀缺"是人口较少民族社会结构变迁的动因，被吸纳到外部各种地方势力或国家，是社会结构变迁的方式，结构的变化是达到社会变迁的中介。社会变迁的中心是人们之间关系配置的变化，这种关系由劳动工具和分工进行调节，并表现为所有制与分配方式的变迁。

通过对独龙族个案的分析，我们已经看到了国家利用稀缺将人口较少民族整合的可能途径，外部的吸纳力量如果符合人口较少民族释放稀缺的需求，两者便会产生强烈的引力作用。地方头领接受政权的职位安排，承担国家政权基层代理者的角色，执行地方政府应有的职能。人口较少民族社会结构也因而发生变化，利益和权力的分配促使各阶层形成联合或竞争的态势，反过来又改变原有的稀缺程度。在生态稀缺与制度稀缺交替得到满足的作用下，人口较少民族社会变迁就有了强大的推动力。

二、人口较少民族社会结构变化的动力

人口较少民族社会结构发生变化，最显著的标志是社会分层的出现和加剧。在分层社会中，相同性别和同一年龄段的社会成员不能相等地获取维持生活的基本资源。[①] 社会分层是指根据人们获取权力与资源的程度，将其安排到不同的阶级中。处在社会等级金字塔顶部的统治阶层，有效地控制了获取与利用重要自然资源及生产技术手段的权力。人口较少民族在地区解放初期社会发展阶段之所以各不一样，是因为它整体稀缺的程度不同；而在地区解放后却走过了相似的历程，这可以归结为一个共同的模型，即稀缺的释放改变了社会结构。社会结构的变迁就是由于不同社会主体之间的互动，导致对资源的占有与配置方式变更，进而又使社会主体的互动关系及调控主体关系的社会规则发生变革。

---

① FRIED M. The evolution of political society. New York：Random House，1967.

　　精英操纵或驾驭环境的方法包括运用暴力、物资、实际措施等。[①] 独龙族的案例表明，国家权力与人口较少民族地方社会之间存在一种不对称的互动关系。一方面，国家权力为了维持民族和谐发展和领土统一的政治态势，需要少数民族地方社会不断融入国家主流的政策规划和项目运转之中，并不断地使用经济和政治调节的杠杆作用，推动人口较少民族地方社会的变革；另一方面，人口较少民族地方社会在本民族精英的引导下，利用自身传统文化资源和民族身份向国家提出要求，同时利用文化的手段不断重构本民族的苦难历史，不仅带动本族民众的各项经济发展，还可以有效地释放固有的稀缺。

　　国家权力对地方社会的引导是主要的外部动力。政府借助行政网络，逐级传达来自权力中心的话语和力量，将处于边缘的小规模社会全部纳入统一的政治安排和经济体系之中。同时，小规模社会作为与国家相对应的地方，在精英的策划下，也能充分调动地方资源，利用政策不断谋得个人或本群体的利益。这样，国家与地方之间构成了一种互动的关系，共同带动地方社会的结构变迁和文化适应。国家通过行政和经济手段，改善人口较少民族的地理交通，从水利、生产技术等各方面对人口较少民族进行改造。这就好比小行星运转的变轨，越接近大的行星，越能感受到引力的作用。人口较少民族社会变迁正是这样的一种变轨运动，社会变迁的速度如何，关键要看民族稀缺的改变状况，稀缺就如控制这种过程的枢纽。稀缺的程度如何，是促使人口较少民族形成原动力的基础，并直接制约社会变迁的过程。由此看来，国家要解决人口较少民族的稀缺，首先要大力改善地理交通。其次，执政党可以统筹安排，利用自身强大的经济和政治力量，给人口较少民族社会输入外部的资源，释放其原有的稀缺，推动人口较少民族社会和文化的变迁，促使其走上发展的坦途。

　　独龙族跟随共产党发展的历史证明，中华民族共同建设对边疆人口较少民族的发展至关重要。在特定的条件下，国家对待人口较少民族的政策与措施，能否有效地改变这个民族固有的稀缺，是衡量人口较少民族社会变迁程度与速度的标准之一。本书概括出稀缺与结构的模型：结构与稀缺成正比例的关系，二者维持着动态的平衡。独龙族上演的社会变革历史剧

---

　　① 哈罗德·D. 拉斯韦尔著，杨昌裕译：《政治学——谁得到什么？何时和如何得到？》，北京：商务印书馆1992年版，第1-15页。

在其他人口较少民族那里同样存在，这正是研究独龙族社会结构变迁的意义。① 当然，具体到不同的人口较少民族，还要考虑结构与稀缺之间互动趋势及动态平衡所需的特殊条件。

---

① 需要说明的是，本文不从民族关系和跨界民族的角度探讨独龙族的社会变迁，并不表示本人反对这些可能的研究途径；当然，更不是要谋求利用本模型驳斥多元一体的理论，只是利用政治人类学方法，尝试从"稀缺"与"结构"的关系入手，分析小规模社会变迁过程可能存在的一般机制。

附录 初到贡山的田野感悟

此附录旨在更直观地呈现边疆少数民族社会变迁的情况，也能体现笔者调查初期对独龙族社会变迁场景的实际感受。

启程前往贡山之前，我已经查阅了手头能够找到的有关独龙族的大部分资料，初步掌握了这个民族的历史发展脉络。抵达贡山县城，我首先试图找到丹当这个沿江分布的长条形小镇独具一格的地方。可是，直到贡山县政府民族事务委员会主任招待我们与他的几个朋友一起用餐时，我还是没有感受到这个偏居一隅的少数民族自治县的特别之处。晚餐时，有幸认识了一名从昆明来的传媒人，他说自己与独龙族深入接触过很多次，谈到独龙江的艰苦时，一直摇头。与他同行的一位女士，曾经带着拍摄文面女的任务在独龙江乡待了 15 天，她说出来时连手指甲都塞满了火塘里的灰土。这位传媒人听说我要在独龙江进行长期的调查时提醒我说，在独龙江最大的问题是食物缺乏，最好带足食物。虽然早在查阅史料和以往调查报告时，我已粗略知道了独龙江的稀缺情况，但亲耳听见一个过来人的现身说法，我还是略略感到了独龙族居住地的生态条件之恶劣。

当我问起独龙族最大的特色是什么时，他毫不思索地说是传统文化的遗失。他觉得独龙族传统文化正在消失，国家权力对这个人口很少的民族产生的影响越来越大，最近县政府正在计划打造独龙江国家森林公园，将来独龙族的社会面貌肯定会发生剧烈的变化。他不无忧虑地说完这些后，建议我尽快记录当前的文化。第二天，我们前往丙中洛参加怒族的"乃仍节"，一些怒族群众也称这个节日为"鲜花节"。我一路继续与他攀谈，同车的还有民委办公室主任，他是一名独龙族转业军官，自小生长在独龙江一乡的龙元村，对于过去独龙族社会生活中的缺衣少食有着深刻的感受。但是这些似乎与我的想象还有很大的差距，他们的话语仍未让我感觉到独龙族社会与其他社会的显著差异。我本来是带着研究独龙族社会结构的任务而来，如果在田野调查中没有发现他们独特的东西，该如何开展研究呢？我不禁暗暗思量。谈话的时间总是过得很快，一炷香的工夫，三菱吉普车就停在了路旁一道用松枝临时搭建起的门边。车还没停稳，耳旁就响起了怒族女青年的敬酒歌，奇怪！我在翻阅怒族相关资料时，未曾听说过怒族有拦路酒的说法。旁边，两位身穿怒族节日鲜艳裙装的女孩已经准备好要给我们倒酒了，俨然拉开一道盛大的欢迎仪式序幕。果然，门内热闹喧天，一排座椅整齐地摆在了院子中央靠前的位置，上面还放着写有名字的塑料牌，院内国旗飘扬，屋檐正上方挂有一条鲜红的横幅，上面写着"捧当乡

2008年怒族乃仍节民族运动会"。

不一会儿，各位领导依次入座，县机关各部门的人员坐在了前排，乡长是一位年轻怒族妇女，她对着麦克风用怒语讲起了开场白，旁边一位怒族男青年用不太标准的普通话翻译成汉语。接下来，上级领导讲话，村民代表发言，最后是怒族男女青年的载歌载舞，几乎是内地任何正式的官方仪式都具有的套路的翻版。不同的是这个仪式的主角换成了祖国西南边陲的几个少数民族。仪式的高潮是怒族女青年对主席台就座的嘉宾挨个敬酒。一个小时的热闹活动匆匆结束，我们重新坐上了吉普车前往丙中洛桃源风景区。

约莫十分钟的车程，我们很快就到了，一道横杠把吉普车拦在了国道上。同车的民委办公室主任跑到售票处买了一摞门票，我数了数有十五张总共900元，这还是内部优惠价，外地游客购票是80元一张。此时，他对我说，本来可以不买票，但是县政府有规定政府部门要支持本县旅游事业的发展，而且购票款可以在招待费里全额报销。因为他是独龙族，我便借机多与他套近乎。趁着车子行进的时间，他给我讲起了自己的经历和独龙族的现状。

他说自己在独龙江出生，小学前三年都是在村小就读，那时接触的汉语不多，到了四年级以后在巴坡完小读书，还是只会一点点汉语。初中后来到县城读书，要徒步翻越两座高山，从巴坡的米里旺走人马驿道到县城需要三天，所以必须在学校住宿，初中毕业后参军入伍到了保山当兵。后来留在部队报送军校，在昆明附近待了两年，拿到了大专文凭，回到部队干到正营就转业回到贡山县政府。因为离开独龙江已经十几年了，虽然家里还有些亲戚，但他对于独龙江的情况已经慢慢陌生了，感觉最大的问题是现在贫富差距开始变大，大部分家庭现在用上了"铁将军"把门。这时，车已经到了丙中洛附近一块临江的坝子旁边。车还没停稳，车窗外已经过来了几名身穿藏族节日服饰的女青年。我过去在西藏做过一段时间的田野调查，领教过青稞酒的厉害，所以下车后闪在了一旁静立未动。那边十几名藏族青年男女已经跳起了锅庄舞，这边两名女孩手握铜质酒壶开始敬酒，另外一名女孩则负责敬献哈达。看来，又一项欢迎嘉宾的活动开始了。

同车的两位从深圳过来的女士估计没有见过如此隆重的欢迎仪式，忙不停地照相，喝完三杯青稞酒后加入了锅庄舞的队列之中。我在旁边记录着热闹仪式中来宾的反应，顺便与一名站在边上的藏族男青年聊了几句。我问他怒族过乃仍节，他们为何在此欢迎，一开始他说大家不分民族。我不相信，试探着问他是否政府有意安排，他略带诧异地点头称是，镇上给参加仪式的群众每人发一百元劳务费。大家镁光灯"咔嚓咔嚓"一阵之后，我们很快便登上了车继续前往乃仍节中重要的地方，观看群众在仙女洞附近的活动。

从丙中洛镇上徒步前往仙女洞，我与怒江州民委副主任攀谈起来。他是丽江纳西族，在贡山县政府工作过八年，对于县境内各民族的情况比较熟悉。我有意把话题引向了独龙族的情况，慢慢地，他讲起了自己所经历过的一些重大事件。比如，2000年他带省民委主任开车进独龙江，在85公里处遇到了一小段滑坡，被困了三个小时；再比如，2004年省扶贫办主任调研独龙族，他陪同前往孔当。半个小时徒步的路程中，我记忆中他至少谈到了九次在独龙江举行的大型仪式。大多是政府官员发表讲话，有时候现场捐出现金给地方干部选来的独龙族代表。谈话正在兴头上时，我们已经步行到了仙女洞旁边。

仙女洞位于半山腰的一个石崖底下，前面是一块刚刚翻过的苞谷地。旁边一块未曾翻过的地里还有去年收割苞谷后留下的大半截秸秆。上百名群众在苞谷地里举行射弩比赛。旁边一堆石头上几名喇嘛铺出了一个简易的祭坛，上面摆放着三尊小的佛像，前面的几个瓷碗中盛装了酥油和清水，正上方支起了三张大的佛像唐卡。一旁几名身穿红色僧衣的喇嘛正在念经击鼓，一个只有十五六岁的小喇嘛熟练地收着群众的布施，有现金也有诸如酥油之类的供品。这时，我更加不解，明明是怒族过乃仍节，却有藏传佛教的喇嘛前来助兴。往山下走时，我向随行的人员请教，他说这是前几年才开始的，过去没有这些东西，只有怒族群众自己带些瓶瓶罐罐前来接水，而且以前只有妇女才来，现在政府打造旅游文化，男女老少都上阵，喇嘛也来助兴，也就没有过去的老规矩了。我顺便问了一句，独龙族是否也有这样的节日。他稍微迟疑了一下，说小时候好像听过，后来一直没有人组织，前几年开始，政府为了帮助独龙族创收，加上在昆明的独龙族同胞自发组织，这几年在贡山县城也搞一些活动，特别是古老的"卡雀哇节"仪式。我感觉如今地处边缘的少数民族似乎完全接受了某些新兴的仪式。

说话间已经到了丙中洛镇上农技站，院子里一位独龙族妇女正在织毯子，看见一大队人马经过时迅速地用手掩住了脸颊。队伍中一人高呼"文面女"，很快几个人手持相机冲进了院子。这时，旁边有人提议给文面女一点现金，同行的女士好像以前见过这位文面女，和她套近乎说话，可是文面女似乎听不明白，只是用手指着自己的脚。原来，她前几天搬重物压到了脚面，左脚缠了纱布，上面化脓后几只苍蝇盘旋不肯离去。从昆明来的一个生意人从钱包里拿出三十元钱，塞给了文面老人，她把手从脸颊上移开，木然地坐着，任由镁光灯的相机不停地闪烁。很快，她的照片就会传到网络，成为许多喜爱猎奇的驴友们的谈资。我从文面女那熟练的动作中，似乎看到了文面的深层含义。是否真的如我所预感的那样，市场经济和旅游开发已经让文面女懂得了文化适应？当然还需进一步调查。

之后，我们返回了住宿的地方，这位随行人员要忙着安排各种事务，刚到嘴边的话题只好就此打住。第二天，我与他同车返回县城，接着昨天的话题简略地谈了一些有关旅游开发的话题。但是时间短暂，容不得多聊，我和导师要到小茶腊调查，便在双拉村旁边的国道上目送他们的汽车扬尘而去。

其后，村委会主任安排了两名山上小茶腊的群众下来帮我们背行李。由此，我开始了第一阶段的田野工作。一直爬了两个半小时的山路，我们才看到了小茶腊这个拥有 50 年历史的独龙族寨子，层层叠叠的山峦将十几户人家分散在不同的山坡上。我们在一名村民的带领下，到达了她家一排闲置的空房子。我们卸下了行囊，准备洗漱一下，可是水池中只有很浅的一点水，上面浮着几片菜叶，只能用塑料瓢舀上一点水对付一下，很糟糕的是，由于干旱，没有水流带动小型发电机，晚上只能点蜡烛。完全换了一个世界，石片屋顶的木板房和到处冒烟的火塘。在这几乎陌生的环境中，我开始了自己的田野工作。此时，我感触最深的是独龙族居住环境的艰苦，但他们的社会制度又是怎样的呢？这些只有慢慢观察了。其后我总会想起刚到的两天中那些令人眼花缭乱的仪式。于是，对于小茶腊的调查，我便多了一丝留意，特别询问了一下他们生产生活中的仪式。

房东是一位退休教师，曾经在独龙江从教二十年，对于一乡和四乡非常熟悉，如今他家还有很多亲戚在独龙江。之后，他经常在谈话中提到自己生命历程中那些非常有意思的事情，甚至包括他家爷爷的两个老婆、他父亲的葬礼和自己结婚的细节，讲得最多的是前几年独龙江还没有修通公路时外国人来小茶腊拍电影的盛大场面。他的家庭在小茶腊也很特别，他自己觉得很骄傲，因为他家五个人有三个端的是国家的"铁饭碗"。他酷爱喝白酒，每次半醉半醒之间总要很自豪地提起自己参加过的剽牛仪式。很多次，他在喝了点酒后都会披挂一新，手执剽牛用的剽枪，要求我为他拍照。之后，就会带我去看那些挂在墙上的牛头。还有一次他喝得醉醺醺后一脚踹开我所住房间的门，说："大学生，买酒！"初遇这种事情，我赶紧给他 20 元钱，让他自己去买，否则田野调查可能难以继续。

　　坐在房东家火塘边上聊天时，他总是坐在靠墙角的一侧，倚着挂满兽角的木柱，谈论着有关独龙族各类传说或剽牛的往事，间或议论村里的其他家庭。一次，他来我住的小房间里悄悄地问我，想不想看"南木萨"如何驱鬼。我感到异常惊讶，怎么如今还有"南木萨"呢？很早就说政府破除封建迷信，让独龙族的巫师之类的人统统放弃了原来的职业。而且，在小茶腊入户调查时，很多人都说不知道"南木萨"。究竟怎么回事呢？我感觉他可能又到哪里喝了酒，过来借机向我要酒喝。因为他的妻子反对他喝酒，每次他喝醉了就到处惹事，甚至有一次喝醉后摔倒在双拉的山坡下，幸亏没出多大事情，捡回一条性命。还有一次，他喝多了找村里的会计理论，言语不和，被人家几个兄弟一起狠揍了一顿，之后，房东在家里卧床十几天才恢复过来。

　　果然，不一会儿，房东的濮玛（独龙语称呼女人包括妻子的词语）就追了过来，用独龙语骂了他几句。房东没有吭气，过了一会儿独自跑回厨房去了，紧接着传出摔碗的尖锐声音，在寂静的山谷中传得很远。我赶紧跑到厨房，因为他家女儿带着小孩去了县城看病，只有我和老两口带着一个小孙女，万一出了事有什么三长两短我也不好交代。脚刚踏进厨房，我就看见他在摆弄着几碗水，突然将一碗水倒在他自己的头上，然后围着厨房的中柱转圈，口里还用不标准的普通话念念有词。他看见我进来，感觉来劲了，干脆提高嗓门对他濮玛喊道"你这个女人，一定会死在我前面的"，跑到我跟前说"我有点'南木萨'，这个人一定会比我先死的"。因为他濮玛比他小 11 岁，他说这话时手里还拿着一把砍刀，然后做出各种怪异的动作。大约两分钟后，他把碗一摔，水全部倒进了旁边的火塘里，正在燃烧的木柴发出噗嗤的声音，扬起的灰土弥漫着整个厨房。

　　我看他的濮玛并不惊慌失措，估计这样的事情不是头一次发生。奇怪的是，他的濮玛也不气愤或难过，无动于衷的表情委实让我摸不着头脑。因为刚开始我还不太会讲独龙语，只好比画着问他濮玛怎么了。她没吭气我就不便再问，看着没多大事我就回了自己住的房间。可是，整个晚上我的脑中始终是他那略带癫狂的身影。住房四周的山谷中恢复了死一般的沉寂，没有电的黑夜感觉异常漫长。这个晚上我几乎没有踏实睡好觉，第二天一大早，旁边的毛驴嘶叫起来，我赶紧过去解了绳套，把两匹毛驴拉到了教堂附近的草地上。

　　这次略有异常的经历之后，房东仿佛回到了往日的样子，还是照常出门干些农活。在我调查期间，他有过两次这样的异常表现。于是，趁着他一天傍晚来我住宿的地方聊天时，我便试探地问他，独龙江里是否有"南木萨"。他沉思了很久，我赶紧给他递上一瓶前几天购买的苞谷酒。之后，他一边喝酒一边谈起了独龙江里的事情。他说过去独龙江一乡龙元有很多"南木萨"，会帮人治病驱鬼等。他就是在龙元教书时偷偷地向"南木萨"学了一点东西，现在自己年纪大了没有法力了，而且政府很早就宣传破除封建迷信，大家都不敢搞了。过去，房东的爷爷曾经担任过一段时间的"南木萨"，经常在厨房搞些仪式，帮小孩治病之类，每到冬季有不少村民前来看病。因此，爷爷死前也是自己选择的埋葬点，就在三乡（现今孔当村）的木切旺。但是父亲带领全家从独龙江迁来小茶腊后，就不再搞那些仪式了。

正说着话，教堂那边传来了悠扬的傈僳语诗歌。我顺便问房东，村里的基督徒搞哪些活动？他说自己的两个妹妹都在小茶腊，一个妹妹及她楞拉（独龙语称呼丈夫）全家都信基督教，与自己很少来往；另一个妹妹不信教，与自己家经常来往，凡是生产劳动中比较重一点的任务都是两家互相帮忙。我略感惊讶，同是兄妹为何有这样的差别？他进一步解释说，村里信基督教的人互相帮助，平常与不信教的人几乎不来往。看来，宗教信仰已经将村民进行了简单的社会分层。带着这种疑惑和预感，我继续对小茶腊的宗教及某些家庭举行的仪式进行了细致观察和询问。五一刚过，村里一位中年男子突然暴病死亡，留下一个怀孕近九个月的妻子，我参加了村民为他举行的简单葬礼，没有发现基督教徒参与，因而感觉到了仪式与社会分层之间的联系。很快，五月上旬通往独龙江的公路已经畅通，我告别了房东一家，前往本次调查的主要目的地独龙江乡。

进入独龙江乡后，为了避免给村民造成较大的负担，我在上中下游各选了一个自然村进行参与观察，若是其他村寨有婚丧嫁娶，我就同村里与之有亲戚关系的人一同前往。另外政府主持的政治仪式也会在全乡五个行政村依次铺开，我往往会在不同村庄参加这些活动，观察村民的态度。之后，还会就地访谈一些村民。让我感触最深的是在上游龙元村调查时，一天我到江东进行入户调查，傍晚时天空飘起了细雨，我与一个同行的独龙族男孩一前一后经过长约200米的独木吊桥。磨光的木头被雨打湿后比较滑，加上我自认为已经在桥上经过了几次，觉得比较放松，突然感觉脖子上有点痒，情不自禁用手抓了一下，一看是蚂蟥，内心一慌张，脚下随之一滑，踏空后身体就失去了平衡。当我重新抓住空中两根铁丝后，桥面在两只手不平衡的强力作用下发生了激烈晃动，在我后面的男孩一看不妙，高声呼喊起来。岸边陆续赶来的几个年轻人慢慢向我靠近，那一刻我的手似乎已经完全失去知觉，只是牢牢抓住锈迹斑斑的铁丝。眼前湍急的独龙江水似乎已经将我带入了另一个世界！待他们靠近并抱住我的腰慢慢将我引到岸边时，我才感觉像重新回到了人间，坐在岸边盯着汹涌的江水，大约十分钟没有说话。此时的内心似乎已经完全空荡荡，只有耳边川流不息的江水发出的轰鸣声。随行的男孩一直没有吱声，晚上我们回到了他家，他的外公一家都来看我。（不幸的是，今年暑假，他回到昆明后给我发邮件，外公一家三口都先后离世了。）我坐在火塘边，慢慢烘烤已经被汗水浸透的内衣，连续的阴雨天已经没有干燥的内衣可以换。男孩与他外公用独龙语交流了一会，然后对我说他外公认为我一定被江边的"卜朗"（独龙语对鬼的总称）缠住了，幸好我命大能抵抗住，否则已经掉入了江中，需要帮我驱赶"卜朗"，否则还会有不测。最初我只是一笑了之，后来看他外公表情很奇怪，男孩告诉我要是不驱赶鬼，家里人会不安宁。我想，还要在村里调查好多天，就带着半信半疑的态度接受了他的要求。但后来我才知道老人并非"南木萨"，只是为了我这样一个外地人，愿意冒风险为我使用"巫术"。于是，我得以亲历了老人为我举行的一个驱鬼仪式，也更深层次地理解了这里的独龙族群众的精神世界。

当然，驱鬼的仪式与以往调查资料中的记录并没有太大差别，但是参与人员仅限于我们三人，其他人都去了村里的小卖部看电视。大约十五分钟后，仪式在一片烟雾中结束，他的外公把祭祀"卜朗"用的一只公鸡丢在了火塘边。当晚凌晨三点，我起来想到门口空地上小便一下，可是突然感觉心脏莫名其妙地快速跳动，不可控制地狂乱跳动，持续了半个小时后，我慢慢恢复了清楚的意识。第二天我把这个异常的现象告诉他，他说过去是有人会出现这样的症状，反正一句话说不清楚。我给了他一百元现金，请他转给他的外公，作为那只公鸡的补偿。经过三番五次的推让，他外公才肯接下这一百块钱，临走时又从墙角的竹笼里摸出十个鸡蛋，一定要我收下。这次简短的仪式，让我感觉到了独龙族的传统并没有因为外部力量介入而销声匿迹，只是隐匿到了某个角落。

第二天中午，村口来了一辆吉普车，是乡里两名工作人员下来布置人大代表的选举宣传工作，很快，又一次由政府主导的政治仪式拉开了序幕。其后，我在独龙江乡调查的八个月时间内经历了很多次这样的政治仪式。类似的仪式几乎都要村民在村委会门口集合。村民到现场后，三三两两的一堆，但几乎每次都是同样的分布规律，就连投票表决也是类似的组合。这让我产生了一种好奇，想探究仪式中透露的社会分层现象。村民自己的社会资源如何通过仪式表达出来？本来已经存在资源紧张的独龙族社会，得到了外界有组织的援助，比如救灾款、赈济粮，还有分拨下来的棉被、蚊帐，甚至树苗，如何分配？这些事情都在这些仪式上讨论，村民具有的社会资本不同，获得的社会资源也不相同，这些似乎都可以在仪式中表现出来。后来我发现这在中游孔当村举行的几次活动中尤其明显。

7月中旬，孔当村王美组的一个村民举行嫁女筵席，这在独龙族传统中本来并不是一件大事。可是，这个村民最近两年在贡山跑工地挣到不少钱，家里还办了一个水泥砖厂，完全垄断了全乡易地搬迁的建筑用料，从中也挣到不少钱。因此，他要把这次的嫁女筵席办得比较风光、有排场，我作为嘉宾被他邀请到了现场。之后，我还参加了好多次类似的婚礼和葬礼，每次都能看到村落中社会分层的缩影。这与独龙族古老的平均主义思想似乎已经格格不入。于是，我试着将社会分层作为研究独龙族社会结构的切入点，继续在田野点进行观察和访谈。

在下游巴坡村调查时，我观察基督教徒受浸、宣讲、礼拜、唱赞美诗，以及基督徒的婚礼和葬礼。然后，随下游信教青年组成的传教的文艺表演团到上游最北边的村寨。直到我离开独龙江乡，村民的日常冲突和政府不时举办的仪式仍在继续，国家权力的强力渗透会如何改变独龙族人的生活呢？我在前往西藏察瓦龙的路上一直在默想这个问题。到了扎恩，参加了藏族文化影响下独龙族举行的转山活动，心中的问题似乎找到了答案。国家权力将独龙族从偏居一隅的小族群慢慢引向中心的权力话语之中，他们的社会结构也从平等社会逐步转向分层社会。因此，不妨将这些最初的记忆当作我的博士论文写作的思考基础，作为进一步提炼概念性工具的源泉。在回到学校整理当初调查的资料时，一开始，我的脑海中总会想起最初与独龙族接触的场景。他们已经从过去封闭的社会一步步被吸纳到世界市场体系之中，当地的生态环境也在发生快速的变化，大家为了分享的资源，发生大大小小的冲突，这是否正体现着社会结构的变迁？

第一次田野调查临近尾声时，已经是11月初，我计划冬季大雪封山前离开独龙江，前往怒江的扎恩村。11月13日，我与一位香港来的游客阿宽从龙元经过迪政当、熊当，徒步到木当，约12公里的路程，海拔不断升高，迪政当地处独龙江上游交通要隘，海拔1 900米。中间经过熊当寨，我们在那里雇了一名背夫。出熊当就进入麻必洛河（独龙江的支流）沿岸，离开熊当寨不出 3 公里，就到斯任溜索桥。江面宽约 70 米，背夫丁巴用他的溜具（木质溜板和钢滑轮）把我和他绑在一起，很快就过了溜索，到波儿寨歇了一口气，然后攀越羊肠小径，登上者堵拉卡坡顶（海拔 2 090 米）走到邪咱布拉，再在密林中穿行一小时的大险道，就到了独龙江最北的一座村寨木当（海拔 2 100 米）。

第二天早起后，我们从木当出发，沿北线向怒江流域进发。全天涉溪水，钻密林，最后到达溪谷宿营，全程大约 8 个小时。这一段开始时是原始森林，还算比较好走，下午开始爬山，比较陡，基本上是高抬腿，有时还要用手，比较费劲。第三天，从海拔 3 100 米营地出发，一路上升，沿着冰川遗迹，草坡徒步，开始时是溯溪，脚上的解放鞋淋湿了走起路来发出吱吱的声音。约 3 小时后到达第一个垭口——海拔 4 100 米的牛色腊卡垭口。从垭口下到两个垭口之间的海拔 3 600 米的勒巴尔草甸河谷大约 3 小时，我们在溪流边休息煮中饭。吃完饭后，再到第二个垭口——海拔 4 050 米的达勒恰腊卡垭口，然后再沿一条小溪下降至海拔 3 600 米左右的地方，有一个牛棚可以住宿。第四天我们仍然早起，然后从牛棚出发，沿小溪进发。沿金独河岸驿道向东行，森林逐渐减少以至绝迹，高耸的群峰裸露着坚硬的岩石，与独龙江浓雾笼罩的森林相比，似乎到了另一个天地。再往前走，跨过一条小河，走出数里，到才贞曲河，天地豁然开朗，已遥见怒江峡谷。前行到占古时，发现有摩崖佛像壁画和藏文经典，可惜我俩相机里的电池都没有电了，只能观看一会儿便遗憾而走。再走不远，就是扎恩。扎恩村地处山脚和河谷间的山坡阶台地，呈狭长形，长里许，宽半里，房屋坐南朝北，东靠怒江，居住着 40 余户藏族和独龙族。我看了一下表，当天在原始森林河谷中徒步走了 9 个小时。

在扎恩停留的二十三天，我发现扎恩村的独龙族文化已经几乎被藏族文化淹没，只有唯一的土葬习俗还顽固地保留了下来（当地藏族实行水葬习俗）。这时，我头脑中闪现出文化适应的概念。遥想起 8 月底与三位缅甸籍日旺族人（他们来巴坡购买生活用品，顺便偷偷地卖一些珍稀动物的皮毛器官，如熊胆、熊掌和猴头）一道经过滴水岩瀑布，前往木克岗的一路艰辛。终于沿着独龙江发源地到出境口亲自走了一遍，可以说对国内外独龙族都有了比较整体和全面的认识。接下来应该思考我自己的论文了，独龙族社会结构究竟发生了什么变化呢？如今在不同地域生活的独龙族为何有这么大的反差呢？此时，想起还没有开始田野调查时，云南民族大学的蔡家麒先生曾经在电话中嘱咐我，如果调查独龙族，一定要注意各地不同的生态环境，我的导师后来也反复强调生态稀缺所起的作用。

　　促使独龙族社会结构变迁的恰恰不是生态环境，而是国家权力。国家在基层的政权将独龙族带入了全球化的市场经济体系。所以，考虑独龙族的社会结构变迁问题，势必需要考虑其地方社会与国家的互动过程。独龙族的生态稀缺，进一步决定了制度的简单性。独龙族成为社会主义大家庭的一员之后，往日的稀缺得到了空前的释放，当然也会产生某些新的稀缺。2010 年 9 月份，和我一起走独木吊桥的男孩回龙元村后给我来电话，说龙元村已大变样，原有的村公所已经被夷为平地，准备在年底之前盖起两层钢筋混凝土建筑，看来再不可能也没必要找到我曾经的住所了。

参考文献

一、中文部分

1. （东晋）常璩：《华阳国志·南中志·永昌郡》，济南：齐鲁书社 2010 年版。

2. 邓小平：《关于整风运动的报告》，北京：人民日报出版社 1957 年版。

3. 《独龙族简史》编写组：《独龙族简史》，昆明：云南人民出版社 1986 年版。

4. 《中国少数民族社会历史调查资料丛刊》修订编辑委员会编：《独龙族社会历史调查》（一），北京：民族出版社 2009 年版。

5. 云南省编辑组：《独龙族社会历史调查》（二），昆明：云南民族出版社 1985 年版。

6. 《贡山独龙族怒族自治县概况》编写组：《贡山独龙族怒族自治县概况》（修订本），北京：民族出版社 2008 年版。

7. 贡山独龙族怒族自治县志编纂委员会编：《贡山独龙族怒族自治县志》，北京：民族出版社 2006 年版。

8. 中共中央马克思恩格斯列宁斯大林著作编译局译：《列宁全集》（第一卷），北京：人民出版社 1955 年版。

9. 刘少奇：《刘少奇选集》（下卷），北京：人民出版社 1985 年版。

10. 马可·波罗著，冯承钧译：《马可波罗行纪》，呼和浩特：内蒙古人民出版社 2008 年版。

11. 德宏州志编委会办公室：《德宏史志资料》，芒市：德宏民族出版社 1985 年版。

12. 《民族团结》1961 年第 4 期。

13. 陈瑞金整理：《怒江旧志》，1998 年。

14. 《怒江傈僳族自治州民族志》，北京：民族出版社 2008 年版。

15. 政协怒江州委员会文史资料委员会编：《怒江文史资料选辑》（第 1—27 辑），芒市：德宏民族出版社 1985—1999 年版。

16. 政协怒江州委员会文史资料委员会编：《怒江文史资料选辑》（第9辑·怒江教育史料专辑），芒市：德宏民族出版社1988年版。

17. 《清实录·高宗纯皇帝实录》（卷四百三十七）。

18. （汉）司马迁：《史记·司马相如传·索隐》，北京：中华书局1959年版。

19. 尹明德：《云南北界勘察记》，载云南省编辑组：《云南少数民族社会历史调查资料汇编》，昆明：云南人民出版社1986年版。

20. 《云南地州市概况怒江傈僳族自治州分册》，昆明：云南人民出版社1988年版。

21. 《云南各族古代史略》编写组：《云南各族古代史略》，昆明：云南人民出版社1977年版。

22. 中国科学院民族研究所云南民族调查组等编：《云南怒江独龙族社会调查》（调查材料之七），1964年。

23. 云南省编辑组：《云南少数民族社会历史调查资料汇编》（三），昆明：云南人民出版社1987年版。

24. 中国科学院民族研究所云南民族调查组、云南省民族研究所民族研究室编：《云南省独龙族历史资料汇编》，1964年。

25. （明）杨慎：《南诏野史》，《中国方志丛书》影印本，台北：成文出版社1968年版。

26. 《征集菖蒲桶沿边志》，《怒江方志》1990年第2期。

27. A. C. 哈登著，廖泗友译：《人类学史》，济南：山东人民出版社1988年版。

28. H. R. 戴维斯著，李安泰、和少英、邓立木等译：《云南：联结印度和扬子江的链环——19世纪一个英国人眼中的云南社会状况及民族风情》，昆明：云南教育出版社2001年版。

29. L. 科塞著，孙立平等译：《社会冲突的功能》，北京：华夏出版社1989年版。

30. A. 皮卡、Б. 普罗霍洛夫著，龙庚译：《小民族的大问题》，《世界民族》1989年第2期。

31. E. B. 列乌年科娃著，赵俊智译：《马来西亚的小民族：塞芒人、塞诺人、贾昆人》，《民族译丛》1989年第1期。

32. F. 普洛格、D. G. 贝茨著，吴爱明、邓勇译：《文化演进与人类行为》，沈阳：辽宁人民出版社1988年版。

33. 阿哥妮丝·赫勒著，衣俊卿译：《日常生活》，重庆：重庆出版社 1990 年版。

34. 埃尔曼·R. 瑟维斯著，贺志雄等译：《人类学百年争论：1860—1960》，昆明：云南大学出版社 1997 年版。

35. 埃米尔·涂尔干著，钟旭辉、马磊、林庆新译：《自杀论》，杭州：浙江人民出版社 1988 年版。

36. 埃文思·普里查德著，褚建芳、阎书昌、赵旭东译：《努尔人：对尼罗河畔一个人群的生活方式和政治制度的描述》，北京：华夏出版社 2002 年版。

37. 安东尼·吉登斯著，李康、李猛译：《社会的构成》，北京：生活·读书·新知三联书店 1998 年版。

38. 白丽珍：《党培养了我们独龙族两代人》，载政协怒江州委员会文史资料委员会编：《怒江文史资料选辑》（第 27 辑·独龙族），芒市：德宏民族出版社 1999 年版。

39. 包路芳：《社会变迁与文化调适——游牧鄂温克社会调查研究》，北京：中央民族大学出版社 2006 年版。

40. 包智明：《比较社会学》，北京：知识出版社 1995 年版。

41. 本尼迪克特著，王炜译：《文化模式》，北京：生活·读书·新知三联书店 1988 年版。

42. 彼德·布劳著，孙非、张黎勤译：《社会生活中的交换与权力》，北京：华夏出版社 1988 年版。

43. 伯特兰·罗素著，靳建国译：《权力论——一个新的社会分析》，北京：东方出版社 1988 年版。

44. 丁明、焦云萍、王亚萍等：《独龙族身体素质状况调查》，载何大明主编：《高山峡谷人地复合系统的演进——独龙族近期社会、经济和环境的综合调查及协调发展研究》，昆明：云南民族出版社 1995 年版。

45. 布尔迪厄著，谭立德译：《实践理性》，北京：生活·读书·新知三联书店 2007 年版。

46. 布劳著，王春光、谢圣赞译：《不平等与异质性》，北京：中国社会科学出版社 1991 年版。

47. 蔡家麒：《藏彝走廊中的独龙族社会历史考察》，北京：民族出版社 2008 年版。

48. 蔡家麒：《独龙族的鬼魂观念》，载宋恩常编：《中国少数民族宗教初编》，昆明：云南人民出版社 1985 年版。

49．蔡家麒：《独龙族社会历史及宗教信仰概述》，载何大明、李恒主编：《独龙江和独龙族综合研究》，昆明：云南科技出版社 1996 年版。

50．蔡家麒：《独龙族社会历史综合考察报告（专刊)》，昆明：云南省民族研究所 1983 年版。

51．蔡家麒：《论原始宗教》，昆明：云南人民出版社 1988 年版。

52．查尔斯·巴克斯著，林超民译：《南诏国与唐代的西南边疆》，昆明：云南人民出版社 1988 年版。

53．车辚：《清末民初的云南地缘政治形态及其成因》，《贵州大学学报》2007 年第 1 期。

54．陈惠雄：《对"稀缺性"的重新诠释》，《浙江学刊》1999 年第 3 期。

55．陈瑞金、罗金合：《历史的印痕——最后的文面女》，北京：中国旅游出版社 2006 年版。

56．陈瑞金：《中缅北段未定界的历史变迁》，《云南史志》1995 年第 1 期。

57．陈昭星：《天主教、基督教在我国西南民族地区传播的原因》，《民族研究》1992 年第 4 期。

58．陈自明、潘晓赋、孔德平等：《独龙江中下游流域的鱼类区系》，《信阳师范学院学报》（自然科学版）2006 年第 3 期。

59．初祥：《俄罗斯北方小民族的现代化与民族过程》，《世界民族》2000 年第 4 期。

60．达孟：《缅甸的独龙族》，《民族译丛》1981 年第 5 期。

61．戴庆厦：《藏缅语族语言研究》，昆明：云南民族出版社 1990 年版。

62．戴裔煊：《干兰——西南中国原始住宅的研究》，广州：岭南大学西南社会经济研究所民国三十七年（1948）版。

63．刀承华、曹发兴：《乘象国地望补证》，《云南民族学院学报》（哲学社会科学版）1998 年第 4 期。

64．东噶·洛桑赤列著，陈庆英译：《论西藏政教合一制度》，北京：民族出版社 1985 年版。

65．董建辉：《政治人类学研究及其理论的发展》，《广西民族学院学报》（哲学社会科学版）2001 年第 5 期。

66. 董建辉：《政治人类学研究的几个问题探析》，《民族研究》2000年第 3 期。

67. 董一道编绘：《古滇土人风俗图志》，载徐丽华主编：《中国少数民族古籍集成》（汉文版第 87 册），成都：四川民族出版社 2002 年版。

68. 多吉、孙宏开调查，孙宏开整理：《独龙语的基本特点和方言土语概况》，载《民族问题五种丛书》云南省编辑委员会编：《独龙族社会历史调查》（一），昆明：云南民族出版社 1981 年版。

69. 恩格斯：《家庭、私有制和国家的起源》，北京：人民出版社 1955年版。

70. 范可：《政治人类学今昔》，《广西民族大学学报》（哲学社会科学版）2008 年第 2 期。

71. 范义田：《云南边地民族教育要览》，载中国科学院民族研究所云南民族调查组、云南省民族研究所民族研究室编：《云南省独龙族历史资料汇编》，1964 年。

72. 方国瑜、徐文德、木芹：《云南史料丛刊》（第二十一辑），昆明：云南大学出版社 2001 年版。

73. 方国瑜、周汝诚、王恩夫等：《"怒"族和"俅"族识别小结》，载云南省编辑组：《云南少数民族社会历史调查资料汇编》（三），昆明：云南人民出版社 1987 年版。

74. 方国瑜：《中国西南历史地理考释》（上、下），北京：中华书局1987 年版。

75. 方国瑜主编：《云南史料丛刊》（第十二卷），昆明：云南大学出版社 2001 年版。

76. 费孝通：《关于我国的民族识别问题》，《中国社会科学》1980 年第 1 期。

77. 费孝通：《迈向人民的人类学》，载辛格尔顿著，蒋琦译：《应用人类学》，武汉：湖北人民出版社 1984 年版。

78. 费孝通：《民族与社会》，北京：人民出版社 1981 年版。

79. 费尔南多·萨瓦特尔著，魏然译：《政治学的邀请》，北京：北京大学出版社 2009 年版。

80. 弗兰茨·奥本海著，沈蕴芳、王燕生译：《论国家》，北京：商务印书馆 1999 年版。

81. 弗思：《中国农村社会团结性的研究》，载《社会学界》（第十七卷），北京：燕京大学社会学会 1938 年版。

82．高丙中：《民间的仪式与国家的在场》，《北京大学学报》（哲学社会科学版）2001 年第 1 期。

83．高丙中：《现代化与民族生活方式的变迁》，天津：天津人民出版社 1997 年版。

84．高应新：《独龙族聚居区农牧业开发》，《山地研究》1995 年第 4 期。

85．高志英、徐俊：《元明清"藏彝走廊"西端滇、藏、缅交界地带民族关系发展研究》，《甘肃社会科学》2008 年第 6 期。

86．高志英：《流动的文化和文化的流动——唐代以来傈僳族的迁徙及其文化变迁研究》，《学术探索》2007 年第 3 期。

87．高志英：《从 20 世纪独龙族社会文化的变迁看其观念演变》，云南大学博士学位论文，2004 年。

88．高志英：《独龙族社会文化与观念嬗变研究》，昆明：云南人民出版社 2009 年版。

89．高志英：《唐代藏彝走廊西部边缘民族分布格局与文化变迁研究》，《学术探索》2009 年第 6 期。

90．高志英：《唐至清代傈僳族、怒族流变历史研究》，《学术探索》2004 年第 8 期。

91．龚浩群：《信徒与公民——泰国曲乡的政治民族志》，北京：北京大学出版社 2009 年版。

92．龚家骅：《云南边民录》，载中国科学院民族研究所云南民族调查组、云南省民族研究所民族研究室编：《云南省独龙族历史资料汇编》，1964 年。

93．龚佩华：《独龙族的婚姻、姓名和历法》，《民族文化》1980 年第 2 期。

94．龚荫：《中国土司制度》，昆明：云南民族出版社 1992 年版。

95．贡山独龙族怒族自治县第五次人口普查办公室编：《贡山独龙族怒族自治县二〇〇〇年人口普查资料》（电子计算机汇总），2003 年。

96．贡山县人民政府：《贡山独龙族怒族自治县独龙江乡巴坡独龙族发展建设规划（2006—2007）》。

97．古塔、弗格森编著，骆建建、袁同凯、郭立新等译：《人类学定位——田野科学的界限与基础》，北京：华夏出版社 2005 年版。

98．顾定国著，胡鸿保、周燕译：《中国人类学逸史——从马林诺斯基到莫斯科到毛泽东》，北京：社会科学文献出版社 2000 年版。

99．郭家骥主编：《云南民族地区发展报告》，昆明：云南大学出版社 2003 年版。

100．郭建斌：《边缘的游弋——一个边疆少数民族村庄近 60 年变迁》，昆明：云南人民出版社 2010 年版。

101．郭于华：《作为历史见证的"受苦人"的讲述》，《社会学研究》 2008 年第 1 期。

102．国家统计局人口和社会科技统计司、国家民族事务委员会经济发展司编：《2000 年人口普查中国民族人口资料》，北京：民族出版社 2003 年版。

103．国家民族事务委员会政策研究室编：《中国共产党主要领导人论民族问题》，北京：民族出版社 1994 年版。

104．哈罗德·D.拉斯韦尔著，杨昌裕译：《政治学——谁得到什么？何时和如何得到？》，北京：商务印书馆 1992 年版。

105．哈维兰著，瞿铁鹏、张钰译：《文化人类学》，上海：上海社会科学院出版社 2006 年版。

106．哈维兰著，王铭铭译：《当代人类学》，上海：上海人民出版社 1987 年版。

107．何大明、李恒主编：《独龙江和独龙族综合研究》，昆明：云南科技出版社 1996 年版。

108．何大明主编：《高山峡谷人地复合系统的演进——独龙族近期社会、经济和环境的综合调查及协调发展研究》，昆明：云南民族出版社 1995 年版。

109．何国强、景燕春：《马克思恩格斯列宁视野中的理性法和实践法》，《中山大学学报》（社会科学版）2003 年第 5 期。

110．何国强、曾国华：《从民族志和考古学资料看中国国家的起源》，《中山大学学报》（社会科学版）1999 年第 3 期。

111．何国强、周云水、魏乐平等：《贡山独龙族怒族体质特征研究》，《黔南民族医专学报》2009 年第 1 期。

112．何国强：《当代中国地方政府》，广州：广东高等教育出版社 1994 年版。

113．何群：《环境与小民族生存：鄂伦春文化的变迁》，北京：社会科学文献出版社 2006 年版。

114. 何群：《综述和讨论：关于小民族的生存及前景》，《西北民族研究》2007 年第 1 期。

115. 何群：《民族社会学和人类学应用研究》，北京：中央民族大学出版社 2009 年版。

116. 何群：《超越非此即彼：小民族传统文化的现代构建——结合对鄂伦春族的调查》，《大连民族学院学报》2007 年第 2 期。

117. 何兹全：《中国古代社会》，郑州：河南人民出版社 1991 年版。

118. 和匠宇、和锵宇：《孤独之旅：植物学家、人类学家约瑟夫·洛克和他在云南的探险经历》，昆明：云南人民出版社 2000 年版。

119. 亨利·奥尔良著，龙云译：《云南游记——从东京湾到印度》，昆明：云南人民出版社 2001 年版。

120. 洪俊：《独龙族源初探》，载政协怒江州委员会文史资料委员会编：《怒江文史资料选辑》（第 1—20 辑摘编上卷），芒市：德宏民族出版社 1994 年版。

121. 洪俊：《独龙族的原始习俗与文化》，载云南省编辑组：《云南少数民族社会历史调查资料汇编》（一），昆明：云南人民出版社 1986 年版。

122. 胡石明编著：《近代弱小民族被压迫史及独立运动史》，上海：大东书局 1929 年版。

123. 胡天才：《解放后鄂伦春族的历史变革》，《黑龙江民族丛刊》1986 年第 4 期。

124. 胡鸿保、张丽梅：《民族识别原则的变化与民族人口》，《西南民族大学学报》2009 年第 4 期。

125. 黄光学、施联朱：《中国的民族识别——56 个民族的来历》，北京：民族出版社 2005 年版。

126. 杰西·洛佩兹、约翰·斯科特著，允春喜译：《社会结构》，长春：吉林人民出版社 2007 年版。

127. 卡尔·波普尔著，傅季重等译：《猜想与反驳——科学知识的增长》，上海：上海译文出版社 2001 年版。

128. 凯西·F. 奥特拜因著，章智源、张敦安译：《比较文化分析》，郑州：河南人民出版社 1990 年版。

129. 克洛德·莱维－斯特劳斯著，俞宣孟、谢维扬、白信才译：《结构人类学》（第二卷），上海：上海译文出版社 1999 年版。

130. 克洛德·列维-斯特劳斯著，张祖建译：《结构人类学》，北京：中国人民大学出版社 2006 年版。

131. 克里斯托夫·冯·菲尤勒-海门道夫著，何国强译：《在印度部落中生活——一个人类学家的自传》，香港：国际炎黄文化出版社 2009 年版。

132. 孔志清、伊里亚口述，李道生整理：《独龙族三次起义概述》，载政协怒江州委员会文史资料委员会编：《怒江文史资料选辑》（第 3 辑），芒市：德宏民族出版社 1994 年版。

133. 孔志清：《出席第三届全国人民代表大会的感受》，载政协贡山独龙族怒族自治县委员会文史资料委员会编：《贡山文史资料》（第一辑），1995 年。

134. 孔志清口述，李道生整理：《独龙族第一任县长的回忆》，载政协怒江州委员会文史资料委员会编：《独龙族》，芒市：德宏民族出版社 1999 年版。

135. 孔志清口述，彭兆清整理：《回忆先父孔目金》，载政协怒江州委员会文史资料委员会编：《怒江文史资料选辑》（第 1—20 辑摘编下卷），芒市：德宏民族出版社 1994 年版。

136. 孔志清口述，余新整理：《难忘的会见》，载政协怒江州委员会文史资料委员会编：《怒江文史资料选辑》（第 1—20 辑摘编下卷），芒市：德宏民族出版社 1994 年版。

137. 孔志清口述：《回忆随俞德浚先生进行植物考察》，载政协怒江州委员会文史资料委员会编：《怒江文史资料选辑》（第 18 辑·贡山独龙族怒族自治县文史专辑），芒市：德宏民族出版社 1991 年版。

138. 拉德克利夫-布朗著，梁粤译：《安达曼岛人》，桂林：广西师范大学出版社 2005 年版。

139. 拉德克利夫-布朗著，夏建中译：《社会人类学方法》，济南：山东人民出版社 1988 年版。

140. 拉德克利夫-布朗著，丁国勇译：《原始社会结构与功能》，北京：九州出版社 2006 年版。

141. 李根源：《滇西兵要界务图注》，载方国瑜主编：《云南史料丛刊》（第十卷），昆明：云南大学出版社 2001 年版。

142. 李国栋：《民国时期的民族问题与民国政府的民族政策研究》，北京：民族出版社 2001 年版。

143. 李怀、程华敏：《消费分层：一个社会分层的重要维度》，《江淮论坛》2010 年第 1 期。

144. 李恒编著：《独龙江地区植物》，昆明：云南科技出版社 1993 年版。

145. 李辉、潘方芳、张敏华等：《滇西北 8 个民族群体面貌特征观察的聚类分析》，《复旦学报》（自然科学版）2001 年第 5 期。

146. 李济：《中国民族的形成》，南京：江苏教育出版社 2005 年版。

147. 李金明：《独龙族文化保护面临的问题及对策》，《学术探索》2009 年第 5 期。

148. 李金明：《独龙族原始习俗与文化》，昆明：云南省社科院民族文学研究所 2000 年版。

149. 李金明：《流动的血脉》，《今日民族》2001 年第 4 期。

150. 李金明：《高山峡谷独龙家》，昆明：云南大学出版社 2001 年版。

151. 李开义、殷晓俊：《彼岸的目光——晚清法国外交官方苏雅在云南》，昆明：云南教育出版社 2002 年版。

152. 李强：《社会分层十讲》，北京：社会科学文献出版社 2008 年版。

153. 李区著，张恭启、黄道琳译：《上缅甸诸政治体制——克钦社会结构之研究》，台北：唐山出版社 1999 年版。

154. 李生庄：《云南第一殖边区域内之人种调查》，载中国科学院民族研究所云南民族调查组、云南省民族研究所民族研究室编：《云南省独龙族历史资料汇编》，1964 年。

155. 李旭：《雅鲁藏布江大峡谷的子民——珞巴族》，昆明：云南人民出版社 2003 年版。

156. 李宜林：《独龙族传统农耕文化与生态保护》，《云南民族学院学报》2000 年第 6 期。

157. 李勇：《为了独龙族兄弟——省民委组织独龙江乡村干部赴省内发达地区考察》，《民族工作》1999 年第 8 期。

158. 李作华编：《世界弱小民族问题》，上海：上海太平洋书店 1921 年版。

159. 里弗斯著，胡贻毂译：《社会的组织》，北京：商务印书馆 1990 年版。

160. 廖洪乐：《中国农村土地制度六十年》，北京：中国财政经济出版社 2008 年版。

161．林顿著，于闽梅、陈学晶译：《人格的文化背景：文化、社会与个体关系之研究》，桂林：广西师范大学出版社 2007 年版。

162．林耀华、庄孔韶：《父系家族公社形态研究》，西宁：青海人民出版社 1984 年版。

163．林耀华：《中国西南地区的民族识别》，《云南社会科学》1984 年第 2 期。

164．林耀华主编：《原始社会史》，北京：中华书局 1984 年版。

165．凌纯声：《松花江下游的赫哲族》（上册），南京：国立中央研究院历史语言研究所中华民国二十三年（1934）版。

166．绫部恒雄、贺崇武：《东南亚的国家和民族：国家领域的类型和民族》，《民族关系史译丛》1985 年第 1 期。

167．刘创楚、杨庆堃：《中国社会：从不变到巨变》，香港：香港中文大学出版社 1989 年版。

168．刘达成：《独龙族》，北京：民族出版社 1998 年版。

169．刘达成：《寻根溯源"释"独龙》，《大理学院学报》2009 年第 9 期。

170．刘有安、张俊明：《民族学视野下的移民"文化适应"研究——以宁夏南部的汉族移民为例》，《黑龙江民族丛刊》2007 年第 5 期。

171．柳絮编著：《弱小民族的革命方略》，上海：中山书店 1929 年版。

172．龙云：《云南行政纪实（边务）》，云南财政厅印刷局民国三十四年（1945）铅印本。

173．卢勋、李根蟠：《从家族公社直接向阶级社会过渡——我国南方若干少数民族私有制形成途径研究》，载中国民族学研究会编：《民族学研究》（第二辑），北京：民族出版社 1981 年版。

174．陆俊元：《论地缘政治的本质》，《国际关系学院学报》2006 年第 4 期。

175．罗伯特·伯格、罗纳德·费德瑞柯著，梅毅译：《人类行为》，北京：中国社会科学出版社 1993 年版。

176．罗纳德·L．约翰斯通著，尹今黎、张蕾译：《社会中的宗教——一种宗教社会学》，成都：四川人民出版社 1991 年版。

177．罗康隆：《斯威顿耕作方式的实存及其价值评估》，《贵州民族研究》2002 年第 2 期。

178．罗康隆：《文化适应与文化制衡——基于人类文化生态的思考》，北京：民族出版社 2007 年版。

179．罗康隆：《论文化适应》，《吉首大学学报》（社会科学版）2005年第 3 期。

180．罗荣芬：《独龙族文面习俗的发生与消亡》，载郭大烈主编：《云南民族传统文化变迁研究》，昆明：云南大学出版社 1997 年版。

181．罗荣芬：《自然怀抱中的文面女》，昆明：云南教育出版社 1995年版。

182．罗文举：《我到独龙江协助抓交通的情况》，载政协怒江州委员会文史资料委员会编：《怒江文史资料选辑》（第 19 辑），芒市：德宏民族出版社 1997 年版。

183．麻国庆：《开发、国家政策与狩猎采集民社会的生态与生计——以中国东北大小兴安岭地区的鄂伦春族为例》，《学海》2007 年第 1 期。

184．马克·阿伯勒著，黄语生译：《政治人类学：新的挑战、新的目标》，《国际社会科学杂志》（中文版）1998 年第 3 期。

185．马克思：《不列颠在印度的统治》（1853 年 6 月），载中共中央马克思恩格斯列宁斯大林著作编译局编：《马克思恩格斯选集》（第二卷），北京：人民出版社 1995 年版。

186．中国社会科学院历史研究所编：《论资本主义以前诸社会形态》，北京：文物出版社 1979 年版。

187．马克思：《摩尔根〈古代社会〉一书摘要》，载中共中央马克思恩格斯列宁斯大林著作编译局译：《马克思恩格斯全集》（第四十五卷），北京：人民出版社 1985 年版。

188．马克思著，郭大力、王亚男译：《资本论——政治经济学批判》（第 1 卷），北京：人民出版社 1963 年版。

189．马凌诺斯基著，梁永佳、李绍明译：《西太平洋的航海者》，北京：华夏出版社 2002 年版。

190．马林诺夫斯基著，原江译：《原始社会的犯罪与习俗》，昆明：云南人民出版社 2002 年版。

191．马戎主编：《民族社会学——社会学的族群关系研究》，北京：北京大学出版社 2004 年版。

192．马塞尔·莫斯著，余碧平译：《社会学与人类学》，上海：上海译文出版社 2003 年版。

193．马友鑫、张克映、刘玉洪等：《独龙江流域气候特征及气候带划分》，载何大明、李恒主编：《独龙江和独龙族综合研究》，昆明：云南科技出版社 1996 年版。

194．马曜主编：《云南民族工作 40 年》，昆明：云南民族出版社 1994 年版。

195．满都尔图、卢勋、曹成章等：《中国少数民族民主改革前社会发展水平的再认识》，《民族研究》1994 年第 5 期。

196．梅因著，沈景一译：《古代法》，北京：商务印书馆 1959 年版。

197．米歇尔·福柯著，刘北成、杨远婴译：《规训与惩罚：监狱的诞生》，北京：生活·读书·新知三联书店 2003 年版。

198．摩尔根著，李培茱译：《美洲土著的房屋和家庭生活》，北京：中国社会科学出版社 1985 年版。

199．默顿著，唐少杰、齐心等译：《社会理论和社会结构》，南京：译林出版社 2008 年版。

200．（明）倪辂辑，（清）王崧校理，（清）胡蔚增订，木芹会证：《南诏野史会证》，昆明：云南人民出版社 1990 年版。

201．宁骚：《民族与国家——民族关系与民族政策的国际比较》，北京：北京大学出版社 1995 年版。

202．怒江州统计局编：《怒江五十年统计年鉴》（1949—1999），北京：中华书局 2000 年版。

203．帕特丽夏·安·阿德勒、彼得·阿德勒著，范涛译：《田野研究中的成员角色》，香港：国际炎黄文化出版社 2010 年版。

204．乔纳森·哈斯著，罗林平、罗海钢、朱乐夫等译：《史前国家的演进》，北京：求实出版社 1988 年版。

205．乔治·E. 马尔库斯、米开尔·M. J. 费彻尔著，王铭铭、蓝达居译：《作为文化批评的人类学：一个人文学科的实验时代》，北京：生活·读书·新知三联书店 1998 年版。

206．祁若雄：《刘少奇与我国少数民族地区土地改革》，《中央民族大学学报》（社会科学版）1999 年第 6 期。

207．秦和平：《对 20 世纪 50 年代云南边疆民族地区和平协商土地改革的认识》，载李晓斌主编：《西南边疆民族研究》，昆明：云南大学出版社 2006 年版。

208．曲守成、于学斌：《论鄂伦春族定居务农实践中的政府功能——历史的评判与审思》，《黑龙江民族丛刊》1999 年第 4 期。

209. 瞿明安：《中国民族的生活方式》，北京：中国社会科学出版社1995年版。

210. 冉绵惠、李慧宁：《民国时期保甲制度研究》，成都：四川大学出版社2005年版。

211. 任建树：《中国新七十年大事本末》，上海：上海人民出版社1991年版。

212. （清）阮元等修，王崧等纂：道光《云南通志》（卷一百八十五），清道光十五年（1835）刻本。

213. 沙钦·罗伊著，李坚尚、丛晓明译：《珞巴族阿迪人的文化》，拉萨：西藏人民出版社1991年版。

214. 沈长云、张渭莲：《中国古代国家起源与形成研究》，北京：人民出版社2009年版。

215. 沈醒狮：《独龙族文面习俗现状调查》，《安徽师范大学学报》（人文社会科学版）2005年第2期。

216. 施联朱：《民族识别》，载《中国大百科全书·民族》，北京：中国大百科全书出版社1986年版。

217. 施正一：《关于民族科学与民族问题研究》，北京：中央民族学院出版社1993年版。

218. 石开忠：《人口普查中民族成份错报原因及对策》，《人口研究》1995年第1期。

219. 宋恩常：《试谈独龙族私有财产的产生》，《思想战线》1977年第3期。

220. 宋蜀华、满都尔图主编：《中国民族学五十年》，北京：人民出版社2004年版。

221. 宋蜀华：《中国民族学理论探索与实践》，北京：中央民族大学出版社1999年版。

222. 索科洛娃著，于洪君摘译：《改革与北方小民的命运》，《民族译丛》1991年第1期。

223. 陶云逵：《几个云南土族的现代地理分布及其人口之估计》，载《中研院历史语言研究所集刊论文类编》（民族与社会编），北京：中华书局2009年版。

224. 陶云逵：《俅江纪程》，载中国科学院民族研究所云南民族调查组、云南省民族研究所民族研究室编：《云南省独龙族历史资料汇编》，

1964 年。

225．特德·C. 卢埃林著，朱伦译：《政治人类学导论》，北京：中央民族大学出版社 2009 年版。

226．滕尼斯著，林荣远译：《共同体与社会：纯粹社会学的基本概念》，北京：商务印书馆 1999 年版。

227．涂尔干著，渠东译：《社会分工论》，北京：生活·读书·新知三联书店 2000 年版。

228．托马斯·哈定著，韩建军等译：《文化与进化》，杭州：浙江人民出版社 1987 年版。

229．王国祥：《独龙族研究小史》，载政协怒江州委员会文史资料委员会编：《独龙族》，芒市：德宏民族出版社 1999 年版。

230．王均：《独龙族的穴居和巢居时代》，《民族调查研究》1983 年第 1 期。

231．王俊敏：《从鄂伦春族看民族与国家关系的一体化》，《广西民族学院学报》（哲学社会科学版）2002 年第 1 期。

232．王建新：《宗教文化类型——中国民族学人类学理论新探》，《青海民族研究》2007 年第 4 期。

233．王斯福著，赵旭东译：《帝国的隐喻：中国民间宗教》，南京：江苏人民出版社 2008 年版。

234．《昆明文史资料选辑》（第十辑·法英帝国主义对云南侵略史料），内部资料，1990 年。

235．王文成：《滇西抗战与云南龙潞边区土司制度的延续》，《抗日战争研究》1994 年第 2 期。

236．王玉球主编：《怒江州交通志》，昆明：云南人民出版社 2000 年版。

237．王玉波、瞿明安：《超越传统：生活方式转型取向》，北京：京华出版社 1996 年版。

238．王毅辉：《独龙江：从"放炮传信"到数字移动通信》，《通信企业管理》2010 年第 1 期。

239．王正华、和少英：《拉祜族文化史》，昆明：云南民族出版社 1999 年版。

240．翁乃群：《藏彝走廊族群认同及其社会文化背景的人类学研究》，《西南民族大学学报》（人文社科版）2007 年第 1 期。

241．吴德明：《圭亚那印第安人的困境与出路》，《世界民族研究》1996 年第 2 期。

242．吴飞：《火塘·教堂·电视——一个少数民族社区的社会传播网络研究》，北京：光明日报出版社 2008 年版。

243．吴文藻：《边政学发凡》，载《吴文藻人类学社会学研究文集》，北京：民族出版社 1990 年版。

244．吴忠观主编：《人口学辞典》，成都：西南财经大学出版社 1997 年版。

245．伍俊斌：《论公民社会与政治国家的共存共强》，《黑龙江社会科学》2010 年第 1 期。

246．西达·斯考切波著，何俊志、王学东译：《国家与社会革命：对法国、俄国和中国的比较分析》，上海：上海人民出版社 2007 年版。

247．西南民族学院图书馆编：《云南傈僳族及贡山、福贡社会调查报告》，内部资料，1986 年。

248．（唐）樊绰撰，向达校注：《蛮书校注》，北京：中华书局 1962 年版。

249．肖正伟：《哀牢国与滇国、滇越国之辨析》，《保山学院学报》2010 年第 1 期。

250．谢彬：《云南游记》，上海：中华书局 1931 年版。

251．谢扶民：《两年来少数民族社会历史调查工作的基本总结》，载中国科学院民族研究所编：《民族研究工作的跃进》，北京：科学出版社 1958 年版。

252．徐红卫、谢颖：《20 世纪 50 年代云南少数民族地区和平协商土地改革政策形成过程再探析》，《长春理工大学学报》（高教版）2009 年第 12 期。

253．阎学通：《中国国家利益分析》，天津：天津人民出版社 1996 年版。

254．闫丽娟、丁淑琴：《试论小民族的研究》，《兰州大学学报》2002 年第 3 期。

255．杨斌铨：《行程记》，载尹明德：《中国方志丛书·云南北界勘察记》，台北：成文出版社有限公司 1974 年版。

256．杨福泉：《略论滇西北的民族关系》，《云南社会科学》2000 年第 5 期。

257．杨鹤书编著：《中国少数民族社会与文化》，广州：中山大学出版社 1999 年版。

258．杨将领：《独龙族的社会组织和社会形态》，载政协怒江州委员会文史资料委员会编：《怒江文史资料选辑》（第 27 辑·独龙族），芒市：德宏民族出版社 1999 年版。

259．杨堃：《原始社会发展史》，北京：北京师范大学出版社 1986 年版。

260．杨茂：《回忆独龙江第一所完小的创建》，载政协怒江州委员会文史资料委员会编：《独龙族》，芒市：德宏民族出版社 1999 年版。

261．瓦特著，杨庆鹏译：《西康之神秘水道记》，1933 年。

262．杨世荣：《回忆独龙江区委工作》，载政协怒江州委员会文史资料委员会编：《怒江文史资料选辑》（第 27 辑·独龙族），芒市：德宏民族出版社 1999 年版。

263．杨世荣：《独龙族的牛耕》，载政协怒江州委员会文史资料委员会编：《独龙族》，芒市：德宏民族出版社 1999 年版。

264．杨永生：《乘象国"滇越"考》，《思想战线》1995 年第 1 期。

265．杨毓才、肖家成：《独龙族简介》，载《民族问题五种丛书》云南省编辑委员会编：《独龙族社会历史调查》（一），昆明：云南民族出版社 1981 年版。

266．杨毓骧：《伯舒拉岭雪线下的民族》，昆明：云南大学出版社 2000 年版。

267．伊里亚：《参加芒市中缅边界座谈会议的回忆》，载政协怒江州委员会文史资料委员会编：《怒江文史资料选辑》（第 18 辑·贡山独龙族怒族自治县文史专辑），芒市：德宏民族出版社 1991 年版。

268．伊曼纽尔·沃勒斯坦著，尤来寅等译：《现代世界体系》（第一卷），北京：高等教育出版社 2003 年版。

269．迤西边防各军总司令部编：《西事汇略》，民国元年（1912）排印本。

270．尹明德：《云南北界勘察记》,云南省立昆华民众教育馆编，民国二十二年（1933）铅印本。

271．尹善龙：《山高水长隔不断——中共云南省委书记令狐安徒步深入独龙江乡调研散记》，《民族工作》1999 年第 1 期。

272．尹善龙：《我国 56 个民族主要聚居区最后一个修通公路的地方——独龙江峡谷沸腾了》，《民族团结》1999 年第 10 期。

273．尹绍亭：《一个充满争议的文化生态体系：云南刀耕火种研究》，昆明：云南人民出版社 1991 年版。

274．尹绍亭：《远去的火山——人类学视野中的刀耕火种》，昆明：云南人民出版社 2008 年版。

275．尹绍亭：《森林孕育的农耕文化——云南刀耕火种志》，昆明：云南人民出版社 1994 年版。

276．英国皇家人类学会编订，周云水、许韶明、谭青松等译：《人类学的询问与记录》，香港：国际炎黄文化出版社 2009 年版。

277．尤中：《云南民族史》，昆明：云南大学出版社 1994 年版。

278．于长江：《小民族，大课题——以赫哲族为例》，《北京大学学报》（哲学社会科学版）2001 年第 1 期。

279．余新：《夏瑚在独龙江的巡视活动》，载政协怒江州委员会文史资料委员会编：《怒江文史资料选辑》（第 1—20 辑摘编上卷），芒市：德宏民族出版社 1994 年版。

280．余伟、郑钢：《跨文化心理学中的文化适应研究》，《心理科学进展》2005 年第 6 期。

281．苑利、顾军：《中国民俗学教程》，北京：光明日报出版社 2003 年版。

282．约翰·J. 麦克阿隆：《政治庆典中的社会性及社交性》，载于维克多·特纳编，方永德等译：《庆典》，上海：上海文艺出版社 1993 年版。

283．约瑟夫·洛克著，刘宗岳译：《西南古纳西王国》，昆明：云南美术出版社 1999 年版。

284．曾哲：《走进独龙江的日子、寨子和孩子》，昆明：云南人民出版社 2001 年版。

285．章邵增：《现代性的冲击和本土的延续》，《中国农业大学学报》（社会科学版）2007 年第 2 期。

286．张弼、吴清友：《亚洲弱小民族剪影》，上海：生活书店 1937 年版。

287．张惠君：《独龙江流域的生态保护与发展》，《云南社会科学》1999 年第 1 期。

288．张锦鹏：《从"有限理性"看云南少小民族自主发展意识的激发》，《云南社会科学》2010 年第 2 期。

289．张昆华：《不愿文面的女人》，北京：中国文联出版公司 1987

年版。

290. 张明：《稀缺、效率与制度分析》，《兰州学刊》2006 年第 2 期。

291. 张桥贵、陈麟书：《宗教人类学：云南少数民族原始宗教考察研究》，成都：四川大学出版社 1993 年版。

292. 张桥贵：《独龙族文化史》，昆明：云南民族出版社 2000 年版。

293. 张晓琼：《变迁与发展：现代化背景下的云南布朗山布朗族社会研究》，中央民族大学博士学位论文，2003 年。

294. 赵丙祥：《文化接触与殖民遭遇——明清时期以来胶东半岛中西文化接触史的历史人类学研究》，北京大学博士学位论文，2000 年。

295. 赵旭东：《权力与公正：乡土社会的纠纷解决与权威多元》，天津：天津古籍出版社 2003 年版。

296. 赵伯雄：《周代国家形态研究》，长沙：湖南教育出版社 1990 年版。

297. 郑杭生：《社会学概论新修》，北京：中国人民大学出版社 2003 年版。

298. 郑维川主编：《云南民族村寨调查·独龙族——贡山丙中洛乡小茶腊社》，昆明：云南大学出版社 2001 年版。

299. 政协贡山独龙族怒族自治县委员会文史资料委员会编：《贡山文史资料》（第一辑），1995 年。

300. 中国科学院民族研究所云南少数民族社会历史调查组编：《怒族简史简志合编》，1963 年。

301. 周浩：《民国时期云南省怒江边四区设治局初探》，中央民族大学硕士学位论文，2003 年。

302. 周建新：《大陆东南亚跨国民族"和平跨居"文化模式分析》，《社会科学战线》2008 年第 8 期。

303. 周云水：《略论独龙族基督教信仰》，《宗教学研究》2009 年第 4 期。

304. 周云水：《文化交流与独龙族妇女文面习俗的隐语》，《思想战线》2009 年第 6 期。

305. 朱伦等：《印地安世界》，南宁：广西人民出版社 1992 年版。

306. 庄孔韶：《父系家族公社结构的演化进程概说》，《中央民族大学学报》（哲学社会科学版）1982 年第 4 期。

307. 庄孔韶：《云南山地民族（游耕社区）人类生态学初探》，载中国人类学会编：《人类学研究续集》，北京：中国社会科学出版社 1987 年版。

二、英文部分

1. COHEN A. Custom and polities in urban Africa：a study of Hausa migrants in Yoruba towns. Berkeley：University of California Press，1969.

2. BARNABAS A P. Social change in a north Indian village. Berkeley：University of California Press，1969.

3. BEATTIE J H M. Culture contact and social change. The British journal of sociology，1961（2）.

4. BECKER H，BOSKOFF A. Modern sociological theories. New York：Dryden Press，1957.

5. BERGER P L，LUCKMANN T. The social construction of reality. Harmondsworth：Allen Lane，1971.

6. BLUMER H. Society as symbolic interaction// ROSE A. Human behavior and social press. London：Routledge and Kegan Paul，1962.

7. BOSKOF J H S. Social change and social structure. New York，1938.

8. BOURDIEU P. The logic of practice. Cambridge：Polity Press，1980.

9. CARTWRIGHT D，ZANDER A. Group dynamics. London：Tavistock，1953.

10. CICOUREL A V. Generative semantics and the structure of social interaction// Cognitive sociology. Harmondsworth：Penguin，1973.

11. DUBE S C. Formulating the goals of change// KUPPUSWAMY，MEHTA B. Some aspects of social change. Delhi：Sterling Publishers，1968.

12. AMITAI E. Studies in social change. New York：Holt，Rinehart and Winston，Inc.，1977.

13. BOAS F. History and science in anthropology：a reply. American anthropologist，1936（38）.

14. RAYMOND F. Social organization and social change. Journal of the royal anthropological institute，1954（84）.

15. FOSTER G M. Tzintzuntzan：Mexican peasants in a changing world. Boston：Little Brown and Company，1967.

16. FREEMAN L C. Spheres，cubes，and boxes：graphics dimensionality and network structure. Social networks，1983（5）.

17. FRIED M. The evolution of political society. New York：Random House，1967.

18. BALANDIER G. Political anthropology. New York: Random House, 1970.

19. CLIFFORD G. Agricultural involution: the process of ecological change in Indonesia. Berkeley, CA: University of California Press, 1963.

20. HODGE F W. Handbook of American Indians north of Mexico, Smithsonian Institution, Bureau of American Ethnology, Bulletin 30, Washington, D. C. , 1907.

21. ROCK J F. The ancient Nakhi kingdom of southwest China. Cambridge: Harvard University Press, 1947.

22. BLACK-MICHAUD J. Cohesive force: feud in the Mediterranean and the Middle East. New York: St. Martin's Press, 1975.

23. KROEBER A L. Anthropology. Calcutta: Oxford and IBH Pub. Co. ,1948.

24. FARON L C. The Mapuche reservation as a political unit// COHEN R, MIDDLETON J. Comparative political systems. Austin: University of Texas Press, 1967.

25. LEACH E R. Social anthropology. New York-Oxford: Oxford University Press, 1982.

26. LENSKI G E. Power and privilege: a theory of social stratification. Chapel Hill: The University of North Carolina Press, 1988.

27. LITTLE K. Applied anthropology and social change in the teaching of anthropology. British journal of sociology, 1960, 11 (4) .

28. SWARTZ M, TURNER V, TUDEN A. Political anthropology. Chicago: Aldine, 1966.

29. MERTON R K. Social theory and social structure (revised edition) . New York: The Free Press of Glencoe, 1957.

30. WILBERT E M. Social change. New Delhi: Prentice-Hall of India Ltd. ,1965.

31. MURDOCK G P. Social structure. New York: The Free Press, 1949.

32. ROBERTA N. Social change and history. New York: Harper & Row (Harper Torchbooks) , 1969.

33. NORDSKOG J E. Special change. New York: McGraw-Hill Co. , 1960.

34. REDFIELD R, LINTON R, HERSKOVITS M J. Memorandum for the study of acculturation. American anthropologist, 1936, 38 (1) .

35. SPATE O H K. The Burmese village. Geographical review, 1945, 35 (4) .

36. GROS S. The politics of names: the identification of the Dulong of north-west Yunnan (China). China information, 2004, 18 (2).

37. GROS S. The missing share: the ritual language of sharing as a "total social fact" in the eastern Himalayas (Northwest Yunnan, China) // ROBINNE F, SADAN M. Social dynamics in the highlands of Southeast Asia: reconsidering political systems of highland Burma by E R Leach. Leiden: Brill, 2007.

38. HARRELL S. The history of the history of the Yi// Cultural encounters on China's ethnic frontiers, studies in ethnic groups in China series. Seattle and London: University of Washington Press, 1995.

39. STEVENSON H N. The economics of the central China tribes. Bombay: The Times of Indian Press, 1970.

40. TAWNEY R H. Introduction// FIRTH R. Primitive economics of the New Zealand Maori. London: Routledge, 2011.

41. WEBB W E. Land capacity classification and land use in the Chittagong Hill Tracts of East Pakistan. Proceedings of the Sixth World Forestry Congress, 1966.

后　记

　　本书的完成，首先要感谢居住在中缅边境高山峡谷中的独龙族同胞，若非他们在社会、文化与历史记忆上保存与展现其驳杂的特性，我不可能认识独龙族的历史文化与社会变迁。我更要感谢许许多多的独龙族朋友，在独龙江、怒江和澜沧江流域的数度田野调查中，他们不胜劳苦甚至冒着生命危险陪着我翻山越岭，几乎走遍每一户独龙人家。靠着他们热诚的帮助以及他们的社会关系，举目无亲的我在遥远的深山峡谷中得以完成这些探访和研究工作。不经意间，如今距离本书动笔之际已经悄然滑过十五个年头，独龙江也发生了巨大的变化。

　　2018 年底，独龙族实现整族脱贫后，怒江州和贡山县两级启动独龙江乡"巩固脱贫成效、实施乡村振兴"行动，通过一系列的超常规措施，确保不让独龙族在全面小康的路上掉队。"整乡推进整族帮扶"综合了一切可以利用的资源和优势，集中人力、物力、财力啃"硬骨头"，脱贫攻坚的辐射带动效应成倍放大，是"集中力量办大事"优越性的直接体现，独龙族整族脱贫这一巨大成就，只有在中国共产党的领导下，在中国特色社会主义制度下才能实现。

　　独龙族整族脱贫，解放了生产力，完善了社会分工，促进了独龙族与外界交往，缩小了独龙族与其他兄弟民族之间的发展差距，并与其他民族建立起了不可分割的联系和相互依存的关系，这将推动并逐步实现独龙族与其他兄弟民族的共同繁荣发展，树立新时代社会主义新型民族关系的典范。

　　本书的写作和出版，得到了中山大学何国强教授的无私帮助和鼎力支持。他对田野调查的钟爱，对学科建设的真知灼见，至今仍让人由衷钦佩，在此书付梓之际，请何教授接受我发自肺腑的谢意，是您在我曲折的求学道路上雪中送炭，为我从事学术研究开启了一丝曙光。本书的田野调查，离不开何国强教授主持的多项国家社会科学基金项目与教育部重大课题的经费资助，谨表诚挚的谢意！

　　本书的写作，也要感谢云南省社会科学院李金明研究员、云南民族大学蔡家麒教授、云南大学郭建斌教授和高志英教授等诸位前辈学人，他们不仅为后学奠定了良好的文献基础，提供了大量的研究素材，还用严谨的治学态度与真诚的交流不断激励着我面对种种困难。书中的外文资料，得益于法国国家科学研究中心研究员格罗斯·施帝恩先生和美国加利福尼亚大学洛杉矶分校人类学系教授南希·E. 列文先生，他们不仅慷慨地给予相关的研究资料，还通过网络与我热烈地展开讨论。

此外，我要感谢我的父母与妻女。感谢久居赣南客家山区的父母对我的宽容。我的妻子和女儿，在我艰难的求学阶段一直随着我到处颠沛流离；在漫长的田野调查期间，妻子独自照料爱女，还时常为我的安危牵挂，感谢她们给我的精神支持。想起往事心怀歉意，欣慰的是女儿如今又回到熟悉的中大康乐园求学。

最后，请让我向为本书出版付出辛勤劳动的暨南大学出版社领导和编辑老师表示衷心的感谢和敬意！回首对独龙族研究走过的曲折艰辛，偶得感言与诸位读者共勉：风剪梧桐絮成舞，燕穿梅园红满径，待到来岁苦寒沁，馥馨依旧暖人心。

古人常言"学海无涯苦作舟"，这本小书算是学海拾贝的小小成果，感谢读者朋友对书稿瑕疵的包容。期待有空一起到美丽的独龙江，共同翻阅独龙族百年跨越的美丽图景。

2023 年 10 月于广东梅州周溪畔兴客书舍